怪異の民俗学 8

境界

小松和彦［責任編集］

河出書房新社

目次

Ⅳ　境界の象徴　247

怪異の民俗学⑧

境界

I

総論

山口昌男

記号と境界

1　意味の多義性

主として神話の次元で論じてきた異和性の問題は、これを言語学的に、「多義性《ポリセミー》」という問題の立て方に移行させることによって、より広い次元で整理する手がかりが摑めよう。言葉あるいは、語に歴史があるということを比喩的に考えてみると多義性の問題は、より容易に解かれそうである。一つの語は、二つの軸によって規定される。音韻的要素が一つの軸であり、意味限定性が他の軸である。形成期の語は新造語に見られるように、音声的側面が意味限定性に優越している。前者は、その形態的牽引力によって様々な意味作用を惹きつける。したがって、それは最も多義的である。それほどでないにせよ、日常生活において一元的な意味作用しか行わないと思われるような記号も、意味論的にいえば、その底には多義的な意味を担う可能性を秘めているのである。ことに日常生活の中心的部分、すなわちA・シュッツが「至高の現実」(『文化と両義性』第五章参照)と呼ぶような部分では、単一の意味しか担っていないような印象を与える語も、その形態による連想を通して密かに別の意味を培養しているといえる。

こうした言語の意味作用の多層性をポール・リクールはG・フレーゲの『意味と指示』（*Ueber Sinn und Bedeutung*）によって次のように説く。フレーゲはほとんど完璧に言語の照準は二重性を帯びているということを示した。すなわち理念的な意味での照準（つまり、物理的または心理的な世界において等価物を持たない）、および指示の照準の二つである。リクールの言及するところでは、フッサールも『論理研究』の中で全く同じことを指摘する。「理念的意味は、真空の状態で充塡されることを望む非在である。充塡された状態において、意味作用は完結すると見られる。どのような区別を二つの状態の中に持ち込むとしても、ここで意図されるのは、記号の閉鎖状態を破り、記号を他の記号に向かって開かれた状態に持ち込むことである。この閉された状態とは記号体系の中の記号の構造であり、他の状態とは文の中における記号の役割を指す(1)」。ここに、静止した意味作用と動的な意味作用の区別を持ち込むことが可能であるかも知れない。

こうしたリクールの関心は当然、意味の二重性の理論的究明につながってくることになる。この問題を彼は「多元的意味」という表現で展開しようとする(2)。この視点は究極的には、現実の多層性の問題に我々を導くので、我々の関心を惹く。リクールがこうした表現に与える定義は「変化しうる次元の表現の一つが、自らの意味作用を犠牲にしないで、他の物を意味するような記号の効果作用である(3)」というものである。もっと簡単にいってしまえば、それは言語の比喩的機能であるということになる。allé-gorie は一つの事を言いながら他のもう一つの事を言うという意味を持つ。

リクールは、この意味の多義性の問題を聖書の釈義学の伝統に始まるとし、ディルタイを経て、テキスト分析が西欧の思考の中で展開、定着した過程を追う。そして今日この解釈学は、ほとんどインターディシプリナリーな研究の場になっているという(4)。そうした解釈学のテキストは、聖書を始めとする文献から離れて様々の分野に拡大されたとも述べる。その中で彼は、夢を例にとって解釈学の領域の拡大の可能性を説明する。夢はフロイトによれば極めて短くはあるが内側に多層の意味を含みうる語り《レシ》である。しかしここでは、夢と多義性の問題に立ち入ることを避けて、これを後述（『文化と両義性』第六章2）にまかせたい。

言語はその性質からいって、記号間の相互の照射の反復に徹し、閉鎖的体系に落ちつく可能性があるが、チャールズ・S・パースはこれを「記号の相互解釈の馴れ合い的関係」と名づけている。これに対して、解釈学は記号の宇宙の開かれた状態の上に成立している。この場合の解釈学は、宗教学のみならず、深層心理学、人類学など、およそ記号の象徴論的分析を拒まないすべての領域に成立する方法論であるとされる。そこで象徴は、すべての記号を開かれた状態に転ずる作用であるということになる。象徴はこの際、二重の意味という構造によって存在の両義性を探り当てていく手がかりとなる。したがって、「存在の両義性から意味性の多義性を開示するのが象徴の存在理由である[5]」ということになる。

この多義的意味の問題は、リクールによると、語彙論的意味論の中に限定して論じることができる。これはふつうは複合的意味《ポリセミー》と呼ばれるが、それはソシュール的に「意味するもの」（シニフィアン）と「意味されるもの」（シニフィエ）の関係において、後者の複数性として捉えることができる。ソシュール言語学の枠内では、多義的意味の問題は通時（diachronie）と共時（synchronie）の双方の規定が可能である。後者の場合は、まさに多義的な意味が同時に成立しているということができる。前者の場合は多義的な意味が「意味の変化」「意味の転位」として捉えられる。しかし通時と共時は、「新・旧」という形で捉えられる時、一つの体系の中に取り入れることができるから、決して対立するものと捉える必要はない。しかしながらこれらの多義性は「意味するもの」とか「意味されるもの」との内的な連関に基づいて述べられている。これに対して記号を他の記号との関係において捉えた時に顕われてくる多義性もあるはずである[6]。

W・M・アーバンは、「言語を知識の道具とするのはまさしく、一つの記号が他の事物を意味することをやめることなく一つの事物を指示し、それ故第二の事物に対してより表面的な価値を持つために、第一の意味がはじめから記号の中に組み込まれていなくてはならない(7)」と述べる。こうした作用は「語の累積的志向」と呼ばれる。この作用は「両義性」の豊饒な源泉であるが、それは類推的予断の源泉でもあり、この作用のおかげで語の象徴的な力が始動し出すのである。こうした語の意味の累積的な指示作用は、日本の美学では連歌の伝統において最も徹底して追究されたものということができよう。

ソシュールが言語学的に象徴作用を説明しようとした時用いた概念が三つある。一つは修辞法《レトリック》であり、一つは隠喩法《メタファー》であり、一つは換喩法《メトニーム》である。リクールはこの中でも後の二者をもっと一般的な意味作用の極として捉えてよいのではないかと提案する。この三つの極を使って、語は様々な文脈に対する適応力を獲得していく。

こういったリクールの多義性についての視点の展開は、彼の考える語の柔軟性に基づくものである。リクールは、「構造、語、出来事」と題する文章の中で(8)、語の持つ仲介者的性格を論じている。仲介といっても何の仲介をなすのであろうか。題の示すように静的な構造と動的な出来事の間の、である。構造と出来事は基本的に相容れないものを持っている。構造は通時(パラダイム)的であり、出来事は共時(シンタグム)的である。

ここで我々の視点から構造の概念を整理しておいた方がよいだろう。レヴィ=ストロースのそれをはじめとする今日の文化研究における構造論的分析の立場は、構造を基本的に対立する諸項の組み合わせとして捉える。また構造のもう一つの面は、無意識的に人の行動を規定する要因(プラクシス)であるという点に現われる。この比較的限定された深層構造の立場に対して、後述するごとく(『文化と両義性』第六章3、二五二―二五七頁)、人類学者ヴィクター・ターナーが構造をコミュニタスとの対比において捉える場合、構造はむしろ、法あるいは規範で意識的に理解されている形式的な枠組と規定されている。[9] この構造がレヴィ＝ストロースの構造と対応するところは、それが集団を分割し、ヒエラルヒー化するという点である。しかし、それは無意識的なレヴェルにおいては捉えられない。これに対して、コミュニタスは、社会的規範からはみでるような、融合的側面を持つ。前者を文化のタナトス的な表現とすれば、後者はそのエロス的表現と捉えることもできよう。

このターナーによる構造とコミュニタスの対比は、むしろ心理的レヴェルに出発点を置いた定義の試みであるのに対して、リクールの構造と「出来事」の対比は、むしろ記号論的レヴェルに出発点を置いた同じ試みであると見てよいであろう。リクールの対比においては、語は構造と出来事の中間にあって重要な役割を示す。リクールは語は文より以上のものであり以下のものでもあるという。[10] 語は構造の方に向かって近づいた場合、またはシステムの中にあっては、記号的側面において捉えられる。記号は、システムの中の差異性の表現であり、語彙《レキシーク》の中の単位《ヴァルール》である。記号《シーニュ》のレヴェルでは構造的な差異性が現われるのみで、意味作用は現われない。記号《シーニュ》のみでは何らの言表も成立しない。なぜならば、文脈が与えられていないからである。記号論のレヴェルにおいて語は成立しない。語は、あくまでも文の中においてはじめて活性を帯びるものである。そこにあるのは相対的な単位、差異性、対立性である。イエムスレフはこの点を明確にしている。文は何事かを言表するのに対して、語は名づけるという作用をする。それは文の中に位置を占めることによって名づけることができる。辞書の中では、用語《テルム》が閉じられた語彙系の中で円環的に規定し合うのみであると、リクールはいう。[11] この語彙の捉え方は、今日レヴィ＝ストロースの神話分析に対して向けられた批判に相通じるものがある。つまり、それも記号体系の中の循環系のように閉じられているというのである。レヴィ＝

ストロースの分析によって神話素に還元された神話は出来事を欠落させているというのが、今日レヴィ＝ストロースに向けられる批判の主な点の一つである。

　発話が始まった途端に、成立する語が辞書から立ち現われて来るのであるが、リクールの表現によれば、人間が話し言葉《パロール》になり、話し言葉が一定の現実に合わせたディスクールになり、ディスクールが文になる瞬間に、それは語になる。語、それは話し言葉の中の記号である。そこで、発話という出来事が起こる各瞬間において、語は、記号論と意味論の働く接点であるということになる。語に転化した瞬間に記号は、時間の刻印を帯びる。時間の刻印を帯びるということは、静止性からの離脱の方向を持つことも意味する。それゆえ、語には基本的に反定義的性格が備わっている。

　こうした関係を測定することによってリクールがいおうとするのは、語の持つ仲介者的役割である。彼はこの点について次のように説明する。

> 　語はシステムと行為、構造と出来事の間の交換手のようなものである。一方では、それは構造から、差異的な価として立ち上るが、それはこうした時意味論上の潜在的性質の表現でしかない。他方、それは行為と出来事の中から姿を現わす。[12]……

　これに対して、文は、リクールにとっては出来事と同じものである。そういう意味で、文の現実性は一時的で、移ろい行くもの、消え去るものである。しかし、語は文より永続性を持つ。文は分解された瞬間に姿を消す。それは自由に移し換えられる本質《アンティテ》的要素として、発話《ディスクール》行為の一時性を超えて生きのび、新しく使われるのを待つ。したがって、一度、発話行為の中に投げ込まれた語は、必ず、時間性と文脈の刻印を帯びて、それがいかに微細であろうとも、新しい利用の価値を担ってシステムに戻って行く。こうして、システムに戻る時、それはシステム自体に歴史性を賦与する。この説明は、一見、無難な解説的性格を帯びているように見えるけれども、「構造」と「歴史」という大問題への手がかりを与えている点を見逃してはならない。仲介者としての語は、その状況的可塑性によって、時間性を、本来非時間的であるはずの構造に媒介するのである。

ここでリクールは、もう一度ポリセミーの問題に立ち戻る。このたびは、リクールはポリセミーの意味の問題を記号論と意味論のレヴェルの重なり合いとして捉える。すでに我々も確かめたように、記号論は、システムの中における記号の科学であり、文の中における記号の使用法の科学である。ポリセミーの現象を最もよく理解するために、構造と出来事の、記号と用法の弁証法的関係を理解する必要がある。そこでリクールは改めてポリセミーの概念を定義しなおす。

純粋に共時的な意味で、ポリセミーは、一つの語が特定の瞬間に、一つ以上の意味作用を行い、その重層的意味作用がシステムの同じ状態に属しているということを意味する。(13)

この定義には、二つ以上の意味作用間の推移の問題を加える必要があるだろう。ポリセミーという形のもとに共時性の中に自らの影を落すのは、名づけの行為、用例の歴史といったものであるとリクールはいう。このリクールの方向の中に、明らかにチョムスキーの変形文法の発想の摂取の姿勢を読みとることができる。名づけの行為とは、新しい現実のパターンの認知という構えが含まれている。現実のある部分に対する見取図が拡大される場合に、「意味の横すべり」或いは「暗喩の転移」という現象が起きる。こうした事実は、語が、旧くからの意味の次元を振り落さないで、新しい局面を獲得して行くことができるということを示している。このようにしてみると、語というのは、新しい現実を捉えるために、構造が文という行為者を通して仕掛ける陥穽であるという比喩的な言い方が成り立つかも知れない。この場合「新らしい現実」というのは、それがいかに平穏な日常生活の真只中で起ろうとも、人の認識の地平では、それまで「周縁部分」であったものであるといえる。出来事というのは、些細であるにせよ、現実の既存のシステムの拡大によらずには捉えられない性質を帯びている。システムの表層にポリセミーの名において、自らの影を落す（投企）のはこの累積的、暗喩的な過程である、とリクールはいう(14)。

ここで問題の中心に据えられるのは「出来事」のシステムへの帰属という現象である。こうした構造と出来事の交換という現象を生起させるという意味でポリセミーは意味論の中軸的な部分を形成するとリクールは強調する。この過程の一つは彼によれば、拡大の要因、究極的には限界に達して過重になるという要因である。こうした累積の拡大はシステム内部の記号間相互の牽制によって限界点に達したときに停止する。したがって、拡大に対して、場を支点とした限定的行為を云々することができるのである。このようにポリセミーは無限の行為ではなく、一定の限界を持つ。しかし限界点は、一定方向のポリセミーの終点ではない。それは、新造語、あるいは新らしい「徴《しるし》つき」という形で、自らの形態的限界点を乗り越えて行く。「徴つき」という否定的概念の形成過程を通じて、意味の作用の分岐点を示したのは言語学者N・トルベツコイであった。ポーランド系の記号論学者ジクムント・バウマンは『プラクシスとしての文化』という著書(15)の中で、この概念を文化の記号論的概念に高めて使っている。

トルベツコイは意味特徴を持つ二つの対立の項は三つの入れ換え可能な方法で区別されると説く。

(1) 各項は他に現われない要素を、共通の部分の外に持つ（Private Oppositionen）。
(2) 同じ質のものを違った度合でもつ（Graduelle Oppositionen）。
(3) 徴のついたものとそうでないもの（Aequipollente Oppositionen）。

この最後の対立は「欠性対立」と呼ばれているものだが、文化研究にはこの対立概念は極めて有効であることをバウマンは力説する。「徴を持たない」項というのは、範疇全体かまたは、「徴つき」項が他を切り捨てて残ったものとしての部分を示す[16]。両者の違いは「徴なし」の方が意識にのぼらないことである。だから「徴なし」の方は全体の一部を示すものではあるのだが、「徴つき」の項ではその出現が強調されるような一定の弁別的特徴の存否は、不問に付されるのである。「不良少年」という表現（徴つき）があっても、「善良少年」という表現はない。

この例の示すように、「徴なし」は記号論的に中和された範疇であるといえよう。「徴なし」の記号は、ふつうはより単純で、より淡彩的であり、何よりも、区別をしない現象の総体を示す（「スカート」の如く）。こういった文脈では、下位の類（サブ・クラス）が持っている属性のみが重要なものとなり、「徴なし」の一部の範囲が、このサブ・クラスを浮き立たせるために「徴」をつけられるのである（境界性の明示）。そこで、これまで独占的であった「徴なし」の記号は「徴あり」との対立関係に入る（そうでない場合、「徴なし」は別のレヴェルの他の項との関係で弁別されるにすぎない。例えば「スカート」は「ブラウス」に対置される）。

この視点を明確に方法論のレヴェルに持っていったのがヴィクター・マルティノフである。バウマンによると、彼は『キベルネティカ、セミオティカ、リンギスティカ』（サイバネティク、記号論、言語学）（一九六六年刊）という著作において、「徴づけ」の理論を使っていかに通時的な変動という過程が絶えず、地方特有のルールを利用して、共時的な構造の中で惹き起されるかという点に照明をあてた。これは、通時と共時、歴史と構造というレヴィ゠ストロースにおいては相容れないものとされた対立概念を止揚するに充分の可能性を潜めた文化理論の展開といいうる。

ヴィクター・マルティノフは、記号論的に有効な文章がSAO（主題―行為―対象）からなっているとすると、我々はこれら三つの項のどれか一つに変形を加えることによって、V′という文をV″という文に移行させることができると説いた。「変化文体」は二つの極の対極に加えられた新しい記号である。生気づけの主体は、中心的な要素に加えられた記号である。こうして変形を加えられ「生気づけられた」項は、本来の項「徴なし」に対して「徴あり」の記号としての関係を打ちたてる。この対比は「異化されたもの」と「自然的状態」にあるものとのそれに対応する。つまり、S″は「S″—S′」の対立の中の「徴づけ」のある項である。これが新しい意味創出の唯一の方法であるとバウマンはいう。[17] しかし時には本来の項が、自らの「かたち」を変えることによって、「生気づけの主体」や「変形主体」を包括してしまうことがある。日本近代における「維新」現象には、こうした「意味論的凝縮」（A・V・イサチェンコ）の作用が現われると見てよかろう。天皇制のあなどり難いダイナミズムは、こういった記号論的凝縮の作用に秘められていると見てよかろう。同じように日本民俗では、風流と御霊信仰が、こうした記号論的再編成の役割を果たしてきたといってよい。

そこで我々は「異人《ストレンジャー》」は、こうした記号論的分裂を常に促進する媒体（モディファイアーでありアクチュアライザー）であるということを知るのである。つまり「徴を加える」（変形主体または生気づけの主体）のすでに存在している記号に対する関係は、より細かい、より微細な、より弁別的な基準を、以前は渾然としていた範疇に持ち込む働きをし、記号の細分枝化、記号論的コードの増殖を可能にする途を提供することを知るのである。それゆえ、行為の「徴あり」、つまり弁別性のある下位パターンの出現は、より広汎な役割における新しい「徴あり」の、より限定されたサブ・カテゴリーの認知につながるはずである。

このように、意味の単位は、特定の記号そのものに内在するのではなく、それが対をなす他の記号との関係に求められる。我々が既に考察したように、神概念もそうした関係構造の中で限定されている。「徴あり」と「徴なし」は、そうした関係の存在する二項の摘出のための極めて有効な手法であるといえる。こうした関係構造の中で意味を捉えるのは、今日決して稀な方法ではない。特にフランスの記号論学者の間ではそれは顕著な傾向であるといえる。

記号論学者A・J・グレイマスは『構造論的意味論』において「意味作用は関係の存在を前提とする。意味作用の必要条件は用語の間の関係の発生である。……(したがって)基本的な意味のユニットを探すのは、要素のレヴェルにおいてではなく構造のレヴェルでなくてはならない」と述べ、また、アンドレ・マルティネは、こういった方向をいっそう進めて「情報はメッセージそのものによってではなく、それが相対立するメッセージとの関係によって伝わる」[18]とすらいっている。

記号の最も重要で、限定性を持つ属性は、類似のサインからそれを区別するものであり、この弁別能力が情報伝達では大事な部分なのである。それは混沌を意味ある体系に変え、不確定の部分を減少させる。

ともあれ意味作用は、単独の範疇では成り立たず、関係項の存在を前提とする。一つの記号の存在は、他の不在の存在を意味する。逆に不在(マイナス記号)は、記号の存在を明らかにするという構造論的仕掛けが、記号の意味作用を保証しているともいえよう。したがって、特定の文化的記号のパターンの意味論上の価値は、対の項における対立要素と異なるという点にある。それらは、その肯定的、積極的特性によって定義されるのでなく、対立する質、および分化した価値の担い手によって逆照射され、特徴づけられるのである。

それゆえ、対立は必然的に排除の関係をも前提とする。より広汎にとられた範疇の中では、等質の要素を含みながらも、これらの対立項は、別のレヴェルでは互いに排除し合わなければならない。我々が、文化の中で秩序と考える状態は、こうした統合と排除の無数の組み合わせの上に成り立っている。しかし「排除」の独特な方法が、文化の特定の要素を決定している。政治集団の中における排除の原則の貫き方は、食物文

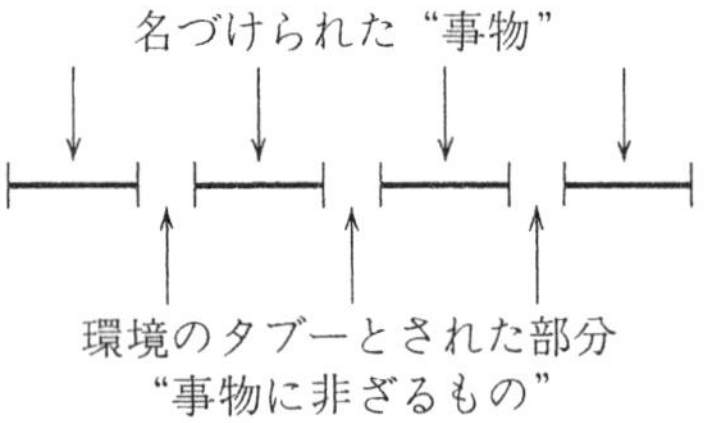

化の中における排除と絶えず同じであるというわけではない。しかしそれらの中に、共通の「排除の原則」ともいうべき文化の論理が貫徹していることも否定はできないであろう。我々が、「流行」と名づける現象にも、風流と呼ぶ行為の形式にも、粋と名づける性向にもこうした「排除」の原則が貫かれているのであって、ミシェル・ド・セルトーが逆説的にいうように、「歴史」は、ある意味では排除したものの総体であるのかも知れない[19]。

　ロラン・バルトは料理の言語体系を論じつつ、「排除の原則」が、料理言語の基礎の成立に働くことを強調している。例えば西欧人が生魚を除外するのは、生魚が、文化の秩序の内側に属していないからである。このような「排除の原則」が最も有効に働くのが多くの文化においては動物の文化的分類においてである。エドマンド・リーチは「言語の人類学的側面——動物の範疇と罵言」と題する論文[20]において、明確で機能的な概念の必要性と、「境界的な知覚現象」を充塡するかまたは抑圧する必要性との間には密接な、表裏一体ともいえるつながりがあると説く。彼はその時間論においても試みたように、この関係を線的に上図のような形で表現する。

　リーチのこのような指摘をふまえつつ、バウマンは、秩序化というのは、連続的で、無定形の知覚の流れをはっきりとした一組の全体的なものに変質させるような作業であるという。こうした知覚の文化的領域の境界を劃するものとして「タブー」という概念は、リーチやメアリー・ダグラスの仕事の中で、記号論的に位置づけられつつある。「タブー」を、リーチは断片化した連続体の中の「名づけられた」部分の承認を拒む行為であるという。こうして除外され切り捨てられた「混沌」の部分は、文化のプラクシスの記号論的働きかけによって周縁的な部分に姿を現わさなければ、存在しないも同然であるといえる。ただし、この部分は知覚の周辺をさまよって、秩序化された意識に対して、幻想、あるいは無意識を通して働きかける。タブーおよび象徴が増殖するのは幽明境を明らかにしない部分においてである。

2　混沌と秩序の弁証法

混乱（＝混沌）の要素は、民俗の中にも様々な形で挿入されている。これまで、民俗学の分野においては、分類の基準が機能論に傾いていたため、民俗的事実を混沌と秩序の弁証法的相関関係において捉えられる試みがほとんどなされていない。

しかしながら、文化の秩序概念が、混沌と対の構造になっていることが明らかになりつつある今日、民俗的レヴェルにおける文化の全体性を捉えるのに、この両者を対等にして、弁証法的に、相互規定し合う概念として捉えることが不可避の方法になりつつある。日本民俗においても、秩序だった農耕儀礼を中心とする年中行事の合間を縫って、あるいは、その一部として、反良俗、反秩序の醸成を前提としているとしか思えないような行事が、組み込まれていた。それらは、年中行事の中ばかりでなく、俗信、迷信、昔話、伝説、巡礼、旅芸人など、様々の「民俗的類型」として、日常生活の秩序に対し、歓迎される、されないの違いは別として、不吉または、異質の要素として侵犯性というイメージを帯びて存在しつづけてきた。しかしながら、これら「徴つき」の習俗を記号論的に読み換えてみると、それらが宇宙論的なレヴェルで、「徴なし」の日常生活に対して持つ意味が明らかになるはずである。

近畿地方の周辺の山間部は、大般若経にまつわる民俗信仰の比較的色濃く残っている地帯として知られている。[21] この行事は正月、雨乞い、疫病流行時に執り行われた。大般若経といっても寺院だけしか関係しないということはない。これは真言、天台の寺院ばかりでなく、村々におけるお堂や氏神社の前でも行われる。

実はずれや境のお堂で遊行僧が執行したのが本来の姿かも知れない。この祭りは村人が当番制で、一年間潔斎して氏神に奉仕することによって行われる。かならずしも僧侶が経巻を扱わなくてはならないということはない。神主や当番の村人がとり扱ってもよい。行事は、般若の日に当たり村人が全部お堂または社に集って、お札をいただくことにはじまる。その後転読札は村の四方の境に立てられる。転読のあいだに「乱声」「タダ押し」「鬼走り」などが村人によって行われる。乱声は、村人がお堂の床板や縁を牛王杖でたたきまわり、タダ押しでは堂内を跳ねまわり踏みまわって騒音をたてる。鬼走りは鬼踊りともいい、鬼の面を被った鬼役が松明をふりながら堂内、堂外を走りまわり踏みまわる。

ここで見られるのは、日常生活の静寂に対する騒音、異常な身ぶり、境界の明示を中心とする「異和性」の儀礼といってよい。「呪師走り」、能の乱声、反閇《へんばい》など芸能史の根源的な行為がこうした「異和性」儀礼と対応する理由が明らかになるであろう。

我々が現在意図しているのは、文化の記号論的「テキスト」としての民俗を解読するための第一歩の踏み固めである。「異和性」は、「自然」のテキストを「分析」のためのテキストに移行させるための幕の役割を果たす。とはいえ幕自体が記号論の対象ではあるが。

レヴィ＝ストロースは『生のものと煮られたもの』の中で、日蝕の際の騒音と、新婚夫婦に課せられる沈黙の行と騒音を浴びる儀礼の宇宙論的意味にふれながら、「音のコード」を論じている。宇宙論的な亀裂が生じた時にコード化された騒音が使われると述べ、騒音と沈黙の文化のプラクシスの中における配置を問題にする。レヴィ＝ストロースは、このコードの普遍性を次のように示す。

リトアニアでは、今世紀末まで、日蝕の際に邪悪な霊を追放するために鍋や他の金属器を棒で打ち鳴らすよう命じられた。春の祭典は、もっと大がかりな騒音で幕が切っておとされた。復活祭前の金曜日（グッド・フライデイ）には若者たちは机、ベッドなどの家具を毀して騒音を立てた。昔は、死人の使っていた家具をなるべく大きな音の出るように破壊するのが慣例だった。このようにリトアニアでは音・水・火は悪の力を追放するのに効果的であると考えられた。こういった習俗は普遍的なもので、西欧諸国には次のようなはっきりとした痕跡を残している。イタリアの大晦日の二十四時に陶器を毀し花火を打ち上げる習俗、新年の瞬間にニュー・ヨークのタイムズ・スクエアー、ロンドンのピカデリー・サーカス、パリのシャンゼリゼーで自動車のホーンをいっせいに鳴らすという習俗に[22]。

レヴィ＝ストロースが、どちらかといえば騒音の「仲介性」を問題にしたのに対し、イギリスの構造論的人類学者としてリーチと並び称されるロドニー・ニーダムは「騒音と移行」と題する論文で中国をはじめとする様々の民族誌データの分析を通じて、騒音と移行という二つの状態には緊密な関係があると結論を抽き出している。能の後《のち》ジテの出現前の太鼓の連打、歌舞伎の幽霊出現前の小太鼓の役割を知っている我々は、これが現実のレヴェルの移行を助けるものであることを知っているから、ニーダムの結論は必ずしも目新らしいものであるとは思わないが、しかし、ニーダムが騒音には、(1)感情―情感の中の影響と、(2)理性―範疇変化の論理構造という二つの要素が含まれているという指摘を行っていることを記憶にとどめておいてよいだろう。

さて、前に挙げた近畿地方の民俗誌からの例では騒音および異常な身ぶりが特徴的に現われていたが、関東北部の天台、真言、曹洞などの寺院の村祈禱・辻祈禱と呼びならわされた大般若転読行事では、境界の標示の方に重点が置かれているように思われる。この場合は、村境または村のなかの辻に祭壇をつくって行われる一種の鎮魂の呪術であるとされている。この地方では正月か夏のはじめ、祭壇及び篠竹四本を路上に立てて注連縄を張り、棚をつくり魂棚のごときものをこしらえる。村の若衆が一〇〇巻入りの大般若経箱をかついで村中を廻り、家々の入口で一、二巻転読し、これを「般若の風を入れる」という。また、このとき寺で発給する札を関札または辻札といって笹竹にはさんで四方の入口に立て、一般の家でもこれを戸口に立てる。

これらの事例を紹介した五来重は同じ論文で、次のように大般若経転読行事の特徴を述べる。一般に大般若転読といえば大太鼓をいさましく打ちならし、しまいに経本で経机を叩くのを常とするが、これはまさに乱声、タダ押しと同じものであろうし、一般にはできるかぎり大声を出す。能の「葵上」に「あらおそろしの般若声や、これまでぞ怨霊こののち、またも来るまじ」とある般若声は怨霊を威嚇する大般若転読の大声をさしたものに相違なく、鬼の面を般若とよぶことは大般若にともなう鬼走りの面から転じた名称と解してよいであろうと氏は説く。

さらに氏は、般若転読は、起源的には外敵または実体化された悪しき霊魂を「追い払う」ための対抗呪術であり、そのためにこそ「打つ叩く」「踏む」「叫ぶ」「火を焚く」「恐ろしい仮面をつける」などの呪術行為がともなうと結論する。

このような「異和性」は民俗の中で、儀礼体系の中でコード化されることがあるが、さらに、トポロジカルな空間の中でも境い目を外在化させることによって「異和性」の侵入を喰いとめようとする試みも記号体系の中に組織化される。社会学者三橋修はこのような異和空間を次のように述べる。

古代的意識の中の空間は聖なる山を原点として、さらに山の神の降りて来る定住民の労働の場へひろがり、その尽きるところで終る。……そこには、耕作に適さない湿地や、踏み入る道もないような原始林があったと考えてよかろう。……暗い未知の外なる世界は、恐怖の対象であり、だからこそ、また禍をもたらすところ、けがれたところとみられていた。(23)

氏の指摘には、「異和性」の民俗の記号論への切り換えの重要な手がかりが含まれている。こうした「徴づけ」られた地点として氏は散所をあげる。それは「ひまな、あるいは役にたたない所」「拘束されない場所」であり、そこにはより聖地的な感覚が伴っていた。散所の多くが水辺や交通の要衝、また、それに含まれもする村境であった。これは氏の定義によれば「もともと生産物を出さない、聖なる＝けがれた場所」であった。宮田登が江戸の稲荷信仰を論じつつ、それらの多くが崖と平地の境い目にあることを指摘しているのは、稲荷の地霊的性格についての氏の視点とともに、示唆的な情報であるように思われる。[24] こういったコスモロジカルな境界性の強調についての材料は、広末保の悪場所についての研究[25]と共に我々の共有財として拡がりつつあり、象徴の比較についての確実な手がかりを提供しつつある。

すでに論じた大般若転読は、民俗の中では、神送りの習俗の一部に属するといってよかろう。この神送りの習俗は、正月、二月、三月、六月、盆、十二月といった季節の変り目に行われる行事で、日本全国に広まっていて、様々の形態をとどめている。それらは、次のように大別することができる。[26]

(A) 送り出す神霊、または精霊――風の神、疫病神、害虫、実盛、雷など。
(B) 精霊を仮託する事物――藁人形（サネモリ、家来、または男女一対）、神木、笹、松明など。
(C) 送り出す地点――村境、川辺。
(D) 行為――踊り、太鼓、鉦、鉄砲、荒っぽい身ぶり、人形の焼却など。

この神送りの習俗は、日本ばかりでなく、中国にも見られ、さらに、西欧のカーニヴァルの「マルディ・グラ」に対応することは、私も何度か論じた。[27] つまるところ、この習俗の目ざすところは、境界を介して村の秩序たる「文化」に対抗する「自然」的要素（サネモリ、泥棒、御霊、害虫、怨霊、風の神、等々）を視覚化することによって、混沌の要素を秩序に対置し、騒音を以て、宇宙的な亀裂を生じさせることによって、時間および空間を蘇らせるところにある。

スペインの北東ランスという村で行われるカーニヴァルのマルディ・グラの行事では、大人形をこしらえて、これを押したてて村中を廻った末に村境にて焼却する。この人形はかつてその名を近隣に轟かした大盗賊であるともいわれる[28]。

同じように西欧のカーニヴァル、特にマルディ・グラの日には、こうした人形、あるいは動物〔鶏〕などを選んで、これに前年の厄、穢れなどを背負わせて破却（イモレーション）するという習俗は広く伝えられている。こうした悪の象徴ともいうべきものを顕在化させて、これを可視的なものにするという行為には、混沌を喚び起こすことによって、負のエントロピーを吸収させて、世界を浄化させる機能が組み込まれていることは、柳田国男の言葉によっても明らかであろう。

私などの想像では、村に疫病が流行し、又は稲田に虫が附いて、それから急に神送りを企てるといふ現在の流儀よりも、一段と古い形は毎年日を定め、まだ少しでも実害の眼に見えぬうちに、予め或期間の不安を除去して置かうとする、コト〔儀式〕の祭であつたやうに思ふ。是には勿論虫とか疫病とかの特定の敵は無い。ただ人間以上の力を具へた霊物が、余り久しく我々と雑居して居ると、末にはどういふ怖ろしいことを引起すかわからない。それ故に必要の期間が過ぎれば、田の神も正月神も又家々の祖神も、共に皆饗応して送りかへすことにしたのではあるまいか[29]。

もちろん柳田のこの説明は、民俗的因果論を適用した解釈論である。この説明を記号論のレヴェルに置き換えると、それは、内側における境界性の喚起と、そうして喚起されたもののフィジカルな境界（村境）への転移、そうすることによって「徴あり」としての境界の強調、という儀礼的＝記号論的秩序の再構築が行われるということになるのである。

民俗において、境界というのは、意味出現直前または消滅寸前の混沌の表現であるといえよう。混沌は、好ましからぬ要素で生活の秩序には入ってきてもらいたくはないが、時と場所を限定して意識、話題にのぼることが秘かに望まれる要素であり、それは民俗の中で様々の形をとる。

「徴つき」の例を日本の民俗語彙の中から拾ってみると「ウゼケン」などという言葉がそれに当たるであろう。柳田国男の説くところでは、(30)ウゼケンという言葉は鹿児島では、世間の外側の世界、「未知の世界、誰といふことも無く自分と対立するもの」を意味する。これなどは「セケン」に対して「徴つき」の関係にあり、対の構造をなしているものの一項であることが明らかである。「ヒロシマ」という言葉が同じように対の範疇の一端を担うものであったことは、たしかに余り注意を惹いていないかも知れない。柳田国男は、会津檜枝岐などの狩詞で、人里のことであったとする。谷の山小屋の静かな落着いた小さな群の空気と懸け離れた場所であるゆえの差別であろうという。なお、壱岐あるいは伊予の内海側では「ヒロシマヘユク」という忌詞は「死ぬ」ことを意味した。(31)したがって檜枝岐の場合共々、「ヒロシマ」は「他の世界」という語感を帯びた「シマ」(村)に対する「徴つき」の言葉であったといいうるであろう。

他所、つまり他者性を笑いを介して説話化すれば、「愚か者」譚になる。柳田国男は『笑の本願』の中に収録された「吉右会記事」と題する論文で、村の外の絶えず笑いの前提になるある他村の存在することを論じている。

以前には愚か者は単純に笑ふべきものであり、馬鹿で失敗するのは弱虫が戦闘に負けるのと同じく、甚だ当然のことと考へた時代があつたらしい。其代りにはそんな社会では、仲間から笑はれる者は出さなかつた。地頭や寺の和尚の如き別の境遇に在る者も少し笑はれたが、主として軽蔑せられたのは他部落の者であつた。村と村とは武器の争闘を休止して後も、久しい間言語と嘲笑とを以て戦つて居た。相隣する農村間には平和な交際が始まつても、今一つ奥の利害の影響せぬ在所に対しては、持つて行き処のない古来の征服慾が、集注せざるを得なかつたのである。……我々の周囲には大抵一村づつ位、いつも笑話の種となる僻村がある。[32]

柳田はここでは、今日の心理学が論ずる「攻撃性《アグレッション》」の問題を的確に押さえ、ヴァルネラビリティー（攻撃誘発性）の担い手としての「笑い話の種となる僻村」の記号論的与件を予期しているかの如き叙述を行う。柳田はこういった例として次の如きものを挙げる。

肥後の人吉付近では、「イッキンビヤァ」（ビヤァはおそらく兵衛）といって五木村に仮託して、人の真似して失敗した話、騙そうとして逆に損をした話、愚鈍を装って却って人を馬鹿にした話、つまり吉《きっち》ョム話系の笑話が語られた。豊後の大野郡の奥の高千穂話、豊前では城井の城山の麓近くに寒田《さわだ》話、関東では上総の川津場話、安房の増間話、信州の佐久では川上話、上下高井郡では秋山話、伊那では遠山話と称して、柳田によると「何れも市日などに古風な衣裳を着て出て来る人たちを、表情の単に平地の者と異なるばかりに」評判をする。この「おろか村」は、いわば人間行為の中で、「共同体」内の人間の正常性を浮きだたせるために「境界」の空間に「徴をつける」記号論的行為に外ならないことは、ほぼ推察のとおりである。このヴァルネラビリティーが様々のレヴェルに観察されることは、すでに考察の対象としてきたところである。単に日本的文脈だけでなく、インド人の間でシーク族を対象として語られる「シンガシンガ話」なども全く同じ文化的装置として働いていることを我々は知っている。こういったヴァルネラブルな役柄を、相互に演じ合う関係を人類学的な用語では「ジョーキングの関係」といっている。この関係は、部族間、クラン間、親族、家族の一定のチャンネルを通して実現される。この関係の演劇性について私はかつて論じたことがある。[33]

「石神問答」に始まる柳田学の重要な一部を構成しているのは、ある意味ではこれまで見てきたように、境界の徴標の再構成ということになる。境界の持つ両義的性格こそは、生涯を通じて柳田の関心を惹きつけた基本的モチーフであったらしい。こういった視点で見るならば、「石神問答」はその宣言であるとすらいえそうである。境界についての感受性こそは、我々が論理的整合性の世界で喪失したものなのかも知れない。境界は多義的であるゆえ、そこには日常生活の中では位置を与えられないイメージが立ち現われる可能性を持つ。二つの矛盾するものが同時に現われることができる。そこでは、イメージおよび象徴が、言葉になる以前に絶えず立ち現われ、増殖し、新しい統合をとげる。

　こうした境界が、日本の民俗の中でどのような形で認められるかというのは興味ある課題である。柳田学の中では、これらの境界は次のように捉えられている。

(1)　道祖神（賽の神）　道祖神の勧進はいうまでもなく村中の辻や村に近い境界の神を喚起する行事である。この日子供たちは、悪態を吐き、道行く女などに雑言を投げかけることが許される。子供自体が境界的性格を持っていることは、本来子供が依憑《よりまし》として使役されたことからいって明らかである。この子供の振舞いに対応する行事として柳田は「千葉笑い」とか「悪体祭」の例を挙げる[34]。いずれにしても子供—自由な行為—道祖神—境という関係が容易に成立する前提が民俗の中にあったと見てよい。これに、道祖神の神体が和合双体であったという点が加わるならば、さらに両義性という象徴的連想が成立する。和合双体の像には性的イメージが仮託されやすいが、エロスのもつ「結合」作用には、様々の異質の事物を出遭わせるという可能性があることを考慮にいれるならば道祖神の多義性はいよいよ明らかとなるであろう。

(2)　トンド（左義長）の行事　これは道祖神の祭りに伴う行事であり「火の燃える音」を形容した囃し言葉から出たものとみられるが、柳田はさらに「遠戸」[35]あるいは「外側の境」という仮定のもとに「外側とは即ち村に属する山野の他村に接する」ところとする。この火を地方によっては柴燈と書いて「サイト」と呼ばせる。道祖土《さへと》かも知れないという。三河の北設楽郡の花祭りでは「サイト」は「セイト」と呼び、神座から見て、踊りの空間の右側の外と内の中間に当る部分にこしらえられた火と、この火の廻りに集って進行する儀礼を野次る客を指す。「セイト」の客は一方で「ターフレ」という掛け声をかけると共に、踊り手に悪態を投げかける。ここでも、火―両義性（内と外）―嘲罵という関係が成り立っていることが見てとれるわけである。

(3) 古陵墓　古陵墓は、様々な意味で中間的で両義的な空間である。大和河内では特にこの地に「夙《シユク》之者」が住んだといわれる。柳田は「古塚には草木が茂生して遠望を遮り、普通人は穢気を畏れて之に近づかなかつた」こと、および「塚の地が常に除地である為に、費用を要せず且つ占有を争ふ者が無かつた」という理由を挙げている。つまり「社会的に永久の空閑として存在するべきもの」であったという。荒蕪地と耕地の中間として、古陵墓は、「文化」の中にとり残された「自然」であると見てよい。

(4) シュクの者　柳田によると、シュクの元の音はスクで、「ハチタタキ」のハチと同様に郡邑の境または端《はず》れを意味した語であり、サカ（坂または境）、サコ・セコ（迫）、サキ（崎または尖）、ソキ・ソコ（底または塞）、ソグ（削）、スグル（過）などという「外れ」か「過渡的」な状態を表わす言葉と相通じる。さらに、多くのシュクという地名が境にあるためシュクという言葉と境との対応がいっそう鞏固なものになったらしい[36]。

(5) シュク神　こういった語義から転じて、守宮神あるいは宿神と書いてシュクガミと呼ばれる神性は「境の神」であった。守宮神は宮中および国府の地の殊に総社に接近してあり、巫女の祖神で宮中を守護する神であったと柳田は推定する。さらに彼は、この神をいただき村内に技芸を以て渡世する者が入って来て、外来の邪神を攘却する任務を引き受けたとすれば、この神の名シキまたはシュクが境の地に付託されても不思議ではなかろうという。

(6) 盲僧　境の神であるシュク神をいただく盲僧自体も境と密接な関係を有する。座頭たちは、山科の四宮川原に毎年集って祭りを営んだ。彼らは平常は、特に西国、中国にあって、地神経（金光明経の堅牢地示品）を読んで各家の竈《かまど》払いをした。水天宮との関連および地蔵信仰との関係からいって、彼らは本来「地下」と「地上」の仲介者であったことは疑いのないところであった。山科の四宮河原も、柳田によると摂津その他の国々に多く見られる宿川・宿川原同様、境の地であった。[37]

(7) サカド神　シュク神と同様境の神として祀られるものに坂戸明神または逆手明神といった神がある（上総君津郡楢原村大字坂戸市場）。柳田は、サカド・サカテは邑境を意味するという。この神の神性を地名としたものは逆井《サカサイ》村とか坂斎《サカサイ》と書くものが関東に散見するが、これらも境上の鎮防神である。この神の祭りには人身供犠を思わせる神事が執り行われる。[38]また大隅始良郡東襲山村大字重久の止上《トガミ》神社にも贄祭の式がある。トガミは門神すなわち境の神であるという。[39]

(8) シュクの者と同様な条件の空間に住んだ集団にいわゆる被差別民がある。柳田はこういった集団の住みついた土地の条件について「村ノ地域中最モ不用ナル空閑ヲ占ム。例へバ村境ノ原ノ中、山林ノ外レ、湿地川原ノ如キ多クハ耕地ニ不利ナル物陰ノ地ニシテ、見馴レタル者ハ村ノ外見ニテ此徒ノ住地ナルコトヲ知リ得」るとする。丹波、因幡ではこういった地域を何島という。これは、「洪水の跡に新生する地で、地味は肥えているけれど、水害に対する無防備な立地条件の故に一般農民が欲しない土地であった」。すなわち、豊穣肥沃と共に、洪水を原因とする荒廃の可能性を含む、両義的な土地であったといってよい。こういう土地、全くの原野（自然）でもなく、全くの耕地（文化）でもないといった両義的なイメージは、そういった土地に住みつく集団に転用されるのである。

(9)　ミサキ　ふつうは、稲荷社における狐の如く、神出現のサキブレというふうに考えられているが、柳田国男は「石神問答」において、境に祀られこれを守る神であったとしている。西日本ではミサキは荒神と重なる。たとえば土佐では吉良の七人ミサキという荒神信仰があったが、これは長曾我部元親のために腹を切らされた吉良左京進以下七人の霊を合祀すると伝えられる。諸所で祟をなしたゆえに、このように怖れられたという。(40)

(10)　橋姫　柳田国男が「一ツ目小僧その他」において章を立てて論じた橋姫も、境の神の延長線において考えられる存在である。そこでこの神には「怒れば人の命を取り、悦べば世に稀なる財宝を与へるといふやうな両面両極端の性質を具へてゐる」という如く両義的性格が仮託されていく。

(11)　タッショウ　これは様々の意味で特に中部地方を中心に村落の境界を指す言葉であった。(41)たとえば、下伊那、北設楽の二郡二県境の山村では、正月ニュウ木を削る際に、別にこれと似た形の木片を数多くこしらえて、それを家々の墓に持って行って立てる。この木をタッシャ木と呼んだ。タッシャは墓場のことであると柳田は述べる。さらに柳田は桜田和徳の報告にもとづいて、三重県志摩の南端和具の海岸に見られるタツバという場所についての事例を挙げる。タッ場は、此村の女の忌小屋の真下にあたる浜辺で、忌のあけた女たちが潮を浴びたらしく、同時に病い送りの藁船人形を流す場所として精霊迎えの念仏供養所としても用いられたという。

この外に挙げられた様々な事例をもとに、柳田は、タチは現われるという語義を本来帯びていたのではなかろうかと推定する。面影に立つといい、夢枕に立つといい、雷をカンダチ、朔日を月立ち、その他竜をタツと訓じ、水中の怪物をタックチナハ（佐賀地方）という例は、タッの本来の語義に神霊が現われるという意味を含んでいたと想定させる。(42)さらに柳田はタタリという言葉は今日罰が当るという使い方しかしないが、沖縄でタアリは神が顕れることであり、諏訪の御社でも巡幸の日に行く先々の大樹の下で、祭りをすることをかつてはタタへ（湛へ）といっていた。柳田の推定するところでは、以前はあるいは山や林の奥に「立ち所」という霊地があって、そこへ行って祖先の霊を迎えまた祭る風習があったのではないかという。

これらの事例の示すところでは、タッによって示される場所は、空間的に、「此方」と「彼方」の境い目であり、両義的な性格を帯びやすい場所であったといいうるであろう。

境界は、これらの例が示すように、内と外、生と死、此岸と彼岸、文化と自然、定着と移動、農耕と荒廃、豊饒と滅亡といった多義的なイメージの重なる場であった。境界にまつわる習俗は、こうした多義性に形の上で対応したものと考えることができよう。

3 彼ら――異人

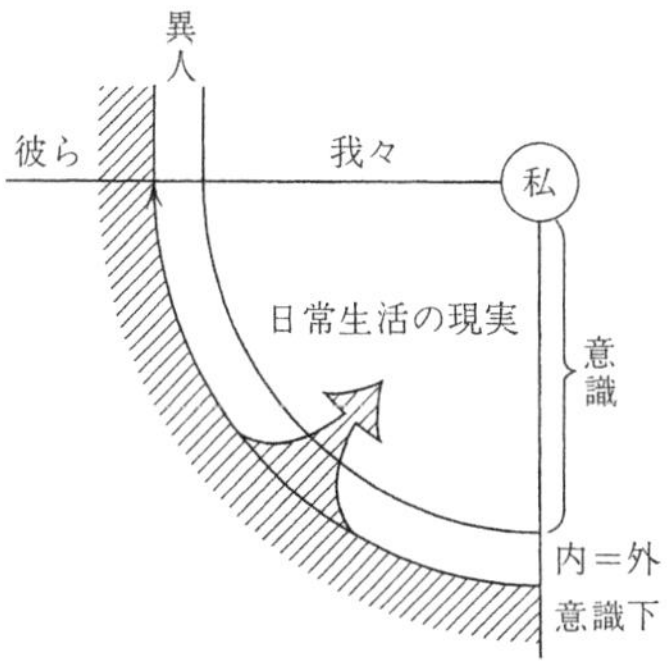

文化のプラクシスの中に生きて、これを疑わない人間の世界像は、多かれ少なかれ、己れを中心とした同心円を形成しており、当然のことながら境界を円周として持っている。中心は勿論円心と重なる「私」であり、この「私」は「彼」、「我々」に対する「彼ら」、「この世界」に対する「彼方の世界」という外で意識化される円周およびその彼方の部分に対置する形で、世界の像を描く。この円周の部分に現われる「彼ら」は他者の原像を提供する。とはいえ、円周は流動的であり、拡大したり縮小したりするから、「内」と「外」という観念は決して固定的なものではない。円環内の「我々」は運命を共有し、共に裕かになったり、共に窮乏を味わったりす

る。彼らの利害は、基本的に我々のそれに対立し、「彼ら」は我々の成功を妬んでいる。我々は共に住み、助け合い、理解し合い（実は、そうではないのだが、この際そういったずれは問題ではない）、喜怒哀楽を共にし、同じように考える。ところが、「彼ら」は我々と交わらず、理解不可能であり、不吉な赤の他人である。「我々」の側において、秩序が支配的であり、この秩序の中で、すべては恒常的であり、起こりうることにいかに対応すればよいかもわかっている。これに反して彼方の側において、一寸先は闇であり、すべてが不確定的である。もちろん、「此方」も「彼方」も、意識の内側の状態の投影に過ぎないことはいうまでもない。「彼方」は意識の下層のある状態の投影物である限り、もし「彼ら」が存在しなければ、「彼ら」を創出しなければならない。ここで、働く論理は、「彼ら」は「我々」の対の一部であるというそれである。「我ら」のアイデンティティが確認されるために、「彼ら」は必要なのであり、彼らはそういった意味で有用なのである。キリスト教社会がゲットーを必要とした文化的前提はここにある。

　中世西欧のユダヤ人はキリスト教社会の周縁に位置する集団であった。ユダヤ人は「我々」であると共に「彼ら」である。ウィッチクラフトの現象はまさに、こういった論理の現われの最も特徴的な形態の一つである。多くの社会で、女性が潜在的にこういった内側の彼らの位置を占めている。そういった「女性」を秩序から排除するメカニズムが、記号論的背景を持っていることを私はかつて説いたことがある。(43)

　このように、日常生活の周縁に位置する「異人」は、内側の「異和性」に光をあてるための民俗的モデルあるいは光源であるということになる。バウマンによれば、ゲオルク・ジンメルにとっても、ロベルト・ミケルスにとっても「異人」は何よりも、その「脆弱性《ヴァルネラビリティー》」を意味している。それは共同体の中でのお先真暗の弱さであり、挙動における弱々しさであり、「異人」をその特殊な片隅に追い込むに至らしめる集団の「異人」志向の問題でもあった。アメリカ人類学の中で、ついに「異人」のまま、余り評価されることなく死んだジュールズ・ヘンリーは、家族の病理人類学ともいうべき『狂気への捷径』[44]において、「ヴァルネラビリティー」（攻撃誘発性）がなければ、冷酷さは成り立たないから、それは冷酷さの弁証法的必需品であるという。「冷酷さの弁証法」とは、すでに考察の対象としてきたように「文化のプラクシス」の基底に仕込まれているものである。ヘンリーは次のように強い調子で文明とヴァルネラビリティーの論理をあばく。「進歩とは、冷酷さの支配と、ヴァルネラビリティーの収奪の上に成り立っている」[45]と。家族の中で子供がヴァルネラビリティーの担い手になるケースをヘンリーは克明に報告する。どの家族にも、寝小便とか、怠け者とか、盗癖とか、嘘言性といった汚名を陰に陽に着せられて潜在的に差別される子供がある。家族の平和とは意外にも、こういった「排除の原則」の適用の上に成り立っているということになるのである。

ヘンリーはこの問題を家族の人類学の中核的な部分に据えた。家族は内部の敵を必要としている。この「敵」は家族の末端まで押しやられ、時にはつまみ出されて、有害であるとすら思われる。家族、またはその中のいくらかの成員は、彼から自分を防衛しなければならず、彼を罰し、破滅に追いやる権利すら持つ。……戦争は反対者を正々堂々と破壊しうる、有害な物に転換させることによって起こる。[46]

家族における潜在的異人の問題は今後さらに追究されるべき課題であろう。死・病・狂人の問題と共に、家族の中に働く潜在的演劇性の問題を解く手がかりとして有効な視点になることに疑いはない。

「異人」の社会集団における役割は、ゲオルク・ジンメルが先鞭をつけて以来、社会学の中におけるマージナルな問題として、いくらかの社会学者の興味を惹いてきた。しかしこの問題を現象学的展望において捉えなおしたのはアルフレート・シュッツである。シュッツは「異人」と題する論文[47]の中で、「異人」を次のように定義した。

偶像破壊者、瀆聖者、あるいは共同体のメンバーの誰一人にとっても互いに理解し合い理解しうる正当な機会を与えるに充分な一貫性、明証性、まとまりといった外観を保証する「相対的・自然的世界観」を次第につき崩す者、共同体内のメンバーが疑問に付さないほとんどすべてに疑問符を付する者。

もちろんこれは「異和性」という表現を媒介とすれば、様々な方向に照射されうる概念である。というのは、それは文化の制度化に媒介されているが「存在の不安」に由来した「自然的態度」であるからである。この「存在の不安」はリーチのいう線化されうる部分と、そうでない混沌の部分の断絶の意識に由来するということができよう。人は連続性の線の内部への侵入をおそれる。この侵入を防ぐ行為は、境界および防壁を築くことによって解決される。ところがこれは外来者の侵入を防ぐというより、意識の内側の「異和的」な部分を可視的なものに転化することによって外在化し、こうして、境界外に追放しようとする願望に外ならない。フィジカルな「異人」は、こうして「天啓」的存在となるのである。儀礼の分析の現象学的視点が可能になるのは、こうした視点の導入によるものに外ならない。よく「封じ込め」という言葉が使われるが、実は「封じ込め」るためのヌミノーシスの喚起の方が重要なのであって、「異和性」の侵入、エントロピーの増大を防ぐために、「異和性」を境界として顕在しようという試みに外ならない。

このように、秩序を確認するためには、境界を設定することが必須の前提であり、境界のイメージを生きと、想像力に働きかけるように浮び上らせるためには、『文化と両義性』第一章において検討したように、この空間に出没する魔性の者を作りあげるのが最も有効な近道である。この魔性の者は、人間のまともな形（＝シンタックス）という形で表わされる「秩序」の骨格と、動物的部分（＝語）を備えていることが望ましい。フランスの美術史家J・バルトルシャイティスが精力的に追究した西欧中世およびゴシックの図像学的遺産はその理想的な形態であったといえる。[48] 特にボッシュおよびブリューゲルの幻想絵画にはじまって、フローベルの作品に流れ込んだ聖アントニウスの誘惑の主題には、境界をマークする者と、境界に立ち現われるキメラ的存在である魑魅魍魎の対の構造が典型的に表現されている。

　こういった対構造は、西欧の理想郷のイメージにも現われる。理想郷は、M・エリアーデによると、「人が登る山、人の住み耕す土地、遡及可能な河、都市、聖域、こういったものは、異郷的原型を持っていた。……しかし人間をとり囲むすべてのものがこういった原型を持っているわけではない。例えば、デーモン（霊鬼）の住む砂漠地帯、未開墾の地、未だ誰も航海したことのない海は、示差的特権の徴であるバビロニアの都市、エジプトの州制といったものとは同一視されることはない。それらは、異なった種類のもう一つの神話的モデルに対応する。これらすべての野性的で、未開墾の土地やそれに類するものは混沌に同化される。それらは未だに、創成前の分化せず、形態を欠いたありように参劃しているのである[49]」。

　こういったユートピアと逆ユートピア空間は、多くの社会では、天上界と地下界という弁別的に対置された、宇宙の境界として一対のものとして表現される。しかし、天界のイメージが強固に確立していない文化においては、地下界は、両義的に、つまり、災と共に福をもたらす境域として考えられる。C・アウエハントが示したように、「鯰《なまず》信仰」に見られる日本人の地下界のイメージにも、そういった混沌と生成という相対立する要素が強くにじみ出ている筈である。

　空間に混沌がにじみ出ていると同じような意味で、時間にも、同様に、秩序と秩序のエアポケットという二つの要素が投射される。船舶が赤道を越える時や大晦日の夜十二時に大騒ぎをする風習は、境い目の通過の意識と大いに関連のあることは今日よく知られている。四月一日が、英国の習俗で「万愚節《オール・フールズ・デイ》」であることは、その最も顕著な例である。この日は、公然と嘘をつくことのできる日として我々に知られている。が、これはこの日が本来、季節の境い目に設けられた、混沌と蘇りの道化祭りの日であったという全体像の一部を伝えるものでしかない。人を瞞いて使いにやったりするなど、特定の瞞着法のストックが子供たちの中にあって、成功すると「エイプリル・フール」と叫ぶのが慣わしである。「イヴの母の生涯」という本を買いに子供が本屋に行かせられたりもする。しかし「エイプリル・フール」の時間は厳密に深夜十二時から一日正午と定まっていて、今日でも、時間を間違って、その後にトリックを仕掛けると、「万愚節は終った。お前は阿呆で、僕はそうじゃない」という罵声を浴びせられる。[50]

この転換の意識を、西欧に拡がるカーニヴァルの民俗に拡大して読みとるのは決して難しいことではない。カーニヴァルの祝祭は、本質的に、転換の意識に付随する両義的な世界感覚の表現である。したがって、この日は、阿呆王を選び出して、戴冠をし、一日中悪ふざけに熱中し、すべての秩序を停止し、混沌をして世界の基調たらしめる。あらゆる価値、人、事物は、それが通常属している文脈から離れて、他の事物と、意外としか言いようのない事物と結びつき、それらが日常生活では現わさない潜在的意味を表面させる。つまり、存在する事物が、日常の効用性の文脈では示さない異貌ともいうべき「響き」が、祝祭日の宇宙の基調となるのである。騒音すらもこの日の意識の過渡的状態を仲介する不可欠の要素になるのである。

しかしこうした過渡的状態は、そのイコン的な過剰性の故に、人間の通常の経験の中には統合され難い。それゆえ、こうした過剰性はあえて禁忌《タブー》の領域に放置されることが多い。人が髪およびその付属物である櫛に抱く恐怖感は、絶えず急速に増殖するものに対する人間の言い知れぬ異和感に基づいていることが多い。

このようにして、プラクシスが接近できないか、秩序の最先端を示すためにプラクシスの支配する地帯に無理に持ち込まれた諸要素は、不定形、幽界、混沌の境として放置される。我々の立場から見れば、秩序を生気づけているのは、このような分類項の間に存在する空隙の部分であることが多い。

論理的にへだてられた二つの類の間のギャップをタブーが埋めていることは、すでに述べたが、この断層には、様々の魔性の者、半人・半獣的存在が棲息することが多い。日本の民俗でも、二つの世界をつなぎとめる橋の上に橋姫のような存在が立ち現われる。猿とか狐といった日吉神様や稲荷のミサキに見られるように、これらの周縁的・両義的存在は、神と人との仲介と考えられる場合が多い。二つの世界をつなぎとめる存在は、伝承において「英雄」という形で語られるのであるが、ヘラクレス譚に見られるように、英雄は、人間の形姿と獣の力を持ち、文化と自然のつなぎ手である場合が多い。「英雄」譚の典型的な現われは、「金太郎」伝説に見られる。すなわちそれは、ターザンの説話を日本化したような、動物＝自然の世界への想像力を介した架橋の作業の結果である。これらの説話は、文化が自らのシンタックスの中で飼いならした、奇矯な語としての自然の属性である。ある意味では、イエス・キリストをこういった仲介者＝英雄《ヒーロー》の文脈の上で捉え直すことは不可能ではないかも知れない。キリストは地上の処女を母として生れた父なる神の子という、二つの世界に相渉る両義的存在であり、記号論的には、神のミサキとしての様々の動物と等位である。キリストを道化として捉えるハーヴェイ・コックスのような提唱[51]が意味を持つのも、キリストのもつ仲介者的性格に由来しているのかも知れない。

「英雄《ヒーロー》」（＝小説、劇の主人公）に現われるのは、一つの文化における「此の世界」と「彼方の世界」の境界である。境界はこのように個人を媒介として現われることもあるが、様々の職業集団という形で現わされることもある。鍛冶師、熔鉄師、たたら師、錬金術師、といった半ば聖域で、半ばアウト・カスト的集団は絶えず侵犯者という刻印を押される。この侵犯者という性格のゆえに、西欧社会の錬金術師は、ブリューゲルの版画に現われたように、シャルラタン（詐欺師）的扱いを受けることになった。ルネッサンス期の絵画には、ホルバインのそれをはじめとして、「ニーマンド」という一所不住の旅人の像が現われるが、この人物は、絶えず、あたり一面に乱雑に拡散した工具や鍛冶の道具の真只中に坐っている。E・カステッリは、この系統の絵は、ルネッサンスの宇宙観の有力な主題の一つであった、狂気（乱雑）と創造（手仕事）の両義的世界表現に根ざしているという[52]。

これらの例が示すように、境界には、日常生活の現実には収まり切らないが、人が秘かに培養することを欲する様々のイメージが仮託されてきた。これらのイメージは、日常生活を構成する見慣れた記号と較べて、絶えず発生し、変形を行う状態にあるので生き生きとしている。日常生活の内側にあった記号でさえ、境界に押し出されると、意味の増殖作用を再び開始して、新鮮さを再獲得する。これは、人間についても言いうることで、人は、自らを、特定の時間の中で境界の上または中に置くことによって、日常生活の効用性に支配された時間、空間の軛から自らを解き放ち、自らの行為、言語が潜在的に持っている意味作用と直面し、「生れ変る」といった体験を持つことができる。遊戯、祝祭、見世物にはそういった境界性の機能が備わっているが、逆に、身体の運動が拘束される「病気」においても、――それが日常化しない限りにおいて、人は逆の方向においてであるが、極めて間接的に死の影をかすめるというだけで、似たような体験を持つことができる。

こうして考察してきたところでは、文化の中の挑発的な部分は、それが秘める反社会性のゆえに、発生状態においては、周縁的部分に押しやられるが、絶えざる記号の増殖作用のゆえに、中心部分を生気づけている。中心的部分は、境界を、時と場所を定めて視覚化、強調し飾り立てることによって、中心を構成する秩序に対する「逆定言《カウンター・ステートメント》」を行うのである。

注

（1） Paul Ricoeur, "La structure, le mot, l'événement", *Le conflit des interprétation*, Paris 1969, pp. 88-89.

（2） Ricoeur, "Le problème du double-sens", *Le conflit des interprétation*.

(3) *Ibid.*, p. 65.
(4) *Ibid.*, pp. 65-66.
(5) *Ibid.*, p. 66.
(6) *Ibid.*, p. 70.
(7) *Ibid.*, p. 71.
(8) Ricoeur, "La structure, le mot, lévénement", *Le conflit des interprétation.*
(9) Victor Turner, "Passage, Margins and Poverty", *Dramas, Fields and Metaphors : Symbolic Action in Human Society,* Ithaca 1974, pp. 236-244.
(10) Ricoeur, "La structure, le mot, l'événement", pp. 92-93.
(11) *Ibid.*, p. 92.
(12) *Ibid.*, p. 93.
(13) *Ibid.*, p. 93.
(14) *Ibid.*, p. 94.
(15) Zygmunt Bauman, *Culture as Praxis,* London 1973.
(16) *Ibid.*, p. 102.
(17) *Ibid.*, p. 103.
(18) André Martinet (éd.), *La linguistique : Guide alphabétique,* Paris 1969, p. 155.
(19) Michel de Certeau, *L'absent de l'histoire,* Paris 1973, pp. 173-177.
(20) E. R. Leach, "Anthropological Aspects of Language : Animal Categories and Verbal Abuse", E. H. Lenneberg (ed.), *New Directions in the Study of Language,* M. I. T. Press 1966.
(21) 以下、次の記述による。五来重「民俗信仰としての大般若経」『印度学仏教学研究』第三巻1号、一八三―一八五頁。
(22) Claude Lévi-Strauss, *Mythologique* I : *Le cru et le cuit*, Paris 1964.
(23) 三橋修『差別論ノート』新泉社。

(24) 宮田登「江戸町人の信仰」『江戸町人の研究』第二巻、吉川弘文館、一九七三年、二五四頁。
(25) 広末保『辺界の悪所』平凡社、一九七三年。
(26) 柳田国男「神送りと人形」『柳田国男集』第一三巻、四五〇—四九〇頁、参照。
(27) 拙著『本の神話学』中央公論社、一九七一年、一四四—一五四頁、ならびに『歴史・祝祭・神話』中央公論社、一九七四年、参照。
(28) Julia Carlo Baroja, "Folklore experimental : El Carnaval de Lanz", *Estudios sobre la vida tradicional española*, Barcelona 1968, p. 345.
(29) 柳田、前掲書、四八三頁。
(30) 同「広島へ煙草買ひに」『柳田国男集』第一五巻、五七二—五七四頁。
(31) 同書、五七三頁。
(32) 柳田「吉右会記事」『笑の本願』(『柳田国男集』第七巻、二〇六頁)。
(33) 拙稿「道化の民俗学(五)」『文学』一九六九年五月号。のち『道化の民俗学』、新潮社、一九七五年に収録。
(34) 柳田「神樹篇」『柳田国男集』第一一巻、一六頁。
(35) 同書、一七頁。
(36) 柳田「毛坊主考」『柳田国男集』第九巻、三九四頁、及び「所謂特殊部落ノ種類」『柳田国男集』第二七巻、三七六—三七八頁。
(37) 同「毛坊主考」三九七頁。
(38) 同「掛神の信仰に就て」『柳田国男集』第二七巻、三〇四—三〇五頁。
(39) 同書、三〇八頁。
(40) 同「七塚考」『柳田国男集』第一二巻、五〇四頁。
(41) 同「霊出現の地」『柳田国男集』第一五巻、五六九—五七一頁。
(42) 『綜合日本民俗語彙』第二巻、平凡社、「タチビ」「タッオサケル」の項、参照。
(43) 拙稿「Jukun族(Nigeria)のウィッチクラフト起源神話の形態論的考察」『アジア・アフリカ言語文化研究』四、

一九七一年。

(44) Jules Henry, *Pathways to Madness*, N. Y. 1973.

(45) *Ibid.*, p. 449.

(46) *Ibid.*, p. 449.

(47) Alfred Schutz, "The Stranger", *American Journal of Sociology*, XLIX, 1944.

(48) Jurgis Baltrušaitis, *Le moyen âge fantasique*, Paris 1955, pp. 221–225.

(49) Milcea Eliade, *Cosmos and History*, N. Y. 1959, p. 9.

(50) Laurence Whistler, *The English Festivals*, London 1947, pp. 107–109.

(51) Harvey Cox, *Feast of Fools : A Theological Essay on Festivity and Fantasy*, Cambridge, Mass. 1969.

(52) Enrico Castelli, "Symbolisme involontaire et humanisme", *Images et symboles*, Paris 1971.

妖怪のトポロジー

宮田登

1　辻と境

お化けとか幽霊といったりする超自然現象と人間との関係は、一般に「世にも不思議な話」と表現されるフォークロアとして語られている。不可思議な世界というものは、本来、科学や文明が発展していけば、自然に排除されるべき性格であろうと、多くの人々が考えていた。実際、知識人からの迷信問題を摘発する考え方は強かったわけで、先の井上円了の『妖怪学』という学問体系はそれを前提として成立したものであった。当時井上が、不可思議な、世間的には迷信と思われている具体的な事実を全国的に収集して、まず記録としてこの世に残そうとしたことは高く評価されるだろう。

これらは明治二十年代のデータであるが、それらを見ていくと、昭和六十年という現時点においても、なお類型的なパターンをもって、われわれの潜在意識のなかにずっと伝承されている点に注目すべきなのである。民俗学の立場から、柳田国男は昭和十三年に『妖怪談義』において日本の妖怪、化け物についての視点を民俗学的に確立したといえる。

　それからさらに、五十年近くたった現在、この問題をさらに深めていく必要性がある。われわれ人類が共通体験としてもっている、自然との対立・抗争、そしてやがて自然を自分たちの文明のなかに取り込み、文化の歴史を形成させてきたプロセスのなかで、人間自身の思考からは合理的に説明しきれないものを、そのままひきずりながら現在に至っていることは明らかである。

　これらをたんに残存という現象で説明すべきなのだろうか。もし残存という現象であるならば、それは生命力を失いつつある方向だと思われがちであるにもかかわらず、現代社会には依然として不可思議な現象、化け物とか幽霊、あるいは神がかりとか、幻聴、幻覚、あるいは占い、また霊魂の存在、そういったものに対する関心は一向に衰えないのである。しかも、昭和五十三年段階の意識調査のデータを見ても、むしろ、その傾向が増加しつつあったことが知られている。

　われわれはいろいろな怪異現象を調べていく上において、たんに不思議だと思っているだけではなく、そこに何か類型的な、共通項でくくれる枠組みを考えなければいけない。この点については、特定の場所が妖怪変化の出現と深いつながりをもっていることが従来も注目されてきたといえる。

　妖怪変化、それに伴う超常現象、神秘的現象が生じやすい場所が、民俗的空間のなかには存在していることが証明されているのである。

　たとえばその場所が「屋敷」であると「化物屋敷」が生じてくる。〔『妖怪の民俗学』〕前章の「化物屋敷」に関するいろいろな資料を見ると、土地に備わっている場所性があった。その独自の性格が土地に伴って存在しており、それは土地の精霊――土地霊というものによって表現されている。

　こうした土地霊の存在が、化物屋敷の言い伝えを広めていく重要なきっかけになるのである。その場合に、共通する登場人物が若い女性（若い下女）であることも注意される。「番町皿屋敷」のお菊をはじめ、井上円了が各地の化物屋敷に関する話を集めてきた場合、やはり若い下女が関係していたことが知られる。このことは若い女性が、非日常的な状況に陥ったとき独特な潜在的な能力が生じ、それが霊力として発現してくることを示している。

女性のスピリチュアル・パワーと場所霊――とが相乗作用を起こした場合、土地にこもる怨念が、ひと昔前の民間伝承として伝えられていて、それが具体的な形をとってあらわれてくる。怨霊が祟りを媒介にして幽霊とか化け物となって出現してくるが、その場合、そこに居合わせた若い女性が、何らかの形で、現実に住んでいる人間たちに伝える媒介機能を持っているといえるのである。

ところで化物屋敷とは別に、霊力と関わる場所として想定されているのが、民俗学上、「辻」と「橋」とである。「辻」も「橋」も、独特な民俗空間と考えられているのである。

「辻」は、「つむじ」と同様の性格をもつ言葉で、人々が集まってくる場所である。ツムジ風と称される旋風が周辺のすべての物をまきこむような空間でもある。また、頭の毛の旋毛をツムジといってこれを特異な兆しとみなす感覚が基底にあった。人々を集合させる何かがツジにあったのである。道の交差する十字路を拡大解釈すると「広場」が成り立ってくる。広場にはいろいろなところからいろいろな人々が寄り集まってくる場所である。「辻」に関する言い伝えはきわめて多く語られている。この「辻」に関するいろいろな民間伝承を集めた研究では、たとえば、笹本正治「辻についての一考察」（『信濃』三十四巻九号）が参考になる。

辻の伝承で興味深いのは「お墓とか、村の辻に線香を立てておくと、ご先祖さんはその煙に乗って帰ってくる」とか、「お盆のときに盆踊りをする。そのときに人々は村の辻を中心に踊って歩く」というようにとくに盆のときの「辻」が、先祖の霊のあらわれやすい場所だと考えられていたことである。辻ごとに供養棚を設けたり、あるいは無縁仏の供養の旋餓鬼棚がおかれていた。

岐阜県加茂郡では盆の十四、十五日ごろに、十四、五歳の女の子が、道の辻にかまどをつくって、煮炊きをして共同飲食をしたという。「辻で食事をする」のは無縁仏の霊を慰めるためだと、説明されている。これも、辻が特別の意味を持っている点をよく示している。つまりそこは、霊が集まりやすい場所といえるのである。

柳田国男の『幽霊思想の変遷』(『定本柳田国男集』十五巻)には近代化に伴って、民俗が変わっていくなかで一番変わり方が少ないのは葬式の行事だと言っている。これはなぜかというと、葬式は、死ぬ者は老人であり、老人たちは、自分たちが死んだとき儀礼を変えてもらいたくないという意識が非常に強いから、あとの世代の者が変えることをなるべく遠慮していたためだという。

そうしたかつての葬式行事のなかで柳田が注目したのは、「辻」に十数本のくしをさす行為であった。長さ七~八寸の竹のくしに白い紙をさしはさんだものを村の辻にさしておく。そうすると村人たちは葬式があったことを知るという。つまりこれは葬式の表示でもある。この話は、神奈川県の内郷村(津久井郡)でたまたまお葬式があり、村の辻に十数本の竹ぐしがさされていたことを実見した柳田の報告である。

なぜ、白い紙をくしにはさみ辻に立てるのだろうかというのが、柳田の設問になっている。幽霊が、棺桶のふたをあけて「ヒュー、ドロドロ」とあらわれてくる。その折かならず頭に三角形の紙をはりつけて出てくる姿はいわば幽霊の表徴なのである。そしてこの死者の頭の三角形の紙と辻に立てる竹のくしとは同じものではないかという。

死者の目印にあたる白紙が、辻に立てられることは、「辻」という場所が、「あの世」と「この世」の境にあたる場所だという潜在的思考があったためであろう。死者の霊が、死んだ後、もう一度この世へ戻ってくる可能性があると考えたわけで、その場合に怨霊という形で戻られると困るわけだから、死者の霊をうまく乗り移らせるために、三角形の紙、あるいは竹ぐしのような目印のようなものを必要とした。いったん葬式により「あの世」におくられてしまった霊魂が「この世」へ戻ってくるときに、直接もとの家に戻ってきて祟ると困るから、「辻」の一角に目印を立てると、死霊はそこによりついてしまい、家の方へ戻ってこないと考えたらしい。四辻は、「あの世」から戻ってくるときの入り口の境界にあたっている空間なのであり、死霊はそこまでやってきて、それ以上は自分の家の方に戻っていかないようにする、そのための呪いが葬式に四辻に立てる竹ぐしだと考えられたのである。

このような儀礼から、「辻」は霊魂が集まりやすい場所であり、「あの世」と「この世」の境にあたる場所だという考え方は一応の裏づけをもっているといえるだろう。

辻に出てくるいろいろな霊のうちで「四辻に出てくる妖怪」の話は、以前から語られているものである。「辻」には特別な力を持つ何かが存在していて、たとえば馬で「辻」を通過しようとすると、馬が一歩も進まなくなってしまったという話がある。「蹲踞《そんきょ》の辻」という名もある。『笈埃随筆』によるとそれは京都の御所の丑寅の隅の方の辻であった。夜更けてこのあたりを通ると、この辻を通過した瞬間に方角を見失ってしまって、動けなくなってしまうという。そこで「蹲踞の辻」の名称があるのである。そこにずっと立ちどまって静かにしていれば何でもないのであるが、無理に動こうとすると、足がすくんでしまって歩行が困難になり方角が分からなくなるという場所とされている。

しばしば、妖怪「産女」のあらわれてくる場所が、「辻」といわれている伝承は多く、辻は「あの世」から戻ってきた産女が赤ん坊を他人に預ける場所とされている。古い道路の辻などに、夕暮時になると産女が出てきた。そしてその場所で赤子を預かったために御礼として産女から力をさずかったという話、あるいは、「だらし」という妖怪がいて、辻を通過するときに「だらし」に引きずり込まれて動けなくなってしまい、ついにくたびれ果ててしまったという話も聞かれる。

辻に建てられる多くの石仏群のなかで、ひときわ異彩を放っているのは、子安地蔵・子安観音と呼ばれる石仏である。先年、茨城県下の勝田市や古河市の民俗調査をしている際にも、やたらに目立った。やはり道の辻にそれらは祀られている。特徴的なのは母親が赤子を抱く姿をモデルに図像化していることだった。郷土史家のある人は、これをマリア観音の変形と見、背後に隠れ切支丹の存在を想像していた。しかしその因果関係ははっきりしないようである。むしろ、道の辻に赤子をいだく母神が祀られるという民俗信仰に注目すべきなのだろう。

辻堂というように、村の小さなお堂は辻に建てられていた。お堂のなかには観音、地蔵が圧倒的に多く祀られている。堂という建築物だけでなく道の辻は、いわゆる野の石仏たちの集会場を呈している。村人はこうした辻にある子安地蔵に、子育て、子授けを祈願した。子安講、二十三夜講などの名称をもつ女人講も伴っている。観音より地蔵が多いのは、子供の守護神としての地蔵の機能が知識として定着しているからでもある。

仏教上の賽《さい》の河原は、あの世である地獄に通ずる渡しのたもとにある広場であるという。渡しは、三途川を横切る通路であり、渡しはやがて橋となる。そしてその地点が辻の空間であった。賽が、境であることは明らかであり、賽が道祖《さい》の神であり、仏教ではその土地神としての地蔵に表現している。したがって地蔵は、道祖神と容易に習合できる境の神なのであった。

辻にいる「辻神」の言い伝えがあるのは鹿児島県の屋久島である。「辻」には不思議な力をもった魔物がいて、その道の正面に家を建てた場合に、「辻神」と称するものが家に入り込んでくるという。そのためその家に病人が絶えなかったり、不幸が続いたりするという。

沖縄には「石敢当」という魔除けがある。道を通っていてパッと左右に分かれている三辻になると、一瞬正面に突き当たる。するとそこに「石敢当」が置かれていることに気づく。また道が曲がると、はじめに眼に映る地点に「石敢当」がある。沖縄那覇市の迷路のようになっている角ごとに「石敢当」と書いた魔除けの石が置かれているのは印象的であり、魔が潜む場所を的確に明示していることが分かるのである。

邪悪な霊が「辻」を通過するときにおそいかかってくる。悪霊がそこに閉じこもっていたならば、通りがかりの人間に対して何らかの災厄を与えるにちがいないという考え方を示しているのであろう。

一方、「辻」は、たんに恐ろしい場所というよりも、辻を通過することによって、もう一つ別の世界が見えるというような考え方も以前あった。これが「辻占い」を生み出している一つの理由であろう。「淡路島通う千鳥は、恋の辻占」で知られる辻占は、うら若い旅の巫女が、道ばたで求めに応じて行った占いである。江戸時代に入ると、別に巫女でなくても、恋の行方を判じた文を持って歩き、一枚いくらで売りつける商いになってしまったが、それでも若い男女には結構受けていたのである。室町時代、京の五条の橋の上で、小野のお通の下女だったという狂女千代が、道行く人を呼びとめては、お通にもらったという手紙を読んだという話がある。小野のお通は、漂泊の巫女たちの象徴的存在であったのであり、狂女千代が橋の上で一種の占いをしていたことは十分推察できるのである。橋の上とか道の辻でなされる占いを、橋占、辻占と称したのであり、これらは通行人たちの運を占う場所が、どの地点であるべきかを示している。

いまでも大道易者の商売が繁盛する場所は、大体四つ角に多い。東京の新宿の伊勢丹デパートの角にたいへんな人気のある占いのおばさんがいる。毎週土曜日の午後になると、若いＯＬがずらりと並んで、占いをみてもらう順番を待っている光景に出会う。ここは明らかに四つ角で、そこに人々が集まってきている。むしろ、そういう場所を選ばないと、大道易者の占いは繁盛しないといわれる。場所代を払って組合に登録しておき、手相、人相をみる商売をすればけっこう稼ぎになるのである。

『近代世事談』五によると、そもそも「辻占い」が起こったのは堺であるとしている。これは地名伝説でもある。すなわち堺の地に、「市の町」「湯屋の町」があり、その大小路の辻を「占いの辻」と言った。この「占いの辻」は、摂津国と和泉国の境目にあたり、南北の分岐点である。「古安倍晴明此の所を過ぎて後世のためにと、占の書を埋めたりといひ伝へ、此の辻に出て吉凶を占ふに違ふ事なし」と記されている。すなわち辻占いのルーツは、安倍晴明が摂津の国と和泉の国の境にあたる場所で占いをして、そこに占いの書を埋めたところから始まったというのである。

この辻占の古い形は、すでに『万葉集』にもしるされており、「夕占《ゆうけ》」という考え方があった。これは、四辻とか三辻に出てきて、往来の人々の話を聞くことにより、自分の迷っていることや、考えていることにあてはめて判断する方法をいった。ちょうど太陽が沈んだ黄昏時に、なるべく人通りの多そうな道を選んで、そこの辻に行く。精霊が最も力を発揮する時間に辻に行って通過する人の言葉を聴く。その言葉が全く無意味なものであっても、聞いている方の人間にとっては占いという形で、判断の基準になる——それが辻占いの本義であった。

『倭訓栞』に、「万葉集に、夕占、夜占、夕衢などと読めり」とある。「その方法は、十字路に出てきて、黄《つ》楊《げ》の櫛をとって、道祖神を念じて、ここへくる人の言葉をもって吉凶を、占い定むといえり」。そしてなぜ、黄楊の櫛を使うかというと、ツゲが、「告げる」という意味とつながるからだという。なぜ櫛を使うのかというと、櫛は、霊魂の乗り移る呪具であり、櫛を使って占いをし、託宣を聞くという形式なのであった。

「道祖神を念じて」と書いてあるが、これは境の神である。つまり、境にいる神に託宣を求めるという考え方がある。道祖神が夕暮時に辻で託宣を与えるという考え方があるところをみると、本来の占いは、どこでもいいというわけではなく、「あの世」と「この世」の境にあたる場所が最も適当だと考えられていたことは明らかなのである。いろいろな霊魂がそこにより集まってきており、とくに霊力の強い道祖神が、その場所を管轄しているわけであって、その部分は同時に見えない場所でもある。神がいたり、「あの世」と「この世」の境になっているということは誰も識別することはできない。しかし、霊的な力を持った人間がそこを通り過ぎるというときに、何かを感ずるらしい。

占いは、「裏を見る」という意味である。表ではなくて心の「ウラ」を判断するというのが占であって、見えない心の内部を判断する、その技術を占いと称している。占いの場所は、境の場所でなければいけない。そこは見える場所であると同時に、見えない世界を交錯させているからだということになる。

不思議なことに、辻は雑踏で人ごみだから、つねに静寂さはなくてうるさい場所であり、人の話し声などはほとんど聞けそうにもない空間である。それにもかかわらず、何かの声が聞けるという。心意の世界が特定の時間と空間によって画定されているかぎり、辻を通過するときに、人は何か隠れた部分を知りたい衝動に駆られるのであろう。それに対して応えてくれる霊的な力の働くことを、辻に対して認識していたのである。

さて辻には、いろいろな民俗的行事が伴っている。たとえば、綱引きも行われる。綱引きは競技であるが、年占の意味をもつのであり、一年間の作物の出来、不出来を判断するために行う。その場合に、やはり辻空間が使われているのである。

辻相撲もある。長野県南安曇郡の事例では田植休みのときに子供が相撲をとったが、これを辻相撲と称していた。長野県松本市をはじめとして、相撲場のことを辻といっている。辻に土俵を築いて相撲をとる。これも占いのためとされているからだろう。相撲とは、もと「すまい」という言葉からきている。「舞」を基本動作としての型がある。愛媛県の大山祇神社には一人相撲が残っている。一人で相撲をとるのはどういう意味があるのだろうか。かつて巫女が辻で舞いを舞うことがあり、それは、霊魂を呼び出すための所作であった。土俵は聖域なのであり、いわばすまい手は神主に相当する。男相撲が一般的になってくるわけだが女性も舞う力をもつのだから、女相撲ももちろんあったわけである。女相撲の系譜は見世物興行としてはエロティックなものを前面に押し出していたが、舞いの女相撲は、七夕のころとか、あるいは夏の雨乞いが必要なときであり、若い女性が裸形になって神社で相撲をとったという伝承がある。とくに女相撲をすると雨が降るともいわれていた。女相撲と雨の関係は、かつて水神祭りの司祭者が女性であったことを示唆しているのだろう。江戸時代の女相撲は、旅の巡業でかなり評判をとっていた。日照りが続いた時期に女相撲に興行を頼んでやってもらうという習慣が、東北地方には大正時代ぐらいまで残っていたといわれている。いずれにせよ、相撲も霊力を引き寄せるという呪法なのであって、これはとくに辻で行われるべきものであったろう。だから小さい子が辻にいれば、そこに霊が憑依するという考え方は当然あったわけである。

子供の「辻遊び」という言葉も残っている。これは「辻わざ」と分類されるものであった。ワザは技術である。辻の広場で技術を訓練するという前提があったのではないかと、柳田国男は推察している。たとえば、「けんけん」という足跳びの遊戯があるが、これは中世武士たちの武芸だったもので、おそらく辻で訓練したものだという。辻で遊ぶ子供の遊びには、たとえば鬼ごっことか、かごめ・かごめとかがある。「かごめ、かごめ、かごのなかの鳥は、いついつ出やる」という唱句はよく知られるが、「夜明けの晩に、鶴と亀がすべった、後ろの正面だあれ」といってぐるぐる回ったあと、後ろに立っている子供の名前を当てる遊びである。これは子供のもつ不思議な霊感にもとづいているといわれているが、真中に座っている子供を囲んでぐるぐる回り、「かごめ、かごめ」と唱えている場所が辻にあたっていることになる。ぐるぐる回る中心点が辻となり、そこに座っている子供はだんだんだんだんスピリチュアル・パワーを増加させてくる。そして後ろの正面の子供の名前を、パッと当てることができる。これは古風な神がかりの一つのやり方であり子供の遊びに残っているといわれている。だから「かごめ、かごめ」は鳥の名前ではなく、「かがめ、かがめ」ということであって、霊魂をだんだん体に入れていくための所作を表わすもので、それが「かごめ、かごめ」に変化したといわれている。

こうした遊びが、「辻遊び」の形に残っていたのである。辻遊びのそれぞれに注目すると、やはりそこにマジカルな要素がうかんでくることは明らかであろう。

辻では民俗芸能も盛んに行われていた。「辻歌舞伎」「辻浄瑠璃」「辻講釈」「辻説法」などがある。大道芸はほとんどの場合辻で行われていた。芸能の持つ働きは、一方ではショーとかアトラクションと考えられがちであるが、民俗学的には、その起原は鎮めの作法である。霊魂を鎮める技術が芸能であり、「辻わざ」の発達したものだった。辻には良い霊も悪い霊も集まってくる。だから悪い霊魂の方は鎮めなくてはならない。あるいは悪霊は追い払わなければいけないと考えた。人間に災厄をもたらす悪霊を鎮めるために、芸能が辻に発生したと考えられているのである。

盆踊の主流を占める辻の念仏踊は、辻が「境」にあたるわけだから、出現する霊魂が悪い霊でなく、善霊になるようにと祈り、かつ悪霊が出てきたらそれを鎮めようとする、一つのテクニックでもあったのである。「辻」の、大道芸には、大勢の見物人が集まってくる。そこでは当然商売も行われる。したがって、「辻商人」という言葉もあった。辻はやがて市にもなる。市場は商行為が行われる場所である。辻の守護神が「市神」であり、市場は辻に立つ。そこには人々に幸いを与えるという信仰も生まれた。市神の神体には以前は陰陽、つまり生殖器が用いられていた。これは道祖神と同じ意味を持つといえるだろう。境の神は男根と女陰のセットをとり、これはたいへん霊力が強いと考えられていた。農耕民の考え方によっているが、そうした強い霊力を発揮する神は、生殖力を前提に成り立っている。この形態が辻神としての「市神」にも用いられていたことは注目してよいだろう。イチコは、巫女のことであるが、なぜ巫女が市子と呼ばれたのかというと、彼女が占いをしたためとされている。巫女である市子が「あの世」の霊魂と交信をする場所が辻であると考えても差し支えないだろう。つまりその空間は、人々の大勢集まってくる聖域でもあった。そこで商いは世俗的な行為のように思われているけれども、本来、市神の守護のもとで幸運を人々に与えるというのが「市」の意味であり、市が存在するところは聖域であって市神が支配している場所であった。だから、商売で儲けるということより神から幸運が与えられるところが市だと考えていたのが古い形といえるだろう。

市はまた虹が立っているふもとにあたる。人はしばしば虹の下に行ってみたいという願望にかられる。そこへなぜ行きたいのかといえば、虹の下に市が立っているからだと説明されていた。虹の下へ行くと素晴らしい泉があり、そのまわりに市が立っていて、たいへんな幸運に恵まれる。虹とは日本語では「蛇」をあらわしている。そこで「虹が立つ」とは、そこに水神があらわれることを意味した。水神のあらわれてくる場所に市が立っており、そこに幸運が集約されているというわけであった。

2　橋と境

ところで橋は、端っこの「端」であり、場所から言えば、地域の一番はずれになっているが、ここはまた同時に辻にもなっている。

川は、つねに境川になる性格があり、そこに橋が架かる。川と橋は交錯するわけであり、それは二つの空間が交錯したことを意味する。川を渡るのには橋しかないわけだから、ここを人々が密集して通過する。だから辻を形成しているわけで、橋の場所性についていろいろな言い伝えが残っている。橋の名前には象徴的な意味が込められている例が多い。細語橋《ささやき》というのは明け方、朝一番にこの橋の上を通りかかると、ちょうど辻占と同じように、何ものかの託宣の声が聞こえてくるという。細語橋は、ささやくような声が聞こえてくるところからの名称であった。姿不見橋《すがたみずの》は、声はすれども姿が見えないという意味、何かを問いかけると答えが戻ってくる言問橋《こととい》とか、ちらりと何かの姿が見えたという面影橋、といった名称がある。

一風変わっている名前の橋にはしばしば何か言い伝えがある。新宿の副都心の巨大なビルのあたりに淀橋という地名が残っている。淀橋の以前の名称は姿不見橋といった。伝説によると、かつて中野長者という大金持が宝を埋めるために、橋の向うに下男を連れて行った。そして宝を埋めて帰ったが、その秘密を下男が漏らしてしまうことを恐れ、橋のたもとで下男を殺してしまった。橋を渡った下男の姿が二度と見られないというので姿見ずの橋といわれていたという。

幽霊があらわれる幽霊橋も残っている。この幽霊橋の名前は、意外と多いのである。東京の本所にあった幽霊橋の伝説は、昔、この橋の上で座頭が殺害されたことがあった。その幽霊が明け方になると、橋の向う側に渡り、そしてまたこっちに戻ってくる足音が聞こえてくるからだという。しかし、誰も橋の上にその姿を見たことがない。姿不見橋と同じモチーフである。「タダガタガタト下駄ノ音ヲナセリ、故ニカノ幽霊ナリト言ヘリ、ヨツテ人々恐怖シテコノ橋ヲ幽霊橋ト名付クヨシナリ」と『陰陽外伝磐戸開』なる書物には記されている。なお、この書物ではさらに「斯在此ノ音、橋ヲ爰ニ掛初メシ期ヨリアル音ナレド、音至ツテ微ニシテ幽ナレバ、誰聞留メタル者ハアラジ、然ルヲ瞽《ごぜ》ノ此ノ橋ニテ非業ノ死ヲ為レバ、其ノ怨ノ亡魂此所ニ止マリテ、奇ヲ為サンズル事モヤアラン抔ト、橋ノ近クニ家居ヲ為ル狼狽モノ、臆病者、寝覚ノ徒然ニ耳ヲ欹テ、幽ナル此ノ微音ヲ聞出シテ己ノ迷心に引付ケ、幽霊ゾト思ヒ定メテ人々ニ沙汰為レバ、（下略）」とのべており、盲女の怨霊のなせるわざだという俗信を退けて、この怪音は、橋普請のときの木材のひずみから生じたものだという合理的解釈に至っている。

幽霊橋については、雨の夜に幽霊のような姿が見えたので幽霊橋という説とか、雨の激しく降っている夜には誰も通りそうもないと思われるところをある男がよんどころなく通っていったらば、向うから不気味な、頭が長く、身体には毛のごとき白衣を着た奇怪な物があらわれて、こちらに襲いかかってくるという体験にあったので幽霊橋と名づけられたとか、いろいろ説明されているが、いずれにせよ橋の上で何か不思議な事件に出くわしたというケースにもとづいているようである。

京都の一条戻り橋は有名な橋の一つであるが、戻り橋についての伝説は、死んだ父親が橋の上でよみがえったという話である。これは三善清行の八男の、浄蔵貴所が、熊野へ参詣しているとき、父親の三善清行が死んでしまった。浄蔵は途中これを知って帰ってきた。ところがすでにもう死後五日を経過しており、葬儀の列はすでに橋の下にさしかかっていた。そこで浄蔵貴所は加持祈禱を行って橋の上で死んだ父親を生き返らせた。死んだ父親を生き返らせた橋というので戻り橋の名がついたのだといわれている。『都名所図会』巻一に「戻橋は一条通堀川の上にあり、安倍晴明十二神を此の橋下に鎮め、事を行ふ時は喚んで是れを使ふ、夜の人吉凶を此の橋にて占ふ時は、神将かならず人に託して告ぐるとなん、（中略）又三善清行死する時、子の浄蔵父に逢はんため熊野葛城を出て入洛し、此の橋を過ぐるに及んで父の喪送に遇ふ、棺を止めて橋上に置き、肝胆を摧き念珠を揉み、大小の神祇を禱り、遂に咒力陁羅尼の徳によつて閻羅王界に徹し、父清行忽ち蘇生す、浄蔵涙を揮つて父を抱き家に帰る、これより名づけて世人戻橋といふ、是れ洛陽の名橋なり」

とある。橋の下に安倍晴明が、自分の使っている十二神という陰陽道の神々を埋めた。だからその場所で行われる占いは、神霊が乗り移ってきわめてきくのだというように言い伝えられている。

また『源平盛衰記』にも、中宮が出産のとき乳母の二位殿が、戻り橋の東側のたもとにきて、車をとどめ、その場で辻占を行ったという故事が記されている。

すなわちこの戻り橋も、あの世からこの世へ霊魂を戻すことからきた名称とされているのである。橋の上があの世とこの世との境にあたる辻を意味しているということがよく分かる。

橋姫という女神が橋のたもとにいるという信仰があった。この女神は、橋のたもと、すなわち境に鎮座している神であり、橋姫伝説として名高い。

これは中世唱導の『神道集』のなかで、「キジも鳴かずば撃たれまい」の故事で知られる人柱の伝説と関係している。子連れの夫婦者が、大阪の淀川に架かる長柄橋の工事中に通りかかった。長柄橋の工事はなかなか完成しない状況にあった。その男は、この橋が完成するためには人柱が必要だと何気なくささやいた。これが辻占いになり、その内容は袴に白い布をつけている者がここを通りかかったら、それが人柱になる者だという。ところがその男は偶然その朝、ほころびがあって袴に白い布でほころびを繕っていた。そこで橋奉行は、人柱はおまえだといってつかまえてしまった。そしていやいやながら人柱にさせられた。男は子連れであるので、女房と子供も一緒に人柱になった。人柱のおかげで長柄橋は完成したが、人柱になった女房がその場に橋姫として代々祀られるようになり、ついに橋の守護神になったと語られている。

この伝説の背後には、橋が往来の激しい場所で、そこを通過するときにはつねに運命に関わる危険な状態になることを暗示している。そして危険な状態を守護する神が必要であり、橋姫は境の神＝道祖神と同じ役割を担わされているのである。

3 境の怪異

よくお化けが出る場所というと、橋のたもとの柳の木の下だという。なぜ橋のたもとなのだろうかというと、前述したようにその空間が辻であるからということになる。また柳の木の下に出るのはなぜだろうか。これは多分竹ぐしを辻に立てる発想と同じであろう。柳の木が神霊の憑依しやすい形をしていたと人々が考えていたために、橋の上とか、辻を通過するときに、そうした道の脇や橋のたもとになるべく注意しなければいけない一つの目印ということになる。とくに憑依しやすい女性がこうした危険な空間を通過するときには、自分の潜在意識を超えて何かが働きかけてくるのかも知れない。

三、四年前、四国の高知市内のホテルに泊った折、近くに交差点があった。ホテル内のバーにいたら、その交差点のどこか決まった所で必ず交通事故が起こり、そのことをあらかじめ分かるという女性がいた。交差点のどの地点と定まっているのが不思議だった。たまたまその女性は、明日の午後あたりにまた交通事故が起こりそうだといい、しかしそう簡単にはあたるまいと酒飲み話で笑って過ごした。翌日はすっかり忘れて旅立ったが、後日地元の知人からやはり予言どおり、午後三時過ぎに、その地点で実際事故があったと知らせてきた。

ところで以下は『週刊新潮』(昭和五十九年五月三十一日号)にのっていた記事である。一人の中年女性の車が暴走して小学生の列に車を突っ込み、十四人の小学生を車ではねてしまったのである。この記事は、新聞にものったがこうした事故はよくあることだからそのまま見過ごしてしまう。ところがいままでのべてきたようなことを念頭に置いて読み直すと、不思議な記事になってくる。

それはなぜかと言うと、この事件は五月十五日の午前七時二十五分に起こった。ちょうど明け方の境の時間帯にあたる。場所の地名は、静岡市産女《うぶめ》。前述したように産女《うぶめ》とは妊娠中に死んだ女が亡霊となってこの世に赤ん坊を戻そうとしてやってくる妖怪とされている。出現する場所は辻にあたる。この妖怪の名前がそのまま地名になっている。「静岡市産女の県道で一人の女性の運転する乗用車が、道路右側の歩道を集団登校中の同市立南藁科《みなみわらしな》小学校の児童約二十人の列に後ろから突っ込み、児童十数人をはね飛ばし、道路右側のガードパイプに激突した。この事故で同市牧ケ谷一四八の小学校六年A君ら二人が顔や手足に重傷を負い、運転の女も顔などに三週間のけがをした。静岡中央署の調べによると、その女性の車は車道（幅約六メートル）と歩道（同一・六メートル）を区切っている縁石（高さ一〇センチ、幅二〇センチ）を乗り越え、歩道上を約三〇メートル暴走した。ぼんやり運転ではないかとみて調べている」とこれが新聞記事である。

ところが『週刊新潮』の記事をみると、入院先の病院でその女性（五十五歳）は蚊の鳴くような声でこう言ったという。「本当に申しわけないことをしてしまって……。けがした子供さんたちに何と言っておわびをしていいのか……」。そしてその次に、「なぜあんなことになってしまったか覚えがないんです。確か道路の左側におばあさんが立っていたと思います。そのおばあさんをよけようとした。そのあとちょうどエレベーターに乗っておりるときのような感じ、スウーと意識が薄れてしまって……。子供たちの姿は目に入りませんでした。気がついたときには裸足で田んぼの中に立って泣いていました」。警察は「少なくとも突然車の前に何かが飛び出したとか、ハンドルに異常が起きてとかいう事態ではなかったらしい。過失による事故であったことは間違いなさそうだ」という。静岡中央署の交通指導課長はこう説明している。「現場は直線をゆるやかな左カーブになっているところ、車は四〇キロ前後で走っていたと思われる。左車線から直線的に反対車線に入り込み、そのまま縁石を乗り越えて歩道をそのまま走った。車道にはブレーキを踏んだ跡はありません。現場にかけつけた署員の話では女性はかなり興奮していた様子で、「どうしてやったんだ」と尋ねたところ、「全然覚えていない、記憶がない」と答えた。警察では事故の原因はまず前方不注意しか考えられない。一部新聞には居眠りと書いてあったが、居眠りではない。飲酒運転でもない。薬物でもない。精神病の経歴やその他の病気による発作とも考えられないという」。ここで注意すべきは本人が「この角におばあさんが立っていた、と思います。このおばあさんをよけようとした途端に、エレベーターに乗っておりるような感じになってスーッと意識が薄れてしまった」とのべていることである。

この場所は三辻になっている。臆測をほしいままにすれば事故の直前、運転する女性の眼前に産女《うぶめ》らしきイメージがあらわれたらしい。ここは産女という場所であり、あらわれてきた産女が働きかけたのかも知れない。運転した女性は五十五歳であり、「三人の孫がいるおばあちゃんだが、年より十ぐらい若く見えるという。小柄で髪も赤く染め、派手な原色の洋服に金の装身具。そして毎日の通勤用の車が銀メタリックのいすゞのピアッツァ。ピアッツァの前はいすゞの117クーペだった。車好きでカーキチ女だ。免許歴は二十年あり、無事故無違反で表彰されたこともある優良ドライバーである。保険もカーキチらしく、上限なしの対人補償保険に入っていた」「給料約二十五万円、大半は車と洋服と宝石に消える、金遣いは派手であるというトンデルおばさんなのである」という。五十五歳と言いながら、若い女性の精神構造を持っているといえまいか。

そしてもう一つ不思議な証言があった。事故を目撃した小学生が「あのクルマは前を走っていたカブ（オートバイ）を追い越そうとして右へ寄っていったんだよ」と言い、彼女の方はオートバイについて聞かれると、「わからない」と答えている。

ところが、この女性はその辻に変なおばあさんが立っているのに気がついていた。他の目撃者はそれに気づいていないのである。この人は見えない空間を見たことになるのだろうか。それでこの何ものかが働きかけたから、引き寄せられるように「女と子供」という象徴的な関係をもつ空間に突っ込んでいってしまい、結果的に多数の子供をひいてしまった、ということになるのだろうか。

さてここで静岡市産女という地名が問題である。ここは藁科川下流の右岸に位置し、産女新田と呼ばれていて、江戸時代には高二十八石六斗九升三合三勺の土地であった。産女と名付けられたのは、牧野喜藤兵衛という者の妻が妊娠中にこの地で死んだので、その霊が産女明神として祀られ、それ以後この名前がついたといわれている。この土地はたしかに古い地名をもち、産女がそこに祀られていたのである。牧野喜藤兵衛は漂泊者であり、この地に定着した後その妻が難産で死んだ。そしてその霊が何度もこの世にあらわれたため、その怨念を鎮めるため村人が神として祀った、という縁起なのである。現在、産女明神には子安観音が安置されており、近隣の女性たちは妊娠のときにこの観音を祈ると難産を免れるといわれており、安産の守護霊になっている。

このような言い伝えのある土地に産女がよみがえってきてもフォークロアの世界では決しておかしくない。とりわけ辻に妖怪変化があらわれるという前提からいえば、辻が持っている霊的な力が民間伝承として現代に発現してきているということになるのかも知れない。

この話は理屈の上ではナンセンスと思いつつ、さりとてすべて偶然の一致ということで決着がつくものなのか、その辺りは読者の想像にまかせるほかはないだろう。

これは現代のフォークロアであり、世相記事の一面でもあるが、現代における民俗空間の存在を考える場合の一つのデータといえるのではなかろうか。

次に「渡し」について考えてみよう。川の上に橋が架かる以前は渡しであった。渡しが唯一の交通路になる道が多かったのである。舟で川を渡るのは、橋の上を通過するとか、辻を通過するときと同じように危険な領域を通過するのである。そしてこのことがフォークロアとして語られてくるのであった。『譚海』には次のような話がのせられている。江戸は本所の逆井の渡しで、猿廻しと侍とが同じ舟に乗り川の途中で猿が侍の腕をひっかいた。侍は怒って猿を打ち殺そうとした。舟中の人々は猿の味方をしてこぞってわびた。しかし侍はそれを許さず、舟が岸について、みんな陸に上がったときに、「猿をよこせ」と猿廻しをおどした。猿廻しはわびるが、侍は聞こうともしない。やむを得ず、猿を差し出そうとして、かたわらに猿をおろして、「自分は長い間、おまえを使って商売をしてきたが、思いもよらずこのような過ちをしでかして、ついにおまえを侍に渡さなければならない。おまえが命を断つことは心からふびんである。どうしようもないけれども、もうあきらめて死んでくれ」、そう猿に言いきかせて、猿を渡すため猿廻しの綱を、侍に渡そうとした。猿廻しが猿を放すときは綱を切るという作法があった。「このようにしておまえと別れるのはたいへん残念だ」。猿廻しは泣き泣き綱を切って侍に渡した。侍がその綱を引き取ったとたんに、猿は突然、その侍ののどにくらいついてはなさない。深くくい入ったのでのど笛はくい破られ、侍はあえなく息絶えてしまった。人々はあれよあれよと驚き騒いだ。その間に猿はみずから川の深みに身を投げて死んでしまったという。

この事件は渡し場で起こった猿による殺人事件なのである。これは日常的には考えられない行為であり、渡しは危険な境界であることを告げている。ふつうなら起こり得ないことが渡しの空間で起こったのである。

つまりこれは辻とか、橋の上とかを通過するときの心意には非日常的な部分が働いていることを示しているのである。前述の橋の周辺に生じた幽霊話、あるいは辻斬りといった辻に起こる殺人事件などと共通する心意によるのであろう。

交差点で交通事故が起こりやすいのは、車が左側にターンするときに、運転手の視野に脇を通る自転車や人が入らないためといわれる。ただし、視野に入らないという物理的な説明だけで説明できない部分もある。

つまりそこは辻だからなのである。交差点は見知らぬ者同士が出会いがしらにぶつかりやすい。出会いがしらという言葉の通りであり交差点の辻にさしかかると人は緊張せざるを得ないのである。

『東京日日新聞』(大正十三年八月十七日付)に、興味深い記事があった。それは、近年東京で「自殺の名所」ができ、しかもそれは両国橋中心の地域だという。そこで沿岸各警察署が、水上署に協力して見張り警戒中だという。しかし真夜中、淋しい場所を選んで飛び込むので、各署ともにその防止に腐心しているという。投身者は若い女性が多く、その大部分は恋愛関係か生活難、そして発作的に死ぬ気になっているらしい。

両国橋周辺一帯は、水流も速く、河幅は約二丁、満干の差八尺、深いところは五間の竹竿も届かず、水流の関係で川底が深く掘れて、ものすごい渦を巻いており、ここに落ち込めば助からないという。

東京という大都会に、自殺が急増しだしたのは、大正初期からであり、「世の中が「文化」といふモンスターに追つかけられ引摺り廻されている間に自殺者の数は年々増加するばかりである」(『中央新聞』大正十二年五月二十一日付)という記者のとらえかたがある。大正十年の統計では、その自殺方法は、首くくりが第一位、男四〇三四人、女一七八四人。第二位が入水で男一四〇三人、女二〇〇八人である。どちらかというと、女性の方が入水自殺をとりやすいのである。

大正十五年の夏、東京の自殺者は、ほとんど投身自殺者ばかりで、八月は十日間に十七名、七月の二十七名と合わせて、四十四名を数えた。しかもいずれも自殺の場所が決まっていた。両国橋、吾妻橋、枕橋、それと向島の岸である。

「自殺者の死への瞬間のあの気持ちを若し聞くことが出来るならば、夏の夜更けに灯がうつるあの橋上に立つた時、必ずや死の詩的情景を描きつゝと答えるであろう」(『民新聞』大正十五年八月十二日付)とは、新聞記者の独白である。都会の自殺者が、とりわけ橋の上を他界への入口に選ぶ潜在心意のひそんでいることを示唆している。
ところで現在は東京都板橋区の高島平団地が「自殺の名所」になってしまった。タクシーの運転手の話だと、二十代前後の若い女性がフワアッとした顔をして乗ってきて、「高島平」というと、ギョッとするという。自殺志願者は高島平でおりて、高層ビルにのぼっていく。そして屋上の鉄条網を乗り越えて飛びおりてしまう。その前に靴とか、履物をぬいで飛びおりるのだという。

明治二、三十年代のことを記した柳田国男の『遠野物語』のなかにも、山中で行方不明になる若い女性が多いことを記していた。行方不明のしるしに梨の木の下に草履をぬいで置いてあるという。

「黄昏《たそがれ》に女や子供の家の外に出てゐる者はよく神隠しにあふことは他《よそ》の国々と同じ。松崎村の寒戸《さむと》といふ所の民家にて、若き娘梨の樹の下に草履《ざうり》を脱ぎおきたるまま行方をしらずなり、三十年あまり過ぎたりしに、ある日親類知音の人々その家に集まりてありし処へ、きはめて老いさらぼひてその女帰り来たれり。いかにして帰つて来たかと問へば、人々に逢ひたかりしゆゑ帰りしなり。さらばまた行かんとて、ふたたび跡を留めず行き失せたり。その日は風の烈しく吹く日なりき。されば遠野郷の人は、今でも風の騒がしき日には、けふはサムトの婆が帰つて来さうな日なりといふ。」(『遠野物語』八)

この一節は、行方不明となった若い女がふたたび帰還して、「サムトの婆」のイメージを人々の記憶に残した印象深いものであるが、注目されるのは、もう一つ別な世界に行くとき履物を換えるということである。日本人は外から家に入るときに靴をぬぐ。すなわち内と外の境界を、はっきりとさせている。だからあの世に行くという場合も、あの世は直接見えない空間であるが、そこに入るという潜在意識のなかで、履物をぬぐという形が行われているのであり、無意識のうちにごく自然に表現されていると考えられる。

昭和五十七年春、シカゴ大学に滞在したころ、興味深い事件に出会ったことを思い出した。それは、三月末の日曜日、昼食後宿舎から散歩に出た。宿舎の通りをへだててジャクソン公園がある。公園はレイク・アヴェニューに通ずる車の往来がはげしい大通りに面している。その通りの両側に芝生のスペースがあり、そばに池がある。この池はミシガン湖にすぐ連なっているので、池のほとりに人だかりがしているので、近寄ってみるとパトカーとクレーン車が置かれ、潜水夫が水中に潜ってしきりに何か探しているらしい。

話によると、つい三十分ほど前、一人の女性が乗った自家用車が、道路をいきなりターンして、まっすぐ池に突っ込んだ。近くの子供たちがそれをみていたが、そのおり、車のなかの女性ドライバーは、子供たちに手を振っていたという。あとで分かったが、ドライバーは、六十一歳の女性で、覚悟の自殺だったそうである。ちなみにクレーン車で引き上げられたのは、トヨタカローラだった。

集まった弥次馬たちは、口ぐちになぜこんな場所から飛び込んだのだろうかという。だが私には何となく思いあたる節があった。じつは車が突っ込んだ地点の七、八十メートル先は、池とミシガン湖が通じ合う水路となっており、狭くなった両岸に、長さ十四、五メートルくらいの橋が架かっている。突っ込んだ車のドライバーは、その視界の中心に橋が映っていたにちがいない。車はまちがいなくその橋の下を目がけたのであろう。

もう一つは、車がいきなり左折した地点である。この車は、北から南に向かっていたが、ちょうど、シカゴ大学の前を通って西から道が交差している。つまり辻を構成しているのである。車は、その辻を越えた瞬間、東に向きをかえ、前方にみえる橋の彼方に入っていった、ということになるだろうか。

この自殺した女性が、靴を脱いだのかどうかはともかくも、見えない空間と一瞬つながりをもったことは、何となく分かる。そしてそのとき、人は妖怪の姿を垣間見たと予想されるのである。

いまでもよく聞かれるが、辻にいろいろな物を棄てる習慣がある。棄て児の習俗でもわざわざ箕のなかに入れて辻に置いてくるのである。とくに四十二歳の厄年に生まれた子とか、身体の弱い子をいったん辻に棄てておいて拾ってもらう。これが擬死再生の観念に支えられていることはよく知られている。弱い子が丈夫になるという俗信がある。ところが、使い捨てになった古い道具類が、辻のごみ捨てと一緒にされてしまった後どうなるのだろうか。不要だとして捨てられてしまった道具類は、使い捨てた人間たちに復讐しようとして怪異現象を起こすのである。たとえば古い鎧とか兜とか、太鼓、笛、あるいは鏡だとか火鉢とかの古道具類が、手足を生やして深夜、都の大路をぞろりぞろりと練り歩いたりしたという。小松和彦の指摘によると、中世の室町時代の京都の町中で、こういう古道具のお化けがよみがえってきたというのである。その背後には、消費生活がすすんだ都会生活で職人たちが需要に応えて新しい道具をつくった、そのためにいままでの古い道具は捨てられてしまうところから、古い道具に霊が乗り移ってよみがえってくるのだ、という解釈になるだろう。

毎年恒例化している煤払いは、十二月十三日前後に生活空間をはらい清めることを目的として行われる。一方では正月の神がこの時期に下りてくるので、それ以前にはらい清めようとする。正月の最初の日が煤払いだといってもいいほどの重要な折り目の時期にあたっている。そしてそのときに古い道具が四辻や三辻に捨てられてしまう場合もあった。捨てられた道具類が妖怪になってよみがえってくるということを恐れた人々が、大晦日のときに古道具の霊魂を鎮めておこうとする呪いも生まれたのである。ポルターガイストにおける器物の空中浮遊現象が仮に民俗信仰の一環としてとらえられるとすると、こうした古道具の妖怪である付喪神《つくもかみ》と関わることは当然想像されるだろう。

いずれにせよ、古道具類に霊的な力を認めるという信仰が、古くからあったことは興味深いのである。ところで、もう一度橋の怪異譚に戻ってみよう。

水木しげる『妖怪事典』に〝ガタガタ橋〟という妖怪の話がのっている。〝ガタガタ橋〟というのは飛騨の小坂にあった金右衛門という家の前に架かっている小さな板橋であった。板橋を渡ってだらだら坂を登っていき、一つの峠を越すと隣の村に出る場所にある。

ある夜のこと、金右衛門の家で一家全員が夜なべをしていた。夜の静けさを破ってカラカラ、コトコトと激しい音を立てて板橋を渡っていく者がいたという。みなが耳を傾けて聞いていると、その足音は家の前を通るのでなく、ハタと止んで聞こえなくなった。しばらくすると話声が聞こえて、隣の村へ出掛ける様子なので、金右衛門は夜更けに峠を越して隣の村まで行くことは容易なことではないと思い止めようとして門を開いた。ところが誰もそこを通っていない。翌晩も同じように、大勢の人々が板橋を渡る音が聞こえてきて、話声がする。だけれども開けてみると人がいない。

さてある夜のこと、シトシト雨の降る晩であった。いつもと同じようなことが起こった。ただいつもと違うのはシクシク泣きながら、さも心細そうに歩いていく様子である。金右衛門も気味悪くなって、ある日、町へ出た折に占い師を訪ねてみてもらった。占い師が言うには「あなたの家の前は隣の村からさらに越中の立山まで続いている。立山には恐ろしい地獄があるので、通るのは立山の地獄へ落ちていく亡者の群にちがいない」という。金右衛門は早速そのことを家の者に話して板橋から離れたところに家を建てて移り住み、亡者の追善のために供養を催して経塚を建てた。以来、亡者の足音も止んで変事も起こらなくなった。この橋を〝ガタガタ橋〟というが、実は音を伴った橋の名前が意外と多いのである。〝ガタガタ橋〟〝ドタドタ橋〟〝ドウドウ橋〟などで、それはたぶん川の流れが橋桁にぶつかったり、橋の板に当たって跳ね返ったりする音から生じたものらしい。そして境に架かる橋の上を亡者が立山地獄に向かって歩く音だというふうに、後から解釈をほどこしているということになる。

次に生首が橋のたもとに落下することを伝える伝説がある。たとえば有名な将門塚にまつわるものである。平将門は十世紀の初頭、東国の王として、西日本の政権に抵抗し、叛乱のシンボルのように考えられているが、この将門の首は東京都千代田区大手町の官庁街の一角に〝首塚〟としていまも祀られている。首塚は、全国にたくさんの伝説が残されている。要するに首を埋めてあるわけだが、この大手町の〝将門の首塚〟は、昭和五十九年になってもなお慰霊祭が行われているという点が興味深い。東京の官庁街のど真中にあり、首塚近辺の大企業の重役たちが集まってきて、毎年九月に〝将門の首塚〟を祀っている。もし祀らないと祟りがあらわれると信じられているのである。

将門信仰は、怨霊信仰にもとづいており、恨みをのんで死んだ亡霊の表現でもある。しかしなぜ将門が大東京のど真中で、いまもなおエリートサラリーマンたちによってていい重に祀られているかが問題となるだろう。将門伝説が発生したのは、将門が捕まえられて死んだ後、ふたたびこの世へよみがえってきたという、『将門記』の記事によっている。

『将門記』のなかの「亡魂消息」の一節に「中有の使いによせて」とある「中有」とは死んだ霊魂があの世へ行く間漂っている空間をさしている。死後四十九日間、霊魂は中有の状態にある。その段階ではあの世へまだ行けないという事態なのである。そこで中有の使いがきて、それを通して将門の死霊が伝言してきたことになっている。

その将門の言葉によると、在世のときに「一善を修せず」ということでその報いによって悪い運命になってしまった。生前いいことをしなかったから、死後、いまたいへんな酷い目にあっている、として、現世にいろいろな恨みを残して死んだことを記している。

将門は実際には藤原秀郷にとらえられ、斬首されたのであるが、その首が獄門にかけられたあと三カ月間、その色が変わらず、目が塞がらなかったという。牙を嚙み、歯を剝き出し、「切られしわが五体、いずれのところにかあらん、ここにきたれ、首ついでいま一軍せん」と叫んだともいう。首は獄門にかけられ、胴体は別なところに埋められたためである。首塚信仰の背後には頭蓋骨に対する信仰が強くあり、頭蓋骨に霊力が集約されているといえる。だから頭蓋骨が残されると、その首が怨念をもってまだ生きており、そして片方の胴体を探し求めるのだといわれている。将門の首は離れた胴体を求め続け、いまもなおその霊異は残っているということになる。

将門の首でもう一つ重要なのは、この首が空中を飛んできた点である。空中を高く飛び上がり、なくなった胴体を求めて、空中を飛んできたとする。

空中を飛ぶ首がどの場所へ落下するかということを示す例は、たとえば蘇我入鹿の首塚伝説などに示されている。蘇我入鹿は中大兄皇子と中臣鎌足に殺されたが、首を切られた瞬間に、その首が空中を飛び、中臣鎌足の後を追いかけていき、そして最初に落下したのが橋のたもとであった。この橋は奈良県橿原市曾我町にある首落し橋という。そして首落し橋に落ちた後、ふたたび舞い上がって鎌足を追いかけていった。鎌足はどんどん逃げて奈良県高市郡明日香村飛鳥のもうこんの森へ逃げ込んだ。「もう首はこんだろう」という意味でもうこんの森といった。ところが首はさらに追いかけてきて、ついに塔の峰に入った。ここは中臣氏の守護神を祀っている聖地である。蘇我入鹿の首はそこで追跡を止めて、奈良県吉野郡東吉野村隅谷の高見峠という峠に落ちて祀られた。これが現在も残っている巨大な五輪塔の首塚であるといわれている。

首は橋とか峠の地点に落下したと語られているのである。峠も二つの世界が分けられる境の場所にあたることは明らかだろう。さて将門の首の方は京都で切られた後、空中を飛んで東国に向かった。そして落下した場所が江戸時代の武蔵国豊島郡芝崎村で、ちょうど神田橋のたもとにあたる場所であった。神田橋は現在もある。この芝崎村は江戸の初期に開発された農村地帯である。落下した首を村の者はてい重に祀っていたが、ある時期に祀るのを忘れてしまったところ、祟りが始まって災厄が生じてきた。そこで時宗の徒が、念仏を駆使して祟る霊魂を鎮めたという。鎮魂術を使い将門の怨霊を鎮めたところが神田明神の祀られたところと同じ場所であった。神仏習合の形で将門の怨念が鎮められることになっている。首塚は境内の鎮守霊として神田明神の一隅に祀られるようになったと説かれているのである。

土地を開発していく場合に、自然破壊を前提にするから、自然との対応の仕方でさまざまな障害が生じてくる。江戸の場合、東国に勇名をはせた将門の怨霊が首塚にやどっている。その怨霊を鎮めておけば開発も成功すると考えられたのである。だから江戸開発の出発点にあたるその地には、神田明神のほかに念仏聖がつくった日輪寺が開創されたりしたわけであった。注意されたいことは、こうした縁起のスタートが、首の落下した場所の怪異から説明されていることなのである。

寺社縁起の上でも、神田橋のたもとに落下した生首が芝崎という開発地域に霊異を発現させる必然性があるだろう。そして現代の大都市サラリーマン社会においてもなおその霊力が失われていないことは、興味深い。「首切り」という勤め人の潜在意識裡にある不安感が語呂合わせで結びついていたこともあるが、なお首塚の場所性に境界性が維持されていたこともあずかっているのだろう。

4 怪光（火）と怪音

怪異現象のなかで光と音とは重要な役割をもっている。それはいわゆる怪音とか怪光というものである。この光と音の問題では幼いころの体験談が多くの人にあるはずで、民間伝承として伝わっている例が多い。たとえば小さい子供が便所に行くと、その便所の天井で異様な目の玉が光っていて恐ろしかったという話がよくある。ところが実際はアゲハ蝶のさなぎが逆様になってぶら下がっているためであったことが分かる。その顔付きが身震いするように恐ろし気である。目に似た突起は虫のものとは思われないような金色の輝きを持っているからである。ふくろうとかみみずくの目玉が夜に光るのはよく知られているが、何れも目の玉が光るといわれているのは、敵を脅かすためだという。ふくろうが羽毛を木の上で光らせるともいわれている。これは近づく人を脅かすためなので、その木の下へ行き、わざと「おお恐い」と何回も言うと、ふくろうは羽毛を落としてよこす。羽毛をボンボン落とすために、ついには全部毛の抜けてしまったふくろうがポタリと落ちてくるなどといっている。

暗闇で光るものは印象的である。提灯行列が遠くの山の端を動いていくのを、よく狐の嫁入りといっていた。これは狐の仕業というより、野火の反映であることは、多くの人が指摘していることである。日中燃えた野火が消えた状態になっているが、なお茅株の根のあたりに少し残っており、それが夕風に煽られるとボヤになって燃えだす。これが狐火と錯覚され、幻覚として受け止められているのだという。

火や光は、怪光か怪火という形で言い伝えられている。よく何かの用事で山から遅くなって帰ってくる者が、遥か彼方の暗闇のなかに人家の火を見た時はたいへん嬉しい気持になるだろう。火は人間がつくったものであるので、当然そこには人がいると考える。道に迷った者が、家に帰る道が見付からず、日が暮れて心細くなっていると、遥か向うに明りが一つ見えたとすればホッとするわけである。

この光はたき火の場合もあるし、行灯の場合もある。松明のたき火が農家の必需品であって、以前、農家の土間にはいつも松火石があった。これは石臼の大きさのもので、その上で松の小枝を焚いたものであった。その火を門口に置いておくと、暗闇のなかの明り、光としてたいへんな効果を果たしたのである。

これが遠くから見る者にとって、不思議な光に見えた。そして怪しい火を見たと語られる原因にもなった。

二人連れで歩いていて、連れの人が提灯の前へ出たり後になったりする。すると遠くから見ると光が行ったり来たりするわけである。つまり光が明滅することになる。光の点滅の状態が暗い夜道の向う側でチラリチラリとしていると気味の悪いものだと誰もが思う。暗闇のなかの光は重要な意味を持っていたということがよく分かるのである。

たとえば新潟県とか、滋賀県下に残っている〝蓑火〟は、琵琶湖の不思議な火とされていた。五月ごろ長雨が降り続くと、暗い夜に湖水を往来する船の上で、船乗りたちの着ている蓑があたかもほたる火のように光を放っているという。この蓑を脱ぐと光は消滅する。もし、あわててその火を払おうとすると、それは砕けてさらに数が増え、ますます燃え上がる。これを蓑火といっている。この火の内容は何であるかというと、一種のガス体であるらしく、物を焼く力はない。伝えるところでは、これは昔から琵琶湖で死んだ人の怨霊の火であるという説き方もする。

一方、井上円了の理屈からいえば、これは地気の作用に他ならない。地中の熱気が空中に上昇しようとする。連日雨が降ってると、むし暑い気候になっていて地気が地上に出てきて少しずつ可燃性のガス体に触れて光を生ずるものだという。ちょうど墓場で雨の夜に燐がよく燃えやすいというがそれと同じものだと想像されている。風のあるときは気を吹き払ってしまうが、滋賀県の場合は四方がみな山であるため吹く風が少ない。風の無いときに熱気が上昇してきて、元気な漁師たちが、猛然として船を漕いでいると、その勢いによって空中の可燃性のガスがさらに熱を増して、怪火すなわち蓑火として世間に伝わったものになると説明する。

明治十年代に本所に怪火があらわれたことがあった。本所は両国橋を渡った東側の空間であり、当時の江戸の造成地でもあり、大名たちの別荘地にもなっていた。前述の幽霊橋も本所の一角に架かっていた橋であったが、本所の怪火については、明治十年代の話になっている。ある日の午後四時、いわば怪しげな時間帯に入っているころ、深川区の森下町から本所林町二丁目に架かっている伊予橋の上手の水面に突然青白い炎が二、三カ所チョロチョロと燃え上がった。それが風につられて前後左右へ動く様子が不気味なので、人々は肝をつぶした。たちまちこの噂が四方に伝わり、われもわれもと伊予橋の付近に集まった。そこでいろいろな噂が出はじめた。深川元木橋の下で凶漢のために、非業な最後を遂げた二人の巡査の亡魂であろうという説も出た。六時半ごろになって船頭音吉なる者が、怪火を探ろうとして、船を漕いでやってきて、その怪火の出ている水面を掻き回したら火はアッという間に消えてしまった。どうやら怪火の原因は、石油船の油が流れ出たのを何者かが悪戯に火を点じたためであろうと推察されているという。あるいは、近傍の下水道から腐敗した水が流れ出してきて水素ガスを発したためだともいう。

　合理的説明はそのようになるわけであるが、一方では橋のたもとから怪火が燃えだしたということであった。われわれの現代社会では、いまでは蛍光灯が発達しているので怪火のイメージを摑むことができなくなっているが、以前はこうした暗闇のなかにぽっかり浮かぶ火の存在は必ず何かを暗示していたに違いないのである、人魂であるという説も出ており、予言や前兆にあたるもの、あるいはあの世からのメッセージだと理解するのがごく自然であったのである。

　怪音の言い伝えとしてよく知られるのが馬鹿囃子とか狸囃子と呼ばれるもので、いつまでたっても音がどこから聞こえてくるか全然分からないまま、人々の耳のなかに残っているものである。

　西沢一鳳の『皇都午睡』初篇の一節に「予先年東都新場に寓居の頃、夜陰に及び、さも面白く太鼓を打つ音一二町脇にて聞えり、戯場町迄は八町有りて鳴物聞ゆべからず、又浪華の如く、市中にて鳴物囃子をなす如きを彼の地は禁ぜる物から、影間茶屋八丁堀に有り、今は廃してなし、にて茶番狂言にて有るかと思ふに、毎晩毎晩深更に及び聞ゆるゆゑ、或日渓斎英泉方にて此の話に及ぶ、英泉云、是れ狸囃子として九鬼丹波守屋敷にて狸の囃す也、屋敷の内にて聞きても、やはり一二丁脇にて聞ゆる也、（下略）」とある。ここで面白いのは、狸囃子の聞こえる九鬼家の場所が、「新場中の橋の東詰の屋敷」と指定されていたことである。

その原因は何だろうかと探りを入れる人がずいぶんあった。松浦静山は『甲子夜話』のなかで、自分の別荘が本所にあり、夜になると、ときとして遠方に鼓の音が聞こえることがある。鼓の声をしるべに行ってみるが、どうしても場所は分からない。静山の下屋敷では辰巳の方角にあたる遠方から響いてくることがある。ある年の夏七月八日の夜、屋敷の南方に聞こえたのが急に近くになってきて、屋敷の内部で響くようであった。あわててそこへ行ってみると、今度は転じて未甲の方に遠ざかった。その音はかすかな音から次第に邸内で鳴り響くものになった。静山は、机に向かって字を書いていたけれど、腰元たちは恐れてたち騒ぐ。そこで何者の仕業かとあちこち捜し回ったのだけれども、よく分からない。近くの屋敷で誰もその夜は鼓を打っている者もいないということだった。松浦静山は知識人なのでその原因について、いろいろなことを考える。その音はふつう、社寺の太鼓の直径が一尺五寸ぐらいの大きさのもので、裏側が破れた太鼓の音のように聞こえるとか、戸板を打つと調子よくドンドン鳴ることがあり、その拍子が始終「ドンツクドンツク、ドンドンドンドン、ツクツクツクツク」と聞こえる。この二つの拍子が高くなったり、低くなったりして聞こえてくる。これはなんのせいだろうかと考える。「世間では狐や狸のせいであるというけれどもはたしてそうであろうか」という疑問も、なげかけている。不思議な音は、石打ちのときに、戸板にバラバラ礫が当たって音を立てたこととも通じているが、この場合、一人だけが聞いたのではなくて、大勢の人が聞いている。そのため、インチキだと思わない人の方がだんだん多くなって、やがてフォークロアとして定着したといえる。

柳田国男もこの馬鹿囃子を聞いたことがあった。東京では、「テケテン、テケテン」という太鼓の音になっているが、金沢で泉鏡花が聞いたのは笛の音が入っていたという。

狸の仕業であるなら狸の腹つづみであろうとされる。狸はいろいろな音を出すので知られている。国鉄が開通し、田舎を汽車が通ると、狸はその音に合わせて腹つづみを叩くといわれていた。その音がまるで、汽車が通過するような音を立てるので人々をだますのだともいった。

田舎の町や村に、小学校ができると、児童のワアワアガヤガヤという騒ぎ声が狸によって真似されて、ひどく身近に聞こえるようになったりすることもあった。

また、酒屋が建つと、酒づくりの杜氏が酒づくりの歌を張り上げる。その歌を真似て狸が伝えてくれたりする。それらはいつもは聞くことのできない印象深い音響で、ある一定の時間と、ある立地条件の下で、発現することがあり得たことを示している。もし社会構成が単純な場合にはそれはなんでもないことであるが、社会秩序を乱す外部の力が加わったときには、共同幻聴といって、大勢の者が同じような条件で、同じように聞いてしまう心理的条件が成り立ってくる。古くから、山のなかで天狗の礫の音、天狗の高笑いとかが、共同幻聴として知られてきた。恐らく馬鹿囃もその一つではないかと考えられているのである。

泉鏡花の『陽炎』(大正二年)に「ここだ、この音なんだよ――江東橋から電車に乗ろうと、水もぬるんだ川べりをかげろうにもつれてきて、長崎橋を入江町にかかる頃から、此処ともなく、遠くで鳴物の音が聞えはじめた――「チャンチキ、チャンチキ」おもしろそうに囃するかと思うと、急に修羅太鼓を摺金まじり、「ドドンジャ、ドドンジャ」と鳴らす。――また激しいのが静まると、「ツンツンテンレン、ツンツンテンレン」悠々とした糸が聞こえてくる」と書かれている。

この怪音の原因は不明であるが、調べた結果によると、一つは、屋敷の構造が、戸板と障子と二重になっていて、昔の戸板は隙間風がどんどん入る、その風が障子と板戸の間をすり抜ける。そのとき風が狭い空間をふき抜けるために出てくる音ではないかという説もある（新井泉「狸囃子（本所七不思議の一）について」『民話と文学』十、十一号）。

大名屋敷・武家屋敷のなかでは比較的聞きやすかったことから、この説も説明されているのであろう。

昭和五十八年十二月二十四日ごろから約十日間ぐらい、赤坂二丁目二十四番地という空間に限って、「ドンドンドンドン」という不思議な音が毎晩鳴り響きだしたという。なぜそうなったのかということについていろんな調査が行われた。怪音の響く一角がどういう構造をとっているかというと、高速道路の下が一般道路になっていて、この地点の辻の周辺に限定されている。なぜここだけ「ドンドンドンドン」と、深夜響くのだろうということでいろいろ取り沙汰されていた。その結果分かったのは高速道路の継目を車が通過すると「バタン、バタン」と音がする。そして道路の脇には、柱が立っていてその柱のなかが真空になっており、「ドンドン」という音はここに入った音が、隙間に反響して、響くのだろうという。しかしよく分からないことは、なぜこの場所だけに限定されたのかということである。別の所で響いてもいいはずだが。ここだけというのが不思議である。

こういう不思議な現象はよくあるらしい。羽田空港で、雨夜にジェット機をふかす。そうするとそれがものすごい轟音になるが、羽田周辺の地域ではあんまり響かない。ところが杉並区など離れた地帯では、怪音になって響きわたるので住民はびっくりして、電話をかけて騒ぎ立てる。ずっと離れた羽田空港のジェット音がとりわけ響きわたるということらしい。とくに雨の夜に限ってであるというわけであるから、音の伝播や、その土地の持っている立地条件にフィットしたときに怪音になって伝わってくるということらしい。これも江戸時代なら七不思議の一つと称されたのだろう。

狸囃子の音は、共通して、鼓を打つような音で、比較的町場からはずれた宅地造成の行われているような場所で聞かれた。本所の他にも、麻布の高台から低い台地に移る広尾ヶ原の中間点であるとか、ある限られた場所にこの話が伝わっている点が重要と思われる。東京なら、本所と麻布の地域に伝えられており、それは共通して「境」の領域に関わる空間といえるのである。

『諸国里人談』には興味深い記事がある。

「享保のはじめ、武州相州の界信濃坂に、夜毎に囃物の音あり、笛鞁など四五人声にして中に老人の声一人ありける、近在又は江戸などよりこれを聞きに行く人多し、方十町に響きて、はじめはその所しれざりしが、しだひに近くきゝつけ、其の村の産土神の森の中也、折として篝を焚く事あり、翌日見れば青松葉の枝燃えさして境内にあり、或はまた青竹の大きなるが、長一尺あまり節をこめて切りたるが森の中に捨てありける、これはかの鞁にてあるべしと里人のいひあへり、たゞ囃の音のみにして何の禍ひもなし、月を経て止まず、夏のころより秋冬かけて此の事あり、しだい〳〵に間遠に成り、三日五日の間、それより七日十日の間を隔たり、はじめのほどは聞く人も多くありて何の心もなかりけるが、後々は自然とおそろしくなりて、翌年春のころ囃のある夜は、里人も門戸を閉ぢて戸出をせず、物音も高くせざりしなり、春のすゑかたいつとなく止みけり、」

この記事によると、怪音の発生地点は、武州相州の境界の「信濃坂」であり、しかもそれは境に接する空間の「村の産土神の森の中」と限定されているのである。しかも、響いている時間にも、ある程度、法則性のあったことが分かるのである。

このような聖地とみなされる空間が、土地開発・都市化する過程で、依然自然のもつ霊力を滞留させており、不思議現象を生み出すことがあったのではなかろうか。

江戸・東京に残る伝説の一つに、鐘ヶ淵がある。巨大な鐘が川底に沈んでおり、怪光と怪音を起こしているというのである。それは隅田川、荒川、綾瀬川の三つの流れが交差する辻の地点なのである。ちょうど千住から橋場を経て浅草に至る中間点にあたる。ここは橋場の地名があるように、かつては渡しの場所であったのである。

この三つの流れが交差する地点はつねに渦が巻いており、その渦の奥深くに巨鐘が沈んでいるという伝説があった。それでここを鐘ヶ淵と称しており、その水はすこぶる冷たい。晴れた日に淵の底をのぞくと巨鐘の頭が見えたといわれている。それが享保の末に引き上げられようとする一件があった。数百人がとりかかったが、巨鐘から不気味な光が発せられ、とりつけた綱はいずれも切れてしまったと伝える。

実際に巨鐘が鐘ヶ淵の真下にあったのかどうか。いずれも川をへだてた法源寺、普門院、長昌寺の三寺が、かつて我が寺にあったのが、運送の途中沈んだという縁起をもっていることは面白い。巨鐘が三つの流れの交差する中心に置かれていたのである。たぶん、水の渦巻く怪音が、巨鐘の音に擬せられたのだろうが、その地点が聖地として、神聖冒すべからざるものと判断されていたのである。しかも川の辻にあたる部分だったから、その感覚がより一層強まったのだと解釈できるのではなかろうか。

井上円了は「妖怪学」の仕事のなかで、やはり怪音の原因を一生懸命追いかけている。宮崎県宮崎郡田野村の村長が言うには、この村の民家の、二階の人のいないところで、毎夜「キイキイキイ」と鳴る音がした。そこで、これは妖怪の仕業に違いないと大評判になった。探険に出かけて行った者もみな、その音を聞き、驚いて恐れ帰った。ある夜、村長が出かけて、二階の片隅に隠れて静かに待っていたところ、一匹のネズミが出てきて、そこにあった糸取り車に乗って、おもしろそうに車をまわしはじめた。その音がまさしく妖怪の声といわれる「キイキイキイ」という響き声であって、早速そのネズミを追い払ったらすぐやんでしまった。そしてその糸車を階下におろしたら、まったく怪音が起こらなくなった。これは怪音の本体がネズミの糸車に乗った音だということになる。「キイキイキイ」という音は、ネズミが車の輪につかまって曲芸をやっているときに発せられる音だと結論づけられている。

古い樹木がそういう音を出すことがあるという例がある。明治二十八年、尾張国丹羽郡青木村字伝馬の神社の境内に古い杉の大木があった。その木が毎夜悲鳴をあげるという。これが近郷近在に知れわたり、その怪音を聞こうとして、毎夜遠近の地方から、人々が集まってきた。警察の耳に入って、原因を追求することになった。その結果、この木のなかに空洞があり、その口が外に開いているので、この口から探ってみると、その内部にふくろうが巣をつくって住んでいた。このふくろうが空洞になっている木のなかを移動するときに発する音であることが分かった。同じような話が福島県の石川郡石川町にあって、明治二十六年、村の鎮守の古びた欅の木が唸りだした。これは妖怪であろうと、人々が集まっていろいろ調べた。その木に朽穴があって、その穴のなかに動物が住んでいるのかどうかと調べたところ、みみずくが二羽いた。これがどうも音を立てたということになった。

こういう話とか、さらに新潟県の村松町から一里へだてた中蒲原郡橋田村に曹洞宗泉蔵寺という寺があり、そこの近くに関谷安次という家があった。その屋敷内に数百年を経た高さ五間、幹の周囲約一丈の大きな欅の木がある。これが、ある夜の九時ごろ、関谷清一郎の弟の清次という者が、地蔵の祭りに行った帰り、この場所にさしかかったところ、持っていた提灯がふと消えてしまった。と同時に病人が呻くような声が大きな欅の根っこから発せられた。清次は震えあがり、慌てて逃げ帰って、家の者にも何もしゃべらず寝込んでしまった。翌日、若者三名が午後十時ごろ同じ場所を通行すると、例の怪しげな呻き声が聞こえてきた。若者たちも真っ青になって逃げ帰った。そして村中に言い伝えた。それで人々は、各自提灯をたずさえて、おもむいた。九時ごろまで何もなかったので、帰ろうとしていたところ、怪しい唸り声が起こってきた。一同は、翌日昼間に探険することにして引き揚げた。翌日、村人が大きな欅の木の根本にきて、幹から枝を探ったけれども、空洞がない。怪しいところがどこにもないので不思議な思いにうたれて引き揚げた。

これを聞いた同村の軍人分会長並びに青年会員は、われこそ原因を探ろうと、翌日、三日目の夜、二百人ばかりの者が集まり、巡査、区長その他村のおもだち二十余名、いまかいまかと怪しげな呻き声を待った。それを発する個所は樹の根本であるのか、樹上であるのか、十数間離れていたのではっきりしていない。十数間離れた婦女子の耳にはその音はあたかも木魚のように聞こえたという。一同どれが本当やらわけが分からないままで、午前二時ごろまで盛んに怪音が聞こえていた。一度に二、三百ぐらい唸り、二十分くらい休んで、さらにまた呻きだすという。ついに人々は恐ろしさを忘れておもしろがり、毎夜、数百人が押しかけては囃し立てると、怪音もまた図にのって盛んに呻きだす。そのために寺の大門の先に茶店が並び、商売を始めてしまった。村の人々は原因が不明であるから、なんだか分からないけれども「金甕が唸っているからだ」とか、「昔の墓地であるから亡霊の仕業であろう」とか、噂をとりどりにしているという記事があった。

井上円了は、自分の聞いた実例では、熊本県の来民町に、やはり怪木が夜分になると呻きだすという評判があったから、その木を見に行ったが、どこにも洞穴がないけれども、聞くところによっては、数間高いところの大枝が分かれている間に朽穴があるということで、そこに鳥が入って巣をつくっているに相違ないと判断した記憶があるという。それで人によっては、その木が「オーイオーイ」と声をかけてくるようにも聞こえる。これを聞くと妖怪だと思い、おそれて逃げ出すことが毎夜続くという。

これは、実は化け物の所業でもなく近所に住んでいる物好きな者の仕業であったという結論に至っている。この者は毎夜暗くなると、その木の近くにある洞のなかに入って隠れている。その洞穴は木の根っこより四、五尺高いところに口を開いており、それより下は空洞ができている。そのなかに入って屈んでいると、外から全く姿を見ることができない。人が通る足音を聞くごとに「オーイ」と呼びかけて驚かし、十時ごろになって通行人が居なくなってくると穴から出てきて、自宅に帰り、素知らぬ顔をして寝てしまう。それが発覚したのは、ある夜、当人が洞穴のなかに入って眠り込んで自分の家に帰ることを忘れ、目を覚してみたら夜明けになっていた。それで、うっかり出てくると人にみつけられるから、どうしようかとタバコを吸いはじめて考えていたら、境内を掃除していた神社の下男が神木から煙が上がるのを認めて、手桶に水を汲んで木に注ぎ込んだ。そうすると木のなかにいる者がびっくりして飛び出てきたので、初めて妖怪の正体が分かったという話である。これは熊本県の例であった。

井上は要するに、樹の発する怪音の場合、どこかに小さな穴でもあるに違いない、そこに動物が入って立てる音だ、という結論を出そうとしているのである。

5　七不思議

一般に七不思議とは、本所七不思議などが有名であるが、世間に知られた古い七不思議は越後の七不思議であろう。『東遊記』によると、弥彦山のふもとから南方へ行ったところに三条という地名がある。この三条の南一里のところに妙法寺村がある。この妙法寺村に七不思議の一つにあげられている、地中から火が燃えだす家が二軒あったという。百姓庄右衛門の家に出た火が最も大きかった。三尺四方程の囲炉裏の西の角に古い挽き臼が据えられていて、その臼の穴にほうきの柄ほどの竹を一尺余りに切って差し込んでおく。そしてその竹の口へ火を点じると、忽ち竹のなかから火が出てきて、竹の先にともる。強く吹き消すとその火は消えてしまう。その火は灯火のようであり、その長さは一尺ばかりあり、太さは竹の筒ほどである。たとえば二〜三百匁の蠟燭を点じたのと同じ状態になり、その光明ははなはだ強いものである。要するにこれは石油の火である。越後は油田地帯であるから、当時から問題になっていたところであった。七不思議といった場合に火の井戸、あるいは臭水《くそうず》といった名前が、当時の人にとっては不思議な現象だと考えられた。怪火であるが、実際には石油であり、それが溢れ出て火が燃えているというものである。この臭水自身をどう使うかということよりも、池に油が湧き出ていて、水と油がほとんど区別できないというような状態であり、灯火にも用いられているが、松脂の気もあって甚だ臭いという特徴がある。

逆さ竹というのは竹が逆様に生えている。なぜそういう竹になったのかというと、昔、親鸞上人が越後国に配流されたときに携えていた杖を逆さに地上に刺して「わが説くところの法は、広まればこの杖の竹が再び栄えるべし」と言い残したという。そのため逆さに枝葉が茂ったのだという。それから、八房の梅がある。八房の梅は、一つの台に花が八つ咲き実る。そのことが不思議であるという。かまいたちがある。かまいたちとは、老少男女の差別なく、ちょうど手足が太刀にて切られたようになるが、自然と切れてしまって、傷の大小が定まらない。縦、横にみごとに切れるものだという。しかし格別血が出るということでもない。そこで古い暦を黒焼きにして、それをお湯のなかに溶かして傷口に塗り付けると、数日の間に治るという。かまいたちに出会う場所は辻であると記されてある。誰の仕業か分からない。このことは越後に限らないわけだが越後国の七不思議の一つになっていた。要するに辻につむじ風が起こり、一時的に真空状態になって切れてしまう。それから波の題目がある。これは、佐渡ヶ島と寺泊の間の海中にあるという。昔、日蓮上人が佐渡に流されたときに海上に書いた「妙法蓮華経」の文字がいまも残り、船に乗ってその場所にくると、波の上に題目があらわれてくるといわれる。

七不思議というのは、このように都会人がどこか遠国に生じているわけの分からない現象を指して、まとめて話題にした。

「怪しきことの重なれるを俗に七不思議というなるは、越後より起これるにあり」という。越後は江戸を中心にみてちょうど世界の周縁部にあたる。いわばその地が境界の場所だという考え方をしていたと思われる。

七不思議は、当初、江戸に居住する人間が、彼方の異郷の地に不思議な現象が起こっていることを話し合い、だいたい七つくらいにまとめる傾向があったことを示している。越後国の他にも、甲斐国七不思議が人口に膾炙していた。甲斐の国の七不思議とは、一つは甲州善光寺の如来がその年の春、三月ごろに汗をかいたということ。そこでお寺の坊さんが二人で毎晩それを拭ったといっている。

二番目は、甲州切石村の百姓八右衛門の家のネズミが、大きさ身の丈一尺余りあり猫の声を出すという。三番目は右の村より一里ばかり山に入った石畑村で、馬が人語を話したという。一度だけ話し、それ以後は話していない。四番目は、八日市場村、切石村、茨沢村で雌鳥が雄鳥に変わったという。五番目は、同じく同郡一町田中で三里四方ばかりの空間に、五月になってひょうが降り、その深さが三尺余りに達し、鳥や獣がひょうに打たれ死んだという。六番目に、七面山の池の水が濁ったことなどがあげられている。

そして七番目は、遠江の国、豊田郡月村、百姓作十郎方の桑の木に草が生えた。葉の先から三寸、一本の枝に十六本、杉のような形で三日間で花を開かせ、桜の花に似て、枝や木、花、ともに金だという。

このように七つの不思議現象をあげている。要するに、甲州と越後の国といった、江戸を中心とすると周縁部の地に対して、人知を越える不思議な現象が生じていたと考えることが、最初にあった。だいたい天然自然の奇異な現象を不思議だと考えている。油田であっても当時はそれをはっきり説明できかねているわけで、怪火の一つとして考えられている。

こうした情報がどんどん江戸に流入していることが分かるのである。そしてさらに市内では、かわら版になって配布され人口に膾炙されたのである。

東武七不思議というのは寛政年間に語られた。王子の周辺に桜が咲くが、とくに飛鳥桜が返り咲いたという話。本所で八十歳の女性が男の子と女の子を生んだ、九十二歳の女が麻布で男の子を生んだ。鯨が品川の沖に入った等々の奇譚が、七不思議として人々に記憶されて言い伝えられていた。ただ七つということではなく、定まった数ではない。江戸には、さらに麻布七不思議、本所七不思議、番町七不思議、下谷七不思議などが語られておりフォークロアとして定着したのである。

東京の麻布七不思議で有名なのが善福寺の逆さ銀杏。これは銀杏が逆さに生えている。越後七不思議のなかにも、逆さ竹があったことと通じている。樹木が逆に生えている形状で、かつ大きな銀杏である。別に杖銀杏とも言われている。高さが十丈五尺あり、廻りが三丈七尺もある大木である。『江戸名所図絵』の説明によると、この大木は善福寺の開山堂の前にあった。親鸞上人がこの地にきて、持っていた杖を大地にさし、こう言った。「念仏の業法凡夫の往生もまたかくのごときか」。すると、その木はたちまちに根を逆さにして生えたという。高僧が、持っていた杖を逆さに地面に突きさすというのは、ちょうど弘法大師が持っていた杖を地面に突くと、水が湧き出て、これを弘法清水と名づけたという古泉に関する伝説にもあるモチーフである。聖者が持っている杖にはマジカルな力があるわけで、その力が残されていると、神樹として霊が乗り移る依代であると考えるのが古い信仰のタイプである。

二番目が六本木の地名である。なぜ六本木というのかというと、この辺りに上杉とか栃木とか高木とか青木、片桐、一柳といった大名の屋敷があって、これがちょうど六人の大名にあたり、その苗字にいずれも木の名前がついていたというので六本木と称したという、「麻布生まれで木が知れぬ」という表現もある。木があまり生えていなかったところに、六本木という名称がついているので不思議だといっているらしいが、よく分からない。

三番目に要石があった。これは旧麻布区役所の前にあったが、その前の鳥居坂の真中に直径一尺あまりの石が置かれていた。あるとき、道普請の際に往来の邪魔になるというので、掘り取ろうとしたところ、その根っこがどこまで掘っても動かすことができない。そこでこれをかなめ石と称したという。道路改修をしたときに邪魔になるというので、爆薬をしかけて上部を壊してしまった。この石に塩を手向けて、足の病気を祈ると直るという。要石に対する信仰は、要するに神霊が降りてくる影向石、あるいは御座石であり、その石が依代視されているといえる。茨城県の鹿島神宮には要石があり、これも七不思議のひとつに残されている。その下には大鯰の尾と頭を押え込んでいるという伝説が知られている。「揺ぐとも、よもや抜けじの要石」という呪文がある。要石が抜けたら、大地がひっくり返り大地震となる。大地を支える信仰にもとづいており神話の断片なのである。麻布の要石は、鳥居坂の真中に置かれてあった。なぜここにあるのか分からないというので七不思議になっている。

四番目は釜無し横町の土地に、昔、貧乏人が大勢住んでおり、御飯を炊くのにたった一つの釜しかなかったという。そこで長屋の人たちが一つの釜を交互に使っていたので、釜無し横町の名称になった。長屋の人たちは、ある年、氏神の祭礼にへそくりのお金を集めて、大きな釜の山車をつくり、それを引き回した。これを見た近辺の人たちは、釜無し横町の大釜の山車にびっくりして、以後釜無し横町といってからかうのを止めてしまったという言い伝えになっている。釜は祭りのときの祓い清めに用いられる。大釜でわかした湯花を笹の葉でまくことにより悪魔を退散させるものである。祭具としての釜の古い信仰にもとづいているといえよう。

五番目に狸穴《まみあな》。これは古い洞窟で狸の住む穴である。現在もソ連大使館辺りを狸穴という。そこに坂があり、狸が住みついていたという。

六番目が羽衣の松。これは松の木が忽然と一本立っている。この大木にしめ縄を張りめぐらして、祀っていたという言い伝えがある。そして将門の話がその樹につながっている。将門征伐のためにきた源経基が平将門の家に行って、様子を窺っての帰りがけに、この場所にきて民家に泊り、馳走になった。翌日、装束を麻の狩衣に着替えて去って行った。そのときに脱いだ衣服をかけた場所を羽衣の一本松と称するという。この一本松は神樹であり、一本だけ残っていて存在理由が分からなくなってしまっているのに対して、このような説明がついたのである。

七番目は広尾ヶ原の送り囃子という。広尾という原っぱを夜中に通ると、どこともなくお囃子の音が聞えてくるという。本所の馬鹿囃子と同様に原因不明のままに伝えられている。だいたい、明治三十年代ぐらいまでこういう七不思議は本当にあったものと思われていたらしい。

麻布と並ぶ本所七不思議のひとつは、片葉の葦である。片葉の葦というのは葦の葉っぱが一方だけなびき、一方には生えていない。これは川べりに生えている葦である。片葉の葦の言い伝えには何か理由があるに違いない。片葉の葦は一カ所だけではなく、千住の七不思議もあり、隅田川、荒川にそった、本所と千住の不思議として人口に膾炙されている。千住の場合は弘法大師が荒川を渡ったときに、その威光にひれ伏して、河原の葦が全部一方になびいてしまったという言い伝えになっている。川の流れの向きで生えている葉っぱがだんだん波におされて、片一方に片寄ってしまうらしい。ふつうは両方に生えているのが、片一方だけ生えていると、土地の人は、神霊がそこに宿るのであろうと考えた。本所の片葉の葦は橋のたもとの一方の部分にのみ生えている。川の水の流れが強い所に集中的に生えているといえるのである。

二番目においてけ堀がある。おいてけ堀は、釣で魚をたくさんとり、魚籠に入れて持って帰りかけると、後ろの方から「置いてけ、置いてけ」と声がかかる場所である。二、三匹の魚をそこに置いていけば、何ごともないが、置いていかないと迷子になり、道が分からなくなっていつまでたっても帰れなくなってしまう。あるいは魚籠をひっくり返されて、魚をみんな取られてしまうと言われている。おいてけ堀という池があって、その池の主が聖域の魚をとられたことに対する人間への警告であろうと説明されている。

送り提灯がある。どこまで行っても前方に提灯がチラチラ光っている。誰が持っているのか分からないという怪火である。遠いところで行ったり来たりする人の、持っている提灯が点滅する状態に対して、送り提灯という言い方がついたらしい。

消えずの行灯がある。これは全然消えない行灯であり、つきっぱなしになっている光なのである。天井の大足といい、天井から巨大な足が落っこちてくるという話もある。夜、天井から大足が出てきて、その足を洗ってやると、足は引っ込んでしまう。これを足洗い屋敷といったりする。巨大な足が出現する化物屋敷といえる。前記のポルターガイスト現象の変形といえるだろう。

七不思議において、千住、本所、麻布の例は明らかに光とか音を軸にして構成されている。天然自然現象をバックとして、聖域がかつてあったと思われる空間に伴って生じたものを総括しているといえる。

ところが、前出のような噂話で八十歳の女が赤ん坊を生んだとか、あるいは狐と人が相対死にをしたとか、そういう話を七不思議にすると、これは人間の行為のなかで異常と思われるものを不思議としてとらえているという形である。怪音、怪光とは性格がずれている。こうした性格の相違は歴史的な変化のなかでとらえられてくるものである。たとえば寛政十一年（一七九九）の夏、六月に馬喰町七不思議というものがあったというので、『兎園小説』に記録されたものがある。

これを見ると、寛政十一年の七不思議とは、一つは怪しい獣で、その形はネズミに似ているけれどもふつうのネズミよりもはなはだ大きく、胸から腹に至って斑点がある。当時その獣の名前を知る者はいない。多分雷獣であろうという。あるいは蝦夷ネズミの類であろうかと推察された。これを捕えた経過については、金八の長屋の向うに一人の老女が住んでいて、ある宵に行灯の油をしゃぶっているものがいた。老女がネズミだろうと思って、蚊帳の内からこれを追ったけれども逃げない。よく見ると恐るべき怪獣であるので、老女は大騒ぎして「化け物だ」と叫んだ。そこで金八が、隣人と、追いかけたら、この獣は金八の家に入り込んだ。つかまえようとすると件の獣が飛びかかってきて、蠟燭に噛みつこうとしている。そしてようやく空になった米櫃のなかに入れてつかまえた。この獣は実は異国の獣らしいという。ある人が長崎から求めてきたもので飼っていたのが、鉄の網を食い破って逃げ出したもので、その主はどこへ獣が逃げてしまったのか分からなくて探していたということで、この怪獣はネズミに似ているけれども、ネズミよりも大きいので不思議だと数えられた。

次に、布袋屋という商人の裏貸家に住んでいる女房が卵を生んだという。この卵は何かというと、多分、袋子の類であろう。しかし、そのときは卵を生んだというので不思議な現象になった。それから、一匹の雌犬が二匹の雄犬と同時につるんだこと。これが不思議な現象に見えたのである。四つになる小さな子が水溜め池に落ちて死んだ。これは商店の前に天水桶が置いてあり、夏の日になると桶の水がかれて、ほとんど水がなくなってしまっている。小さな子供が手に持った人形を桶のなかに落としたので、取ろうとしてあやまって逆様に落っこちて死んでしまった。天水桶で水死したというのが、不思議であるという話。それから若者たちが喧嘩をして、仲人が入って仲たがいを止めさせて酒を酌み交わした後に再び喧嘩をしてお互いに傷を負った。和睦をした後に喧嘩をしたのは珍しいことであるというので、これも七不思議の一つになっている。

その次は、馬喰町と塩町の境にある三日月井戸という井戸について。この井戸の掃除をする日に若者たちが喧嘩をして、ついにその井戸をどちらのものにするかという争いになり、ようやく和睦した。なぜそんな騒ぎになるかというと、この三日月井戸は井戸の水中に板を立てて、右と左に分けて半分ずつにして使っているため、三日月井戸の名がある、ちょうど境にできた井戸であって、その境の井戸を両方で使っている、そこでその境を決めるときに喧嘩をするというわけである。三日月井戸がなぜ不思議かというと、その月の三日に三日月井戸をめぐって争いが起こり、三日目に至って仲直りした。つまりそのことが不思議なのだという。

こういう不思議なことをあげていくと、感覚としてはこれまでの七不思議とは性格が変わっていることが分かる。主として人間関係を説明しており、ちょっと変わっているなという程度で七不思議の一つに数えてしまっている。こうした感覚は都市の人間が生み出しているものといえるだろう。

七不思議としている三日月井戸で、この井戸に境を設け、その境を設けた井戸の争いを通して、論争をした。この場合、それが境にあたる井戸であるからこれが起こったということであり、話題の対象になっているが、たとえば日常生活のなかの境に対する意識から生じてきているトラブルといえるのである。

不思議と考えていくと、何が不思議だか分からないようなものまでも不思議にしていくという感覚が人間にはある。だんだん、人間の感覚が、天然自然現象をとらえる発想から人事に至って、さらになお不思議だと思わしめる要素へと変わってきていることが分かる。

ここで自然との関わりのなかで作り出された七不思議については注目すべきであろう。くり返すように大東京の原型である江戸という都市空間の存在はきわめて興味深い。十八世紀には全国から人々が集結しており、世界中一、二を争う大都会となった。江戸自体が巨大なツジ空間となっており、各所に不思議な霊力を発生させていたとみることができる。

　たとえば江戸の各地の、七不思議と称する空間の存在の特色は、とくに集中していたのが、江戸の北から東側にあたる、ちょうど荒川・隅田川の水辺であった。すなわち、千住小塚原、本所、馬喰町、深川霊岸島、八丁堀とそれぞれに不思議伝承が成立していた。明治三十年代ごろまで七不思議は、人々の記憶に牢固なものであったが、現在ではもう消滅している。それでも千住や本所の七不思議の話など、ふと古老の昔語りに出てきたりすることもある。これら七不思議の発生は、前出したように、樹木、光、音などが、とりわけ橋の架かる周辺の空間に限定されて、異常な現象として人々の眼や耳に触れたり聞こえたりした事実にもとづいて構成されていたことが注意される。橋としては千住大橋、両国橋、永代橋などがそれにあたるのであった。七不思議は、江戸が大都市化する時点で設定された現象であり、いわば都市のトポスを支える心意の原点にあたるものの一つと考えられるのである。

II　境界の場所

四つ辻とあの世

高取正男

カドは門ではなくその家の顔を意味

伝統的な常民生活とか民俗というと、交通不便な僻地のそれだけを考えやすい。しかし民俗は、けっしてそのようなものではない。奈良盆地から京都府南部というと、日本でいちばん早く開発されたところである。古代以来、日本の歴史の中心部に位置して、多くの歴史的堆積物をつみあげてきた。だが、そのことによって民俗そのものが主体性を失い、稀薄になったということはない。逆に外来文物をも自家薬籠中のものとし、日本の民俗文化のなかに組み入れて伝承してきた。歴史的な激動を数多くくぐりぬけてきただけに、列島周辺部とちがって民俗そのものに多様性がはらまれている。

私は京都市の南郊、宇治市内に住んでいるが、奈良県北部から宇治あたりまでの南山城一帯に、「正月の砂道」という習俗がある。年齢を満で数え、正月にそろって年をとらなくなってから、伝統の正月行事はこのあたりでも急速に衰退した。砂道もそのひとつである。もとは十二月の大晦日の晩に人通りがなくなると、用意してある白砂を村の辻から家のカド（門）まで撒き、これを正月の砂道とよんだ。

砂は川砂を使うところもあり、山砂の村もある。カドに松の木の形に撒くとか、近所そろって村の氏神の社頭に撒いたところもあるが、辻からカドへというのが基本形だろう。辻は単なる四つ角ではない。その近辺に住む人にとり、そこから見知らぬ土地に向けて出発し、そこへ見知らぬ国の旅人がやってくるような、ターミナルの原点というべき場所である。

盆の先祖迎えも、この辻で行なわれる。盆は八月十三日の夕刻、線香四本を持って近くの辻に行く。そこで線香に火をつけ、二本を辻の路端に立て、残りを持って家にもどる。ご先祖さんはその煙に乗ってやってくるという。正月の砂道づくりも、おなじように正月の神さまを迎えるしるしとして辻から家のカドまでつくられるのだろう。

こうした辻は村だけでなく、町にもみられる。宇治の旧町内に地蔵堂町の辻とよばれるところがある。右手の門は宇治代官の上林氏のものを明治になってここに移築したというが、近所の人は盆の精霊《しようらい》さんのお迎えにも、正月の歳神《としがみ》さんのお迎えにも、この辻まで出向く。また、この辻には性悪のタヌキが住んでいて、たびたび人をたぶらかした。灯火なしで通ると金縛りにあい、大入道があらわれるという。

話の筋はどこにでもあるような、たわいのないものである。だが、化かされた人はみな実在の人物で、さまざまな失敗談が付随している。フィクションではあるが、純粋にフィクションとして離陸していない土着のフィクションである。そういう話を子どものときから聞いて育つと、大人になってから、もしやという疑心暗鬼が重なって、無意識のうちに自己暗示にかかり、失敗するのだろう。辻はあの世との交流の接点として不可思議な場所であり、妖怪の出没する霊界とのターミナルでもある。

カドについては、これに門という字をあてるのは誤解のもとである。カドは門ではなくて屋敷の入り口であり、その家の顔といってよい場所である。正月のカド松や盆のカド火は、そこが辻とおなじように神を迎え、霊魂を迎えて祭る場所であることを示している。宇治の平等院から少し奥に入った白川というところの、さる旧家のカド口にある石地蔵は、このあたりではカドの地蔵さんとよび、おりから正月で裏白にミカンやモチをのせて供えてある。カド口で正月さまを迎える行事の一種である。カドの地蔵さんは、明らかに仏教のもたらしたものである。正月とともに盆の先祖祭りにも、ここを大切な祭りの場にする。この種の石地蔵は、以前は宇治市に編入された村々では多くみられた。それが明治になって神仏分離令が出されると、「石地蔵といえば仏教のものである。盆にここで祖先を祭るといえば墓の一種である。そのようなものを家のカド口にもち、正月の祭りをするのはまちがっている。だいいち縁起がわるい」ということになり、ほとんど村の共同墓地に移され、盆のときにお参りするだけになった。宇治の白川は少し奥まっているので、明治的なタテマエ論が及ばなかったらしい。

似たことは京都の市中にもある。夏の話になるが、七月十七日の山鉾巡幸で有名な祇園祭は、八坂神社の祭礼ということになっている。表のたてまえはそうであっても、山鉾を出す個々の町内の事情は一筋縄でおさまらない。町内の会所の床の間には、神仏分離以前の牛頭天王《ごずてんのう》の軸を掛け、なかには聖護院あたりからお坊さんをよんでお経をあげてもらってから、神主さんに祝詞をよんでもらう町内もある。

仏教を外来宗教として神道と区別するのは、合理的であるようにみえて、常民の信仰からは必ずしもそうでない。久しく日常生活のなかで仏教を信じてきたものにとって、仏教もまた身体の血肉になりきっている。その日常の信仰行事について、これは神道、これは仏教と腑分けすることから、そもそも実情に反している。

明治維新にあたって封建体制がつよく残存し、新旧両勢力の衝突のはげしかったところほど神仏分離が徹底し、その意味での信仰の合理化が遂行されたようである。反対に畿内の平野部のように近代化のなし崩し的に進行したところは、たてまえとしての合理主義はそのまま承認しながら、生活のほんねの部分では伝統の感覚もあわせて濃く維持した。それだけ常民文化の層、民俗の層が厚いといえるだろう。

お経の間子らが騒ぐ「オコナイ」

話を正月にもどすと、京都府の東南端にあたる相楽郡南山城村の田山で、「オコナイ」とよぶ修正会《しゅしょうえ》は正月六日になされる。この村は山城、大和、伊賀の国境地帯にあり、近世には大和国添上郡柳生（現在奈良市）に陣屋をもつ柳生藩領であった。村に二十石取りの藩士の家というのがあり、平素は村で農業に従事し、年間に日を定めて柳生の陣屋に詰めたという。兵農分離以前の姿を残していたわけであるが、ここでは正月六日に村の長老たちが氏神の諏訪神社に参集して拝礼したあと、裏の観音寺で嘉吉元年（一四四一）の銘のある牛玉《ごおう》宝印を半紙に押してお守りの札をつくる、これはその年の豊作を祈るもので、このお札を仏前に供えて御祈禱するのをオコナイとよんでいる。正月に豊年を祈って修する法会なので、修正会とよばれるものである。田山ではオコナイの御祈禱がはじまると、子どもたちが観音寺の境内に集まり、お経のあがっているあいだ、本堂の縁側におかれた板を棒でたたき、喊声をあげる。近畿を中心に中部から中国地方に分布する修正会のオコナイで、乱声《らんじょう》とよばれるものである。

京都府綴喜《つづき》郡宇治田原町高尾《こうお》では、正月十五日の朝に氏神の神明社の境内で歩射神事《ぶしゃじんじ》をしたあと、薬師堂で御祈禱があるが、このとき村の青年や子どもが青竹をもって集まり、お経のあいだ縁側をたたく。宇治市木幡の願行寺で正月三日午後にあるオコナイは、松尾一党といって安土桃山時代に伊勢の白子から木幡に移ってきたという五軒の家だけの行事である。牛玉宝印のお札をつくり、昭和三十年ごろまではお経のあいだ藤のつるで厚いケヤキの板をたたいた。『今昔物語』巻十九に、比叡山での修行を途中でやめて郷里の摂津国にもどり、妻をむかえて土着した僧侶の話がある。そのなかで、彼の住む郷では彼を「修正ナドノ行《オコナイ》」の導師にしたとある。『今昔物語』より少し早く永観二年（九八四）に成立した「三宝絵詞」にも、修正会や二月に行う修二会をオコナイとよび、国家の寺院の公的な行事であれ、私寺での私的な法会であれ、いずれも年頭に幸福を祈って豊作を願い、人びとの身を清めるものといっている。これは大谷大学の五来重氏によって早く指摘されているが、仏教の側から正式には修正会、修二会とよばれるものが、一般にはオコナイとよばれ、十世紀後半ごろすでに民俗行事化していたらしい。そのため、オコナイのなかにはながい年月のうちに、本来の趣旨から脱線しかけたものもないではない。

和尚さん縛り上げる暴れ念仏

たとえば京都市西北の愛宕の念仏寺は、十世紀初頭に比叡山の千観阿闍梨が平安京の東、清水坂の西に建立した名刹で、大正のはじめ現在地に移ったが、明治の末ごろまで正月二日の夜、「天狗の酒盛り」ということがあった。土地の人が本堂に集まって酒をくみかわし、扉や柱を杖でたたきまわり、ホラ貝を吹き、太鼓をうち鳴らした。その異様さに、「天狗の酒盛り」の名がついたわけである。

京都市の南、宇治市五ケ庄大和田の蔵林寺では、第二次世界大戦前まで「暴れ念仏」ということがあった。この寺は浄土宗で、正月十八日に村の長老たちが本尊の阿弥陀如来に水炊きの大豆を供え、村の人たちのお参りがあるが、そのとき子どもたちは年に一度の無礼講といって本堂で暴れまわり、はては和尚さんや長老たちを細紐で縛りあげたりした。

近くの京都市山科区日野の法界寺では、正月十六日の夜、薬師堂の修正会に裸踊りがある。修正会のオコナイには大きな音をたて、はげしく踊ったり柱や羽目板をたたいたりすることから、暴れてよい、無礼講ということになったのだろう。この行事には、昔から大きな音をたてるのが必須のことであったらしい。鎌倉時代、藤原定家の日記である『明月記』によると、建仁二年（一二〇二）正月十二日の夜、都の六勝寺のひとつの法勝寺の修正会に、面長という名のそのころ人に知られた猿楽者が、抃踊叫喚《べんようきようかん》しなかったということで後鳥羽上皇の不興をうけ、検非違使に身柄をあずけられたとある。抃踊とは手を打って踊ること、叫喚はおめきさけぶことである。面長は芸が下手だからでなく、大きな音をたてなかったことが咎められ、ふまじめとされたらしい。「水取りや　こもりの僧の　沓《くつ》の音」という芭蕉の句がある。東大寺のお水取りは旧暦二月の修二会である。サシカケとよぶ練行僧のはく木沓の音、板敷きに五体投地する音響は冷えきった深夜の堂内にひびく。

京都では清水寺の修正会に般若心経をとなえてから加持杖で堂の裏側の羽目板をたたく。東寺の正月の後《ご》七日御修法《しちにちのみしほ》では、最後に加持杖を床に投げる作法がある。

大和の法隆寺のオコナイは、正月七日から十四日までの修正会で、東大寺のお水取りとならんで奈良時代の悔過《けか》法会の法式をいまに伝えるといわれるが、以前は参籠僧が勤行のたびにホラ貝を吹き鈴をならし、加持杖で金堂の柱をたたいてまわった。有名な金堂壁画のいたんだ理由のひとつにあげられている。修正会、修二会の乱声は、村々の小さな寺堂のことにとどまらない。東大寺、法隆寺以下の国の大寺でも、ひとしく行なわれてきた。その理由については大きな音をたて、それで魔をはらうといわれるが、それだけではないだろう。

もともと仏像を安置する堂内には、その本尊に仕えてもろもろの護法のはたらきをする精霊が住むと信じられていたらしい。それらは後戸《うしろど》とか後堂《うしろどう》と呼ぶ本尊の背後にひそんでいた。法会で大きな音をたてるのは、それらの精霊に活力をあたえ、祈願のすじが本尊によく聞き届けられるための「神勇《かみいさ》め」のまじないと解せられる。「呪師《しゆし》の走り」とは呪願を読誦するもののはげしい身体のうごきを示し、これも一種の「神勇め」にはじまる。
たとえば奈良県吉野郡野迫川《のせがわ》弓手原《ゆではら》の地蔵堂で、正月三日の深夜に行われる「シシオイ（猪追い）のオコナイ」は、法要の終わりに村人たちがはだしになり、「チョンヤト、チョンヤト」とさけびながら堂内の床をふみとどろかせ、狂ったように踊りまわる。その音でイノシシをおどすので「シシオイのオコナイ」というといっているが、そのシシは呪師の訛ったものだろう。この行事は「呪師のオコナイ（行法）」、「呪師の走り」とよばれるものの本来の姿を伝えている。

法隆寺の修正会（オコナイ）とか東大寺の修二会（お水取り）などというと、日本的な大寺に伝わる特別の法会のように思われているが、その根はふかく民間の行事につながってきた。宇治市に編入されている村々にも、通称ニガットさん、正式には二月堂講という組織があり、以前は毎月交代で風呂をたて、寄り合いをもった。お水取りには松明の材料を村送りで寄進した。いまでもお水取りには代表が参詣する。畿内の民俗は、都市と村落とがふかく連関しているのを特色とする。小さな村の些細な習俗でも、みのがすことのできない大きな意味を持つことが多い。

厠考——異界としての厠——

飯島吉晴

家屋は単なるものではなく、実用的機能の他に、さまざまな機能（美的機能、地域的機能、宗教的機能等々）をもった文化的な創造物である。ここでは、家屋の中でとくに厠《かわや》（便所）および厠神に焦点をしぼって、昔話、諸儀礼、禁忌や俗信との関連で、それらが民俗的思考において占める象徴的な役割を考察してみたい。

第一節　厠の意味

家屋は、その文化の世界観を具現したものとして見る必要がある。家屋は、地鎮祭に見られるように外的空間から切り取られた内的空間であるが、この外と内の対立は、家屋の中に表と裏の領域という対立として導入される。家の表側が、玄関や座敷という改まり威儀を正した公的領域であるのに対し、裏側は台所、厠、厩《うまや》、納戸、竈、倉といった、暗く何となく汚ないイメージの伴ったいわば私的な領域であり、また直接生命にかかわる領域でもある。裏側は、身体で言うと下半身や直接外界との接点をなす部分であり、排泄、食物摂取、生殖といった、直接に生命維持に関係し、しばしば低く見られ、汚ない部分として排除されがちである。しかし、こうした裏側の部分は、全体から見ると、どうしても欠くことができない領域であり、より自然に近い、心の奥底からやすらぐことのできる場所である。一般に、汚ないものというのは、直接に生命や肉体と結びつき、まじりあい、不定形で区別がつきにくく、コントロールしがたいものである。たとえば、血、唾、爪、髪、糞便、精液、月経血、塵芥、灰、使い古した物……混沌、移行、腐敗、反秩序のイメージ等々。

さて、厠の呼称を見てみると、背屋、外、カド、閑所、雪隠というように、「中心」とは対立する「周縁」的な言葉が多い。厠の場所も、実際に母屋から離れているのがふつうである。厠という漢字の意味を見てみると、

(イ)、便所
(ロ)、まじる
(ハ)、水際、岸、水のほとり

という三つの意味があるが、これは厠、溷、圂、圊など便所を意味する漢字に共通している（便所に豚を飼って、人糞を飼料にして育てる風は奄美・沖縄地方に見られたが、圂の字はこの方式を示している）。厠の民俗学的意味をさぐる上で、漢字の意味は非常に示唆に富む。というのは、漢字は古い表意文字のため、古代中国人の物の見方や感じ方が込められている一種の民俗誌として見ることが可能であって、日本の民俗的思考を照射する媒体として利用することもできるのである。

厠《かわや》の場合、(ロ)のまじる（混・交・雑交）と(ハ)の岸や水のほとりという意味が重要である。(ハ)の方は、厠の設置場所と関係があると見られ、カワヤは川屋と言われるように、日本でも川のほとりに厠を設ける風があ

った。男神が赤く塗った矢になって女と結ばれるという丹塗矢型の神婚譚では、厠が川に作られることと、もう一つそこで男女の交わりがなされることが示されている。そこで、カワヤは川屋かそれとも交屋かという問題が生じてくる。これは(ロ)のまじるという意味とも関連してくる。まじるとは、秩序の中にそれを乱すような異質な要素が入った不安定な混沌の状態であり、物のほかに感覚や認識のレヴェルにも言える。汚いという意味の一つにも、まじることが含まれ、恐ろしさから否定的な意味が付与されがちであるが、異質な要素との出会いによって新しいものが創造される可能性もある。川そのものも、絶えず流れて、しかももとの水ではないという点で、つねに交替がなされているわけである。したがって、厠の基本的意味は、まじる（交）であると推測できる。これを裏付ける有力な証拠は、河童伝承である。

河童が出現する場所や時期はつねに一定しており、異質な諸要素が出会い、交換がなされる境界的な時間や空間に限定されている。河童は、川の他に、家屋の中では竈、厩、厠などに出現する。河童は、渦巻や交をその本質とするという指摘[1]が、ここで想起される。厠と河童は、交という点で共通するわけだが、この両者が結びついた伝承は各地に見られる。一例をあげてみよう。

事例(1)　河童伝説（越後蒲原郡）

越後蒲原郡のある村の内川善右衛門という者の妻が厠入りすると、冷たい手で尻を撫でられることが幾晩も続いたので、代わって主人が女装して入り、伸ばしてくる腕を斬り落とし、人に見せると河童の腕だという。翌晩七、八つばかりの男の子が現われ、謝罪をして、腕を返してくれるなら、その礼に毎日魚を一桶ずつ贈る、と言った。腕を返してやると、翌朝から一桶ずつの魚を玄関先に置いていった。しばらくこの贈物は続いたが、次第に魚の数が減ってきて、しまいには僅か二、三尾となってしまった。そうしたある日、痩せ衰えた河童が訪ねて来て言うには、水神ヶ淵の魚が少なくなって、わが身もこのような有様になってしまった。代わりに秘薬の処方を伝授するから、できれば魚の方は免じてもらいたい、とのことであった。この際伝えた傷薬が内川家家伝の水神薬であるという。[2]

この話は、いわゆる河童家伝薬の由来譚であるが、河童が厠に現われ手で尻をさわること、その手を切られ、切られた手と交換に魚や秘薬をもたらすことが注目すべき点である。尻という肉体の下層部は端を意味し、大地と一体化して再び新たなものを生み出すことに関連している。この尻のもつ両義性が、河童の交と一致するわけである。河童が手を切られることは、手切り（タギリ）―契（チギリ）、指切り―約束という例に見られるように、切断や分離ということと同時に、二つの異なるものが結合し交換することも意味している。また、河童の家伝薬を見ると、いずれも、もとの状態にもどすこと、つまり回帰ということに関連している（たとえば、河童が切られた手をつなげてもとにもどすことだけでなく、その薬の名称も回帰を意味するものが多い）。河童が手を切られるこの伝承には、羅生門の鬼や弥三郎の姥が手を切られる伝承との関連が考えられるが、刃（＝端）物で手が切られる場所は、河童の場合が川や厠であるのに対し、鬼の場合は羅生門や橋、奥山といった異界や内と外の境にあたる所である。これらの伝承でも、やはり境ということが重要な要素になっているのがわかる。

厠が屋敷の中で占める方角は、「乾《いぬい》雪隠、巽《たつみ》倉」（長野県北安曇郡）や、「辰巳便所に戌亥倉」（奈良県南葛城郡）というように、北西（イヌイ）と南東（タツミ）軸というのが代表的である。三谷栄一は「祖霊のゐます戌亥隅と雪隠との関係は深かつた。その結果が、雪隠の場所を財宝のもたらす所と考へて、そこに落ちた折、クラの名を冠して改名したのであらう。……便所と倉、戌亥と辰巳とは相対関係にあつて、戌亥の隅の信仰とともに、福徳の沸くところの印象が深かつた[3]」と述べている。北西（イヌイ）は、屋敷空間における影、裏側の領域に相当し、心の深層と親縁な部分のようである。大藤時彦が「厠神の信仰を注意してみると、カマド神とか井戸神とか云ふ家の神々と類似した性格を持つてゐることが判る」[4]と論じているように、厠、井戸、竈は、家の祭祀空間として、霊界との交流に大きな役割を果しているのである。宮田登も、「厠・便所そのものは、この世とあの世の霊魂の出入口というとらえ方があったのではなかろうか」[5]と推定している。また厠の側に南天を植え、難転といって魔除けにすることがあるように、厠にはものを転換させる機能も見られる。

これらの点から、厠は異なるものが出会い、交差し、変換する特別な空間であることが予想される。しかも、厠は、日常的な世界では、暗い否定的なイメージが付与され、排除されがちであるが、こうした否定性を媒介にして、心や世界の全体性を認識する上で重要な役割を果していることが考えられる。厠と財宝との結びつきは、こうした推定を裏付けてくれる。

これまでは、家屋のもつ記号的な位置や、厠の語源的な意味から、厠の象徴的な機能を推定してきたのであるが、次に豊かなイメージの宝庫である昔話において、厠が占める位置を考察してみたい。

第二節　昔話における厠

「むかし、むかし、ある所に……」というような決り文句で始まる昔話は、時間的・空間的に此の世とは異なった世界、日常生活とは別の象徴的世界におもむかせてくれる。昔話は、民衆の想像力が大きくはばたく場であり、民衆の世界観をかなり凝縮した形で、しかも具体的な事物をもって語ってくれる。日常的な世界では、実際的な機能をもつものとしか見られない事物は、昔話の中で、その隠れた潜在的な機能をあらわすのである。従って、ある事物が民衆の心の奥深い所で持つ意味を見る上で、昔話は有力な手掛りを与えてくれる。

厠（便所、雪隠も含める）が現われる昔話を、関敬吾編『日本昔話集成』第二部（一九五三）から抜き出し、頻度の大きいものから順に記すと、「三枚の護符」「天道金の鎖」「継子と鳥」「鼠浄土」「地蔵浄土」「雁取爺」である。この他にも、「鬼と賭」「宝化物」「化物寺」「人と狐（尻のぞき）」「鶏報恩」「鍛冶屋の婆」「産神問答」「蕪焼長者」「力太郎」などに、非常に少ないが厠が登場する。ここでは、代表的な昔話をいくつか取り上げて考察を加えてみたい。

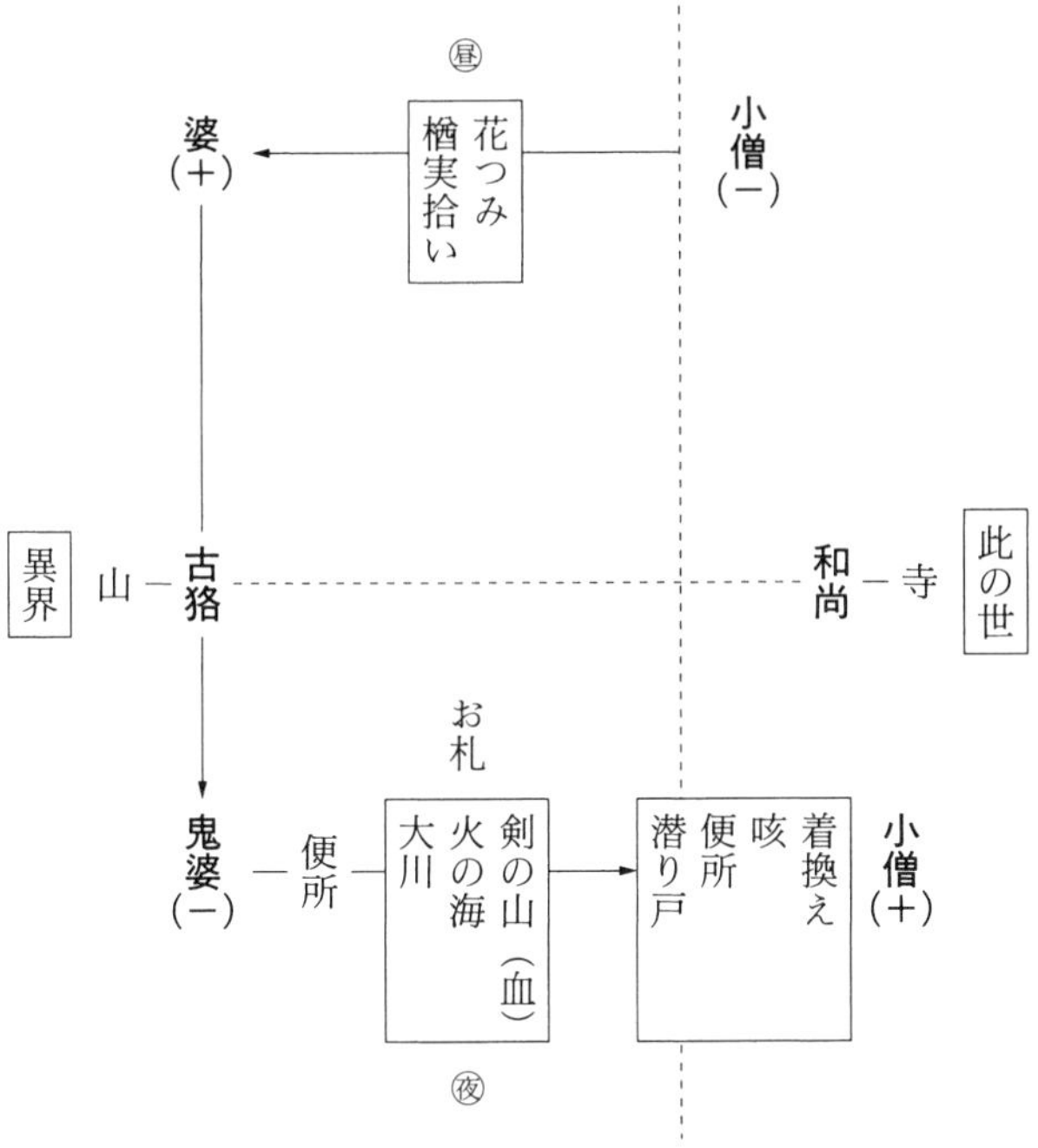

事例(2)　三枚の護符（岩手県和賀郡更木村）

ある山寺に和尚と小僧がいる。小僧は言うことを聞かないので、追い出される。小僧は山に行き、花や楢の実をとっていると婆に出会う。小僧は、爺の命日だから、お経をあげてくれと頼まれ、婆の家に行く。夜、婆の家で抱かれて寝て、恐ろしい婆だとわかる。夜中に便所へ行くと言って、お札を身代りにして逃げる。三枚のお札で、大川、火の海、剣の山を次々と出現させる。小僧は寺につくが、戸が閉っている。和尚はすぐには開けず、着換え、咳払いして便所に入る。小僧が剣山で血だらけになった婆につかまる寸前に、潜り戸を開ける。小僧を中に入れ、婆を戸にはさんでつぶす。翌朝、婆は奥山の古狢《むじな》であることがわかる。小僧は改心し、名刹を継ぐ人になる(『日本昔話集成』第二部、一一〇一―四頁)。

この話を図示すれば、前ページの図のようになるだろう。

図が示しているように、小僧は異界(山)での試練を経験し、よい小僧に生まれかわるのだが、厠はちょうど異界との境に位置していることがわかる。図には、二つの厠(便所)が出てくるが、一つは鬼婆の家、今一つは寺にあって、二つの厠の間は、異界と此の世の中間領域に相当する。「三枚の護符」ではほとんどの場合、鬼婆の家の厠だけしか現われず、寺では、鬼婆と和尚が化けくらべして、婆が豆になって食われるという話になっている。つまり、事例(2)の寺の厠は、他の話では化けくらべになっているのである。事例(2)での和尚の行為が、着換え、咳払い、厠、戸という変身や境界(咳=関、内と外を隔てる戸)に関連していることは、化けくらべ(変身くらべ)と同じ意味をもつと言える。変身が行なわれるのは、境界領域においてであるからである。

「三枚の護符」は、お札を投げることで、川、海、山などを出現させ、追手から逃れるという「呪的逃走」を主要モチーフとしているが、この「呪的逃走」[6]はシャーマニズムの世界像の基本的要素である「飛翔」の観念と対応するのではないかと考えられている。冥界(異界)観念はシャーマニズム的世界観を前提として成立したらしいが、事例(2)に見るように、異界を訪問する際には和尚のくれたお札を携えて行くものが多く、しかも、異界訪問が一種の「死と再生」の儀礼の趣きをもち、母胎回帰と同じ原初体験となっていることは注目される。しかし、ここで重要なのは、此の世と異界、内と外、昼と夜といった二つの異なる世界を媒介するもの（境）である。

事例(2)では、厠がそうした両界を結ぶ境になっているが、他の種類の昔話ではどうであろうか。「三枚の護符」と並んで、厠が最も頻出するのは、「天道金の鎖」である。

事例(3)　天道金の鎖（岡山県御津郡今村）

母と兄弟三人。夜、母が帰って来て小さい子を寝間につれて行って食う。兄がたずねると子供の指を投げてやる。兄弟は鬼婆だと気づいて、逃げようと思って小便に行くというと、腰に縄をくくりつけられる。二人は便所に縄をくくりつけ裏の柿の木に登ってかくれる。鬼婆に発見され、どうして登ったかと問われ、下の子が油を塗って登ったと教える。鬼婆に脅され、兄が鉈《なた》で刻めば登れると教える。二人は天道さん助けてつかあしあいといって、天から降りた綱を登って助かる。鬼婆はまねて綱が切れて死ぬ（『日本昔話集成』第二部、一一七四頁）。

この話でも、やはりまず便所に行き次に柿の木に隠れる。鬼婆に見つかり、つかまりそうになると、天から綱が下りてきて助かる。まねた鬼婆は綱から落ちて死に、その血で蕎麦《そば》の茎根が赤くなったという説明譚になっているものが多い。「三枚の護符」が水平方向に逃走するのに対し、「天道金《かね》の鎖」では垂直方向に逃げる形を取り、兄弟や姉妹は逃げたあと天体（星、太陽、月）になるという話も多い。便所に行ったあと、木にのぼって隠れるわけだが、木の下に池や井戸があって姿が映ったり、鬼婆のおかしな動作を笑ったために発見されてしまう。木の種類は、梅、桃、松、梨、杉が各一例のほか、特に言及しないものを除くと、柿の木が非常に多い点が注意を引く。柿は垣に通じ、内と外を分ける境界と関連していると考えられ、柿をめぐる諸伝承はこれを裏付けている。垣根とか門の松となっている話もあり、そばに井戸がある点も見逃せない。鬼婆は、夜、家に入る際に母親に化けて（変身）戸を開けさせるが、異なった世界へ参入する際には変身する必要があるのである。鬼婆に食われた末子の死によって、兄弟は、厠、井戸、柿、天の綱といった境界領域を通り、天上界に天体として生まれ変わるわけである。発見の契機となった「笑い」声も、転換と深いつながりがある。柿をはじめとする樹木は、シャーマンが天上界に至る梯子と同様、地と天を結ぶ世界樹と考えられる。従って、そのそばにある厠は、当然、その境界性から媒介の機能を帯びていると考えられる。

以上の二つの昔話以外は、厠の現われる頻度は非常に少ないが、次にいくつかの例を見てみよう。

事例(4)　継子と鳥（広島市）

父親が旅に出るとき、姉には鏡を、中の娘には雪駄を、末の娘には硯《すずり》を土産に約束する。継母は釜に湯を沸し、父が見えると欺いて三人の姉妹をその中に突落して殺し、姉娘を便所の横に、つぎの妹を手洗鉢の処に、末娘を便所の後に埋める。父親が帰って便所に行くと、梅の木に鳥が三羽止まって、上の枝に止まっている鳥が「父さん恋しやちんちろりん」と、つぎの枝のが「京の硯はもういらぬちんちろりん」と啼いて飛んで行く。継母に探しにやり、便所の脇を掘ると三人の屍が出る。父親は継母を殺し子供らを弔ってやる（『日本昔話集成』第二部、九六八頁）。

「継子と鳥」の昔話では、殺された継子の埋葬地として、厠が登場する。厠の他に、木の下、流し、台所、厩、納戸、物置、倉、ニワ、堆肥、つぼ庭、裏山、池、裏の竹やぶ、裏の畑、かど先、大黒柱の下、竈《かまど》、背戸口、井戸、橋のたもとなどがある。(7)これらの場所は、家屋や屋敷の裏側の領域にあることが多い点は注意される。筑土鈴寛は、「継子譚の如きは、成年戒を語つてゐる如き印象のものがあつて、さうした人生の重大事を素地として伝へられた話でなかつたか」と述べ、さらに竈を中心にして死と再生の儀礼が成年式として行なわれたのではないかと考えている。(8)事例(4)の、釜の湯に落とされて死ぬという無惨な死に方も、新たな誕生の前提であるように思われる。この場合、小鳥は霊魂の生まれ変わりであり、厠は埋葬地であるとともに、再生の場でもあるのだ。通常、汚ない所とされる場所がなぜ再生の場とされるのだろうか。これは本稿の主題でもあるが、厠のもつ両義性に関係あると考えられる。

事例(5)　大蔵の客（下甑島）

爺婆の所に座頭が泊り、夜中に便所に行って壺の中に落ちる。ひきあげて、湯を浴せ、火で温めて寝かし、翌朝見ると蒲団の中は白金黄金でいっぱいになっている。隣の爺婆がまね、無理に座頭を便所の壺の中に突き落としてから寝かし、蒲団の中を見ると蛆だらけである（『日本昔話集成』第二部、七八三―四頁）。

この話は、厠の両義性をよく示している。日常生活のレヴェルでは、厠は汚穢物（死）と結びつけられるが、象徴的なレヴェルでは黄金（再生）と結びつくのである。「雁取爺《がんとりじじい》」のある話でも、下の爺は天上界の米蔵と金蔵を突き落とし、上の爺は便所と小便壺を突き破って死ぬまで糞便が落ちてくると語られている。倉と厠、糞便と黄金とは、一つのものの両側面でもあるのだ。「花咲爺」のある話では、便所の隅に棄てられた臼の灰で、下の爺は枯木に花を咲かせ、上の爺は失敗して殿様に斬られ血だるまになる。つまり、灰は一方で花（生）になり、他方で死（血だるま）と結びつくのである。厠や糞便の両義性から、さらに変身空間や異界（別世界）としての厠という観念が生み出される。

事例(6)　尻のぞき（岐阜県大野郡丹生川村）

村の男が町へ行くと狐が女に化け尻尾を出して来る。狐は、お前を化かすのではなく、和尚を化かすのだからついて来いという。ついて行って障子の穴から覗いていると、馬の糞は団子、小便は酒だといって和尚にふるまう。通りがかりのものに背中を叩かれ、気がつくと便所の穴から覗いている（『日本昔話集成』第二部、一三〇八頁）。

この話からわかるのは、便所が一つの別世界と見られていることである。村から町への移動は、いわばケからハレの世界へ移ることであり、あたかも異界へ旅して再び此の世界に戻ってくるのと似ている。化かされて、馬糞が団子、小便が酒に見える逆転した世界に赴き、気がついた時には便所の穴を覗いていたというのは、便所が別世界に到る入口（境）でもあることを示している。

「鼠浄土」では、爺が厠の屋根葺をすると稲が生え、それで作った団子が、穴に落ちて浄土に行くきっかけとなる。そしてふと気がつくと、やはり自分の家の竈やよその家の土間に頭を出すと語られている。その他、「地蔵浄土」や「鳥呑爺」などでは、爺がほうびを貰ってくるのを期待した婆が、厠の屋根に上って待つという形をとるものがある。これらはみな、厠が異界へ行ったり戻ったりする境に存在していることを示している（竈や土間も同様）。異界は地下に想定されるものだけでなく、「天道金の鎖」のように天上界になっているものもある。たとえば「鬼と賭」では、天に登る術として、豆を厠の側に植えて天まで届かせると語られている。厠は異界への出入口となっているばかりでなく、物や人が転換し、変身する場ともなっている。「化物寺」のある話では、無駄に使った楊子が夜中に厠で踊ると語られ、また「鶏報恩」には、便所に入っているところをみると人間かどうかわかるという話がある。つまり、厠では本来の姿、正体があらわれるのである。

以上のように、昔話において、厠は、異界との境（出入口）をなし、その境界性ゆえに、再生のための埋葬地や変身空間、さらには異界そのものと見なされているわけである。次には、人生儀礼における厠を見てみよう。

第三節　人生儀礼における厠

人生儀礼の中でとくに産育習俗には、厠《かわや》と関連しているものが多い。妊婦は帯祝いの頃から便所の掃除を日課としている所があり、また便所をきれいにしておくと、きれいな子供が生まれるという伝承は広く見られる。逆に、便所をきたなくしておくと、アバタの子、不具の子が生まれ、禍を与えると言われている。厠神は箒神とともに、産神として信仰されているため、赤飯を炊いて、厠神や箒神にあげると安産になるという所もある。なぜ、出産と厠はこのように結びついているのであろうか。この点の説明が本節の主要な課題である。

島根県雲城村では、葬式の手伝いを「山行き」と称するのに対し、出産の手伝いを「川行き」と言うようだが、「桃太郎」の昔話のように、川や山は異界から此の世への生命の出現に深い関わりを持っているのである。従って、産育習俗を考える場合には、その背景となっている世界観を考慮しなければならない。赤子が此の世に生まれ出ても、ただちに人間として取り扱われず、何段階もの儀礼を経る必要がある。その中で、「雪隠参り」は最も有名なものである。しかし、それを述べる前に「胞衣《えな》」の埋め場所をまず見ておきたい。

胞衣の埋め場所には、便所の後、便所の踏み石の下、便所の軒下、厩の隅、人のよく踏む所、庭の隅、玄関の土台の下、縁の下、屋敷の隅、家の北西方の樹の下、産土神の境内、家の出入り口、敷居の下、床下、寝所の一隅、墓地、日光のあたらぬ所、川に流す、恵方の方角の桑の木の下、竹林、畑、家の西北隅、戌亥の方向、台所の下、家の軒下、産屋の床下、山野などがある。(9)「継子譚」の継子の埋葬場と同様に、これらの場所が多く家の暗い裏側の領域に当り、戌亥《いぬい》（北西）の方角や、敷居、玄関、軒下といった内と外の境に関係していることは注意される。胞衣笑いの習俗から判断して、これらの場所が次の子の誕生と結びついた、再生の場であることが考えられる。つまり、胞衣を此の世から異界に戻し（死）、再び生命をもたらしてもらう（再生）場所なのである。

また後産《あとざん》がおりなくて困る時には、下駄と草履を片方ずつ履いて便所に行ったり（群馬県吾妻郡岩島村）、亭主が便所の踏み板を裏返す（栃木県茂木町）と早くおりるという。沖縄の竹富島では、胞衣のおり方が遅いと産婦の側に箕《み》を立てるという。箕は穀物をふるいわけるのに使われ、しかも、その編み目を通すと異界を覗くこともできる呪具であるから、胞衣を此の世へふるい出すという意味があると思われる。便所で履物を片チンバにしたり裏返しにしたりするのは、事態を転換するために此の世に意図的に不均衡な状態を作り出し、異界の力を流入させる、つまり胞衣をおろさせる手段だと考えられる。ここでは、便所が此の世と異界の媒介をなす境界的な場所となっていることが重要である。このことが、再生の場としての厠の背景をなしているからである。

さて、次に「雪隠参《せっちん》り」を見てみよう。

事例(7)　雪隠参り（群馬県山田郡相生村）

生まれて七日目に七夜をする。この日の行事は命名とセッチンマイリである。セッチンマイリには、産児の顔に「犬」の字を京紅《べに》で書き、産婆に抱かれて、オビヤマイリといって、井戸一か所、便所三か所を橋を渡らずに参らせ、もろこしの箸を半紙と水引とで結び、これをもって汚物を食わせるまねをして、犬のように丈夫に育つように祈願をする。産児の運の開けるまじないだという（『日本産育習俗資料集成』、三八一頁）。

ここには、名付け、雪隠参り、アヤツコといった問題が含まれている。雪隠参りは、コウカマイリとかオヘヤマイリともいい、参る日は、三日目や七日目（七夜）というのが多いが、十一日目、十八日目、二十一日過ぎ、初外出のときなどに行なう所もある。雪隠参りを行なう地域は、岩手、新潟、福島、栃木、群馬、長野、山梨、埼玉、東京、神奈川、三重等で東日本に多い。その内容は通常、取上婆が赤子を抱いて雪隠に連れて行き、厠神に米、赤飯、塩、鰹節、酒、豆、銭、ヘソノオ、産毛等を供えて拝むわけだが、そのとき赤子に檜笠、真綿帽子のほかオムツをかぶせたり、糞便を食べさせるまねをする所がある。また事例(7)では橋を渡らずに井戸と便所に参るわけだが、土地によっては橋に参る所もあり、井戸、便所、竈、氏神、橋といった所が主な参り先になっている。

一体、この「雪隠参り」にはどういう意味があるのであろうか。子供は七歳までは神のうちとよく言われるが、生まれて間もない赤子はとくに此の世のものともあの世のものとも思われない、はっきりしないあいまいな存在である。間引きをする場合も、生後二日目までならできるが、三日目ぐらいになると愛着がでてきて不可能になるという。つまり、どこのものともわからない赤子を此の世のものとするために、数々の産育儀礼が行なわれるのである。三日目とか七日目は、とくにその区切りとして物心両面において適切と考えられたわけである。これらの日に、はじめて袖のある本当の着物を着、髪を剃り、名前を付けて此の世のものとしての承認をうけるわけである。オムツをかぶせたり、糞便を食べさせるまねをすることは、赤子を糞便と同じものと見ているのである。糞便と赤坊の同等性は精神分析学の文献で広く報告されているが、赤坊は糞便として生まれてくると想像されたのである。実際の分娩においても、産婦は出産と同時に脱糞することがよく見られるようだが、原初的な想像力では、腹にあるものが外に出てくるのは脱糞過程としか考えられないのである。このように、赤子は「糞便」と同一視されており、「雪隠参り」においては、社会的に「糞便」として新たに誕生するわけである。

糞便はまだ此彼どちらともつかぬあいまいな存在であるが、雪隠参りには再生の要素も含まれている。たとえば、赤坊の帽子は「復活乃至は生れ変りの儀礼に於ける威力ある変装であり、又変身術でもあった[10]」のである。また、人間は排泄をコントロールすることで自立の第一歩を踏み出すわけだが、社会的に「糞便」として生まれた赤子も、産育儀礼によって此の世のものとして人生を歩み出すのである。雪隠参りをすると、美人になるとか、大きくなってからきちんとした子になるという伝承は、此の世への社会的な再生を表現したものと考えられる。お七夜に、名付け祝をする所が多いのも同じである。名付けは、此の世のものに生まれ変らせることだから、名付けの終わらぬうちに地震や雷があると、子供によくない、不祥事がある、唖になるなどといって恐れる伝承もある。地震や雷は、人や物の転換を促すと想像されているために、せっかく生まれた赤坊が、異界へもどって此の世のものでなくなり、人から物にかえってしまうのである。従って、祖父母や父母の幼名を仮名として生後すぐにつける所もある。また雪隠参りの見られない西日本では、七夜の名付け祝が重視されているようである。

三重県鈴鹿郡では、「名づけの日、川の小石を拾って来て、まず茶碗の水に南天の枝葉を浸しそれで産室・井戸・かまどを清めて後に、三つずつ井戸・かまど・便所などにおく[11]」という。名付けの日に、井戸・竈・便所に川原石を置くのは、此の世と異界の間に石を置いて境の守りとし、赤子を引き戻させないためだと考えられる。子供の誕生について、川や橋のたもとで拾ったのだという伝承が広く見られるように、川や橋も異界と此の世をつなぐ境界的な領域なのである。雪隠参りの時も、酒や箸のみならず、井戸、橋、厠、竈、門など境と深い関係をもったものや場所が登場し、さらに赤坊の額に「犬」の字を竈の煤や紅で書く所も多い。いわゆるアヤツコは、犬の字をつけることが多いのであるが、元はアヤ（文、×）で、二つの線が斜めに交わるものをさした。これは、ある世界から別の世界へ参入した印である。江戸時代に犯罪人の額につけられた入墨にも、藩によって異なるが、アヤツコ（×、大、犬）が見られる。犯罪者は法を犯した者であり、此の世の者と見なされなかったのである。赤子は、逆に、あの世から此の世にやってきた印と見られる。犬は狗とも書かれるのだが、×や句といった字は交を基本的な意味とし、二つの世界がまじわる境界と深い関係がある。(12)

雪隠参りは、赤子が此の世に社会的に再生する儀礼と考えることができ、厠はその媒介をなす場所と言える。橋に参る所と橋をさける所があるのは、橋が境として移行の儀礼で重要な役割を果し、両界に通じているためである。橋をさけるのは橋が異界に通じているからだし、参るのは此の世への参入を固めるためなのである。

厠は雪隠参りの他にも、人生儀礼に登場する。たとえば、身体の弱い子は便所の前や横に捨て、ノサリの良い（子の多い）人に拾ってもらう（宮崎県東臼杵郡西郷村）とか、呼吸がとまるとき臍の緒を米と共に便所神に供えて飲ませる（山梨県西山梨郡千代田村）という伝承がある。これと同じような伝承は沖縄にも見られる。

事例(8)　厠神と病気（沖縄県石垣島）

小供突然身体、痒《かゆみ》を覚え、苦悶の際、厠屋根の四隅より草を抜きとり、之れを十字路上で燃焼し、灰を四方に簸《ひ》せば直ちに全癒す。罹病者の病勢、一進一退、衰弱甚敷きを憂ひて「魂付《たましいつけ》」を行ふ、家族厠神に、線香、御花米、御酒を供して祈願す、厠傍より、魂を拾ひ、藁真《ママ》を病者の頸に佩《は》かしめ、一杯の冷水を服せしめ、供物を頂戴すれば癒ゆ。(13)

病気や虚弱な身体はその魂がぬけたり弱まったことに原因があると考え、もとどおりに回復させるためには魂をつけなおしたり、更新させなければならない。それを行なう場所が厠になっていることは注意すべきである。長野県の飯田地方には、赤子が夜泣きすると土で鏡餅を作って厠にあげる風習があるし、諏訪地方では同年の子が死ぬと、年を早くとるように便所の年取りといって便所で魚をたべるという。[14]このように、厠は時間（年）を更新する空間でもある。魔除けや厄除けとは要するに時間を新たにして次元を換えてしまうことであるから、厠は否定性を媒介とした死と再生の儀礼が行なわれる場であるとも言える。女子が初潮のとき、小皿に赤飯を入れて厠に詣るのも、子供から大人への転換を画するためと言える。

石垣島で、婚礼の日に、新婦が新郎の家門に到るや、新郎が厠に隠れるという風習も、未婚から既婚者への移行をなすためであろう。産屋の火や入嫁式における竈での儀礼が、赤子や娘を生のもの（異界のもの、未婚のもの）から火にかけたもの（此の世のもの、既婚者）へ料理（転換）するのと同じ機能を、厠は果しているのである。また土佐では厠に落ちると改名する風があり、クラ（倉・蔵・庫）とかセン（千・仙）という名をつけ、同じ土佐国の高岡郡では、子供が他家の厠に落ちて帰ると「福を持って帰った」といって喜んで縁起を直すという。[15]倉と厠が相対する位置にあることは前に述べたが、要するに厠が人格を転換する場であることを示すものだろう。センというのも千両箱の千に通じ、倉とは関係が深い。人生儀礼における厠が、第一節「厠の意味」で論じた解釈を裏付けているのは確かである。

すでに『古事記』に、丹塗矢型の神婚譚として、厠が婚姻（交合）の場となっていることが述べられている（大物主神や春山霞壮夫《かすみおとこ》の話）。婚姻を男女の両原理の結合として考えると、厠は境界領域として二つの世界を結びつける空間であると言うことができる。厠と性的交合は、深層において通底しているのである。

第四節　年中行事および建築儀礼における厠

㈠年中行事

年中行事は同じ行事の繰り返しだと言われるが、その基本は時間（季節や年）の更新にある。従って、今まで論じてきたことから、厠は年中行事の中でとくに大きな折目である正月前後に重要な役割を果すことが考えられる。倉石あつ子は最近次のような興味深い事例を報告している。

事例(9) 便所の年取り（長野県下伊那郡阿南町新野）

一二月三一日、便所の年取り（又は便所の神さんの年取りともいう）を行なう。男衆が松飾りをしたり、年神棚を作ったりする間に、女衆は年取りの御馳走を作って年取りの為の準備をする。準備が全て済むと、女衆が便所をきれいに掃除する。掃除が済むと、便所の前に蓙《ござ》を敷く。主人が門松と仏様に年取りのご馳走を供えた後、年神様のお膳と主人のお膳の二つを持って便所へ行く。家族の者も皆一緒に行って蓙《ござ》の上に並んで座る。大便所の戸を開けて、持って行ったお膳を並べて供え、主人が「お世話になりました」と挨拶する。昔はこの時、決った唱え言があった……。挨拶が終ると、その場で御馳走を一口ずつ食べて来る。便所の年取りを済ませてから、年神様にお膳を供え、家族の年取りをする。同じ事を一月一四日の小正月の朝にも行なう。この朝も便所の年取りを済ませてから、小正月の年取りをする。(16)

便所で年を取る儀礼は、同齢者の死のさいの耳塞《ふた》ぎ餅の習俗の場合にもみられるが、この例では家族の年取りの前にまず便所の年取りをし、その場で供物を少量ずつ食べる点が注目される。ここには、便所で年取れば長生きするといって、主人が便所で年取りの膳を食べる家もあるといい、群馬県吾妻郡六合村では、女衆が便所にお膳を供えて神に年を取らせた後、家中で食べて年を取るという。便所にお膳を供えることはしないが、年取りの食事の前に燈明をあげる所は多い。このとき、大根の輪切を燭台にする例がかなり見られるが、大根の輪切を耳塞ぎ餅の代わりに使う例もあることから、何か意味があるのかも知れない。京都府天田郡三和町では、正月に荒神とともにウスシマ（烏枢渋摩）さんという便所神を、土間に棚を作って祀るという。事例(9)におけるように、小正月にも便所で年取りしたあと、燈明をあげる例は多い。秋田県仙北郡角館町横沢村では、正月一五日の夕方、どこの家でも、婦女はみな便所へ行き、ロウソクをともし、切餅を供えて不動様を拝むといい、磐城の石城郡では、小正月の夜に便所に行く者は必ず箒を持って行き、用を足す前に掃かないと、年中身体に腫物が絶えないと伝えている。

『荊楚歳時記』には、「正月未《ひつじ》の夜、蘆苣《ろきょ》の火もて井厠《せいし》の中を照さば、則ち百鬼走《に》ぐ」とあり、中国でも正月に井戸、厠、竈などの暗い所に火をともしたりすれば、邪神や疫神を追い払うことができると考えられていたことがわかる。日本では、諸事例が示しているように、年の変わり目に便所に燈明をあげるわけだが、便所で年を取るとカゼをひかず、腹病みをせず、長生きし、お産が無事にすむという。中国のように悪神を追い払うと明確には表現されていないが、厠で年取りをするということは、そこで時間（年）を更新する、即ち、旧年を送り新年を迎えるという一つの死と再生の儀礼が行なわれることを意味している。前述したように、悪魔払いとは時間を更新することであるから、ニュアンスの相異はあるものの、両国ともほぼ同じことを意味していると考えられる。病気をせず、長生きし、お産が無事なのは、時間や空間の切り替えがうまく行なわれることなのである。便所をきれいにすると、美しい子供が生まれるという伝承も、異界から此の世へ完全な形で変換する、つまり五体満足な子供が生まれるということを比喩的に言い表わしたものであろう。

　磐城の石城郡で、小正月に用を足す前に箒で掃かないと腫物が絶えないというのは、箒で掃くという行為が、実際的な機能だけでなく、ゴミという古い不確定なものに仮託された旧い時間を送り出すという象徴的な機能も持つことを示している。このことは、出産の場面で、箒をイコン化した箒神が、「新生児（塵芥の隠喩）と母体とを媒介的に分離する象徴的な操作媒体[17]」になっていることを見ても理解できる。北多摩郡小金町北関野（現小金井市）では、正月一六日を仏様の日と称して、墓参りをし便所に燈明をあげたというが、この日は各地で仏の正月などといって先祖祭りの日になっていることが多い。やはり一つの大きな折目と考えられるので、便所が祀られても不思議はない。愛知県の日間賀島では、正月三ケ日、節分、モノ日に便所に燈明をあげるといい、長野県上水内郡小川村では、毎月四日に便所に線香を立てて拝むと安産であるという。また愛媛県北宇和郡津島町では、毎月七日に便所神の棚に線香、蠟燭《ろうそく》、カミシバ（柳）をあげるといい、この日にくみとりはできない。その他、飛騨地方では毎月一六日に便所に燈明をあげるという。このように毎月一定の日やモノ日に厠を祀る地方もある。

しかし、毎月祀る場合、なぜその日に祀るのかは不明であることが多いが、北宇和郡津島町では七日が便所神であるオヌシサマの縁日だからと説明しており、便所神となっている神の縁日に由来するのかも知れない。埼玉県の入間郡、比企郡では、三月と一一月の一九日に便所箒を産神として祀るという。この両日とも、日本の民間伝承において重要な三月一八日とか一一月二三日に近く、季節の変り目に当る日と言える。茨城県真壁郡明野町では、六月二六日をチョズバギオンといって、うどんを作って便所《チョズバ》に供えるが、その時に紙で女の人形も作る。同じ真壁郡の上大島では青と赤、酒寄では白と赤の男女の紙人形を作るという。麦の収穫の終る六月も一年を二分する大切な折目である（六月一日の衣脱ぎの朔日、祇園、半夏生、夏越などの民俗を考えよ）。人形が登場するのは、多く季節や年の変り目で、古いものを人形に託して、それを流したり棄てたりして、時間を蘇生させるのである。従って、チョズバギオンの事例は、チョズバ（便所）が季節交替の媒介をなしていることを示しており、興味深い。盆にも、便所の前で松を焚いたり（南部五戸地方）、盆花を便所に飾ったりする（北多摩郡久留米村、神奈川県相模原町）。

また出雲地方では、カラサデ（神等去出）という神事が佐太大社や出雲大社などで神在月の最後に行なわれるが、一〇月二六日の晩に厠に行くとカラサデ婆に尻をなでられるとか、外出して神に会うと死ぬと伝えられ、門口の出入りには咳払いをするという。この神事は、一〇月の神送り行事の変形であると言え、やはり一年の大きな折目に当たる。カラサデ婆に尻をなでられるのは、河童伝説を想起させるが、この神事は厠が時間的空間的に一種の境界にあたっていることを示すものであろう。この日は、新旧の時間の移行期にあたるため、内と外をつなぐ門口や厠に注意し、忌籠る必要があったのだと考えられる。

正月を中心に、年中行事における厠の機能を見てきたわけであるが、厠はいずれも、年や季節の折目に新旧交代の媒介役を果しており、それが民俗的にさまざまなやり方で表現されていることがわかった。厠のもつ境界性がここでも大きな役割を演じていると言えるだろう。

(二) 建築儀礼

家を新築するときに、便所の便壺の下に人形や化粧品を埋《い》ける風習は各地に見られる。ここではこの風習の民俗学的意味をおよび人形状をした厠神の神体について考えてみたい。

事例(10)　人形を埋める習俗（越中）

越中の小杉で家を新築すると、大工が便所の甕を埋める穴へ、必ず藁人形を一つ作って容れた。それには別に時とか人をやかましく拘束せず、便壺を埋める工程の時にしたという。この小杉から二里ばかり西によった高岡では魔除けの行為だといって、これは夫婦の人形を二つ作って大工に便壺の下へいれさせたと謂う。

高岡の人形は必ず子供たちが習字をして墨のついた和紙を用い、女の人形には髷《まげ》をこしらえてつけた。[18]同じ事例は、金沢市付近でも見られ、便所の新築のときカメの下に男女一対の人形を埋めたという。ここでは今も、塩、酒、オハギを供え、市販されている親指大の赤青の土人形を水引で結んで、便壺の下に埋め、無病息災をいのるという。また長野県木曽郡の木祖村や楢川村では、便所を建てる場合に、便壺の下に鏡その他の化粧品を埋け《い》、新開村熊沢や木祖村小木曽では、便所の桶の下に扇子と麻を埋けるという。これは、上棟式で、扇を開いて麻をさげる村が多いことと関係があるらしい。楢川村奈良井のあたりでは、便所はきたない所だから、女神を祀って悪魔を払うのだと言っており、この辺では妊婦が厠を掃除すると美しい子が生まれるともいう。

新築や普請の際に、人形や化粧品等を納める風習は、便所だけでなく、家の上棟式、船霊込め、庚申塚の築塚、胞衣納めにも見ることができる。井之口章次も、これが便所に特有なものではなく、「大黒柱の下、土に穴を掘ったとき、古井戸を埋めるとき、竈を修理するためなどの目的で土をいじったとき、地荒神をなだめるための、陰陽道の作法である[19]」と述べている。実際、長野県大町市社館之内では、「普請する時は、便所をみんなかい出してきれいにしてから甕を抜き出して、その後に扇子を開げて入れる。その上にきれいな石を持って来て埋める。便所の神さんは粗末にすると祟る[20]」といい、北安曇郡でも、便所のあった所をよく掘らずに家を建てると病気が発生するといい、便所の溜《ため》を造った時には餅をついて祝う。下伊那郡阿南町では、家を建てかえるような時には、ジョロガミと呼ばれる便所神を祀ったという。なぜ、新築時に厠は重視されるのだろうか。単に陰陽道の作法だとしてすますことができるだろうか。

本稿の最初に述べたように、家屋や船というのは単なるものではなく、一つの宇宙を表現したものなのである。従って、それらの建築や建造は一つの宇宙創造作業と見ることができる。人形、扇、麻、化粧品などが供えられる意味も、この視点から解釈すべきである。化粧道具の化粧は化生に通じ、生まれかわることに関連している。扇は末広がり、麻はイノチナガオ（苧）といった縁起もので、将来の繁栄や長命を意味する。

人形は、撫でものとして、それに邪悪なもの、古いものが託され、一旦祀り上げられたあと棄てられて世界を更新するという道具である。民俗の中で人形が占める役割は、呪い人形のように類感呪術の場合もあるが、むしろ人形送りといった形の感染呪術の場合の方が数多いようである。つまり、多くの場合、人形はスケープゴートとして民俗に登場しているのである。

たとえば、年中行事では、正月、盆、節供、二月一五日、四月八日、六月一五日、八月一日、一二月一五日といった季節の折目に人形が登場し、新旧の時間の交替を可視化し、旧い時間の死と新しい時間の蘇生を表現するのである。便壺の下に人形を埋けるのは、魔除けだと説明されることが多いが、既述したように魔除けとは時間を更新することであり、人形を埋めることで「死と再生」のイメージを喚起するのである。一旦殺して、べつの形で蘇生させるわけである。家屋の中で、厠の他に、大黒柱の下、井戸、竈などが同じような祀り方をされるのは、それらが異界とのコミュニケーションの場であるからだ。家屋という一つの世界を活性化させるのは、それらの場を通してなのである。家の中で、人形を神として祀っているのは、台所、竈、納戸、戸棚といった暗い裏側の領域の私的な神々であることも注目される。これらは直接生命と関わり、イコン化されることで絶えず死と再生を経験する神々であるからだ。

厠でも人形が神として祀られている。群馬県吾妻郡六合村では、年取りや正月を境にして、便所神（烏枢《ウス》瑟摩《サマ》明王）のお札、女神の絵姿、女の人形などを祀りなおすという。群馬県利根郡新治村須川では、正月の御幣でセッチンヨメゴという男女の神を作る。秋田県では、便所には女の衣服を着せた藁の人形や八橋の土人形を祀り、仙台付近でも、便所の隅の棚に女の土人形を祀って閑所神としていた。出雲地方では、トウモロコシの皮と紙で男女一対の人形を作って便所に祀った。栃木県足利市では七夜に紙人形を作り、なるべく高い所におくというが、やはり厠と関係があるのだろう。また既述した茨城県真壁郡明野のチョズバギオン

（六月二六日）でも紙人形が作られる。人形が神体として厠で祀られるのは、厠が家の裏側の領域に属し、異界と交流することによって常に秩序を更新する場であるからだ。厠神には、人形が女である例と、夫婦になっている例とがある。これは竈神の場合と同様に、厠神を、すべてを生み出す大地母神的なものとするのか、それとも大地母神の中の対立する両要素を男女両神として表わすかの相異ではないかと思うが、後考に待ちたい。

第五節　厠における禁忌および厠神の伝承

㈠厠における禁忌

禁忌は、民俗的な規範を端的に表現しているため、厠が民衆によっていかなる空間と考えられているかを見る上でかなり役に立つ。しかし、それは比喩的に表現されているため、直接的に知ることはできず、諸規範の背後にあって、それらを律している体系性を解明しなければならない。つまり、なぜ禁忌とされるのかを内側から説明する必要があるのである。

まず、厠が特別な空間であることを示す伝承として、「便所へ入る前に咳をする」、「便所にいる人を呼ばない」、「便所にいる人を覗かない」等があげられる。陸前高田では、便所の中にいる人を呼んだら、鬼婆になって出てきたといい、松山市では、便所を覗いたら鳥になるといい、親の目がつぶれるという所もある。昔話の「三枚の護符」や「見るなの座敷」を想起させるが、とにかく厠が此の世と異なった異界であり、変身が行なわれる場であることが理解できる。また、便所へ入る前に咳をするのは、便所の神と裸で会うと病気になるからという。病気になるというのは心身のバランス感覚を失うことで、ある手続きを経ないでいきなり異界に参入することに起因している。これは、「裸で便所に行かない」とか、「洗髪《あらいがみ》のまま便所に行くことを嫌う」という伝承とも関連する。厠は暗黒、自然、裸、死の世界であり、そこへ生まれたままの姿で行くと引き込まれる恐れがある。また洗髪のままで行くと、気狂になる、頭が痛くなる、厠神が嫌うといい、少し油をつけるとよいともいう。油をつけるとは文化であり、自然のままの姿は厭まれるということなのだろう。

　自然と文化という対立のほかに、上下の対立も厠には見られる。「便所で唾をはいてはいけない」とか「便所で頭をかかない」という伝承は、便所が尻（下）や糞便（死）とは結びつくが、頭（上）や唾（生）とは対立することを示している。夜便所へ行くべきではないという伝承は、そこが夜や死の世界であるからで、その時は逆に唾をはいてくればよいという。「夜一二時を過ぎると便所に行かない」というように、便所は夜の世界に属しているのである。また「午後六時に便所に行かない」とも言われる。この時間は、いわゆるオウマガトキで、厠の神様が集合する時であり、このときに便所に行くと尻をかかれたり、神の怒りに触れて怪我をするという。この時刻は、夕方から夜にかけての、時間の移行期なのだ。尻をかかれるのは、河童伝説にもあるように、此の世と異界とが交差することを表わしているのである。「便所で食事をすると足が屈《かが》まぬようになる」という伝承も、上と下の混乱であり、下の機能がマヒするのである。「便所へ行って倒れたら助からない」とか「便所で怪我すると死ぬ」という伝承は、便所が死の世界（異界）であることを示している。「厠を清潔にすると、その家に福を与え、不潔にすると禍を与える」、「便所を掃除すると、きれいな子が生まれる」等の伝承では、厠は死から生への変換の場となる。つまり厠は、異界との境をなすとともに、一つの内なる異界でもあり、人の生死と深く関わっている空間なのである。厠をきれいにすることは、異界との交流がうまく行き、既述したように心身両面において移行が全き形で行なわれる条件となるのである。

厠がこのような異界と此の世の境界的な領域である所から、「下駄や着物をはじめておろすときにまず便所へ参る」とか、「子供の歯が抜けると、上歯は便所の雨垂れへ、下歯は便所の屋根に投げると、良い歯がはえる」といった伝承が出てくる。厠は、魂やものの更新が行なわれる場なのである。沖縄で、「夜半にマジムンにあうとき、厠の中の豚を三度蹴って鳴かせると魔除けになる」というのも、厠が生と死、此の世と異界の境をなしているからであり、豚は人形と同じく穢れを背負わされて犠牲にされ、人や世界を更新するスケープゴートなのである。豚も一つの厠神と言えよう。次に、厠の諸特徴が凝縮された存在である厠神の伝承をみてみよう。

(二)厠神の伝承

便所に唾をはいた場合の厠神の怒りのあらわれ方を見ると、身体が弱くなるとか病人が絶えないという他に、歯が痛む、目が痛む、盲目になるなどといって、目や歯に関する障りが非常に多い[21]。逆に、歯が痛いときは、塩を包んでかみしめ、便所の柱に釘で打ちつけたり、センチガミ(厠神)は団子が好きなので、赤土の団子をあげるとよいという。また、歯が欠けた夢を見ると人が死ぬというので、その時は櫛を便所に三晩かければよい。便所をきたなくすると、目くされになるといい、眼病の人は正月に便所に供えた団子をひたした水で、眼を洗うとなおるという。流行眼疾のときは、雪隠の神に赤紙で作った旗を家族の数だけ供える。目、歯、耳といった部分の病と、オシラサマ、道祖神といった境の神は関係が深い。歯は端に通じ、便所には咳(=関)をして入るといい、目も外界と身体とを結ぶ部分であるところから、厠神が境界神であることがわかる。

流行眼病を厠神に祈る例が示すように、厠神と目との結びつきは強い。そのためか、厠神は盲であるとか眼疾であるといわれている。またチョズバの神（厠神）は手がないともいう。つまり、厠神は不具神になっているのである。不具というのは、ある要素を欠くことで否定的にみられがちだが、全体性を維持する上で大きな役割を果し、媒介の諸様式を具現しているのである。[22] 不具神が出現するのがきまって季節の変り目であることも、盲目とか片目片足という不具形象が二つの完全な状態の間の移行の手段となっているからである。厠神が不具神であるとされることと、人形が神体とされることとは、移行の手段である点で深く関連しているのである。

福岡県の相ノ島では、厠神をウツシバミョウジン（鳥枢瑟摩明王だろう）と呼び、非常な荒神で、いろいろな病を祈るという。飛驒地方では、便所神は一番偉い神だと言っている。また、センツーの神（厠神）は美しい髪を垂れたお姫さんで、この神を信心する者は他の神に手を合わせてはならないともいわれる。烏枢瑟摩明王は不動明王の化身だとも言われるが、厠神は荒々しく祟りやすい神である。荒神や祟り神は、秩序を安定させる前提として、不確定な要素を顕在化させ、混沌とした状態を喚起し、それを秩序と対置することで、世界を浄化するのである。従って、荒神というのは人や物事を変換させる神ともいえるのである。

会津の檜枝岐では、雪隠の神は伊勢の皇太神宮と兄弟だから、願いのかなわぬときは雪隠の神にたのめという。最後に願いをかける神ということであろうが、伊勢の皇太神宮と兄弟分だという伝承はこの地方のオシンメ様を思い出させる。檜枝岐では産神は地蔵や薬師といった境の神で、荒神は盲、聾、唖の三重苦を負った非常に気難しい神だと言われており、また便所には色刷りの「セッチン絵」がはられている。このように、檜枝岐では、産神、荒神、不具神といったものは厠神とは別の存在になっている。厠神を信心する者は、他の神に手を合わせないという伝承は、厠神の嫉妬深さ、気難しさと同時に潔癖さに由来するのかも知れない。

その他、「竈神と厠神は夫婦である」、「便所の神と泉の神は夫婦である」、「セッチンの神様と荒神様は兄弟である」といった伝承もある。[23] これは、厠と倉が対の関係にあったのと同様に、厠神と竈神、泉の神（井戸神）、荒神とは共通した性格をもっていることを示している。これらの神々はともに裏側の領域の神で、境界神や媒介神の性格を持っている。しかし、同じ裏側の領域に属すところから、両者が互いに対立し識別しあうこともあり、それが「夫婦」とか「兄弟」という表現をとるのであろう。

「産神問答」のような昔話やその他の伝承から、産神となっている神をみると、箒《ほうき》神、山の神、道祖神、地蔵、厠神のような、此の世と異界をつなぐ境の神仏が多い。「弘前市内では産気づくと厠の戸を開けておくものだといい、青森地方でも、雪隠の神様はお産の神様だといって、産の重い時は家の者が負い紐を持って雪隠へ行き、神様をお迎えし産婦の枕もとまでおぶっておつれ申し、お願いすると軽くなる」[24] という伝承は、厠神の境界性をよく示している。福井県武生市旧坂口村では、出産の時はいろいろな神が来るが、出雲の神が最初に来、便所神は一番最後にやってくると言うが、越中砺波地方では、逆にカンショバの神（厠神）が一番早く来ると言っている。いずれにしても厠神は、出産という異界から此の世への赤子の出現の媒介をなすのである。

以上の点を整理してみると、厠神は、目と歯の神、不具神、荒神、産神の性格をもち、人形、赤色、団子（丸いもの）を供物の特徴とし、竈神や井戸神など家の裏側の神とは、媒介神、境界神として共通していると言える。厠神を不動様だと言う地方もあるが、両者は一番偉い神と同時に不具神や汚ない場所の神でもあるという両義的な点で一致している。厠神は、目の神や、最後の願いを叶える神、イコン化される神、よく祟る神、安産の神といった性格をもつ点で、オタナサマ、オシンメサマ、オシラサマなど東北地方に集中して見られる家の神とも共通している。赤色、団子、人形という要素は、庚申信仰に見られるように、世界の転換と大いに関連している。要するに、厠神は此の世と異界の境界神であって、厠神をめぐる諸伝承の多くもこの点に由来しているのである。

むすび

さて、これまで厠をめぐって、その意味、昔話や諸儀礼におけるその位置、禁忌や俗信、厠神の伝承などを考察してきたわけだが、整理すれば次のようになるだろう。

●厠は、家屋における裏側の領域であり、不浄、汚穢、気持悪さ、恐ろしさ、暗さ、腐敗といった否定的イメージが伴う制御のきかない部分である。しかし、この否定性を媒介にして、厠は新しいものを創出するという場でもあり、われわれが全体性を認識する上で不可欠の部分である。それは、われわれの深層心理とも深く関係している。厠は、人やものが、ある秩序から別の秩序へ移行するのを媒介する、破壊と同時に生成を兼ねた極めて両義的な空間となっており、われわれの内なる異界であるとも言える。

●このことは、厠の字義を見てもわかる。それは、マジル（交、雑、混）ことや水際（岸）という、異なるものが出会い移行する「交」や「交替」の場なのである。厠は、背屋、側屋、外、カド、雪隠、関所といった、どちらかというと日常生活の論理からは排除される位置、中心から離れた周縁的な位置に属している。しかし、厠は井戸や竈、厩とともに河童の出現する場であり、此の世と異界のコミュニケーションが行なわれる境界的領域、二つの状態の間の中間的領域といえる[25]。厠にはよく南天が植えられ、魔除けとされているが、これは難転に通じ、厠がものごとの変換の場になっていることを示している。

●昔話における厠には、異界へ参入する入口、変身の場、此の世と異界との境というイメージが伴っている。やはり、人やものが別のものに変換する空間なのである。

●人生儀礼では、とくに産育儀礼に厠が多く登場する。雪隠参りが代表で、厠で此の世への社会的誕生がなされるのである。このとき、厠とともに井戸、竈、橋に参るが、これらはみな異界と此の世の境をなしている。赤子は、塵芥や糞便と同一視されており、どちらともつかぬ存在であるが、同時にこの否定性を介して新たに生まれかわる者でもある。この際つけるアヤツコは、一つの交であり、異界から此の世への移行を示す。この他、魂付、婚姻、死に際しても、厠は新しい魂や身分を獲得する象徴的な場となっている。
●年中行事では、正月、節分、祇園、盆、カラサデ、年取りといった年や季節の交替の際に厠が祀られる。厠は、新しい時間の蘇生に関連している。厠の新築や改築には、便壺の下に人形、化粧品、麻、扇などを埋める。化粧や人形は、家屋や船の建築や建造、庚申塚等にも伴う。これらは宇宙創造作業の反復であり、化粧や人形は、新旧の時間の交替をなし、世界を新たなものに生まれかわらす仕掛けである。化粧は化生に通じ、人形はスケープゴートと見ることができる。
●厠での禁忌は、異界または此の世と異界との境としての厠という観念に深く根ざしている。厠は夜、暗さ、裸体（自然）、肉体の下層と結びついた領域であり、ここに無媒介に進入するときに禁忌が生じる。厠神はこうした否定性を媒介にして、人やものを変換させる。厠神は、目や歯の神、不具神、荒神、産神などと言われるが、厠神は厠の諸特徴を凝縮した存在であるから、これらの背後にあるのは媒介神、境の神としての厠神ということである。この点は、竈神や納戸神など家の裏側の領域で祀られる神々と共通していると思われる。
●厠神は日本だけでなく、中国でも祀られている。中国は、神は暗いところを好むと信じ、人の目には見えないものであるから、暗い所には近づかないように用心する。便所へ入るときにも、咳をして人間の来たことを知らせる習慣があるという[26]。

中国の厠神は、皀籬姑々《ツアオリークークー》、激厠姑《チイツークー》、召厠姑《シャオツークー》、筲箕姑《シャオチイクー》、坑三姑娘、灰接姑娘、門角姑娘、瓜瓢姑娘、紫姑神、七姑娘などさまざまな名称で呼ばれ、上元（一月一五日）の晩に、厠、豚小屋、厩、流し場、軒下、灰倉、門口などから迎えてきて、竈神の前などで日本のコックリさんのように呪文を唱え、神体の動きでさまざまなことを占うのである。神体は大晦日に餃子をすくった皀籬《ツアオリー》というシャクシや、炊事用の笊《ざる》、箕、箒《ほうき》、瓢簞、皁を束ねたものなどで作った人形である。紫姑は才色兼備の妾だったが、本妻にうらまれ、正月一五日に厠に入った所を殺されてしまった。天帝がそれを憐んで、厠神にしたのだという言い伝えもあり、貧乏神送りと習合しているものもあるようである。本稿で述べた観点から中国の厠神を見ることは、今後に残された興味深い課題である。とくに、厠神の神体が魂の容器とされるもので作られている点[27]、また厠神を迎える場所や卜占の場所が家屋の裏側に属する汚ない所が多い点、婦女のみによって祀る所が多い点、起源伝説に無惨な死が伴い、卜占を行なう神である点などがわれわれの注意を引く。

注

（1）若尾五雄「河童の荒魂㈡」『近畿民俗』五九号、一九七三年、二四頁。
（2）石川純一郎『河童の世界』一九七四年、一四一―二頁。
（3）三谷栄一『日本文学の民俗学的研究』一九六〇年、一四九―五〇頁。
（4）大藤時彦「厠神考」『国学院雑誌』四七巻一〇号、一九四一年、二一二頁。
（5）宮田登『神の民俗誌』一九七九年、四二頁。
（6）山口昌男『人類学的思考』一九七一年、五四四頁。なお南方熊楠「厠神」『南方随筆』所収、一九二六年も参照。
（7）三原幸久「『継子と笛』と『継子と鳥』」『昔話―研究と資料』六号、一九七七年。
（8）筑土鈴寛「芸能と生命様式」『中世・宗教芸文の研究㈡』（著作集四巻）一九七六年、三二二―三頁。

(9) 恩賜財団母子愛育会編『日本産育習俗資料集成』一九七五年、二四三―五七頁。
(10) 垂岡憲正『古代伝承文学の研究』一九六七年、一三五―六頁。
(11)『日本産育習俗資料集成』、三九六頁。
(12) 白川静『中国古代の文化』一九七九年、二三―五頁。若尾五雄「河童の荒魂」『近畿民俗』五六号、一九七二年。
(13) 岩崎卓爾『フリヤー・ヌ・カム(厠神)』『旅と伝説』六巻四号、一九三三年、四八―九頁。
(14) 倉石あつ子「便所神と家の神」『信濃』三一巻一号、一九七九年、五六頁。
(15) 桂井和雄『土佐山民俗誌』一九五五年、五七頁ほか。
(16) 倉石あつ子、前掲、五八頁。
(17) 中沢新一「子供はどこからやってくるのか」『伝統と現代』五一号、一九七八年、七八頁。
(18) 倉田一郎「人形を埋める習俗」『民間伝承』二巻一二号、一九三七年、三頁。
(19) 井之口章次「産神そして厠神」『日本民俗学』一三〇号、一九八〇年、八頁。
(20) 倉石あつ子、前掲、五三頁。
(21) 川端豊彦「厠神とタカガミと」『民間伝承』一六巻一〇号、一九五二年、二頁。
(22) Claude Lévi-Strauss, *The Raw and the Cooked*, 1975, p. 53. Happer Colophon Books.
(23) 柳田国男編『分類祭祀習俗語彙』一九六三年、四四三頁。三田弘「便所神と井戸神」『近畿民俗』八六号、一九八〇年、三〇頁。
(24) 川端豊彦、前掲、三頁。
(25) 氏神は、便所の近くにあるものという地域もある(岩崎敏夫「氏と氏神」『日本民俗学のために』四輯、一九四七年、四六頁)。
(26) 永尾龍造『支那民俗誌』一巻、一九七三年覆刻、五七七頁。
(27) 牧田茂「産神と箒神と」『民間伝承』八巻七号、一九四二年、一三―七頁。

辻についての一考察

笹本正治

はじめに

我々が日常使用している言葉の中には、一つの語で多くの意味を持ち、しかもその意味内容に一見共通性の感じられないものがある。しかし、一語に多様な意味がある場合にはそれだけの背景があり、語の本来的な意味に歴史の推移によって新たな意義が付せられるとか、意味が派生するといったことがあったと思われる。仮にそうだとすると、一つの語の意味内容の多様性の中に、歴史の諸様相が隠されている可能性もあるので、そうした語に着目して日本人の過去の意識の変化や社会のあり方等を探ることもできよう。

また、我々は地方にいると文献や資料を思うように手にすることができないので、研究も不十分だと考えがちであるが、誰もが一応手に入れることができるもの、あるいはどんな地方図書館にもあるような文献の使用方法をかえることによって、新たな考察をすることができないであろうか。

こうした思いをもって周囲を見回して気づいたのが、辞書・辞典（事典）類であった。辞典の説明を資料にして多様性のある言葉の意味を整理し、歴史の中に位置付けるといったことは地方に住んでいてもできる。そこで本節では主として辞典の説明によりながら、「辻」という語または関連する熟語について考察していくことにする。

「辻」という字を見て即座に思い起こすのは、道路が十文字に交差している所である。地名は語義を比較的そのままに伝えていると思われるので、試みに各地の「辻村」の由来を調べてみると、宮城県桃生郡にある辻村は、「東北海部より西方への通路と、北方より南方海岸への街道が交差していたことによる」[1]。埼玉県浦和市内にあった辻村は古く十字村と書き、その由来は昔ここを鎌倉街道が通り、それと十字に交わる道があったからで、大宮市内の辻村は道の分岐点から、加須市内の辻村は道路の四ツ辻からそれぞれ起ったという[2]。静岡県清水市内の辻村は東海道と庵原郡家湊道との十字路だったからで[3]、富山県高岡市内の辻村は伝承によると丁字路があり、その辻を中心に村が形成されたので村名になったという[4]。さらに滋賀県野洲町内の辻村は街道沿いの高地にあり、富波・北犬五を経て甲賀郡への辻となっていたことによる[5]。このように各地にある辻村の由来は、多くの場合、道路の交わる場としての辻に由来していると説明されるので、辻の本来的な意味もここにあったと考えられる。

そこで「辻」という語を小学館『日本国語大辞典』でひいてみると、

①道路が十文字に交差している所。よつつじ。十字路。交差点。つむじ。
②路上。みちばた。ちまた。
③裁縫で、縫目の十文字になる所。
④物の合計。または、物事の結果。
⑤つじばんしょ（辻番所）の略。

⑥馬具の名。⑦追いはぎ・辻強盗をいう、盗人仲間の隠語。⑧非常警戒・非常警戒線をいう、盗人仲間の隠語。⑨数の四をいう酒・荒物・畳・履物商などの符丁。

の語義があり、さらに方言では、

(1)四ツ角。四ツ辻。(2)道の追分。(3)山道の合した所。(4)市場。

の意味もあるとしている。

このように、「辻」は多様の意味を持っているが、これから考察していくように辻という字を含む熟語には、右のような意味だけではとうてい理解できないものもある。以下、過去において日本人が辻に抱いた意識を確認し、整理してみたい。

一　辻と霊

辻が霊と関係を持つ場であることは既に注目されており、高取正男氏はここを「物心両面において未知とのもっとも直接的な、したがって『第一次的』な接点であり、この世におけるあの世の露頭であった」と述べ、具体例として盆の行事の一つである砂道を、「辻などとよばれる部落内の一定の場所や、墓地から家のカドまで砂を撒く」もので、「神や祖先の霊を家に迎えて祭るための用意」であったとし、また「お墓や部落の辻に線香を立て、御先祖さんはその煙に乗って帰ってくる」、「盆になると、祖霊をはじめとするもろもろの霊魂は、盆踊りの踊り手の群れのイメージと重なって村々の辻々を群行し、屋敷のカド（前庭）に吊された切子灯籠をめあてに子孫の家を訪れ、供養をうけるものと考えられてきた(6)」等と指摘している。

高取氏のあげた例のほかにも盆行事には辻と関係を持つものがある。たとえば盆の辻を西角井正慶氏編『年中行事辞典』（東京堂出版）は、「神奈川県などで辻と称するのは、屋内の精霊棚のほかに、家の入口に別の棚を設けるもので、秦野市付近などでは、川砂を盛上げて高さ一尺内外の四角な壇を造る。その四隅に竹の柱を立てて、上端の切口の部分を花立にして樒などの花を飾り、この四本の支柱を利用して細い竹を井桁に組んで盛砂をかこむ。この壇には坂道のような参道あるいは階段を付け、壇上には紙の蓮花や線香を上げる。各戸で作ったり、共同で大きなのを作る場合もある。名称の通り、もとは町の辻に共同の供養棚を設けた名残かと思われ、これは寺で無縁仏の供養に行う施餓鬼棚、川辺で行う川施餓鬼の棚などと同じ性質のものと考えられる」と説明し、また辻飯を「岐阜県加茂郡などで、盆の十四・十五日に十四〜五歳までの女の子が集って道の辻にかまどを築き、煮たきして共同食事を行うこと。近年では家で行う所もあるが、そのかまどの近くに小屋がけしてその中で食べるのが古い。無縁仏の霊を慰めるといって、まず辻に供えてから食べる。愛知県東春日井郡では、七月二十四日を地蔵の命日または裏盆といい、この日、四つ辻にクドを築いて赤飯をたいてたべるのを辻飯という」としている。

霊と辻とが深いかかわりを持つことは、葬列の出発に先立って辻々に辻蠟燭が立てられることからも推察できるが、この蠟燭は死者の霊を辻に導くための指標としての役割を持つと思われる。また上野群馬郡の村落では、辻墓といって猫が死ぬと三方の辻に埋めて杓子を立てる俗信がある。これを中山太郎氏は「按に、猫は執念深い獣、其亡念の出ぬやうに辻に埋め、往来の人に踏み固めさせたのである」と考察し、さらに「我国の古代には変死者は四辻又は橋畔に埋めて、往来人に踏ませて死霊の発散する事を防いだ、之が辻祭の起源で、同時に橋姫の由来なのである」[7]とも述べている。

このように古く辻は霊の集まる場所であり、また霊が閉じこめられているところだと思われていた。そして辻では人間の霊魂も体から遊離しやすいと想像されたようである。辻で唾吐きをすることによってけがれたこととみせるのも[8]、辻の死霊と接触を持った、もしくは辻へその人の霊魂が入ってしまい、人間のケ（霊魂）が枯れたとみられたためであろう。また、辻村を江戸時代に「穢多村の事なり」（『俚言集覧』）と説明するのも、住民が動物の死体処理等にかかわっているので、動物の霊が集まっている村だと江戸時代には理解されていたためかもしれない。

ところで、日本人の意識する祖霊の住む所、集まる所としての代表的な場は山の頂であるが[9]、辻には物の突起した頂・頂点・てっぺんの意味もあり、山頂を指し示すことがある。東條操氏編『全国方言辞典』（東京堂出版）では、この意味で辻の字を使用する地域として、和歌山県日高郡・香川県・兵庫県飾磨郡・岡山県吉備郡・石見・山口県萩・大分県西国東郡・福岡県朝倉郡・長崎県東彼杵郡・壱岐をあげている。事例は関西に片寄っているが[10]、関東にも辻を山の意味で使うことはあり、直接山名になっていることもある。一例として山梨県の南アルプス鳳凰三山の南に位置し夜叉神峠との間に座す辻山をあげることができる。横田勉氏はこの山名の由来を、「尾根が四方からクロスしているので辻山と呼ばれる[11]」と説明している。辻には方言で山道の合した所という意味もあるが、山頂は尾根道の交わる場所なので、その意味では平地の辻と同じである。甲斐の辻山の場合、南から北へ夜叉神峠・辻山・薬師岳・観音岳・地蔵ケ岳と連なる山名と配置からして、古くはこの山に霊が集まるという信仰があったと考えられる。このような祖霊等の集まり住む山頂の辻が、一般の人間の住む場である平地に具現されたのが道路の四ツ辻だと考えられていたのであろう。霊魂・祖霊は年月を経ると神に変わるので、山は霊の住む所であり、かつまた神の座す場所だとも意識されてきたが[12]、この認識はそのまま平地の辻にもあてはめられ、辻には神も住んでいると信じられてきた。

辻に集まる神や霊は不可思議なものであり、辻は恐怖の対象になっていた。そこで辻では集まった霊や神を慰めたり鎮めたりするための祭が行われてきた。史料的には、『本朝世紀』に天慶元年（九三八）東西両京の大小路街において木神像を安置して拝礼したとみえ、『百練抄』でも応徳二年（一〇八五）に同様の記事があり、『明月記』建永元年（一二〇六）八月二十一日の条に「今日称御霊有辻祭」とあるように、古代末から中世初めにかけて辻での祭が多く見られる。実際にはこれ以前から素朴な形で祭がなされていたのが、御霊信仰と重なって大きな祭となり、記録にあらわれるようになったのであろう。

同じ頃、辻で迷える霊を導くために、日本的な御霊信仰と仏教がいっしょになって地蔵信仰が盛んになると、地蔵菩薩は釈迦入滅後、弥勒仏の出世するまでの間、無仏の世界に住して六道の衆生を化導するということで、辻に地蔵が立てられるようになった。これが今も各地に残る辻地蔵の起源と思われる。また道端や辻にたてられた仏像や石仏を辻仏という（『日本国語大辞典』）が、これも同様の効果を期待してつくられたといえよう。

このような、辻には霊が集まり住み、またおしこめられているという信仰は、日本にだけみられるものではなかった。阿部謹也氏はヨーロッパの状況を、「復讐の慣行が正式に認められていた中世においては、正当防衛で殺した犯人の死体を十字路に埋め、処刑された者の死体や自殺者の死体も十字路に埋めた。しばしば町の入口の十字路は処刑場でもあり、絞首台が立ち、死体がぶらさがっていた。そこを通る人びとへのみせしめのためというよりは、この世への未練を残して死んだ者の霊を十字路に閉じこめ、死者による復讐を避けるためであった[13]」と記しているが、これはまさしく中山太郎氏の説明する辻墓や辻祭の起源と一致する。

二　辻と疫病

辻は霊の集まり潜む特殊な場であったが、集まり来る霊は悪鬼とも善鬼とも、また種々様々な妖怪、さらには神とも思われていた。

淡路の三原郡昭島村（南淡町）では、四辻に出る妖怪をツジノカミと呼ぶが[14]、これは辻に潜む霊を妖怪と意識したのであろう。『日葡辞書』は「辻拒ひ」（ツジズマイ）を、「どんなにせかしても馬が先へ進みたがらない[15]」と説明しているが、これは戦国時代末に、辻には特殊な力を持つ妖怪がいて、馬を辻にひきずり込んで先へ進ませなくするという迷信があったことを示す。辻において妖怪が生物をとらえ動かせなくすることは人間にもあてはまり、『笈埃随筆』は「禁中艮角の築地を、俗に蹲踞の辻というよし、夜更けて此の辺を通れば、茫然として途方に迷ひ蹲踞居るなり、怪き事なり」と伝えている。

また柳田国男氏は、「山口県の厚狭郡あたりでは、同じ産女の怪をアカダカショ、又はコヲダカショとも謂つて、古い道路の辻などへ晩方に出るものと謂って居た」、「ある学生はこの山の字小田山といふ処から降つた辻といふ阪路で、一人の被害者を救ひ、後に冬休みで再びそこを過ぎた時ダラシにかゝつた[16]」等と記している。このように辻に住む霊の中には妖怪として姿をあらわし、場合によってはとりついて災厄を加えたりする等、人間への働きかけをするものもあると考えられていた。

こうした災いをもたらす悪霊を鎮め、災厄から逃れるためにいくつかのまじないが辻でなされた。その一つの辻舞について中山太郎氏は、「相模足柄下郡宮城野村では、七月十四日の盆の夜に、諏訪神社の獅子舞を『おかゞり』と称して行ふが、それは村民が寝静つた夜中に、村の辻辻を舞ひ廻る。之は悪魔除である」（『補遺日本民俗学辞典』）と述べている。辻舞は盆行事であり、盆という霊の活動の盛んな時期に霊の集まる辻において、しかも霊の活躍する時間である深夜に舞をすることによって、霊をなぐさめ悪霊のもたらす災いを避けようとしたことに他ならない。

辻での悪魔払いはヨーロッパにも見られる。ハインリッヒ・ハイネは『流刑の神々・精霊物語』において、異教の悪霊清めの方法を、深夜「ローマ近郊のこれこれの十字路に立ちなさい。そこではあらゆる種類のふしぎなもののけが彼の前を通りすぎていくだろう。けれども目に入るもの、目に入るものにすこしもおそれないように。そしてしずかにじっと待っていなければいけない。ただ、彼の指輪をはめた女をみかけたら、近づいていって、文字のかいてあるこの羊皮紙を渡しなさい……[17]」と記している。

とくに辻にひそむ悪霊が人間にもたらす災厄は病気だと考えられてきた。飯島吉晴氏は辻神を「鹿児島県の屋久島に存在する辻にいる魔神。丁字路で一本の道が他の道に交わる、その突き当たりの正面に家を建てた場合、辻神が家に入り込むという。辻神は魔神であるため、家に病人が絶えなかったり、不幸がつづくものだといい、そのような屋敷では道の突き当たり正面に石敢当《いしがんとう》を立てる。石敢当は南九州から南島の各地に見られる長方形の石に『石敢当』の字を刻んだもので、辻や三叉路に魔よけとして立てる。丁字路の突き当たりは特に悪いとされている[18]」等と説明している。

病気に対処するためのまじないも辻で行なわれた。それが「ツジマジナヒ〔辻厭勝〕」で、中山太郎氏によれば、「常陸龍ケ崎町では、大賽日に通路の四ツ辻になつてゐる所に、火をつけた一把の線香を立てゝ置くと虫歯が治ると云ふ」（『補遺日本民俗学辞典』）信仰であるが、これは歯痛が辻の霊によってもたらされたという理解が前提にあり、原因である悪霊を線香によって追い払うか鎮めて、痛みをなくそうとしたのであろう。また大間知篤三氏によれば、常陸高岡村では「ツジフダというものを、通り路から屋敷へ通ずる小路の曲り角に立てている家が多い。村の神職から受けるものもあり、また久慈郡〔金砂郷村〕の金砂神社に参拝のおりに頂いてくるものもある。悪病除けになるという[19]」俗信があるが、辻札も病気にならないためのまじないといえよう。

このように辻に潜む悪霊の一部は病気をもたらしたが、霊は人間の通る道を使って辻に集まってくるので、病気をもたらす霊も辻を中心にしながら移動すると思われていた。移動する悪霊がもたらすということで大きな注意が払われたのは疫病であった。疫病の流行は前近代においては村の存亡にかかわりかねなかったので、その対策は村全体としてなされた。村に疫病を流行させないためには原因となる悪霊を村に入れなければよいとして、道を伝わってやって来る悪霊を村の入口で追い返すための呪術が行なわれた。

『古事記』では黄泉比良坂のイザナギ・イザナミ両神の離別に際し、千引石を引き塞えて黄泉国との間を遮り、その石を道反之大神・塞坐黄泉戸大明神と呼んだとあり、この世に災いをもたらす死霊が道を伝ってやってくるのをさえぎるために塞神が設けられたことを伝えている。また『今昔物語集』では道祖神が行疫神として出てくるが[20]、古代末の悪霊信仰や疫病に対する恐怖の増大とともに、サエノ神・フナドノ神に対する信仰も強まり、村境にこうした神が祀られ悪霊を村に入れまいとし、辻と村境が同じような意味を持つ場と認識されるに至ったと思われる。

悪霊を村に侵入させないという発想法は、現在でもツジキリ（辻切）やツジシメ（辻注連）等といった習俗で残っている。これらは道切などとも呼ばれ、「疫病神や魔性のもの、村の平安を乱すものがほかから侵入するのを防ぐために、村境・部落の各入口などに張られるシメ縄。村・部落の全戸が参加した共同呪願のひとつ。春秋の村祈禱のあとなど、毎年日を定めて張りかえられるものと、隣村などに疫病がはやったとか、またすでに部落内にも伝染してきたが、それを送り出す行事をしたあととかに張られる、臨時的なものとがある[21]」等と説明され、村の入口に大わらじや悪臭のものを吊したり、祈禱札を張ったりするのも同じ意図からなされている。朝鮮では村の入口にチャスンという神像が置かれているが[22]、これも同様の役割を持つであろう。

不幸にして村に入り込んでしまった疫病神・悪霊等を村外に送り出すにあたっても、辻や村境は特別な意味を持つ場所であった。疫病送りに「さん俵に赤紙を敷いて、起上り小法師二つと小豆飯をのせて、村境や四辻に持って行き置いてくるという呪法は、全国的」(大塚民俗学会編『日本民俗辞典』)に見られる。

辻の霊や神の中には悪病をもたらすものもあったが、逆に人々は毒をもって毒を制す的な行為、あるいは辻に潜む善神に期待するような行動も行なった。その一つがツジウリで、これは「高知県長岡郡などの珍しい風習として知られているのは、病身で育ちの悪い小児は、辻売またはカエオヤということをする。替親はただ近隣の一人を択んでその子を子に取ってもらうだけだが、辻売の方は朝早くその子を抱いて四辻に出て立ち、第三番目の通行人に貰ってもらうという形をする。相手は承知をすれば何か身に附いた品物を与え、新たに名をつけてやる。そしてケイヤクオヤとなつて一生の交際をするのだそうである(国府村誌)。或は小児でない病人にもこれをするそうだが(土佐方言集)、それは呪法としての応用であろう」(『改訂綜合日本民俗語彙』)等と説明される。同様の習俗にツジクレもあり、「佐渡の河原田町附近では、道の辻で三人目に逢つた人に赤児の名をつけてもらう風があり、これを辻クレといい、その子をツジコといった。或は三辻で一番先に来た人にその子を貰ってもらい、また名をつけて貰うという土地もある」(『改訂綜合日本民俗語彙』)等の内容を持つ。このように健康にかかわる行為が辻で行なわれたのは、辻が人間の生命にとって最も重要な魂・霊の出入口の場であり、辻神が悪病とかかわる等と信じられていたためであろう。

三　辻と占

辻に集まってくる霊や神は、必ずしも悪いものだけでなく、人間に幸福をもたらしたり、未知のことを教えてくれたりするものもあると考えられていた。そこでこうした霊や神と交信して、その力をかりていろいろな物事の判断をしようとした。その代表が辻占である。

辻占の原初的な形を伝えるのが、『万葉集』に「由布気にも今宵と告らる我が背なは何故そも今宵寄しろ来まさぬ」、「門に立ち由布気刀比つつ吾を待つ」等と見える「夕占」、または「夕占問い」である。これを折口信夫氏は、「辻に出て往き来の人の口うらを聴いて、自分の迷うてゐる事、考へてゐる事におし當てゝ判断する方法で、日の這入つた薄明りのたそがれに、なるべく人通りのありさうな八衢を選んで、話し〱過ぎる第一番目の人を待つたのである。夕方の薄明りを択んだのは、精霊の最力を得てゐる時刻だからであらう。遥かに時代が下ると、三つ辻と定めて、其處に白米を撒いて、区割をかいて、其處を通る人の話を神聖なものとして聴き、又、禁厭の歌もあつて、道祖《フナド》の神に祈つた様である（拾芥抄）。此は塞《サヘ》ノ神をば占ひの目的の邪魔を払つてくれるものと考へたからで、米を撒くのも、神聖で、悪神の虚言などが這入りこまぬ様にと言ふのである。ゆふけのけは占の意か(23)」と説明している。なお『拾芥抄』には「フナドサヘユウケノ神ニ物問ハハ、道行人ヨウラマサニセヨ」とみえ、岐神や塞神が夕占の神と同一視されており、こうした神は占の邪魔を払うより、やって来る人にのりうつって託宣すると考えられていたことを示している。そして夕占は夕方という時に重要性をもった言霊信仰だったのである。

　夕占が時に重きをおいたのに対し、同じ行為を辻という場においてとらえたのが辻占である。「ゆふけ」を『倭訓栞』は、「万葉集に、夕占夜占夕衢などをよめり、俗にいふ辻占也、夕食の義にや、後拾遺集にゆふけをとハせけると見えたり、ゆふけの神とも見えたり、又黄楊《ツケヲ》小櫛と名し、其法十字街に出て黄楊の櫛を把て道祖神を念して、見へ来る人の語をもて、吉凶を卜定むといへり、黄楊《ツケ》を告の義に取なるへし」と、夕占が辻占の出発点であると記し、江戸時代の辻占の方法は、四辻に出て黄楊の櫛を持って道祖神を念じ、来る人の語によって占うものであったことを伝えている。

　このように占が辻という一定の場を選んで、道祖神・岐神・塞神＝辻神を念じて行なわれたことは、ここが霊や神の集まる特別な場所として意識されていたからで、そうした神が人にのり移って言葉を発し、人間と交信してくれるという信仰があったのであろう。ところが次第にこうした本来的な意味が忘れられ、黄楊の櫛に重きがおかれたり、やがては辻占売によって売られる紙に書かれた辻占や、辻占せんべい等にとってかわられるようになっていったのである。

小正月に行なわれる火祭り行事の左義長・どんど焼は、村の四辻や村はずれで催されることが多い。この時には正月の松飾りが燃やされるが、松飾りは正月の神——それは祖先神でもある——の依り代である。こうした火祭りは盆行事としても行なわれる地域があることから、盆の送り火と同じ意味を持ち、祖先神・正月神の送りの行事で、これが辻で行なわれた理由もここが神や霊の集まる場所だからであろう。ところで左義長は火の大きさや燃焼時間を隣村と競って、勝った方の村によい事があるとか、炎が大きかったらその年は豊作、あるいは竹が音高く燃えるとその年の天気がよい、さらには火祭りの燃焼物の中心に立てた柱が倒れる方角を見て一年の豊凶を占う等、年占としての性格をも強く持っている。送り火と同性格を持ち年占でもある火祭りが辻で行なわれることは、送り出した正月の神や辻に潜む霊等と交信し、神意によって未来を予見しようとするもので、これも辻と占とのかかわりを示す。

辻を中心とした通路、あるいは村境の道で、部落内の二つの組もしくは部落間で綱引き行事が行なわれ、勝った村の方が豊作だとか、上の組が勝つとその年は天気が良い等といって、これを年占の神事にしている所は多い。また「綱引行事は市神・七夕神・エビス大黒など、何らかの神祭にともない、盆行事の場合は、多く精霊様（祖霊）のためといわれる」[24]ことも注目される。前記のように辻と村境とは関係が深く、村の中心の辻神が村境に祀られるに至ったと考えられるものもあり、辻と村境がほぼ同一に意識されていたので、年占の綱引の場が辻あるいは村境であるのは、辻の霊や神の意によって占をしようとしたといえよう。

『改訂綜合日本民俗語彙』は、辻角力を「長野県南安曇郡で、田植休みの子供の角力のこと」と説明し、田村善次郎氏は「長野県松本市をはじめ相撲場のことをツジという所も多いが、辻に土俵を築き相撲をとることが年占として重要な意味を持っていたのであろう(25)」と述べている。田村氏の指摘するように、相撲は神事として豊凶を占うために行なわれることが多く、この年占の神事が辻を舞台にしてなされることは、ここにも辻占と同様に辻に集まる霊や神が力士にのりうつり、神意を示してくれるという信仰があったと思われる。そして長野県の辻角力の力士が子供であることは、子供はけがれがないので精霊や神がのりうつりやすいと考えられたからであろう。また左義長を子供が中心になって行なう地域が多いのもこのためではなかろうか。

そこで注目したいのは、子供達が鬼ごっこやかごめかごめ等をして遊ぶのを、辻遊びとも言うことである。辻遊びの代表である鬼ごっこについて半沢敏郎氏は、「名称考及び遊びの形式方法の内容等から、この種の遊びは鬼の追跡から逃避することを遊事化した仮想的ごっこ遊びの一種である」として、「要は人間を脅かし、生活の妨げとなる悪鬼、邪なる化物よりの逃避にほかならない(26)」と述べているが、前記のようにこうした鬼＝悪霊の集まる場が辻であり、そこでこうした遊びがなされることは意味がある。また鬼ごっこの鬼を決めるのにジャンケンをする等、占の形式をとることが多く、かごめかごめで「うしろの正面だあれ」というように鬼が占的行為をすることもある。さらに『民俗学辞典』はかごめかごめを、「他の地方ではこの中心の一人は小仏であり地蔵である。福島県の海岸地方では、お乗りやれ地蔵さま云々と唱えつつ廻っていると、中心の児に地蔵がのり移つて種々の問いに答えるという。すなわちこの遊戯の起源は、神の口寄せの方式であつたと考えられる」としている。このように辻遊びも辻占的要素が強く、鬼ごっこやかごめかごめ等は本来辻に着目しての占の一種だったともいえよう。

『日本国語大辞典』では、辻八卦を「路での八卦占い。またその八卦をする人」と説明しているが、前記のように本来辻は占の場だったので、この場合も辻占や辻角力同様に「辻」の語に意味がある可能性がある。

なお辻における右のような占も日本だけに見られたものではなかった。阿部謹也氏によればヨーロッパの中世では、「十字路は良き霊と悪しき霊の集まるところとして、いろいろな迷信の対象となっていた。十字路に立つと霊の力で未来が見えるといわれた。そこでは幸運や不運、愛（結婚の相手）や死、病気の治癒、災難からの保護など起りうる出来事について超自然的な力が働いて、あらかじめ知ることができるといわれた」(27)という。これは占の内容も形式もまさしく日本の辻占と対応するといえる。

四　辻と芸能

「辻」という字を冠する熟語を見ると、芸能に関係する語が多いことに気がつく。すなわち、
辻歌・辻謡・辻打・辻打太鼓・辻絵書・辻踊・辻歌舞伎・辻浄瑠璃・辻祓・辻説・辻羅漢・辻勧進・辻寿祓・辻狂言・辻講釈・辻講談・辻芸・辻講師・辻芝居・辻相撲・辻説法・辻談義・辻談義坊主・辻能・辻能役者・辻噺・辻番附・辻法印・辻放下・辻宝引
等である。ここには俗に大道芸と呼ばれるものがほぼ網羅されている。ちなみに坂本太郎氏監修の『風俗辞典』では、大道芸を「辻芸」ともいうと説明している。このように辻は諸芸を演ずる場でもあった。
辻で芸能が行なわれるようになった原因の一つには、前記の辻切等とつながって、辻に集まり人間に災いをもたらす悪霊に対して、厄ばらいをすることがあった。たとえば辻祓は、大晦日あるいは節分の夜等に、乞食が家々の前で厄ばらいをする。また辻法印は、道ばたや家々の門口で祈禱や占をしたり、祭文などを語ったりする山伏であるが、これも厄ばらいの役割を持っていたといえよう。
また辻に集まった霊に対しての慰霊・鎮魂から出発したと思われる芸能もある。たとえば辻踊は辻に集ま

って踊ることであるが、その代表とされるのが盆踊である。談義僧が往来で平易に仏道を説いて喜捨を受けることも辻談義といい、また道ばたに立って往来の人にする説法を辻説法と呼ぶ（『日本国語大辞典』）。この二つの目的はともに道行く人々に対し功徳を説き喜捨を得るところにあるが、辻で行なわれ辻の字を冠して呼ばれる一因には、説法等を辻に集まっている霊達にも聞かせ、彼等を仏教によって鎮めあるいは救済してやろうという意識もあったのではなかろうか。

右の二つは非常に密接なかかわりがあり、両者が混合したような芸能もある。「路上で往来の人に社寺や仏像建立などの寄進を仰ぐこと、またそう称して金品などを乞い貰う人」を辻勧進といい、「江戸時代、道ばたなどに羅漢の木像を置き、前に櫃を出して置いて、銭を乞うていた乞食」を辻羅漢という（『日本国語大辞典』）が、これらはそうした芸能である。

ところで、日本の芸能のほとんどは信仰に根ざしており、人間世界への神々の来臨を模倣したところから出発したものが多い。たとえば狂言は「平安・鎌倉時代の記録に見え、神懸《かみがかり》して神の言葉を述べるとか、憑き物がついて狂気な言葉を述べるといった場合に使われている」。また能は「祭礼は神と人との接触する時で、その時にいろいろな儀式が行なわれた。神と人との精神的なつながりを芸能という形式を通じ、具体的に表現して見せたものの一つが能であった」等と説明される（『日本民俗事典』）。辻という場所は霊や神が集まり、人間にそうしたものがのりうつりやすい特別な地域であるので、神や霊の人間界への来臨からすると、辻は本来的な芸能の場といえよう。

芸能には正月の萬歳や春駒・大黒舞等のように、客人神・マレビトの形態をとって行なわれるものも多い。客人神は神が人間の形をして村へ来訪してくるので、人間の通る道を伝わってやってくる。そこで客人神が最初に村に姿をあらわす場は村境であり、また人間と接する機会の多い場は辻であった。辻や村境で芸能の行なわれる頻度が高い理由にはこのこともあろう。

こうして元来は霊や神の集まる場所であり、異様なそして恐怖の対象の場であった辻において、それ故に芸能が行なわれ、またこの芸能を通じて辻において生活の途を求める者も出現した。加えて辻は二つの道の会する所であるので、道路の他の場所より少なくとも倍は人の往来が激しい区域であり、道路の交差する地点は交通の要衝にあたることが多い。そこで交通の要衝で人の多く集まる地だという点に着目して、辻を中心に人が住みつき新たな村が形成され、辻の字を村名に持つ村ができあがっていったと思われる。そうした辻の字を村名に持つ村は中世から多くなるようであり、(28)また姓としての辻もこのころから見られるようになる。(29)このように古くは恐怖の対象であった筈の辻で芸能が行なわれたり、辻を中心として村ができるようになったことは、人々の辻に対する意識に何等かの変化が生じてきたことを示す。結局は辻は人の集まる場所だという意識が、辻は霊や神の集まる恐ろしい特殊な場所だという意識にうちかっていったのである。

辻に対する右のような意識変化は徐々になされていった。その移行期の様子を伝えているのが、前記の辻踊・辻勧進・辻談義・辻祓・辻法印・辻羅漢といった語で、これは辻における霊の存在と人間の往来の激しさの二つに着目していたと思われる。しかし辻と霊や神とを結びつけるような考え方は次第に後退し、やがて霊や神を意識しない芸能が辻を舞台に行なわれるようになっていった。『日本国語大辞典』からそれに対応するような語を探すと、

辻　謡《うたい》　路傍で謡をうたい銭を乞うもの。
辻　打　路傍で興行して往来の人に銭を乞う演芸。
辻絵書　路上で絵を書いて見物人から金銭をもらう大道芸。また、その人。
辻歌舞伎　「つじしばい（辻芝居）」に同じ。

辻狂言　辻に立って滑稽な仕ぐさや、軽業などを演じ、往来の観客から銭を乞うこと。また、それをする人。
辻　芸　人通りの多い道ばたで演ずる曲芸や軽業。
辻講師　辻講釈をする人。
辻講釈　町の辻に立って軍談・講談などをして、往来の聴衆から銭をもらうこと。また、その人。
辻芝居　道ばたに簡単な小屋掛けをして興業する芝居。
辻浄瑠璃　路傍に簡単な舞台をつくり、往来の人を寄せて見せ、投銭を受ける浄瑠璃芝居。
辻相撲　民間で随時行なう相撲。
辻　能　町なかや路傍などで行なう能。乞食能。
辻　噺　町の辻や社寺の境内などで、滑稽な笑い話などを聞かせて銭を得ること。また、その話。
辻放下　路傍や寺社の境内などで奇術や曲芸を演じて、見物人から銭を乞うこと。また、その者や、その芸。
辻宝引《ほうびき》　正月、「さござい さござい」と呼声をかけて人を集め、銭をとって宝引きをさせ、当てた者には菓子などを与えるもの。また、その商売や人。

こうした芸能で生活を支えていくためには、相当多くの観客を要したので、これが行なわれたのは主として都市であった。そして都市の辻で右のような芸人が客を集めている模様は、「洛中洛外図屏風」がつぶさに伝えてくれる。高津家所蔵のものでは、辻で八打点が演ぜられ多くの観客がこれをとりまいている。東京国立博物館所蔵のものでは辻で見世物をしており、また辻で風流踊が行なわれているが、その様子は町田家所蔵のものでも見られる。(30) 霊を意識しない芸能が盛んになるのは近世なので、「洛中洛外図屏風」がつくられる時期からそうした風潮が強まっていったと思われる。なお辻に対する意識は都市だけでなく地方でも同歩調で変化していったであろう。

ところで、こうした芸能によって生活している者達は、通常は農民とは異なって土地から遊離した人々である。そうした者達が積極的に辻に集まって、ここを生活の場とした理由の一端には、元来辻が霊や神の支配する特殊な地域であるという思想が広く行きわたっており、辻は人間の力の及ぶことのできない、従って個人の所有にもかかわらない地であったので、そこに立入ることは誰にでもでき、しかもそこで稼いでも税を払う必要がなかったこともあろう。換言するなら辻は無縁の場であり、アジール的性格を有して、そこに入った者も無縁の存在となり、領主の支配から逃れることができたのではなかろうか[31]。加えて辻は一定の広さがあり、芸をすることも、また観客を周囲に置くこともできた。

五　辻と商業

岡山美術館所蔵の「洛中洛外図屏風」を見ると、五条の橋をわたった所にある辻で女性が座って物を売っている。また勝興寺所蔵の「洛中洛外図屏風」でも三条通り付近の辻のわきで、同様に女性が物を売っている[32]。このように辻という場所と商業との間には密接な関係があった。その模様を知るために、辻という字を冠する熟語で商業と関係のあるものを『日本国語大辞典』からひろってみると、

辻　商《あきない》　道ばたで商売すること。また、その人。簡単な店を構える場合もある。大道あきない。つじうり。

辻商人《あきゅうど》　道ばたで商売する人。露店商人。

辻　売　「つじあきない（辻商）」に同じ。

がある。

辻　店《みせ》　道ばたに出した店。大道店。露店。

また石川県金沢地方では、「辻」が市場の意味を持つ(33)が、市場こそ商行為の行なわれる中心的な場所である。前記「洛中洛外図屏風」からすると、辻が商いの場として特殊な意味を持っていたと考えさせられるが、石川県の辻の語は直接これとつながる。さらに『改訂綜合日本民俗語彙』は、ツジバシラ（辻柱）について、『ひなのあそび』秋田県南秋田郡の條に、馬場目の市神というのは、八角の辻柱を文禄の世の乱に盗み取って、押切の陌《みち》に立てた。それをまた五城目に盗んで行き、今もそこに市がある。押切には一日市が立ったといい、一日市の名があつたという、と記されている。市神の依代《よりしろ》となつたものと考えられる」と説明しているが、辻柱の語で明らかなように、辻に立てられた柱が市神の役割をしていることから、辻と市神とはかかわりを持っていた。

そこで次に市神について調べてみると、柳田国男氏監修の『民俗学辞典』は、「市場《いちば》にまつられ、人々にサチを与えると信ぜられる神。（中略）円形の自然石が最も多く、また球形・卵形・砲弾形・六角の石柱にて傘石の付随しているもの・陰陽一対よりなるもの・木製で六角の柱の一本のものなどがある。市神の文字を刻んだものもある。今日は多くはその町村の神社の境内に残されてあるが、もとは路傍に、しかもしばしば往来の障碍になるようなところに立てられていた」と説明している。この記述からして秋田の辻柱は決して例外的なものではなく、市神が辻にまつられることは各地にあったようである。またこの説明によれば市神の神体としては円形の自然石が最も多く、ついで球形、卵形、砲弾形、六角の石柱に傘石の付随しているもの、陰陽一対よりなるもの、市神の文字を刻んだものとのことであるが、こうした神体は道祖神・塞神の神体に極めて似ている。また市神がまつられている場所も、路傍や往来の障碍になるような所、辻ということで、道祖神や辻神のまつられる場所と共通性がある。
ところで商業をする場として目下問題にしている市の語義を、『日本国語大辞典』は、
①人が多く集まる所。原始社会や古代社会で、高所や大木の生えている神聖な場所を選び、物品交換・会合・歌垣などを行なった。
②特に物品の交換や売買を行なう所。市場。
③年の市の略。
④市街。まち。
と説明し、その語源説として、
(1)イチ（五十路）の義か〔和訓栞・大言海〕。
(2)イチ（生路）の意〔国語の語根とその分類＝大島正健〕。
(3)イチ（商所）の義。アキの反はイ〔言元梯〕。
(4)ウリミチ（売路）の転〔名言通・日本語原学＝林甕臣〕。
(5)イソギタチの約〔和訓考〕。
(6)イルチ（集路）の約〔日本釈名〕。
(7)イルチ（入所）の約〔類聚名物考〕。
(8)イチ（火集）の義〔日本語源＝賀茂百樹〕。
(9)イチの古義は山姥や山人が里へ出てくる鎮魂のにわ（場）という意〔翁の発生＝折口信夫〕。
をあげている。

右から、市というのは語義的に神聖な場所、特殊な場所と意識されていたこと、語源的には道の集まる場

所とかかわるような説明が多いことが知られる。前記のように辻は道の会する所で、霊や市神等の集まる特殊な場、神聖なる場であるので、市の語義や語源からしても辻が市の場の出発点となっていたことが考えられる。

また市にはイチコ（市子）の略の意味もある。この市子・巫子の意味を『日本国語大辞典』では、

①神前で神楽を演奏する舞姫。神楽女。神巫。一殿。いち。

②生霊・死霊を神がかりして招きよせ、その意中を語る職業の女。梓巫。口寄。巫子。

と説明しており、その語源説としては、

(1)イツキコ（斎子）の転〔筆の御霊・大言海〕。イツキの義〔嬉遊笑覧〕。

(2)イチミコ（市神子）の意〔言元梯〕。

をあげている。

右の市という語に関する大きく二つの語義は、底辺ではつながっている。すなわち神聖な場である市における巫子の活動という点で接点があり、これをさらに広げると、巫子の霊あるいは神との交信の場＝市＝辻とすることができるであろう。

商業の場としての市と、巫子（女性）としての市とをつなぐような語に、イチメ（市女）がある。この語を『日本国語大辞典』は、

①市で物をあきなう女。市に住む女。

②いちこ（市子）に同じ。

としている。同じ文字でイチジョウと読む語について石川純一郎氏は、「長崎県壱岐島で民間巫子をいう。テンダイヤボサという神を祀り、悪風ばらいの加持をする。伏せたゆりに木弓を仰向けにくりつけ、弦を

引きながら神降ろしから始めて御籤あげをし、ついで『百合若説経』を唱える。こうしておつとめをするうちに生き霊・死霊・ゲリョーゲマツリが寄ってくるという。ただし、口寄せはやらず、これをするのはミトオシという巫子であった。市女は最後にそれら神・霊を送って巫儀を終える[34]」と説明している。また女性と市との関係からすると、市姫の語も注目される。市姫は「市場の祭神、宗像三女神の一。市杵島姫命または、橋姫のことという。市の神・いちがみ。また、転じて、市場、商人を守護する女神」(『日本国語大辞典』)である。このように市の神は女性であり、またそれが道祖神とよく似た性格を持つ橋姫でもあること、市女・市姫のように市と女性とを結ぶ語が特別に用意されていることは注目に値しよう。

市女から派生したと思われる語に市女笠がある。これを『風俗辞典』は、「平安時代以来、女子の外出時に用いられた笠。頂きに巾子《こじ》と呼ぶ突出部があるのが特徴である。市女笠の名は、当初、市《いち》に出る物売の女がかぶったところから起ったのであろう」と説明している。既に知られているようにカカシは本来神をあらわしたものであるが[35]、その一般的形態である「蓑笠つけて」の蓑は、神の象徴の一つとされる。そこで蓑と対になっている笠も似た性格を持つと推察される。また沖縄のウンジャミの祭で巫女の一部は、「藁にキヌマキ葛《かずら》を巻いてつくったガンシナと称する被《かぶ》り物を巻きつける。また、一部の女は、イビガニ草を干してシデのように垂らしたカブイと称する被り物を頭に巻く[36]」が、頭に巻かれた植物の葉は正月の松飾り等と同様に、神の降臨するに際しての印であり、これを通じて人間に神がのりうつると考えられる。巫子笠(いちこがさ)を『日本国語大辞典』は、「巫子のかぶった竹の子笠」と説明しているが、あるいは巫女は本来この笠をかぶることによって、沖縄のノロと同様に神招ぎをすることができたのではなかろうか。とするなら、市子笠も本来は市子(神女)の象徴であって、これをかぶることによってはじめて市女として役割を負えたのであり、市で物を売買するのには市女笠をかぶることが最低の条件となっていたと推察される。

市女と商業とのかかわりというと、中世では商人に女性が多かったことが思い起される。『一遍上人絵伝』から福岡の市の場面を見ると女性の商人が多いとすぐにわかるし、『七十一番職人歌合』の中では、餅売・扇売・帯売・白物売・魚売・挽入売・饅頭売・硫黄箒売・米売・豆売・豆腐売・索麺売・麴売・灯心売・畳紙売・白布売・綿売・薫物売・心太売が女性で、さらに小原女もいる。これに対し男性の物売は、鍋売・油売・蛤売・ほうろ味噌売・煎じ物売・塩売・葱売・枕売・直垂売・苧売・薬売で女性より数が少ない。加えて前記のように「洛中洛外図屛風」でも女性の物売が多い。このように中世に女性の物売が多いのは、本来女性が物の売買をする中心をなしていたことを示すであろう。

物の売買は、売買される対象物の所有権の移動を意味するが、このためには旧所有者の所有権を消滅させ、新たな持ち主の所有権をつくり出さねばならない。それ故に商行為は一般の日常行動あるいは日常の所有観念と異なった特殊な行為だったので、日常の場とは違う特別な場所を必要としたのであるまいか。その点辻は既述のように本来霊や神の支配する所であって、一般の人間の力の及ぶことのできない特殊な場なので、商行為という特別なことをするのにも適していた。また、商の古い形態は生産者同士が互いに足りない物を交換することであったと考えられるが、物の生産は視点を換えるなら、生産物に新たな生命を吹き込むことで、物に吹き込まれた生命・霊は生産者の分霊である。そこで所有権が移動することは、交換された物から旧所有者が吹き込んだ霊が離れ、新所有者の霊がのりうつること、交換物の霊が相互に入れかわることとも理解できる。辻は霊が人から離れたり、あるいはとりついたりする特別な場であると考えるなら、辻は物の交換・商に最適の場所であった。そして霊を移動させる媒介者としての役割をはたしていたのが市子と思われる。市子は売買される物から旧所有者の霊を辻に追い出し、新所有者の霊を吹き込んでいたのである。つまり本来は市子が介在してはじめて物の交換や売買が成立したが故に、商業の場に市の名がついたのであり、商業の原点においては、市の場としての特殊で神聖な場＝辻と、物の売買の媒介者としての市子＝女性が不可欠だったのではなかろうか。

古くは右のような意識を前提にして商業が辻で行なわれていたが、辻に芸能人が集まってここを生活の場としたのと同様に、次第に辻は多くの人が集まる場であり、無主の地であってここで商業をしても年貢等を払う必要がないといった要素が混入し、さらに商業が辻で行なわれたマジカル的な意識が消失して、現在のような商業に変わっていったのである。

六　辻と女性

辻で商売をする者に女性が多かったことは前記の通りであるが、辻と女性、特に遊女とはかかわりが深い。たとえば辻の字を冠する熟語に辻君があるが、これは「夜間、道ばたに立ち、通行人を客として色を売った女」（『日本国語大辞典』）のことで、同様の意味を持つ語に、辻傾城・辻遊女もある。また辻立という語には、「遊女の道中などを見るために路傍に立つこと」（『日本国語大辞典』）の意味があり、ここにも辻と遊女とが関係を持っていたことが示されている。

このように辻と関係の深い遊女の成因の一つには、地方を漂泊して旅するアルキミコが巫託を名目にしながら売色したことがある。(37) 私娼をアガタ・イチコ・アズサなどと呼ぶのはこのためであり、彼女達の本来の仕事は死霊や生霊を呼び出して、そうした霊の個人に対する希望を述べたり、家や個人を襲う将来の運命を伝えるところにあった。そこで注目されるのは、アルキミコが呼び出すべき霊が群れ集まっている場所の一つが辻だということで、辻は彼女達が仕事をするのには最も都合のよい場所であった。遊女の発生の一因がアルキミコにあるとするなら、辻は極めて深いかかわりを持つといえよう。

また、遊女を一夜妻と呼ぶのは、遊女が神の妻として一夜を過ごす巫女としてあったことに起因するらしい。そのような神は村にマレビトとしてやってくるが、訪問神が最初にあらわれる場合は村境で、その中心をなすのは辻である。巫女が神と交わるとすると、右のような神の出現する場所が想起され、またこうした系譜を引く巫女達が売色をする場として村境や辻があったのではなかろうか。娼妓が客の少ない晩に、密かに杓子を携えて四つ辻に行き、四方を招くと客が来るという迷信[38]は、遊女の起源の一つであるマレビトを接待することにかかわり、マレビトを辻で待つという行為につながる。

ところで、辻神は道祖神・塞神・岐神等に形をかえて祀られていることが多い。辻神は元来辻に集まってくる霊や神を鎮め、統轄する神であったが、次第に村の外から辻に向かって入ってくる災厄のもとである悪霊を村に入れないようにして、村を守る神として意識されるようになり、祭祀の場所が辻から村境へと移っていったと考えられる。そうした辻神=道祖神の神体として、性器のシンボルあるいは抱き合った男女の姿を石に彫ったもの等が祀られることが多い。道祖神は村に侵入する悪霊、特に疫病等をもたらす悪霊が村に入り込まないようにと願われることの多い神であった。一旦疫病が村に入ると多くの村民の生命が奪われたが、これに対抗するには生命の増殖しかなかった。新たな生命は性交によって生み出されるので、性交の根本となる性器さらには性交自体が、疫病等をもたらす悪霊にもうちかつことのできる非常に威力を持つものと考えられ、道祖神として祀られたのであろう[39]。こうした道祖神信仰は古くより見られ、『扶桑略記』天慶二年（九三九）九月二日の条には、性器を祀った様子が見られる。そして悪霊に対抗するために道祖神・塞神=辻神に性器のシンボルや性交を示すような神体が祀られていたのが、病気に負けることなく子孫が繁栄するようにと祈られる神体と意識され、神体の形からして安産をもたらす神、病気から身を守ってくれる神として、やがて塞神が幸福と理解されるようになっていったと考えられる。右からすると、古代には悪霊を追い払う目的で、性交自体が辻や村境で行なわれた可能性もあろう。なおこうした道祖神と遊女とが関係深い事例として、遊女が百神を祀り塞神を信じていたことがあげられる。

これまで述べて来たように、辻は諸霊や諸神の集まる場であり、人間が神や霊と交信することのできる場でもあった。その交信にあたって霊と人間との媒介者として女性（巫女）を設定し、霊が女性にのりうつっていくための手段、あるいは神がのりうつったエクスタシー状態に至る手段として性交が辻で行なわれたこともあったろう。また辻は他所者が通過していく場であり、巫女がマレビトを饗応して一夜をともにする場所でもあった。さらに辻は疫病等を村に入れないために性器のシンボルや性交の模様を示す神体が祀られる場所であった。こうしたことが重なり合って、古い時期には辻において神聖な行為として性交が行なわれたのではなかろうか。それが次第に宗教的な側面が忘れ去られ、神との交わりのための性行為から、単に生活のための売春へと変化し、辻の特殊性も忘却され、遊女をののしって言う際の辻遊女・辻傾城・辻君といった言葉の中に、わずかにそのなごりが伝えられているとも考えられるのである。

さて、中世の辻と女性とのかかわりを示す語として注目されてきたのが「辻取」である。これを『日本国語大辞典』は、「路上で女を捕えて妻などにすること」と説明し、具体例として『御伽草子』の「物くさ太郎」と、「御成敗式目」をあげている。

「物くさ太郎」では、彼が京都での夫役を終えて信濃に帰るにあたって、故郷を出る時によい女房をつれて帰ってこいといわれていたのを思い出し、宿の亭主に妻になるような女を探して欲しいと頼む。亭主は「色好み尋ねてよべかし」と答えたので、太郎が色好みとは何かと尋ねると、「主なき女をよびて、料足を取らせて逢ふ事を、色好みといふ也」と説明した。太郎が銭十二、三文で呼んで欲しいと頼んだので、亭主はこのようなばか者はないと思い、「其義ならば、辻取をせよ」とすすめ、「辻取とは、男もつれず、輿車にも乗らぬ女房の、みめよき、わが目にかゝるをとる事、天下の御ゆるしにて有（る）なり」と説明している。[40]一方「御成敗式目」の第三十四条には、「於道路辻捕女事、於御家人者、百箇日之間可止出仕、至郎従以下者、任大将家御時之例、可剃除片方鬢髪也、但於法師、罪科者當于其時可斟酌[41]」とある。なお『松屋筆記』では「道の辻にて女を捕を辻捕といへり、今の俗にまわりをとるなどといふに似たることなるべし[42]」と説明しており、辻取の風習は近世にはほとんど知られなくなっていた。

このように「辻取」はその内容がおもしろいだけに注目をあび、日本史の諸書で触れられ、婚姻史の側からは嫁取婚との関係で言及されてきた。[43]特にこれまでの著述においては、辻取は主として女を捕えるという点に注意が払われてきた。しかし「辻取」の行なわれていた時期には「女捕」という風習も存在していたことが、『沙汰未練書』や『尺素往来』にみられる。「女捕」を『日本国語大辞典』は、「道で女を捕えて、強姦すること」と説明しているが、「御成敗式目」の「辻捕女」という語を見ると、「辻取」と「女捕」とは相似たものとなり、両者を区別する語が必要であった理由がなくなる。そこで両者を区別する最大の要因は、「御成敗式目」の「於道路辻捕女」とある、道路辻という場ではなかったかと考える。

前記のように中世に芸能人や商人が集まって生活した理由の一つに、この地が無主の地であって場所代等を出す必要がなかったことがあげられる。即ち元来辻は霊や神の支配する場所と考えられ、中世ここに多くの人が集まるようになっても、依然としてここは人間の所有の及ばない地として、個人の所有にかかわることのない地であった。そしてこの地で交易が行なわれたのは、この地においては所有の観念が切れ、辻では所有権が変化しても不思議はないという特殊な意識を人々が持っていたためと思われる。多くの人が集まるようになっても霊の潜む辻に対しての不気味さは残っていたのである。中世に辻取の風習が見られるのは、辻が無所有の地であり、所有の移動がなされる特別な地であって、しかも人間の力の及ぶことのできない霊の支配する地であったことによろう。道自体が個人の所有概念から離れたものであるが、辻ではそれがかけあわされて、人間の所有が最も貫徹しにくい場所だと意識されたのである。また女性自体が「無縁」的性格を持っていた。そうした女性が辻という特殊域に入ることによって、所有の概念はより弱くなり、人間の諸雑多な関係も消滅するとみなされたのであろう。そこで辻という場においては、女性を捕えて妻にすることができるという習俗ができたと思われる。しかも辻は本来霊の支配する場なので、ここで起きたことは人間の関知できないことだとする考え方も残っていたのではなかろうか。これに加えて、辻と遊女のかかわりも想起してよいだろう。「物くさ太郎」の辻取の場合も色好みといわれる下級遊女の話が出され、それがだめだからこそ次に辻取が話題になっており、前提として遊女がおかれている。辻君は色好みと同様、あるいはそれ以下の遊女であるので、亭主の色好みという意識には辻君も含まれていたのではなかろうか。辻君ならばだれとでも寝たであろうし、またどこに行ってもよいという観念があったと思われる。あるいはまた、辻にはマレビトが来るという観念がまだかすかに残っており、女の方でも辻に立つということはだれとでもいっしょになるという、意志表示の風があったのかもしれない。

辻君あるいは辻取のように、辻に立つ女は誰とでもいっしょになるという観念は、この後も微妙に残ったものと思われる。隠語で多淫な女、貞操のない女のことを辻便所というのもこれにかかわっていると想像され、また辻子を生むという言葉が、私生児を生むという意味であることもこれと関係しよう。そしてこうした辻取のような風習、語義は、現代でも形をかえながらかすかに残っているようで、辻斬という語は不良仲間の隠語で、女学生の帰宅を待ち受けて誘惑することだという。

七　辻と共有

これまで本稿で用いてきた「辻」という文字は、元来日本でつくられた字である。これを『和漢三才図会』では、倭字の項目で「街衢之字、蓋シ十ハ東西南北从走ニ会意也」と説明している。ちなみに「街衢」は「まち、又四方八達の道」であり、辻の文字は道の交わるという意味となる。

「辻」の字は「十」と「辶」とに分解することができるが、諸橋轍次氏の『大漢和辞典』の解字によれば、「十」は「指示。本義は数の具はれるもの。丨は南北、一は東西、故に東西南北、四方中央の凡て具備せられる意から、数の具はれる意を表はす」、また「辶」は「辵」で、①ゆきつとまりつする、②はしる、③こえる、の意味を持つという。このことからすると、「辻」の文字は、いくつかのものが集まることを示すものであり、霊や神がここに集まることとも文字の意味と合致する。

また辻には「旋毛」の義もあるが、この場合の意味は、

①人の頭の髪がうずまきのように巻きめぐって生えているところ。また、その毛。

②馬などで、うずまきのように生えた毛。また、その所。

③物の突起した頂、頂点。てっぺん。

④「つむじかぜ（旋風）」の略。

等をも意味する（『日本国語大辞典』）。これらも毛の集まる所、風の集まる所という意味では、辻という語にものの集まるという意味が強く意識されていたことが知られる。

集まるという語義から転じて、辻には物の合計、または物事の結果という意味もあった。合計という意味で辻を使った熟語に高辻がある。この語を堀江保蔵氏は、「江戸時代、一村のうち上田・中田・或下田各々

の高を分米と称せしに対し、分米の合計を高辻と称した。即ち高の合計の意である。総じて辻は寄付け集むるの意であつて、高辻の外にも米辻、永辻等の用語があり、米辻とは米例へは租米の合計であり、永辻とは例へは全納租の合計である[47]」と説明している。

この高辻とかかわりのある語に辻借という言葉がある。これを同じく堀江氏は、「鳥取藩に於ては一村の貢米総計に不足を生じた場合、之を塡補するために庄屋其他村役人連印の証書に、来年取立可致返納などの文言を記入し、ひそかに金主より金穀を借る事が行はれた。之はその村の負債なるが故に、辻借といふ」(『日本経済史辞典』)等と説明している。また納辻(おさめつじ)という語もあるが、これは「江戸時代、一村で納入する年貢の総額の称。辻は合計の意。年貢割付状には田畑の品等ごとの年貢や小物成をそれぞれ書き上げ、最後に納辻をしるしている[48]」と説明される。

高辻の語は『新編　甲州古文書』では天正八年(一五八〇)が初見であるが[49]、右のような説明に見られるような、辻に村の年貢の合計といった意味がこめられてくるのは戦国時代末から近世にかけてであり、特に全国的には太閤検地が大きな役割を果たしたと考えられる。

高辻・納辻・辻借といった語では、辻という文字に村全体という意味がこめられている。これは高辻が村ごとの石高合計で、支配者の側から村を意識させたことにその一因があるが、辻という文字に村、特に村の共有・共同という意味をこめた語は現代でもいくつか残っている。その例を『改訂綜合日本民俗語彙』からあげてみると、

辻仕事　山口県阿武郡嘉年村(阿東町)などで、村の公共の仕事をいう。

辻の事　岡山県には村の公事をそういう所がある。

辻　山　徳島県那賀郡沢谷村(木沢村)で、共有林のこと。

がある。
また大間知篤三氏によれば、広島県山県郡中野村では「公という意味でツジという言葉を使っているが、同行の所有物もツジモノという。ツジ膳・ツジ椀などがあって、深井家が管理しており、集まりの食事にはそれを用いる。葬儀の時にもそれが使われる」、「ツジモノといえば共有物である。部落共有にも数人共有にもいう。大字有ツジダも以前はあって、一部共同耕作に一部小作にかけていた。ツジシゴト・ツジガネ、ツジブ（大字の人夫に出ること）等。その反対はワガコト」と報告している。[50]

辻という語に村の共同・共有の意味が生じてくる理由の一つには、前記のように合計という意味から、村ごとの石高合計を高辻として支配者側が掌握し、これに従って年貢納入合計が納辻として定められ、村に共同責任として納入義務が負わされて、辻借のようなことがなされたという、上からの作用があろう。また民衆の側からすると、村に疫病や不幸を入れないためのツジシメ（辻注連）やツジキリ（辻切）・辻祭・道祖神祭等は、単に個人の利益や幸福を目的としてなされたのではなく、村人全体の安全と健康を祈ってなされるもので、こうした行為を通じて村の連帯が意識されていたが、これらの行事の行なわれる場が辻であるので、辻がそのまま村意識共同体の意識とつながっていったのであろう。さらに、辻に祀られていた諸神や辻堂・辻社等は、辻という人間の個人の力が及ばない地域にたてられているだけに、個人の所有でなく、共同の管理におかれており、これが不断に村の共同・共有意識をたかめた。そして辻堂・辻社等が年中行事を村ごとに行なう中心の場として、また日常の寄り合い等をする場として、村民の紐帯としての場の役割をも持つようになったと考えられる。こうして、上からも下からも次第に辻が村の共同・共有の概念・場として成長していったのである。

辻が共有の広場という概念をも含むようになったことは前記のとおりであるが、そのひとつのあらわれに辻寄合の語がある。これを中山太郎氏は「遠江積志村では特別に村民が集会して、協議したり、意見を徴さなくとも、皆田畑に出て居るので、飯時の帰りや、飯を済まして耕作に出る時を見計らつて、要路に当る辻に呼び止めては、段々に集つて談合する。之を辻寄合と云ふてゐる」[51]と説明しているが、ここに至って村の辻は村民にとって会合の広場としての役割を負っているのである。そしてこのような辻に対する意識は、そのまま辻が村の子供達の遊びの場所となって、辻遊びの語になったと思われる。

大間知氏の報告した例では既に、「辻」は部落共有・村落共同という意味から出発して、我事（私事）に対する辻事（公事）という意味だけにも用いられ、村という概念が欠落しつつある状況が知られるが、辻には村という意味が消え、次第に単なる共有という意味だけにもなっていった。たとえば『日本国語大辞典』には、

辻井戸　共同で使う路傍の井戸。相合井戸。
辻便所　町かどにある便所。公衆便所。

が収録されている。

こうして近世になってからは、古来日本人が辻に対して抱いてきた恐怖心はとり払われ、全く別の共有・共同の場としての意識ができあがっていった。

おわりに

本稿では我々が日常生活において何気なく使っている言葉に目を向け、その語義の多様性の中に隠された歴史を探ろうとして、比較的身近にある諸辞書類を材料に辻という語について考察してきた。その結果を歴史の中に位置付けなおしてみると、古代においては辻の場所が霊や神の集まる所、霊の支配する地域と考え

られ、集まった諸霊や諸神を鎮め祀ることがなされていた。また霊や神と交信することによって未来を知ろうとして辻で占が行なわれた。一方、辻では霊が遊離しやすくまた逆に霊が他のものにとりつきやすいことを前提に、その媒介者として女性が設定され、ここで商業が行なわれていた。古代末に悪霊信仰が盛んになると辻での祭も目立つようになり、悪霊を村に入れないようにと塞神・道祖等がより広く尊崇され、村境が辻と同様の役割を持つ場として大きく意識された。中世になると霊や神を鎮めたり救済したりすること、あるいは神の来訪を劇化したところから出発した芸能が辻で行なわれるようになり、また商業も盛んになって、辻を生活の舞台とする人が増加し、古代には恐れの対象であった辻に人間が進出するようになっていった。しかし、辻取の習俗や女性の商人が多いこと等に見られるように、まだ必ずしも完全に辻に対する恐怖や特殊な感情がぬぐい去られたわけではなかった。この間にも民衆は辻祭・道祖神祭や辻を舞台とした諸行事、辻社や辻堂・辻の石仏等の維持を続け、辻の語には村の共同・共有の意識が強くうえつけられた。戦国時代頃より支配者側が年貢収奪のために辻の語を村ごとの年貢高の合計に用い、その年貢納入を村の共同責任としたこともあって、近世になると辻という語は村の共有・共同の意味を持つようになり、辻の場は村の共有の広場へと変わって、古来日本人が辻という場所にいだき続けてきた特殊な意識はほとんどなくなった。

このように辻に対する日本人の意識は、古代から近世へという歴史の推移の中で大きく変化してきた。しかも、明治以後の近代化の中で、共同体がくずれ、また神仏に対する信仰が薄れていくに従って、辻に対する意識はさらに加速度的に変化してきている。今や辻の共同・共有の場としてのシンボル性はほとんどなくなり、かつて共有の広場であった場所が個人の所有地の中に次々と組み込まれ、また村全体で尊崇し維持してきた辻の神々・石仏等が、美術品として一個人の楽しみのために次第に村々から持ち去られつつある。これに対して、昔村であった共同体の側は、辻堂や辻神等を共同体として維持することができなくなり、辻の石仏等を互いに見守り盗まれないように監視することもなくなった。

辻に対するいわれのない恐怖や特殊な観念から解き放されたという意味では、右のような現象も確かに歴史の進歩である。しかし我々の祖先が長い歴史の中で育み維持してきた辻の石仏のような民衆の文化財は、何らかの形で守っていかねばならない。

ふと目を転じると、失なわれつつある共同の広場を再度よみがえらせようとするかのように、新たな広場が各地につくられている。しかしややもすればこうした広場は地域の住民の要請が成果をあげてできたというよりも、行政サイドで設けられ、その後の管理も地域全体で行なっていることは少ない。このような情況の中で、我々は今改めて辻とはどのような場であるべきかを考える時期に来ているのではないだろうか。

注

(1) 角川日本地名大辞典編纂委員会編『角川日本地名大辞典』4宮城県(角川書店、一九七九)
(2) 『角川日本地名大辞典』11埼玉県(角川書店、一九八〇)
(3) 『駿河志料』(歴史図書社、一九六九)
(4) 『角川日本地名大辞典』16富山県(角川書店、一九七九)
(5) 『角川日本地名大辞典』25滋賀県(角川書店、一九七九)
(6) 高取正男『民俗のこころ』(朝日新聞社、一九七二)
(7) 中山太郎編『補遺日本民俗学辞典』(梧桐書院、一九三五)、『日本民俗学辞典』(梧桐書院、一九三三)
(8) 『遠碧軒記』上
(9) 白石昭臣『日本人と祖霊信仰』(雄山閣、一九七七)
(10) 辻の語が山を意味することは沖縄でもある(『伊波普猷全集』第四巻、平凡社、一九七四)

(11) 『山梨百科事典』(山梨日日新聞社、一九七二)
(12) 柳田国男「祖先のはなし」(『定本柳田国男集』第十巻)、佐々木高明『稲作以前』(日本放送出版協会、一九七一)
(13) 阿部謹也『中世を旅する人びと――ヨーロッパ庶民生活点描――』一六頁(平凡社、一九七八)。阿部氏の示す例はドイツであるが、一九世紀イギリスでは自殺者が見せしめのために四つ辻に埋められ、その場所に杭が打ち込まれている(小池滋『ロンドン――ほんの百年前の物語――』中央公論社、一九七八)が、これも同様のことであろう。
(14) 柳田国男監修、民俗学研究所編『改訂綜合日本民俗語彙』(平凡社、一九五六)
(15) 土井忠生・森田武・長南実編訳『邦訳日葡辞書』(岩波書店、一九八〇)
(16) 柳田国男「妖怪談義」(『定本柳田国男集』第四巻三〇五・三六六頁、筑摩書房)。なおアカダカショといった妖怪が晩方に出ることは、この時間に霊達の活動が活発になるためで、夕占が行なわれることとつながる。
(17) ハインリッヒ・ハイネ著、小沢俊夫訳『流刑の神々・精霊物語』(岩波文庫、一九八〇)
(18) 桜井徳太郎編『民間信仰事典』(東京堂出版、一九八〇)
(19) 『大間知篤三著作集』第三巻五四七頁(未来社、一九七七)
(20) 『今昔物語集』巻第十三(日本古典文学大系『今昔物語集』第三巻、岩波書店)
(21) 大間知篤三・川崎豊彦・瀬川清子・三谷栄一・大森志郎・大島建彦編『民俗の事典』(岩崎美術社、一九七二)
(22) 任東権『朝鮮の民俗』(岩崎美術社、一九六九)
(23) 『折口信夫全集』第六巻(中央公論社)
(24) 日本民族学会編『日本社会民族辞典』(新光社、一九五七)
(25) 大塚民俗学会編『日本民俗辞典』(弘文堂、一九七二)
(26) 半沢敏郎『童遊文化史――考現に基づく考証的研究――』第一巻(東京書籍、一九八〇)
(27) 阿部謹也『中世を旅する人びと――ヨーロッパ庶民生活点描――』一五頁
(28) 『角川日本地名大辞典』、平凡社『日本歴史地名大系』
(29) 大田亮『姓氏家系大辞典』(角川書店、一九六三)
(30) 東京国立博物館編『洛中洛外図』(角川書店、一九六六)、文化庁監修・辻惟雄編『洛中洛外図』日本の美術121(至

文堂、一九七六)
(31) 網野善彦『無縁・公界・楽――日本中世の自由と平和――』平凡社選書58(平凡社、一九七八)
(32) 註(30)に同じ
(33) 東條操編『全国方言辞典』
(34) 桜井徳太郎編『民間信仰辞典』
(35) 折口信夫「年中行事」(『折口信夫全集』第十五巻、中央公論社)
(36) 三隅治雄『祭りと神々の世界――日本演劇の源流――』一〇頁(日本放送出版協会、一九七九)
(37) 柳田国男「木綿以前の事」(『定本柳田国男集』第九巻)
(38) C・アウエハント『鯰絵』(せりか書房、一九七九)
(39) 宮田登『民俗宗教論の課題』(未来社、一九七七)。なお性器のシンボルを村の入口におくことが日本だけで行なわれたことでないことは、『南方熊楠全集』第三巻(平凡社、一九七一)を参照していただきたい。
(40) 市古貞次校注『御伽草子』一九三頁(日本古典文学大系38、岩波書店、一九五八)
(41) 牧健二監修、佐藤進一・池内義資編『中世法制史料集』第一巻・鎌倉幕府法二〇頁(岩波書店、一九五五)
(42) 『松屋筆記』第一巻三一頁(国書刊行会、一九〇八)
(43) 大間知篤三編『日本人物語』4愛情の周辺(毎日新聞社、一九六一)、高群逸枝『日本婚姻史』(至文堂日本歴史新書、一九六三)
(44) 楳垣実編『隠語辞典』(東京堂、一九五六)
(45) 坪内逍遙監修、中野吉平著『俚諺大辞典』(東方書房、一九三三)
(46) 楳垣実編『隠語辞典』
(47) 日本経済史研究所編『日本経済史辞典』(日本評論社、一九四〇)
(48) 高柳光寿・竹内理三編『角川日本史辞典』(角川書店、一九六六)
(49) 荻野三七彦・柴辻俊六編『新編　甲州古文書』第三巻、一七九頁
(50) 『大間知篤三著作集』第三巻三九三頁。また牧田茂氏は「共有地には入会山、モヤヒ山などのように共同の使用に委

ねられている山野・辻田・村田などといわれる田畑」(「村落社会」・民俗学研究所編『民俗学手帖』)等と記している。

(51) 中山太郎編『日本民俗学辞典』(梧桐書院、一九三三)

村境の象徴論的意味

八木康幸

はじめに

虫送りの行列が鉦、太鼓をならしながら村はずれまで進み、藁苞の害虫を川へ流す橋の袂や、道祖神を祀る村の出入口は、村の境と呼ばれることが多い。それは必ずしも行政的な境界に一致せず、むしろ象徴的に村境をあらわすものと考えられている。(1) 原田敏明によれば、村の境に祀られるものとして、関東から中部地方、山梨、長野、静岡あたりでは道祖神が多く、近畿地方になると山の神が、さらに九州では猿田彦大神の形をとっているものが多いという。その他、地蔵菩薩の石像、愛宕、秋葉、大神宮の常夜灯、奈良県や滋賀県では注連縄、さらに草鞋、草履などの生活用具を吊したり、神札を貼り柱を立てることなども同じ役割を果たすものであると考えられている〔原田　一九五七、一二三―一二四〕。

民俗学や文化人類学の分野では、以前から、これらさまざまに表象される村の境を手がかりにして、日本の伝統的村落の空間構成を解読する試みが続けられている。(2) 人文地理学においても、空間認識の深層に横たわる民俗方位や象徴的空間についての検討が、近年になって要請されており（佐々木 一九八一、二〇―二一）、いくつかの成果を生み出してはいる。(3) しかしながら、伝統的な地理学的境界概念は、政治的境界とほとんど同義であり、象徴的な境に対して何分の蓄積を持つものではない。(4) さまざまな意味や役割を担う村境の象徴性を理解するためには、むしろ民俗学の豊かな蓄積や、社会学、宗教学、文化人類学など関連諸科学の分析概念が有効となるだろう。

すでに多くの研究者によって論じ尽くされた感のある村の境を、ここであえて取り上げるのには理由がある。その一つは、道祖神、道切縄などの個別の研究事例が数多くあり、しかもそれらのかなりのものが村境に関連して論じられているにもかかわらず、村の境一般の抽象化とその空間に即した理解(5)が未だ充分とは思われないことである。二つ目には、村境を含む多様な特別な空間や場所が、人々の持つ世界観や他の象徴とどのような論理で連関しているかについて分析する必要があるということである。さらにつけ加えたいのは、以上の検討を欠いたまま、近年、村境と呼ばれたり、その表象と考えられる祭祀対象や信仰装置の祀られ設置される地点をもって、村落領域を画定しようとする試み(6)が見受けられる点である。伝統的な民俗村落を対象に、その象徴空間の構造的理解を目指すには、村境概念の整理と、その特性の把握が不可欠であろう。

分析には次の三つの段階を考えている。まず第一に、村境を考察するためには、祭祀対象や信仰的装置よりも、それらを生み出す空間を対象にすべきことを明らかにする。次には、村境を代表する村の出入口以外にも、多くの特別な場所が存在するところから、包括的な「境の場所」概念を仮設して検討する必要のあることを述べる。そして本論では、「境の場所」が空間の分類と象徴化をめぐる論議の中で、初めて理解されるべきことを明らかにする。

一　道祖神、道切縄、村境

柳田国男の『石神問答』(一九一〇)は、『後狩詞記』(一九〇九)、『遠野物語』(一九一〇)と並んで、日本民俗学の幕開けを告げる記念碑的な著作の一つであり、道祖神やサエノカミについての最初の成果でもある。柳田は、この中で道祖の祖は「阻」に外ならないと言い、行路の辻などにこの神を祀るのは、邪悪神の侵入を防止し、邑落の平穏を期するためと考察している〔柳田　一九六三a、七三―七四〕。

例の石神及岐神は昔より此国におはせし神にして辺防を職掌とせられしやうなれども此上に猶道祖と云ひ御霊と云ひ象頭神と云ひ聖神と云ひ大将軍又は赤口赤舌の神といふなど聞伝へし限、有る限りの神を頼みて里の守護を任するやうに相成候か数知らぬ祠と塚と今は信心も薄らぎて名義を疑ふばかりになり候へども一として境線の鎮守に縁なき神はおはさぬやうに候。〔柳田　一九六三a、一四五―一四六〕

つまり柳田は、社宮司、山神、荒神、御崎、御霊など別々の神格をとっても、その機能は道祖神と同じであり、境を守る防障神だというのである。

このような防障神は、特定の場所に強く結びついて祀られることが多い。例えば、郷土地理教育の提唱者三澤勝衛は、諏訪、伊那地方を中心として、道祖神の祀られる場所について、多くの集落を対象に綿密な調査をおこなっている。三澤の掲げる表によれば、調査対象とされた七六集落中、実に六八の集落では祭場が部落の入口部にあたって設けられているのである。三澤は、末端部という語よりも正確を期して入口部と表現しているが、これは必ず道路に即しており、かつ入口とせず入口部としたのは、完全な末梢地点ではなく、その部落の大きさに応じて、時には末梢部より数軒内部にあるものを含んでいるからであると述べている〔三澤　一九三九、一七―二〇〕。

外から村に入り来る災害を防止し、あるいは逆に村内に発生した災疫を外へ追い出そうとする民俗は共同祈願として知られ〔関　一九三八〕、中でも道切りの行事は、とりわけ道祖神の機能に対比される。この道切りの一種で、注連を張り災害の侵入を防ぐとされる勧請吊りあるいは勧請掛けの民俗は、近畿から北陸のかなり広い範囲に見られる。稠密な分布を示すのは近江、大和で、伊賀や若狭についての報告もある〔原田　一九八三、三六四―三六五〕。

勧請縄と呼ばれることの多い注連縄のかけられる位置については、三澤の研究ほどの厳密性はないものの、やはり部落の入口部や端との指摘がなされている。保仙純剛の大和高原の報告によれば、注連縄の張り渡される場所の明らかな三三例中、村の出入口の道路上が一五例を占めている〔保仙　一九五八、三三三―三三四〕。原田敏丸も、滋賀県下の数多くの事例から、旧道上の部落の出入口に多いことを指摘し、さらに、村内の氏神境内に設置されているものにも、本来は村の入口部にあったものが、なんらかの理由で移動した例が少なくないと述べている〔原田　一九八三、三六六―三七一〕。このことは橋本鉄男も言及しており〔橋本　一九六七、一五―一六〕、恒岡宗司は、大和でも同様のケースの多いことを、分布図をもって示している〔恒岡　一九七五、一五〕。また、道切縄の張り渡された村の出入口の外側の人家が、過去にはなかった例が多いとの指摘のあることは〔原田　一九八三、三六六〕、部落の末梢部という表現を控えた三澤の報告につながるものであろう。

以上、道祖神と道切縄を、それらが祀られ設置される場所との関連で簡単に概観することによって、次のことが言えよう。そのひとつは、道祖神や道切縄が、村境の民俗と呼ばれながら、その最も多く祀られ設置される地点が、村の出入口であること、すなわち、景観上ひとまとまりをなしている村落の民家の集合がとぎれ、しかも外へ通じる道路に即しての位置が選択されていることである。いまひとつは、災厄や悪しきものの侵入を防ぐ機能が発揮されるためには、村の出入口に代表される特定の場所が、極めて密接な連関を持つことを予想しうる点である。

二 「境の場所」

柳田は「神を助けた話」の中で、道祖神の祀られる場所にふれ、「きつと佐夜中山の如き峠の路か、然らざれば里の境、若くは川の岸、橋の袂などの、何でも往来の人々の、是非通らねばならぬ要処であらう」と述べている〔柳田　一九六三b、二二六〕。三澤の研究や近畿地方の道切縄で強調された村の出入口は、かなりの普遍性をもって見出される村の境であるが、この他にも、境にかかわる神が祀られ、信仰対象が設置される地点は決して少なくない。この点に関して、最も示唆に富む指摘が、石塚尊俊によってなされている。先の柳田の見解を敷衍して、石塚は次のように述べている。

　サヘノカミの祭場は、山村ならば山坂の登り口、登りつめて向の里へ下らうと云ふ峠、平地ならば部落と部落との境、または出入口、それから三辻・四辻追分のやうな路の岐れる所、川のある場所では渡場、橋があれば橋の袂と云つた、皆特別な地点である。〔石塚　一九四〇、五六〕

石塚は、道の中でも、とくに峠、坂、辻、渡、境といった地点は、地勢の変化する地境という意味をもった境であって、古くからの名残りを留める山峡の僻村などでは、ちょうど村への関門になるのではないかと推論し、疫神送りや辻切りの民俗にまで言及している〔石塚　一九四〇、五五—五九〕。

柳田や石塚のこれらの地点に対する説明が、いささか機能論にかたむくにしても、石塚が「地境」というより大きな範疇で道祖神、サエノカミの祭場を理解しようとしていることは重要である。もちろん、石塚のいう「地境」が、自然地形のみの変換点を指すのでないことは、あらためて指摘するまでもないであろう。

道切りの民俗にしても、銭を置いたり神札を立てる場合には、三辻、曲り角などの地点が選ばれている〔関一九三八、五二三―五二四〕。勧請縄の張り渡されている地点は、あまり変差を持たないが、当然予想されるように、隣村との境という例が少なくない。すでに機能は忘れられているものの、カンジョウという地名が、部落の一端に位置するばかりでなく、部落に属する地籍の一端に位置する例が、近江の各地に見られるという〔原田　一九八三、三九一―三九五〕。

村の内外をめぐる空間に見られるこれら特別の場所は、単に防障神や同じ機能を果たす信仰装置と結びつくばかりでなく、さらに多様な形で人々の生活にかかわっている。石塚の言及している疫神送り、風雨送り、虫送り、精霊送り、ネブタ流しなどによって、目に見えない恐しい災厄を祓い捨てるのは〔石塚　一九四〇、五八〕、村の出入口、辻、橋の袂、隣村との境などであることが多い。(7) 精霊迎えについても特別な場所が関連し、盆花を迎える隣村との境をなす峯や〔池上　一九三七、一〇六―一〇七〕。早川　一九三二、一四〕、小青藁を束ねて燃やす三本辻が語られている〔近藤　一九五四、一一九〕。病気治癒のための儀礼や呪いも、地境やそこに祀られる神格にかかわるものが多い。

積極的に人々の信仰を集めるものとは対照的に、怪異現象を惹き起こすものが出現する場所も、地境と深いかかわりを持っている。憑き神様と呼ばれたりもするジキトリ、ガキボトケ、オクヨサマ、オシオリサマ、柴神様、足軽様、ヒダル神などは、山中の峠や他部落へ通じる坂、四ツ辻などにあらわれる〔桜井　一九六六、一〇八―一二二〕。

辻占や橋占は、神霊の声を聞いてト占をおこなうものであったと考えられており、霊威を受けることのできる特別な場所として辻や橋が舞台となる〔宮田　一九八二、一六一―一六三〕。柳田は、橋姫に関しても多くの事例を説いているが、やはり橋や坂にまつわる霊力や怪異が語られている〔柳田　一九六二、二一四―

二二九〕。姥伝説の語り伝えられている場所も地境が多いという。とくに川、橋の袂、淵池、井戸などに加え、海と陸の境である岬の先や湾の入口など水辺に関する場所や、部落と部落の境、峠の鞍部などが指摘されている〔鎌田　一九七五、七〕。水辺では、陸上における辻と同様に、川の合流する地点も特別な場所である。やはり女性に関連の深い川スソ様は、このような場所に祀られるという〔西岡　一九七六、三三〇〕。

さらに、いわゆる異郷につながると考えられている場所がある。膳椀を媒介にして神霊との交流がなされたり、隠れ里に通じる場所がそれである〔柳田　一九六二、二三〇―二五八〕。北見俊夫は、関東から中部、さらに西日本にかけて分布する椀貸し伝説に異郷観を求め、伝説の舞台となる場所が、川の淵、池、沼、井戸、滝、塚穴、岩屋などであるとしている〔北見　一九五四、一一二―一一三〕。宮田登は、地蔵浄土や鼠浄土へ通じ接続しているのが、地面に開いた穴であると指摘している〔宮田　一九七七、三六一〕。

注目したいのは、これらの特別な場所の内のたいていのものが、日常的に存在している普通の場所、言葉をかえていえば、物理的経験的な空間でありながら、日常の生活世界以外の世界への回路となったり、神霊あるいは魔性のものや災厄などとの間接的、直接的な交流を可能にしたりするという象徴的な機能を持つことを認めうる点である。ここでは、これら特別な場所を「境の場所」(8)と名づけ、統一的概念を仮設したい。このように定義することで、村の出入口や辻、橋などは「境の場所」の一要素、地境は同じく部分集合、異郷との境は「境の場所」の存在形態となる。

三　空間のアノマリー

象徴的機能の面から規定した「境の場所」が、それでは象徴性を担うのはなぜかという疑問に答えるためには、「境の場所」を空間の分類とのかかわりの中で見ていく必要がある。人々は、自らの住む世界（外界）

をさまざまに分類し、認識する〔Needham 1963: vii-xi〕。空間は、その重要な一部をなしている。「境の場所」は、空間の分類に対し、適当な位置を与えられないものである。

文化人類学者の大貫恵美子は、文化的に定義された分類構造に、反転、逆転、矛盾、破棄が生じたもの、あるいは一般に言って、与えられた構造原理に調和しないものを構造的倒置（*structural inversion*）と名づけ、その象徴的表現がアノマリー（*anomaly*）であると定義している〔Ohnuki-Tierney 1981a: 119〕。(9) アノマリーへの関心は、タブー（*taboo*）や汚れ（*pollution*）をめぐって古い歴史を持つが、とりわけ近年に至ってM・ダグラス、V・ターナー、E・リーチなどによって研究が深められ、アノマリーの他、両義性（*ambiguity*）や境界性（*liminality*）などの概念に論議が重ねられている。その中でも、ダグラスによる変則的な動物についての類型を批判的に吟味した大貫は、次のようなアノマリーのタイポロジーを提示している〔大貫 一九八〇、四〇―四一。Ohnuki-Tierney 1980: 138-140, 1981a: 120-122〕。すなわち、①ドラゴンのように、一つ以上のセットの属性を持つもの、②バナナの中のりんごのように、入るべきところに収まらないで、別のセットに入っているもの、③液体と固体の間にある粘性のもののように、セットの中間にあるもの、④羽根のない鳥のように、セットを限る属性のいくつかを欠いているもの、⑤形のないものやゴミのように、アイデンティティーを欠き、全てのセットの外にあるもの、の五つである（図1）。

さらに大貫は、関係諸概念の整理を試み、「アノマリー」を分類できないものの認識の次元に用い、はっきりしない曖昧な変則的な存在に対する文化成員の反応に言及するとき、「両義性」を用いるとしている。また、「周辺的（*marginal*）」は、④の類型に適合し、「境界的（*liminal*）」は、人類学の慣例に従い、時間的なアノマリーに限ると述べている〔Ohnuki-Tierney 1981a: 123〕。

以上が大貫によるアノマリーに関する類型区分のあらすじである。紹介したのは、他でもない「境の場所」を「空間のアノマリー」としてとらえたいと考えるからである。

もっとも、この類型が議論の余地のないものであるというわけではない。セットの存在を前提にするかどうかによって、①〜④と⑤は異なる。①と③は、二つのセットの間で、属性の過剰と過少をめぐって表裏の関係にある。同様に、②と④は、実は一つのセットの中で、異質な属性を持つものとある種の属性を欠くものをあらわしており、やはり対照的な関係にある。ここでは簡単に、カテゴリー（セット）とアノマリーの属性という二つの指標から、次の二つの空間のアノマリーを提示すれば充分と考える（図2）。

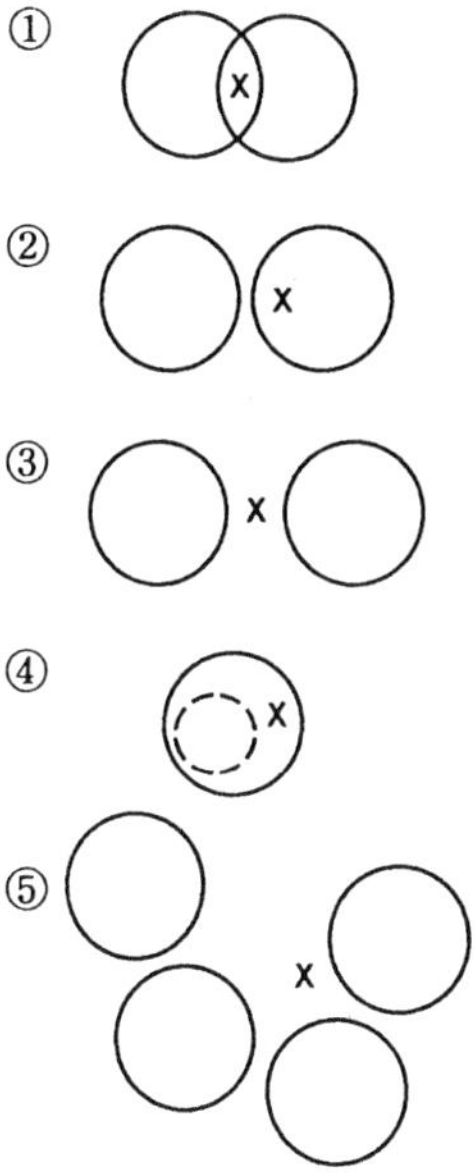

図1　大貫恵美子によるアノマリーの類型
〔Ohnuki-Tierney 1981a：121〕

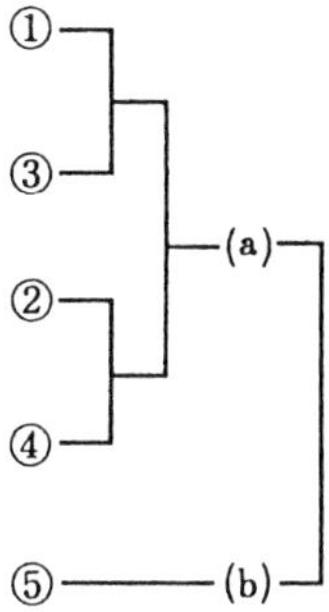

図2　空間のアノマリー

(a)一つ以上のカテゴリーにかかわるが、その属性の変則のために帰属を一つにしぼれないもの。村の出入口、辻、橋、隣村との村界、坂、峠など、地境とされるもののほとんどがこれにあたる。

(b)属性を欠いており、どのカテゴリーにも帰属させることができないもの。滝、塚穴、岩屋、高い老木などをこちらに分類することができる。

諒解しておきたいのは、問題となっているアノマリーが、民俗分類（folk taxonomy）を越えた象徴分類（symbolic classification）のレベルに生じるということである。大貫は、この二種類の分類を接合し、知覚（perception）、概念作用（conception）、象徴化（symbolization）の一続きの過程を、対象の抽象度に応じて六段階に区分した。分類上のアノマリー（taxonomic *anomaly*）は、記憶コードを伴う最初の三つの段階に関連するものであって、必ずしも象徴的な意味を付与されるとは限らない。類比コードを伴う象徴化の段階において生じる象徴的なアノマリー（symbolic *anomaly*）が、広く世界観とのかかわりの中で意味を与えられるというのである〔Ohnuki-Tierney 1981b : 461-462〕。

本稿で言う「境の場所」は、辻、橋、峠、塚穴など、語彙素（lexeme）として空間の分類の最小単位であって、その意味では日常的経験的な空間のうちにある。しかしながら、空間分類の抽象度を高めて把握しようとするとき、その象徴的なアノマリー性が浮上してくると考えることができる。断っておきたいのは、象徴化のレベルを高めてゆく過程の中で、例えば結界[10]のように、日常には存在しない空間のアノマリーを作り出すことも可能だということである。しかし、それはすでに、物理的経験的存在でありながら、特別な意味を担う「境の場所」の問題意識から、離れてしまうことになろう。

アノマリーに与えられる性質は、文化により必ずしも一定しないが、基本的には、分類になじまないものであるところから生じる特性が、構造に対してさまざまな役割を果たすと見てよいだろう。分類の範疇のはざまにあって曖昧不分明で周縁的であったり、分類の枠組に収まる代わりに、分類の境界線を乗り越え逸脱したりするがゆえに、アノマリーは構造を脅かしたり、また逆に、乱れた秩序を回復させたりする存在となる。時には、本質的に反構造なものでもありうる。さらに、聖性を付与されたり、破壊的な、あるいは創造的な力を得ることもある〔Ohnuki-Tierney 1980 : 142-143〕。

納まるべき場所を与えられていないという表現は、当然のことながら暗黙のうちにアノマリーを生み出す構造の存在を前提としてはいるが〔Douglas 1975 : 50-51〕、ただそれだけにとどまるものではない。抽象化のレベルを異にするさまざまな次元における構造や秩序の中で、アノマリーはその特別な属性を発揮すべく象徴性を帯び、また多義性（*multivocality*）を獲得するのである。

四　「境の場所」の象徴性

従来の日本民俗学における村境の論議では、「境の場所」のアノマリー性と、その表象とがしばしば混同されていたと考えられる。空間のアノマリーを出現させる背景である分類構造と、「境の場所」が象徴的な機能を発揮する背景の構造とは、必ずしも一致しない。例えば、村はずれの四ツ辻は他界との境である、と言うとき、四ツ辻という空間のアノマリーを生み出す空間の分類構造と、此界／他界という二元的な世界観の構造とは、象徴化の次元を異にしており同一ではない。ここでは、「境の場所」である四ツ辻が、此界と他界を繋ぐ回路としての意味を付与されているのである。

村の境に関する多くのこれまでの研究の蓄積の中で、共通して見出されるのは、境あるいは境の徴標としての信仰対象や装置を生じさせるものが、社会的空間的な意識、観念であるという見解である。石塚は、ちょうど人に対しては村八分などの制裁がそうであるように、目に見えない恐しい災厄については、これらを祓い捨てる部落意識がサエノカミを成立させると説く〔石塚　一九四〇、五七—五八〕。坪井洋文も、柳田の見解を紹介しつつ、内の観念が伝統的なムラ観念に見出されるとしている〔坪井　一九六六、四六〕。鈴木栄太郎が自然村の社会的独立性とその社会意識の表現として、共同祈願の慣行に注目していることや〔鈴木　一九六八、四二四—四二七〕、川本彰の説く社会的空間も同じ脈絡で理解できよう〔川本　一九七二、一五二〕。

部落意識やムラ観念は、折口信夫が「境は線ではなく点であった……」と述べているように〔折口　一九七六、三三二〕、点すなわち特定の地点に集約される。原田敏明が、内から外に対して区別をつけるところと言い〔原田　一九五七、一六三〕、鳥越皓之が、社会的境界を説くのは〔鳥越　一九七六、六二―六三〕、社会次元レベルあるいは社会的空間レベルにおける「境の場所」の象徴性を巧みに表現するものである。

すなわち、社会意識の基本構造は、内／外、村内／村外といった二元的枠組でとらえうるものであって、「境の場所」は、これらの秩序を再確認するものとして表象される。内／外や村内／村外の二元的対比で示される集団や広がりの大きさが、固定したものではなく、状況に応じて相対化されるものであることは言うまでもない〔吉田　一九七七、四〇一〕。

このような、いわば社会論、社会的空間論に対して、超自然的なあるいは宗教的なレベルにおける、宇宙論に結びつくような象徴性は、より複雑であり、しかも重要である。「境の場所」をそこに生じる現象との関連で、いま一度眺めてみると次のようになる。

一　疫病や災厄の侵入を防ぐ。
二　不浄のものや害をなすものを放逐する。
三　魔性のものが出現し危害をなす。
四　憑き神がとりつく、あるいはこれに手向けや供養をなす。
五　神霊を祀り、さまざまな祈願をする。
六　神意を聞き、神の霊威を感得する。
七　神霊が器物を人に貸し与える。
八　隠れ里に通じる。
九　死者の霊を迎え送る。

これらは、すでに概観した「境の場所」の有りようを配列し、重複するものをまとめたにすぎないもので、明確な基準を設定してのものではない。しかし、およそこれらの特性を数える中にも、「境の場所」の両義性や多義的な展開を見出すことができる。例えば、害をなすものを捨てる場所でありながら(二)、神を祀る聖なる場所となり(五)、神霊の霊力を得る場所でありながら(六)、魔性のものに襲われる場所となる(三)。さらに、災厄が侵入する場所でありながら(一)、至福の世界に通じる場所でもある(八)。また、「境の場所」を中にして、一方で褻の生活の場である村と、あの世や神霊の世界につながる晴れの心構えを必要とする世界が説かれながら〔桜田　一九五八、三〇〕、神聖な村内と不浄な村の外の対比が主張されたりもする〔原田　一九五七、二九〕。

「境の場所」がこのようにさまざまな意味や価値を担い、相矛盾する性格をあわせ持つことに対しては、いまのところ「境の場所」のもつアノマリー性に由来すると見るほかはないだろう。しかしながら、それぞれの「境の場所」の有りようを吟味することによって、因果関係を知ることはできなくとも、「境の場所」と他のさまざまなシンボルとが、どのような連関のメカニズムを持つかについて、多少なりとも理解を深めることができるのではないかと考える。

五　「境の場所」と多義性

「境の場所」の現象の仕方を眺めてみると、位置や広がりを属性とする場所の性質を逸脱はしないものの、その中に構造上の変差を見出すことは可能である。例えば、神や魔性のものとの直接的な接触や、霊威の顕示や器物を媒介とした間接的な交流が認められる場所であることは、多くに共通している。そのうちでまず注目したいのは、「境の場所」が神霊や妖怪の出現にとって不可分の舞台となっている点である。神霊や妖怪と言っても、実はその区分は明瞭ではない。ヒダル神や袖もぎ様に代表されるいわゆる憑き神は、人に害をなす一方で道中守護の精霊として手向けの対象ともなっている。これらは本来は、名を持たない霊力を備えた「もの」であって、祀れば神に、祀らねば妖怪となる〔小松　一九八二、二一六—二一八。原田　一九五九、二九四〕。「怒れば人の命を取り、悦べば世に稀なる財宝を与へるといふやうな両面両極端の性質」〔柳田　一九六二、二二八〕を兼ね備える橋姫の両義的性格や〔山口　一九七五、八〇〕、物を欲しがる神としてのサエノカミの一面など〔石塚　一九四〇、六二〕、必ずしも人に対して善きものをもたらすばかりの存在ではない。橋占や辻占で霊威を示し、善意を示す存在も、姿こそ見せないけれども、同じ類のものであろう。このような神霊あるいは魔性のもののいずれとも断定できない両義的な精霊が、その出現の場所として結びつく「境の場所」は、この世ともあの世ともつかない曖昧な空間である。

対照的な性質を見せるのが、隠れ里や彼岸へ通じる「境の場所」である。これらにおいては、人の住む此界に対し、向こう側の世界である異界あるいは他界の存在が明確に観念され、「境の場所」はその境界となっている。しかもその二元的世界の構造的対比は、かなりリジッドなものであるがゆえに、「境の場所」を越えて反対側の世界へ到達することは容易ではない。特殊な能力を備えた人間でなければ、自らの意志に反して偶然に踏み迷うか、あるいは鼠のような小獣に導かれて通過するかによって、初めて異界へ至る〔宮田　一九八四、三二三—三三四〕。祖霊の迎え送りにも媒介するものは不可欠であり、辻で焚く迎え火や山中の峠で求める盆花によって、精霊はあの世からこの世への移行を果し、精霊船や火の力によって、他界へと送り帰される。(11)

興味深いのは、曖昧で不安定な「境の場所」、すなわち両義的な「もの」が出現する場所においては、野辺送りの葬列や嫁入りの行列が忌まれ、謡うことが戒められていることである〔柳田　一九六九、三六六—三六七〕。行列を組み歌を歌う行為が境界性を喚起することは通文化的に見られ〔Tuan 1978 : 85〕、やはり移行を媒介する力を暗示する。媒介されるべき二つの世界が明確な像を結ばないところでの媒介するものの存在は、「境の場所」の不安定性や反構造性をかえって増幅させることになり、危険を招くのであろう。野辺送りにおいて、辻や橋の示す反構造性は、さらにこの連関を倒置したものと考えられる。此界である村と冥界に擬された墓地をつなぐ墓道を葬列が移行するに際して、辻蠟燭によって棺が迷わぬようにしたり、橋でドラを鳴らすことによって、悪鬼が死者を襲うのを防ぐというのは、そのことを示している[12]。

椀貸伝説における「境の場所」は、うつろい易く不安定な場所と、確立された構造の境界との中間的性格を見せる。ここでは「境の場所」は、膳椀のような什器が媒介となって、神霊と人との間接的な交信の場所として現象する。「境の場所」の向こう側は、水底深くの別世界であり、龍宮のイメージで語られる例が多い。しかしその広がりや奥行きは、隠れ里よりもさらに限定的である。人がそこへ至ることはまれで、龍神、蛇霊などのイメージを持つ椀貸主も、原則として姿を見せることはない〔柳田 一九六九、三一三〕。恩恵に与る者がこれを裏切れば、交換の杜絶ばかりでなく、その怒りにふれることもある点は〔柳田 一九六二、二三五〕、両義的とも言えるが、総じては善きものをもたらす存在とされている。

確立された構造の中に位置を与えられた「境の場所」は、富がもたらされ、盆に精霊の往来する場所であるだけでなく、病気や災厄などの悪しきものを此の世から切り離す場所ともなる。例えば、盆の精霊送りの習俗と、虫送りや病送りの相似が、『歳時習俗語彙』に繰り返し言及されているように〔柳田編 一九七五、五二四―五三二〕、両者の象徴的構造には共通するものがあり、むしろ盆においても、迎えよりも送りにその中心があったという〔堀一郎 一九五三、四〇三―四一九〕。日本の民間病理観においては、病神の憑依が病因をなすとの考え方が基底にあるとされている〔長岡 一九五九、三一七〕。「境の場所」に関連する治癒儀礼の中には、内にある厄疫を別のものに依り憑かせ、これを「境の場所」に移動して放置もしくは放逐する過程を基本型とするものが少なくない[13]。

祖霊とは異なり、稲に害をなすものや疫病神は、秩序を乱す反構造的存在であるがゆえに、ともすれば媒介するものなしに此界に侵入しようとする。虫送りや病送りの過程を定期的に演じ、あるいは道切りをほどこすのは、影響を被る前に防止しようとする呪術であるとされる[14]。此界と異界の二元的秩序を強化することによって、悪しきものの侵入を阻むためには、越えがたい境界としての「境の場所」を強調することが必要となる。

「境の場所」に関連して最も多様な展開を見せ、しかも極めて複雑な諸相を示すのは、自然石や小祠あるいは石像などの物理的客観的な祭祀対象であろう。これらの生成のメカニズムは、決して一様ではない。おそらく、不安定で曖昧な「境の場所」から、明確な構造を背景にした「境の場所」に至る振幅の中の、あらゆる局面に生み出されるものであろう。両義的な精霊が一定のイメージと名前を得て石像となったり、「境の場所」の向こう側の存在である龍神が石祠に祀られたりするばかりか、鎮送されるべき疫神さえ、そのイメージを客体化されて祭祀される。他方では、防障の機能を付託されてさまざまな神格が勧請されるのみならず、空間のアノマリーの示す聖性に引き寄せられて、多種の神々が鎮座するに至る。

いったん物体化し、イコン化した祭祀対象は、象徴化の過程の最後の段階のものであって、コンクリートなシンボルとなる。しかしながら、イコン化した神霊は、もはや観念の中に存在するものではなく、外界物となって新たな認知の対象となる〔Ohnuki-Tierney 1981b : 455-458〕。イコンは再び「境の場所」と連関し、新たな意味を担う。このプロセスを繰り返すことによって、祭祀対象は累積的に多重な意味を担い続けることになる[15]。

また、物体化、イコン化によって、客体化した祭祀対象が、逆にその位置する空間を特徴づけるといった相互作用[16]についても留意する必要がある。村の出入口に設置された祭祀対象が、外側への家屋の増加にもかかわらず、移動せずに元の場所に残るのは、このためであろう。

おわりに

生態的な生活領域、いわゆる村落領域は、可視的な特色ある景観となって認知の対象になりうるところから、居住、生産にかかわる領域の境界や、採取地との間に空間のアノマリーを生み出す。すなわちそれらは、村の出入口や山への登り口であったり、同様な位置にたまたま近接する地境であることが多い。このような「境の場所」に対して、社会的観念である内／外の二元構造が投影され、さらに此界／他界のイメージが重なることによって、村境の民俗が成立する。おそらく、行政的な政治領域を背景にした、村と村との境界にも同様なイメージが重層し、さまざまな祭祀対象や信仰的装置が顕現するのであろう。

しかしながら、本稿で見てきたように、生態的領域や政治的領域のような領域論的区分、すなわち絶対的な広がりと限界を持った空間の分類区分とは全く別の多種の分類原理が、多様な「境の場所」を生み出し、これらにも同様な多義性が付与されることを認める必要がある。「あちらでもなくこちらでもない」といった、指示詞にあらわされる空間分類になじまない空間のアノマリーに、地境の多くが該当するのは、そのことを示している。祭祀対象や信仰装置の場所をもって、これらを村境の民俗と呼んでも、その象徴するものの解釈は容易ではない。したがって、村境の民俗と呼ばれるものから、村落領域を類推することは、かなりの慎重さを必要とするものであることを指摘しておきたい。

想像力に横溢した民俗的世界を、空間に即して理解する試みは、ようやく端緒についたとの見方もできよう[17]。そこで要求されているのは、個々の実証的な研究の積み重ねだけではなく、同時にはかられるべき抽

象化、理論化であることを確認する必要があろう。(18)

注

(1) 村境について簡潔で要を得た解説として、竹内利美によるものがある〔竹内 一九六〇〕。

(2) 村境やその徴標に注意を払った事例研究が、近年重ねられている〔倉石 一九八一。坪井 一九七七。松崎 一九八三。宮下 一九八四。村武 一九七八〕。

(3) 例えば、京都大学文学部地理学教室による成果はその一つである〔京都大学文学部地理学教室編 一九八二〕。

(4) その中で千田稔は、境界と分類の問題を正面から取り上げている〔千田 一九八二〕。

(5) 村境一般の理解には、原田敏明と鳥越皓之による貢献が大きい〔鳥越 一九七六。原田 一九五七〕。

(6) 民俗学の分野では、福田アジオの提言を受けて、松崎憲三の事例研究などが蓄積されつつある〔福田 一九八〇。松崎 一九八三・一九八四〕。

(7) 堀一郎によれば、鬼、虫、疫病を追う呪術は共通の基盤を持つという〔堀 一九五三、四〇三〕。

(8) 経験され、意味の結びつく特別な空間として、「場所」の語を使う。この概念については人文主義地理学者のレルフやトゥアンの研究を参照した〔Relph 1976 : 1-7. Tuan 1975 : 152-153〕。

(9) 「変則」と訳されたり、その意味内容から「けがれ」の語をあてる試みも見受けられるが〔青木 一九八四、三四八〕、ここでは大貫恵美子に従って「アノマリー」と表記する〔大貫 一九八〇〕。

(10) つくられた境界としての「結界」については、垂水稔の論文に詳しい〔垂水 一九七八〕。

(11) 具体的事例については、『歳時習俗語彙』を参照されたい〔柳田編 一九七五、四六七―四七一・五二三―五三一〕。

(12) 『旅と伝説』(誕生と葬礼特輯号)には、このような事例がいくつか見られる〔崎山 一九三三、一一六。能田 一九三三、一六八。和田 一九三三、一九四〕。

(13) 具体例をいくつかの報告に見ることができる〔近藤 一九五四。関 一九三八。田中 一九五四〕。

(14) 堀一郎はこれらを模倣的呪術と対抗的呪術と名づけ、解釈を加えている〔堀 一九五三、四〇一―四〇七〕。

(15) 例えば、道祖神の多種多様な霊力を想起されたい。
(16) このことは、逆に徴標が特別な場所を形成する契機になる可能性を示唆する。
(17) 波平恵美子は、空間についてのハレ、ケ、ケガレの認識分類を解説している〔波平 一九七九〕。さらに福田アジオの提言や、近年の民俗学教科書に見られる「空間の民俗」という用語にも窺うことができる〔福田 一九八二。宮田・福田編 一九八三〕。
(18) 例えば、近年、「道」に対して深い関心が寄せられている〔薗田 一九八二、一―一一。垂水 一九八二、二八九―二九〇。堀信行 一九八二、五九八〕。神道や葬式道、墓道だけでなく、盆路、精霊道をも含めて、道の象徴的理解が必要であろう。

文献

青木 保
一九八四『儀礼の象徴性』、岩波書店。
Douglas, Marry
1975 *Implicit Meanings*, Routledge & Kegan Paul.
福田アジオ
一九八〇「村落領域論」、『武蔵大学人文学会雑誌』一二巻二号、二一七―二四七頁。
一九八二「時間の民俗学・空間の民俗学」、『長野県民俗の会会報』五号、一―二一頁。
原田 敏明
一九五七「村の境」、『社会と伝承』四号、一九―三一頁。
一九五九「俗信」、大間知篤三ほか編『日本民俗学大系7 生活と民俗II』、平凡社、二四九―三一〇頁。
原田 敏丸
一九八三『近江村落の経済と社会』、山川出版社。

橋本　鉄男　一九六七「勧請縄と関の札」、『近畿民俗』四二号、一五—二〇頁。
早川孝太郎　一九三二「精霊と道」、『民俗学』四巻七号、一二—一五頁。
堀　一郎　一九五三『我が国民間信仰史の研究(二)　宗教史編』、東京創元社。
堀　信行　一九八二「空間組織の原初形態に関する一考察—人・自然・神—」、石田寛教授退官記念事業会編『地域—その文化と自然』、福武書店。五九二—六一二頁。
保仙　純剛　一九五八「大和高原のカンジョウカケ」、『日本民俗学会報』四号、三二—三八頁。
池上　広正　一九三七「盆花考」、『宗教研究』新一四巻一輯、一〇三—一一六頁。
石塚　尊俊　一九四〇「サヘノカミ序説」、『国学院雑誌』四六巻三号、五四—七〇頁。
鎌田　久子　一九七五「ウバの力」、『日本民俗学』九八号、一—一〇頁。
川本　彰　一九七二「村落の領域」、『村落社会研究』八集、塙書房、一五一—一七二頁。
北見　俊夫　一九五四「日本人の異郷観の一断面」、『日本民俗学』一巻四号、一一一—一一八頁。
小松　和彦　一九八二『憑霊信仰論』、伝統と現代社。

近藤　義雄
　一九五四　「三本辻」、『民間伝承』一八巻四号、五〇―五一頁。
倉石　忠彦
　一九八一　「集落社会における世界観―長野県南佐久郡八千穂村佐口―」、『信濃』三三巻一二号、一六四―一七三頁。
京都大学文学部地理学教室編
　一九八二　『地理の思想』、地人書房。
松崎　憲三
　一九八三　「村落の空間論的把握に関する事例的研究」、『国立歴史民俗博物館研究報告』二集、一―三九頁。
　一九八四　「景観の民俗学―山麓農村の景観―」、『国立歴史民俗博物館研究報告』四集、七一―九五頁。
三澤　勝衛
　一九三九　「道祖神の地理学的研究」、『地理学』七巻六号、一五―二五頁。
宮下　健司
　一九八四　「村落の空間構造と世界観―長野県東筑摩郡麻績村梶浦を対象にして―」、『信濃』三六巻一号、一三―二八頁。
宮田　　登
　一九七七　「ユートピア思想」、梅棹忠夫ほか編『講座比較文化6　日本人の社会』、研究社、三六〇―三七三頁。
　一九八二　『都市民俗論の課題』、未来社。
　一九八四　「ムラとユートピア」、網野善彦ほか編『日本民俗文化大系8　村と村人＝共同体の生活と儀礼』、小学館、三一六―三四〇頁。
宮田　登、福田アジオ編
　一九八三　『日本民俗学概論』、吉川弘文館。
村武　精一
　一九七八　「集落の社会的・祭祀的構成―千葉県印旛地方大佐倉と岩名の場合―」、米山俊直ほか編『民衆の生活と文化』、未来社、八五―九七頁。

長岡　博男
一九五九　「民間医療」、大間知篤三ほか編『日本民俗学大系7　生活と民俗II』、平凡社、三一一－三二六頁。
波平恵美子
一九七九　「ハレとケとケガレ」、五来重ほか編『講座日本の民俗宗教1　神道民俗学』、弘文堂、七八－九三頁。
Needham, Rodney
1963　Introduction, E. Durkheim and M. Mauss, *Primitive Classifications*, University of Chicago Press : vii-xlviii.
西岡　陽子
一九七六　「カワスソ祭考」、蛭沼寿雄編『本位田重美先生定年記念論文集　地域と文化』、本位田重美先生定年記念事業会、三二一－三四六頁。
能田　太郎
一九三三　「熊本県玉名郡南関町」、『旅と伝説』六年七月号、一六七－一六九頁。
Ohnuki-Tierney, Emiko
1980　Ainu Illness and Healing : A Symbolic Interpretation, *American Ethnologist* 7 (1) : 132-151.
1981a　*Illness and Healing among the Sakhalin Ainu : A symbolic Interpretation*, Cambridge University Press.
1981b　Phases in Human Perception / Conception / Symbolization Processes : Cognitive Anthropology and Symbolic Classification, *American Ethnologist* 8 (3) : 450-467.
大貫恵美子
一九八〇　「文化と分類－アイヌの空間観念を例として－」、『思想』六七六号、二六－四五頁。
折口　信夫
一九七六　「民族史観における他界観念」、『折口信夫全集16　民俗学篇2』、中央公論社、三〇九－三六六頁。
Relph, Edward
1976　*Place and Placelessness*, Pion.
崎山卯左衛門

一九三三「奈良県高市郡地方」、『旅と伝説』六年七月号、一一六頁。
桜田　勝徳
一九五八「村とは何か」、大間知篤三ほか編『日本民俗学大系3　社会と民俗I』、平凡社、一五—三八頁。
桜井徳太郎
一九六六『民間信仰』、塙書房。
佐々木高明
一九八一「空間認識の原像—民族地理的序説—」、立命館大学文学部地理学教室・立命館大学地理学同巧会編『地表空間の組織』、古今書院、一四—二二頁。
関　敬吾
一九三八「共同祈願」、柳田国男編『山村生活の研究』、民間伝承の会、五二二—五三三頁。
千田　稔
一九八二「古代日本における土地分類—「山口」という場所をめぐって」、石田寛教授退官記念事業会編『地域—その文化と自然』、福武書店、六一三—六二二頁。
薗田　稔
一九八二「宗教と風土」、『人類科学』三四号、一〇一—一一六頁。
鈴木栄太郎
一九六八「日本農村社会学原理（下）」、『鈴木栄太郎著作集』II、未来社、三七九—七三一頁。
竹内　利美
一九六〇「むらざかい（村境）」、日本民族学協会編『日本社会民俗辞典』第4巻、誠文堂新光社、一四三九—一四四二頁。
田中　重雄
一九五四「四ツ辻の呪術」、『民間伝承』一八巻六号、二三—二四頁。
垂水　稔

一九七八　「結界について（II）―境界的結界―」、『国立民族学博物館研究報告』三巻四号、七四九―七七九頁。
一九八二　「ムラという結界―滋賀県高島郡朽木村の事例をめぐって―」、『国立民族学博物館研究報告』七巻二号、一九七―三〇二頁。

鳥越　皓之
一九七六　「部落・町内の境界（序）―地域集団にみる内と外の観念」、『ソシオロジ』二一巻二号、五八―七三頁。

坪井　洋文
一九六六　「日本神話と現代社会」、『歴史教育』一四巻四号、四二―四七頁。
一九七七　「日本民俗社会における世界観の一考察」、『人文社会科学研究』一五、一一五―一四二頁。

恒岡　宗司
一九七五　「大和のカンジョウカケ行事」、『近畿民俗』六三号、一五―二二頁。

Tuan, Yi-Fu
1975　Place: An Experiential Perspective, *Geographical Review* 65 (2): PP. 151-165.
1978　Sacred Space: Explorations of an Idea, K. W. Butzer (ed.), *Dimensions of Human Geography: Essays on Some Familiar and Neglected Themes*, University of Chicago Department of Geography Research Paper 186: PP. 84-99.

和田　孤村
一九三三　「愛媛県松山市地方」、『旅と伝説』六年七月号、一五四頁。

山口　昌男
一九七五　『文化と両義性』、岩波書店。

柳田　国男
一九六二　「一目小僧その他」、『定本柳田国男集』第五巻、筑摩書房、一一一―三四〇頁。
一九六三ａ　「石神問答」、『定本柳田国男集』第十二巻、筑摩書房、一―一六一頁。
一九六三ｂ　「神を助けた話」、『定本柳田国男集』第十二巻、筑摩書房、一六三―二六六頁。

一九六九 「山島民譚集(三)(新発見副本原稿)」、関敬吾、大藤時彦編『増補山島民譚集』、東洋文庫一三七、平凡社、二四三―三七五頁。
柳田国男編
一九七五 『歳時習俗語彙』、国書刊行会。
吉田 禎吾
一九七七 「よそ者・来訪者の観念」、梅棹忠夫ほか編『講座比較文化6 日本人の社会』、研究社、三九八―四一三頁。

本田和子

「賽の河原」考

はじめに

隅田川のほとりに、母を狂わせる子もあれば、その一方、鬼に抱かれて、母に逃げる暇を与える子どももある。身代わりに親を死なせて、凶慌の年を生き延びる子どももいれば、陽の光を見る間もなく、間引かれて世を去る赤子もいる。伝統的社会が子どもと取り結んだ関係は、私どもの平面的・単線的な理解を超え、「児童観」などという硬質のことばから溢れ出して散乱する。それらは、あまりにも多次元に拡散して脈絡もない断片に見えながら、時に微妙に交響し合い、互いに連なり合う意味の塊であることを示すのだ。

私は、ここで、「子どもの死」、とりわけその「死後の世界」という断片を取り上げ、それを手がかりに、伝統的社会と子どもとが取り結んできた関係の一端をたどり直してみようと考える。亡骸を葬ることが人間に固有の表現であり、死者のために世界を用意することは優れて人間的・文化的な営みといわれる。それぞれの文化は、子どもらに関しても、さまざまな死後の生を提供してきたのだ。わが国の場合、地獄における

「賽の河原」の出現は、その際やかな例の一つといえよう。

　幼いままに世を去ったものたちは、「賽の河原」に送り込まれ、「石積み」という苦役に従わされる。ようやく石が積み上げられたそのとき、地獄の獄卒が現われて無情にもそれをつき崩し、再度の積み上げを命じる。泣きながら、それに従う子どもたち……。死後の世界の一部に、こんなイメージが定着し、いつか人々の心のどこかに刻印されて、涙の種子となってきた。縁日に開帳される秘仏にもまして、蝟集する人々の眼を惹いたのは、極彩色の地獄・極楽絵図であったというが、「賽の河原」は、そのなかにも定型化された図像として位置を与えられている。正式の仏典には依拠しないとされ、あるいは日本独特かとも思われる、この子ども専用の地獄は、その独特の相貌を衆の眼に曝しつつ、いったい、何を語り続けてきたのだろうか。

子どもたちの「地獄」

「賽の河原」の出現を、とりあえずは、室町びとの想像力の所産と見るのは、必ずしも不当ではない。その初出が、『富士の人穴草子』や『月日の御本地』など、室町時代のお伽草子に見られるからである。しかし、おそらくは、久しい間人々の心の深部に埋《う》み貯えられてきた匿名的なイメージであろうことを思うなら、その始まりの日を正確に特定することは、困難であり不可能であるに相違ない。ただ、西行（一一一八―九〇）の晩年の編とされる『聞書集』中の「地獄絵を見て」と題された連作二十七首に、「賽の河原」が歌われていないことから見て、この地獄が、まざまざと可視の形を獲得するには、いま少しの時間が必要であったと思われる。

　西行の連作をめぐって、それらと対応する地獄絵図、あるいは、典拠とされたであろう『往生要集』との関連を跡づける試みが、既に、それぞれの専門家によって公にされている。たとえば、片野達郎は、歌と図像と関係文献とを、三段に表示して、一目瞭然たる整理を行なっている。

(5) 好み見し剣のえだにのぼれとてしもとのひしを身にたつるかな	(A) 来迎寺蔵『十界図』（「等活地獄図」右上）（「衆合地獄図」左中） (B) 『春日権現験記絵』（巻六）	(A) 『往生要集』（一、等活地獄）「復た刀林有り、其刀極めて利し。」 (B) 『同』（三、衆合地獄）「又復た獄卒、地獄の人を取って刀葉の林に置く。」 (C) 『同』（八、阿鼻地獄）「この刀葉の林より、無間に鉄設拉末梨の林有り。」 (D) 『増一阿含経』（二四・五〇）その他
(10) なによりは舌ぬく苦こそかなしけれ思ふことをも言はせじの刑	(A) 『春日権現験記絵』（巻六） (B) 禅林寺蔵『十界図』（左幅、秦広王の下部） (C) ボストン美術館蔵『十界図』下部	(A) 『往生要集』（五、大叫喚地獄）「受苦辺苦と名づく。獄卒、熱鉄の鉗を以て、其の舌を抜き出す。」 (B) 『同』（八、阿鼻地獄）「其の口の中より、其の舌を抜き出し、百の鉄釘をもって（釘うって）之を張り。」 (C) 『増一阿含経』（二四）その他
(12) わきてなほ銅の湯のまうけこそこ	(A) 益田家本甲巻『地獄草紙』（鉄山	(A) 『往生要集』（三、衆合地獄）「又

ころに入りて身をあらふらめ	地獄)	彼の河の中に熱せる赤銅の汁有って、彼の罪人を漂はす。」
	(B) ボストン博物館蔵断簡『地獄草紙』(鉄釜所)	(B)『同』(四、叫喚地獄)「或は鉗を以て口を開いて洋ぎれる銅を灌ぎ、五蔵を焼き爛らして……。」
	(C) 来迎寺蔵『十界図』(阿鼻地獄図」左中段)	(C)『同』(八、阿鼻地獄)「又洋銅を以て、其の口に灌ぐに、喉及び口を焼き、府蔵を徹って下より流れ出づ。」
	(D) 禅林寺蔵『十界図』(左幅、秦広王の下部)	

(片野達郎『日本文芸と絵画の相関性の研究』作成表より一部引用)

追いたてられて剣の山に上り、舌を抜かれてもの言えぬ身となる。さらには、沸き返る赤銅の湯に投げ入れられ、あるいは、それを口中に注ぎ込まれて、五臓六腑を焼かれてのたうつ。亡者たちのこの苦しみぶり、しかも、そのまざまざと目に見える歌い上げ……。これは、おそらく、西行自身の日頃の地獄観が、絵図の絵と詞に触発され、形をつかまえた結果であろう。とりわけ、連作の前半には、『往生要集』に活写された八大地獄、すなわち、等活・黒縄・衆合・叫喚・大叫喚・焦熱・大焦熱・阿鼻の各地獄の様相が、なまなまと歌い上げられていた。

しかし、ここには、苦業に泣く子どものいたいけな姿は、未だ登場してこない。亡母を歌ったとされる次の一首、

あはれみし乳房のこともわすれけり
　我がかなしみの苦のみ覺えて

のように、必ずしも絵図と照合し得ない詠なども含まれていた、にもかかわらず、である。このことは、おそらく、次のような事情を物語るのではないか。すなわち、西行在世のこの時代に、子どもたち専用のこの地獄は、単に図像として形象化されていなかっただけではなく、人々に抱かれていた地獄観のなかにも、未だ出現していなかったのであろう。

しかし、「賽の河原」に輪廓が与えられ、その存在があらわにされると同時に、人々の想いはにわかに時を遡り、数世紀前にその始原を設定しようとする。『西院河原《さいのかはら》地蔵和讃』、つまり、「賽の河原」における地蔵菩薩の救済を讃じたこの和讃に、「伝空也」が冠されたのも、その一例であろう。

伝　空也上人御作

西院河原地蔵和讃

これは此の世の事ならず　死出の山路の裾野なる
西院の河原の物語　聞くにつけても哀れなり
二つや三つや四つ五つ　十にも足らぬみどり子が
西院の河原に集まりて　父上恋し母恋し
恋し〳〵と泣く声は　此の世の声とはこと変り

悲しさ骨身を通すなり　かのみどり子の処作として
河原の石を取り集め　此れにて廻向の塔を組む
一重組んでは父のため　二重組んでは母のため
三重組んでは故里の　兄弟我が身と廻向して
昼は一人で遊べども　陽も入相のその頃は
地獄の鬼が現れて　やれ汝等はなにをする
娑婆に残りし父母の　追善作善の勤めなく
ただ明け暮れの嘆きには　むごや悲しや不愍やと
親の嘆きは汝等が　苦患を受くる種となる
我れを恨むること勿れと　黒鉄の棒を差し延べて
積みたる塔を押し崩す　其の時能化の地蔵尊
ゆるぎ出でさせ給ひつゝ　汝等命短くて
冥途の旅に来たるなり　娑婆と冥途は程遠し
我れを冥途の父母と　思うて明け暮れ頼めよと
幼きものをみ衣の　裳のうちにかき入れて
哀れみ給ふぞ有難き　未だ歩まぬみどり子を
錫杖の柄に取り付かせ　忍辱慈悲のみ肌に
抱き抱へて撫でさすり　哀れみ給ふぞ有難き
南無延命地蔵大菩薩

真言
オン、カ、カ、カ、ビ、サンマ、エイ、ソワカ。

この和讃において、近世以降の人々を支配した「賽の河原」のイメージは、みごとに鮮明な輪廓を与えられている。「地蔵和讃」には多くの種類があり、「さいのかわら」と題されたものだけでも、十種以上の異本が数えられるのだが、それらは、口誦芸の常としてさまざまなヴァリエーションを伴いながらも、五つの基本要素だけはきっちりと埋め込んで、この地獄の定型化に力を貸している。すなわち、河原・子どもの亡者・石積み・鬼（獄卒）の出現と責め苦・地蔵菩薩による救済、という……。先に引いた『西院河原地蔵和讃』が、空也の作と称して、あたかもその古さと由緒正しさを誇示するかに見えるのも、この典型性のゆえではないだろうか。言うまでもなく、空也作の信憑性は問題の外であろう。彼の時代（九〇三—七二）に、子ども専用の地獄がこれほど明確に形づくられていたとは、疑問の余地が大きすぎて信じ難いのである。

地蔵が冥界救出者としての性格を顕著にし、その住まいも浄土ならぬ穢土、すなわち六道悪趣に移されて庶民信仰として定着していく過程は、斯界の専門家らの知見を借りるなら、およそ十二世紀から十三世紀へかけてであろうと推測される。『今昔物語』（一一二〇年頃）や『沙石集』（一二七九—八三）に、地蔵菩薩の霊験譚がまとめられ、なかに冥土往還譚が含まれていることなど、それを物語る例であろう。とりわけ、『沙石集』巻二の第六話「地蔵菩薩種々利益の事」には、夭逝した子どもと地蔵との結びつきを暗示する、興味深い挿話が一つ含まれている。すなわち、筑波山の麓の老入道は、地蔵を刻んで供養していたが、あるとき、幼い子どもが井戸に落ちて死んでしまった。母親は歎きのあまり、地蔵に恨み言を述べると、夢に現われた地蔵は、「我ヲ恨ル事ナカレ。力及バズ定業《ぢやうごふ》也。後世ヲバ、助ケンズルゾ」と言いながら、井戸の底から死んだ子どもを背負い出して立ち去った。この姿を見て、親の歎きは、いくぶんなだめられた、と話は結ばれている。

地蔵の利益が、延命と蘇生に求められ、また、病気平癒に霊験あらたかであったらしいことは、『看聞御記』や『山科家礼記』など、当時の記録が明らかにしている。しかし、『沙石集』のこの挿話は、延命でも蘇生でも、病気平癒のような現世利益でもない。それは、地蔵に託された後生利益の表現であった。夢に現われた地蔵は、寿命は定められたもので如何ともし難い、したがって、自分は、その後生を守ろうと、冥界における役割を宣言しているのだから、夭逝した子どもの死後を案じる親の想い、それが地蔵信仰に回収されていく。この時代に出現したそんな回路を、この挿話から読み取るとしても、あながち不当ではあるまい。こうして、平安末期から徐々に埋み積った地獄イメージが鮮明化し、冥界での救済者としての地蔵信仰が深まりを見せるなかで、その端的な表現の一つとして浮上してきたのが、「賽の河原」であったろう。数世紀を遡る空也との結びつきは、おそらく伝説の域を出ないものと思われる。

にもかかわらず、私には、「賽の河原」と「空也」との間は、ある密やかな水脈で繋がれているのではと、思えている。それは、言うまでもなく、事実の水脈ではなく、イメージの水脈……。周知のように、空也の半生は「市聖」と呼ばれる遊行上人のそれであった。「市聖」とは「山の聖」に対する称であり、町を行脚して仏事を行なう上人の意であるという。しかし、特に「市」の一字に目を向けるとき、「市」のもつカオティックな性情と、空也自身の体現した狂躁的・呪術的な信仰との、類い稀な重なり合いに改めて驚かされることになる。阿弥陀仏と極楽浄土を瞑想する、源信の観想念仏に比して、シャマニスティックな雑信仰的要素や原始的な民俗宗教的性格を併せもつとされる空也の念仏、まさしく「市」のそれと重なり合う境界性こそが、時の隔りを無化して、「賽の河原」信仰を手繰り寄せたのではなかったろうか。

賽《さい》・塞《さい》・障《さへ》・境《さい》・道祖《さへ》

「空也」とのイメージの連鎖に手引きされつつ、私どもは、いま、「賽の河原」の境界性に目を向けようとしている。「賽」が「塞《さい》」であり、また「障《さへ》」でもあって、外敵の侵入を阻止する「境界」の意であるとは、民俗学その他の見地から、つとに指摘されている。また、各地に実在する「さいのかわら」なる地名を与えられた空間をめぐっては、歴史学、あるいは民俗学の先達によって、さまざまに興味深い論議が展開されている。たとえば、「河原」が葬送の地であり、そのゆえに死穢の対象ともされた「無縁」の場であること、無縁所寺院の境内に、しばしば「賽の河原」と呼ばれる一隅があることもその一連で考えられること、同時に、「河原」は、「宿」あるいは「市」などともかかわりが深く、正負いずれにせよ日常的な諸拘束から逃れた、アジール的性格でしるしづけられる固有の空間であったことなど、中世史家による刺戟的な論考が私どもを魅了している。一方で、各地に散在する「さいのかわら」と、子どもとの深いかかわりを指し示したのは、周知のとおり、柳田國男の一連の営為であった。私どもは、『賽の河原の話』、『赤子塚の話』など、彼の筆の跡を辿りながら、「河原」と「子どもの死」との、なみなみならぬ結びつきを読むことができる。

柳田の言を借りれば、子どもの生死にまつわる妖異が、「場所を定めて現れる」ところ、それが「さいのかわら」であった。出現する妖異とは、子どもの幽霊であったり、夜毎に聞こえる泣き声であったり、時には、笠を伏せると見えてくる小さな足跡であったりする。それに加えて、そこには、しばしば、懐胎したまま死んだ不幸な母の伝承や、死んだ母から生まれた赤子を地蔵菩薩が救って育てたという霊験譚も、まといつかされていた。そう、柳田の指は、元箱根の権現坂、姥子の六地蔵界隈、能登の波竝村、信州飯綱山の宮の脇、越後浦浜の洞穴、あるいは有名な奥州恐山の地獄谷など、列島の彼方此方に、母子の妖異が出没する

「さいのかわら」を指し示すのだ。

沸騰する火口のほとり、または村境を横切る荒れ川の周辺に、荒涼たる礫土を見た人々の想いが、地獄の「賽の河原」イメージを招き寄せたとする説明は、合理的には過ぎるが否定さるべき根拠もない。また、一方、「さい」を「境《さい》」と重ねて、赤子の埋葬地が村境の荒蕪地であったと指摘し、これらいたいけなものたちの霊の寄り集うところと見る柳田の解釈も、充分に魅力的であろう。地獄の「賽の河原」が現実の地名に採用されたのか、あるいは、子どもの死にかかわる実在の場所が、地獄のイメージを決定したのでもあろうか。鶏か卵かに似たこの論争は、所詮、結論の見出し得べくもないであろうし、ここでは不問としたい。ただ、彼岸と此岸の両界に位置する「さいのかわら」が、子どもとの間の仮りそめならぬ結縁によって、その同型性を際立たせるという、そのことにだけ目を留めておこう。

幼いものの埋葬が、大人とは異なる特有の墓地で行なわれたらしいことは、各地からその痕跡が報告されていて、伝統的社会における葬送の一つのかたちであったことが指摘されている。沖縄諸島には六歳以下の子どものために、「童墓」と称される特別の埋葬地があったらしいというし、近畿や中国にも、「児三昧《こざんまい》」「子墓」などという、大人とは別の埋葬地が定められていた。しかも、この場合、埋葬のしかたも、墓のしつらいも、大人のそれとは異なって、子ども専用に整えられていることが多い。柳田の言を借りれば、それは、「出て来やすいやうにしようといふ趣意が加はって」組立てられたかたちであろう、という。確かに、死児を棺内に正坐させ、太陽に向けて合掌させたり、紫色の着物を着せ、口にごまめを咬えさせて埋葬するという、一見風変わりなその習俗は、死児に託された親たちの想いをあますところなく伝えてくれて哀れである。何故なら、そこには、死に対するささやかな抵抗、すなわち、亡き子を仏道の支配下に置くことを拒んで、一日も早い再生を祈る親の悲願が、「太陽の光」、あるいは「生臭もの」という形で、いじらしく具象化されているのだから。

しかし、再生を願って埋葬された亡児たちが、願いに応えて忽々に顕ち現われ、人々の間を徘徊するとすれば、それはやはり「亡霊」に他ならない。夕闇に紛れて出没し、泣き声や足跡で人を驚かす不思議のものたち、彼らは、仮りに夭逝した幼いものたちの束の間の姿であったにせよ、生者との日常には立ち交り得べくもなかった。愛媛県の南部の村々では、この世での幸せ薄く、非業の死を遂げた幼児の亡霊を、「ノツゴ(野つ子)」と呼んで怖れたという。それらは、村はずれの淋しい野道に現われ、コウモリに似た姿、赤ん坊に似た泣き声で道行く人に近づき、「草履をくれ」とねだるのだ。このとき、人々は、急いで草履の鼻緒を引きちぎり、わらじなら緒を通すところをちぎり取ってから、投げ与えたという。履物の鼻緒をちぎる習俗は、婚礼のときにも見出される。花嫁が婚家に到着したとき、はいてきた草履の鼻緒をちぎって屋根に投げ上げるのがそれである。履物にはある種の魔力があって、家に帰る道筋を知っている。したがって、それは、花嫁を、あるいは死んだ子を、生まれた家へと連れ戻してしまうに相違ない。人々は、他家に送り込んだ花嫁同様、亡児の霊にも、再び立ち帰られることを好まなかったのであろう。興味深いことには、ノツゴの伝承をもつ地域では、死んだ子の埋葬に際して、会葬の肉親たちは履物の緒をちぎって棺に添えるということだ。

喪った者の再生を願いつつ、霊の出没は忌避する。ここには、死者に注がれるまなざしの、両義的なそのありようが顔をのぞかせている。亡き妻を恋うる夫の神が、冥界に妻を訪れはしたが、その屍体に戦慄して逃げ帰り、生と死の間に境を設けてその侵入を防いだという記紀神話の昔から、生者と死者の間柄は、常に二律背反に引き裂かれていた。とはいうものの、亡骸に対する原始以来の畏怖感が、後の世の葬送習俗や、それを支える心情の上に、ただそのままに引き継がれたとは言い難いであろう。屍への素朴な怖れが、「死穢の忌避」という宗教的情念に飛躍して、さまざまな禁忌が架上されていく経緯、とりわけ、それが、中国伝来の陰陽道とも結びつきつつ古代社会を貫流し、中世社会全体を覆うにいたるその道すじに関しては、中世史家たちの営みから多くを学ぶことができる。ここでは、ただ、数ある穢忌のなかでも第一級のものとして、支配の論理にまで吸収された「死穢」の思想が、生者と死者の間に割って入り、死者を哀惜する人々の想いを、複雑に引き裂いたであろうことだけに、目を向けておきたい。その力が、生者の世界を求心的に結集させて、死者のそれを、隔ての壁の彼方に峻拒したに相違ないからである。かつては、家居の近くにあって、生と死の往き交いを身近く感じさせていた埋葬の地も、日常生活からは遠く隔離される。盆正月に帰ってきた先祖の霊も、一定の期限つきでしか滞在が許されず、忽々に送り帰されるという、精霊送りの習俗も、これらと無縁ではないだろう。

ところで、視線を子どもの死者に戻すなら、児三昧の存在が語るのは、彼らだけは特別にいま少し身近く葬られたという、そんなありようである。何故なら、ノツゴの伝承は、私どもに、密やかにその距離を告げているではないか。それは、草履を履かねば戻れないほどに隔たった場所であったが、履物さえ与えられるなら、直ちに帰って来られるほどの道のりでもあるのだ。死んだ子の亡骸の葬られるところ、そして、彼らの亡霊の彷徨う場所、それが家居から近すぎず、さりとて遠すぎもしない、村境に措定される所以であろう。境の神の石像が佇む村はずれ、それは、しばしば河原であったりするのだが、それらの土地は、子どもの死と彼らの死後の生とを同時的に抱えこんだ、懐しくも怖ろしい場所として、人々の深層に受け継がれてきたのであった。

石積みという遊び

千葉県安房郡三芳村延命寺に、十六幅の地獄絵巻が所蔵されている。作者名は不詳ながら、天明四年（一七八四）の作、江戸の絵師の手になるものらしいという。死出の山（鉄囲山）・三途の川・火責め（雲火霧地獄）・釜茹で（黒縄地獄）・なます地獄（解身地獄）・針地獄（衆合地獄中の刀葉林）など、『地獄草紙』（平安末期）以降図像として定型化の途を辿り、とりわけ、中世に現われた聖衆来迎寺や禅林寺の『六道絵』や『十界図』を経て、ひときわ鮮明な輪廓を獲得した典型的地獄相が、生々《なまなま》しく描き出されている。おそらくは「絵解き」に用いられたのでもあろうか、そのゆえのわかりやすさと煽情性で、画面は毒々しいまでに迫真的である。切り刻まれ、刃に貫かれ、大釜に投げ入れられて、血まみれな亡者たち……。獄鬼の大きさに比して、半分にも充たない彼らは、いかにも哀れに無力な小動物に見える。さながら、子どもの手にもて遊ばれる、昆虫か蛙の趣きと言ったらよいのかも知れない。こうして、縷々と繰り延べられる業火と鮮血の絵巻は、見る者の心を妖しく戦かせたことであろう。

ところで、この地獄絵図には、その一隅に、「賽の河原」の情景がくっきりと描き込まれていた。そこだけは、彩色もいくぶん淡く優しい。中央やや左寄りに、地蔵菩薩の大きな立像、右手に錫杖を握り、左手に宝珠を捧げ持って、蓮の花を踏んで端然と佇む。光輪に隈どられたその顔貌は、秀麗の一語に尽きよう。その周囲には、小さな小さな子どもたちの姿が、豆を撒いたように散らばっている。ある者は、地蔵の衣の裾に縋り、ある者は石を積み、そしてある者は、顔を覆うて泣きむせぶ。鬼たちは、定石どおりに棍棒をふるって、子どもらが積み上げた石塔をつき崩している。それは、まさしく、『西院河原地蔵和讃』さながらに、「恋しく〳〵と泣く声は骨身を通し」、「ゆるぎ出でさせ給うた地蔵尊」が、「幼きものをみ衣の裳のうちにかき入れて」、哀れみ救い給うという情景であった。耳に響く「和讃」の哀切な調べが、図像として可視の形を与えられたありよう、とこそ言うべきであろうか。ここに描かれたのは、紛れもなく、中世以来、久しく埋み貯えられ、おもむろに醱酵しつつ醸成された子ども専用の地獄、「賽の河原」の全貌であった。

この画面に、異常なほどに大きく、美しすぎるほどに美しく、しかも荘厳に顕ち現われた地蔵像は、私どもに次のようなことを語り告げている。すなわち、『沙石集』のなかで、子どもの後生を守ろうと呟いていたこの御仏が、数世紀を経て、いまや、完璧に、冥界における子ども守護の任を全うしているのだ、と……。

錫杖もがら〳〵とこそみへにけれ
　子ぼんのう化《け》のみてにふれゝば

（斉馬堂『才和歌集』）

腹帯を地蔵の御月番にしめ

（『誹風柳多留』第二十七篇）

これらの俗詠が示すように、江戸期に入ると、地蔵菩薩の手は幼いものたちとしっかり握り合わされ、子育てや安産の守護仏となりおおせて、辻々にその温顔を曝し始めた。安産地蔵・子安地蔵・子持ち地蔵・子育て地蔵・腹帯地蔵・世継ぎ地蔵など、母子との有縁性をあらわにした、夥しい地蔵の簇出がそれである。

賽の河原（延命寺）

釈迦入滅後、弥勒菩薩出現までの五十六億七千年の無仏世界に、六道の指導者として衆生を導くもの、それが地蔵菩薩である。この御仏が、深く子どもと結びつき、此岸と彼岸の両界において子どもの守護仏となる。こうしたありようは、わが国に特に顕著であるらしく、「賽の河原」と同様、あるいは、日本製の信仰のあり方とも考えられるのだが、その詮索は、私の手にあまる。斯界の専門家たちの言説を借りれば、たとえば、地蔵研究に先鞭をつけたとされる真鍋広済は、地蔵信仰と子育ての結合を、平安末期の偽経『延命地蔵経』に求めようとする。そのなかに、十種福の第一として「女人泰産」が教示されているというのだ。しかし、真鍋もまた、それに拍車をかけたのは「賽の河原」信仰であるという。地蔵信仰が「賽の河原」イメージを出現させたのか、あるいは、「賽の河原」が地蔵信仰の深化に手を貸したのだろうか。ここにもまた、鶏と卵の関係が出現する。そこで、私どもはただ、地蔵信仰と「賽の河原」は不可分の関係にあり、「地蔵和讃」と「地獄絵図」が相伴ってそれを体現するとだけ、捉えておくことにしよう。

そして、いま一つ、日本人の神道思想、特に、その原質であったシャーマニズムとの関連に目を向けた、和歌森太郎の見解を引用しておきたい。和歌森は、『今昔物語』に見られる地蔵菩薩の「小サキ僧」への化身を重視し、一方、広田神社の「児宮」や熊野の「十禅師」などの子どもの神が、地蔵の垂迹であると説かれることに注目する。つまり、地蔵が小僧となり、子どもの神の本地が地蔵であるという、地蔵と子どもとの触通性が、地蔵信仰の土台にあるというのである。そして、その前提に、日本人の神道思想を置く。彼の言を借りるなら、「神が子供の口を借りて霊託を伝えるとの見方、またそれを期待することは、日本人に久しく著しい伝承」であり、「日本人の信仰観念の上に、地蔵の信仰をうまく移植するにあたって、子供と化して語りかけ、行動する地蔵を説話することが求められた」というのだ。

この説の真偽は問うまい。それは私の域を超えている。しかし、異国からの来訪者たる地蔵菩薩が、子どもの世界に入りこみ子どもと癒合していく道すじと、子どもを霊媒者に選んできた古来のシャーマニズムとが、仮りに、どこかで接点をもち、微妙な絡み合いを見せるとしたら、私どもは、「子ども」に仮託される媒介者的意味のひろがりに対して、改めて目を見張らずにはいられない。「子ども」、この類い稀な境界人は、さまざまな宗教や民俗の合流し融合する地点にただあどけなく佇むだけで、その小さく無垢な身体にすべてを収斂させ、それらの習合に手を貸しているのかも知れない。

さて、視線を再び、「賽の河原」絵図に戻すとき、地蔵の華麗な立ち姿だけではなく、幾つかの興味深い特色が、私どもを捉えるだろう。まずは、子どもたちの着衣。彼らは、赤や緑の着物をまとわされ、あるいは、腹かけかちゃんちゃんこ一枚の、常と変わらぬ姿に描き出されている。他の地獄場面では、亡者たちは経帷子の死人装束なのだから、そのちがいは際やかであろう。私は、先に、仏道の支配下に委ねることを厭うて、死児に色ものの衣を着せ、生臭さを添えて葬るという習俗を紹介したが、この絵のなかでも、子どもたちは、現世と変わらぬ姿に描き出されて、死人らしくあることを拒むかに見える。そのゆえに、「賽の河原」は、一続きの絵巻のなかで、際立ったその異質性を主張する。たとえば仮りに二匹の鬼が描き込まれてなかったら、この情景は、のどかに群れて遊ぶ、子どもらの日常の遊戯風景と、なんら異なるところがないだろう。石ころを集め、積み上げ、時には泣き出したりすることも珍しくない、そんな子どもたちの当たり前のありよう……。図像化された「賽の河原」とは、そんな世界であった。

子ども専用に選び出された苦役は、際限もない「石積み」であった。彼らは、「和讃」の語りのように、「一重組んでは父のため、二重組んでは母のため」と、河原の石で廻向の塔を組まねばならない。しかも、それは、獄鬼の棍棒の一振りで、無惨にもつき崩されてしまう。獄鬼の言に従えば、その苦患は、「親の嘆き」に基因するというのだが……。

河原に石を積んで立願する石塔の行事は、文献的に正暦五年（九九四）まで遡ることができるという。さらに、海を隔てた中国江浙地方の地蔵会にも、子どもが瓦を集めて塔を作る習俗が見出される。『看聞御記』

には、応永二十九年（一四二二）の五条河原の施餓鬼の次第が記されていて、死者の骨で地蔵六体を作り、また、大石塔を建てて供養したとある。こうしたあれこれが結びつき、いつか、河原の石塔が「ジゾウ」と呼ばれ、精霊を送る行事などに一役買わされるようになる。こうした、地蔵信仰と石積みの結びつきが、「賽の河原」にも導入され、子ども専用の苦役とされたのであろう。現世のことに身を染めるいとまもなく、怱々に彼岸へと送り込まれた幼いものたちに、血の滴る苦役はふさわしくない。そこで選び取られたのが、この地蔵供養の石積みであったのだ。

私どもは、ここで一つの歎息を発せざるを得ない。「賽の河原」とはなんと奇妙な地獄であることか。そして、子どもとはなんと厄介な逸脱者なのだろう。何故なら、際限もない石積みとくり返される石塔崩しは、子どもらにとって、それほどの苦患ではあり得ない。石や砂、あるいは木の切れはしを、積んでは崩し、崩しては積むというくり返しは、幼いものたちが得意とする、彼らの日常の行為ではないか。子どもたちは、嬉々としてこのくり返しに時を忘れるのだから、地獄の責め苦として選び出された「石積みの苦業」は、なんのことはない、彼らにとっては、生きてある日と異ならぬ、好きな遊びにいそしむことでしかないだろう。大人の思わくを超え、枠組から常にはみ出してその異人性を際立たせる……。とすれば彼岸においても、亡者となっても、子どもとは、やはり類い稀な逸脱者であるらしい。

『熊野観心十界図』中の「賽の河原」で、地蔵菩薩を囲んで踊る子どもが描かれているのも、同じ意味で捉えられるだろうか。傍には定めに従って石を積む幼児もありながら、一方では、太鼓を打ち、傘をかざして踊る。「遊戯三昧《ゆげざんまい》」とは、「思いを労せず、無礙自在に往来する」の意で、仏教的な遊びの精神であるという。子どもとは、まさしく遊戯三昧に徹した存在、地獄の責め苦をも遊びに変え、揚句には、楽しく陽気に歌い踊るとでもいうのだろうか。いずれにせよ、地獄の悲惨さからは縁遠い光景に相違ない。

「観心十界図」とは、熊野比丘尼が持ち歩き、「絵解き」に用いた曼荼羅である。近世の随筆類に、「地獄極楽の絵解き」と記されているのは、ほぼこれであるということだ。江戸の半ば頃までは、街の辻々で、あるいは各戸を訪ねて、絵解きをする彼女らの姿が、頻繁に見られたものらしい。とすれば、比丘尼を囲む人々の眼に、地獄で歌い踊る子どもらの姿は、どのような像を結んだことだろう。チベットの五趣生死輪廻図にも似て、極彩色の、妖しく美しいこの曼荼羅に、近世人《きんせいびと》の視線は吸い寄せられ、その心は、怖れと好奇心で波立ち、時には涙を溢れさせさえした。そんな煽情的な図像のなかに、ただ一つ、埋め込まれた涼やかな光景と陽気な子どもたち……。こう見てくると、「賽の河原」の子ども像は、紛れもなく、地獄における異端者のそれである。そして、この異端者を生み出したのは、他でもない、中世以来のわが国人《びと》のまなざしの業であったのだ。

むすび

「賽の河原」の出現、それは、地獄における「子どもの誕生」であった、と一応は言うことができる。何故なら、このことは、幼い人たちに、大人と同様の「死」が用意され、彼らにも死後の世界が与えられたことを証するのだが、同時に、一方では、彼らだけの保護領が設定され、子どもの死者はそこに囲い込まれるようになったことを意味してもいるのだから。そして、それは、室町びとの想像力に救けられつつ、中世の末期から近世初期へかけて具象化されはしたが、おそらく、古代以来久しく埋《う》み積もって、開花するときを待っていた、わが国びとの「まなざし」の所産であるに相違ない。「子ども」とは、融通無礙で自在な逸脱者でありつつも、か弱く無力な存在でもあるという……。「賽の河原」が物語るのは、生と死、此岸と彼岸、苦役と遊びなど、あらゆる隔てを無化して両界を自在に往還する、子どもらの境界者的特質であり、同時に、彼岸においてすら保護者を不可欠とする、彼らの被保護性ではないか。

ところで、私どもに、現在見聞される「賽の河原」の痕跡は、さながら、覗機関の透視させるガラス板絵にも似て、微妙な陰影に隅どられたイメージのあれこれをちらつかせて、私どもの視線を散乱させる。たとえば、多様化した地蔵信仰や、それと集合する子どもの民俗、あちこちに積まれる石塔供養、それに、何よりも、あの耳に悲しい「和讃」の調べと、目に珍奇な「地獄極楽絵図」との組み合わせ……。この小稿を結ぼうとするいま、私どもは、近世的「賽の河原」が放射する、この矛盾だらけで整合性を欠いたイメージから、目を逸らせることができにくい。それらは、脈絡もなく四囲に散乱するかに見えながら、「子ども」に仮託された近世びとの心性を、あれこれと語り知らせているのだから。

先に見てきたように、「賽の河原」は、彼岸と此岸の両界にあってともに子どもの「死と生」を司り、互いに共鳴し合いつつ同型性をあらわにしていた。そして、この両界は、その生成と変化の道すじをも共有している。たとえば、この世に実在する地理的空間としての「賽の河原」、柳田國男らが列島のあちこちに指し示して見せたそれらは、子どもらの葬送の地の名残りを留めつつ、いつか子授けの願かけの場所へと変貌していき、そこに立って境を守った道祖神は、その本地を地蔵とされて地蔵の石像に合体させられる。その結果、地蔵像は、村境の河原ならぬ街の辻々に佇んで街区相互の境を分かち、「子授け」「子安」「安産」「腹帯」など、さまざまに子どもと結びついた呼称を与えられて、温顔に笑みを湛えつつ母と子の立願に応えることになった。子を求める親たちは、人目を避けつつ、いくたびかこれら地蔵の許に足を運んだことであろう。「橋の下から子どもを拾う」とは、現在も生きて機能している身近なことばだ。橋の下とは、河原である。「子ども」は、河原において授けられるという、この俚諺に潜むのは、こうした古イメージ、古習俗の残影に他ならない。そして、埋葬の地が出現の地でもある河原にまつわるこのイメージは、「河原＝境」が、子どもの「死と生」の限りなく回帰する磁場であることを物語り、その性格は道祖神から地蔵に引き継がれて、街中に引越しながらも街中の空地や辻の一隅に、ささやかながら変わることなくその磁力を放射し続けたのだ。死んだ子の供養にと、足許を小石で覆われる同じ地蔵が、子らの安らかな成長を祈願されてよだれかけで装わされる。近世の街や村に、あちこちと出現した地蔵像は、さながら「賽の河原」の代理人であり、その業務を代行した。すなわち、子どもの「死と生」の円環を、その円い頭と石の躰に収斂させ、母子《ははこ》らと深い関係を取り結んだのである。

そして、一方、地獄の「賽の河原」は、「和讃」の哀切な調べに乗って、死んだ子どもが「泣き泣き廻向の塔を組む」場所として、人々の涙の源であった。泣いてはいけない、親の歎きは子どもの苦患の種子だからと、子を喪った親たちを慰め、その断念に手を貸すかに見えるこの歌詞が、他方では、切々たるその調べで親の心をかきむしる。しかし、こうして、「和讃」の調べに耳を傾け、もう今日限り歎くまいと悲しく思い定めつつ、はばかりもなく涙を溢れさせることは、残された親たちにとっては、一種のカタルシスであったかも知れない。泣きながら供養の石を積むことで、ともすれば此岸へと立ち戻りがちな幼い死者たちを、彼岸へと送り返していたのでもあろうか。地蔵菩薩が、地獄の保育者として満腔の信頼を捧げられ、「賽の河原図」のただなかに、端然とその美男ぶりを誇示するに至った道すじを、ここにたどることは容易であろう。そう、彼岸に旅立った亡児たちは、地蔵菩薩の御衣の裾に抱かれて、彼岸の生を安らかに過ごしている。時として、彼らは、遊戯三昧とばかりに死者の生を楽しみさえするではないか。

近世びとの心性は、「賽の河原」の境界性を地蔵の石の躰に封じ込めて、路地裏や街の辻々に引き入れることに成功している。そして、地獄における「賽の河原」にも、まざまざと可視の形を与えようとする。中世の人々が、『往生要集』や「冥界往還譚」に耳を済ませつつ、苦労して意識のうちへと浮上させた地獄絵図が、ひときわ明瞭にわかりやすい輪廓を与えられ、新しく国産の地獄すらつけ足されて、衆の目に親しいものとなっていくのは、当然の経緯であった。そして図像としての「賽の河原」は、血まみれで煽情的な他の地獄場面とは様変わって、地蔵菩薩の温顔の下に穏やかなたたずまいで描き出されることになった。先に見てきたように、そこだけは、ホッと心安らぐ、静謐な世界であった。奪衣婆に経帷子をはぎ取られ、貧弱な裸体をむき出しにされた亡者たちが、散々に切り刻まれ、責めさいなまれている地獄絵図は、おそらく単なる宗教的絵解きであることを超えて、大衆の猟奇的な好奇心に応え、嗜虐的な欲望を満たす、怪奇見世物としても機能したことだろう。そう、これらの絵図は、当世風にいうなら、サディスティックなポルノグラフィーとすら見ることも可能なのだ。そして、そんなただなかに点じられた一服の清涼剤が、「賽の河原」であった。

「死」と「生」は、人の存在を規定する、根源的な二つの極であるに相違ない。そのゆえ、この二極を一体に習合させた「賽の河原」は、そのアンビヴァランスによって人々を引き裂くから、子どもを葬った親たちは、小さな亡骸の埋められたその地に、哀惜の涙を注ぎつつ、かつ、怖れ、同時にそこに立願して新しい生命の誕生を期待せねばならなかった。同様に、地獄の子どもらに対しても、その傷ましさに泣きながら、際限のない歎きを断念しようと努める。そして、子どもの死をめぐるこの悲しい二律背反に、近世びとの合理性はみごとなかたちを与えた。すなわち、惻々と胸に迫る「和讃」の調べに、尽きることのない哀憐の情を受け持たせ、一方、穏やかに人を和ませる「賽の河原」絵図に、安息と諦観を分け持たせたのだ。「絵解き」されて姿を現わす彼岸は、聴くと見るという二つの通路を介して、此岸に招き入れられ、人々の辱知し得る世界となった。「賽の河原」は、他の地獄の猟奇的な煽情性とは一線を画され、耳に悲しく、目に優しい異界として、人々に迎え入れられたのである。

しかし、人々は気づいていたのだろうか、自分たちが、こんなにも手軽で合理的な、異界との交渉路を設けたことで、「子どもの死」に仮託された神秘的な意味のあれこれを、密かにずらし変容させてしまったということに。神と人の間《あわい》に佇み、死と生の境を無化して、自在に往還する「人ならぬ」彼ら、そうした聖性は、手際のよい異界処理で姿を消そうとしている……。が、私どもは、ここでも、また、「子ども」なるものののしたたかさに、改めて目を向けざるを得ないだろう。こうした装置のすべてを逆手にとって、彼らは彼ら流に群れ騒ぎ、遊び呆けているではないか。子どもらを照らし出す聖性の光は薄れたかに見えても、「賽の河原」で踊り興じ、地蔵の石像のかげからいたずらっぽくその笑顔をのぞかせる近世の子どもたち。彼らは、地獄のたたずまいをも、地蔵信仰をも、彼らのゆえに変貌させてしまったことを、そのありようで主張している。つまるところ、子どもたちは、死者となっても変わることのない、枠組解体者に他ならないのだ。ただし、それらが、あまりにも日常性のただなかに引きずり出され、白々《しろじろ》とした街の光に照らし出されたことで、その異質性が逆に「チャチな」「玩物嗜好的興趣性」をそそり立て、蔑みの視線を誘い出したことも、また、確かであろう。

III　境界の時

かはたれ時

柳田國男

黄昏《たそがれ》を雀色時《すずめいろどき》ということは、誰が言い始めたか知らぬが、日本人でなければこしらえられぬ新語であった。雀の羽がどんな色をしているかなどは、知らぬ者もないようなものの、さてそれを言葉に表わそうとすると、だんだんにぼんやりして来る。これがちょうどまた夕方の心持でもあった。すなわち夕方が雀の色をしているゆえに、そう言ったのでないと思われる。古くからの日本語の中にも、この心持は相応によく表れている。たとえばタソガレは「誰そ彼は」であり、カハタレは「彼は誰」であった。夜の未明をシノノメといい、さてはまたイナノメといったのも、あるいはこれと同じことであったかも知れない。

私は今国々の言葉において、日の暮を何というかを尋ねてみようとしている。加賀と能登ではタチアイといい、熊野でマジミというなども深い意味があるらしいが、それはなお私には雀色である。信州では松本の周囲において黄昏をメソメソドキ、少し北へ行くとケソメキともいって、暗くなりかかるという動詞はケソメクである。これも感覚を語音に写す技能と言ってよいと思うが、あの地方では人が顔を合せにくい事情などがあって、そしらぬ振《ふり》をして通って行くことを、ケソケソとして行くといっている。越中の山近くの町で、夕方のことをシケシケというのは、しげしげと人を見るというなどが元のようでもあるが、富山の附近の者は気ちがいのことをシカシカといっているから、最初はかえってシカとせぬことをシカシカといったのであろう。『曠野集《あらのしゆう》』の附句に、

何事を泣きけん髪を振おほひ
しかぐ〳〵物も言はぬつれなさ
恥かしといやがる馬にかき乗せて

これなどにはまだ少し古い感じが遺っている。

尾張の名古屋などは、以前の方言は黄昏がウソウソであった。ウソはいつかも奥様の会で話したごとく、近世一つの悪徳と解せられるようになる以前、ほとんど今日の文芸という語と同じに、あらゆる空想の興味を包括していたことがあった。むつかしく言えば現実の粗材、すなわちもう一歩を踏み込んでみないと、それを経験とも智識ともすることのできぬものの名であった。迂散などという漢字を宛《あ》てようとした動機が、この言葉の中には籠《こも》っている。タチアイという言葉が夕方を意味したのも、この方からおいおいにわかって来るかも知れない。今でも取引所の中ではよく使っているが、タチアイは本来市立《いちだち》のことであった。仲間でない人々が顔を合す機会は、もとは交易の時ばかりであったゆえに、同じ用語をもっていわゆる雀色時の、人に気を許されぬ時刻を形容したのではなかったか。富山の町でも夕方をタッチャエモト、金沢ではまたイチクレとさえいっているのである。

地方の言語がおいおいに集まって来れば、もう少し説明がはっきりとすることと思うが、今でも黄昏がいかなる時刻であったかは、これだけの材料からほぼ推測し得られる。皆さんがあるいは心づかれないかと思うことは、人の物ごし背恰好《せかつこう》というものが、麻の衣の時代には今よりも見定めにくかったということである。

木綿の糸が細く糊《のり》が弱くなって、ぴったりと身につくような近頃の世になると、人の姿の美しさ見にくさはすぐ現れて、遠目にも誰ということを知るのであるが、夕《ゆうべ》を心細がるような村の人たちは、以前は今少しく一様に着ふくれていたのである。見ようによってはどの人も知った人のごとく、もしくはそれと反対に、足音の近よるを聴きながら、声を掛け合うまでは皆他処《よそ》の人のように、考えられるのがケソメキの常であった。そうして実際またこの時刻には、まだ多くの見馴れない者が、急いで村々を過ぎて行こうとしていたのである。

鬼と旅人とをほぼ同じほどの不安をもって、迎え見送っていたのも久しいことであった。ところがその不安も少しずつ単調になって、次第に日の暮は門の口に立って、人を見ていたいような時刻になって来た。子供がはしゃいで還りたがらぬのもこの時刻、あてもなしに多くの若い人々が、空を眺めるのもこの時刻であった。そうして我々がこわいという感じを忘れたがために、かえって黄昏の危険は数しげくなっているのである。

益田勝実

黎明——原始的想像力の日本的構造——

黎明の異変

原始社会における日本人の想像力の状況は、今日からはにわかに推測することができない。それは、ことさらに揣摩臆測《しまおくそく》を事とするものでなければ、あげつらう勇気を持ちえぬほど、確かな手がかりの少ない、茫々たるそのかみのことである。しかし、すべてが湮滅しさり、埋没しはてたかに見える原始の日本人の想像法が、ずっと後々まで強力に生き続けて、日本人の想像のひとつの鋳型の役割を果たしていることもあり、生き続けてきているると、かえってその古さに気づかないから、奇妙なものである。わたしたち日本人の脳裏では、実に永い間、闇の夜と太陽の輝く朝との境に、なにか特別な、くっきりした変り目の一刻があった。異変が起きるのは、いつもその夜と朝のはざま、夜明けの頃でなければならなかった。

夜が明ける——伝承の世界では、それはずっと後世までも、単なる時間の推移ではなかった。第一に、それは鬼の退場の時刻であった。

鬼、よりて、「さはとるぞ」とて、ねぢてひくに、大かたいたき事なし。さて、「かならずこのたびの御遊びに参るべし」とて、暁に鳥などなきぬれば、鬼共かへりぬ。翁顔をさぐるに年比《ごろ》ありし瘻《こぶ》、あとかたなく、かいのごひたるやうに、つや〳〵なかりければ、木こらんことも忘れて、家にかへりぬ。

(『宇治拾遺物語』「鬼に瘻とらるゝ事」)

「こぶとり」の鬼は、爺の頬から瘤をもぎとって帰っていった。夜明けに鳥たちが鳴きはじめたからである。こういう話の運びをあたりまえしごくに思い、少しもふしぎと感じないのが、わたしたち日本人である。鳥が鳴きはじめて帰っていかない鬼の話など、日本ではありえない。ところが、実際に山の中に泊まって実験してみると、日の出まえ一時間ぐらい、小鳥たちがあちらこちらで囀り、チーチビ、チーチビ、ツピ、ツピとにぎやかだが、またいつのまにか静かになり、朝がきているのである。村里の鶏のコケコーローのように、そら鳴いた、といったきわだったものではない。そのいつのまにやら始まるチーチビ、チーチビ、ツピ、ツピに聞き耳を立てて、あわてて退散する「こぶとり」の鬼どもは、敏感で繊細な神経の持ち主ということになる。

鬼どもはなぜこうも敏感なのか。それはさておいても、第二に、一度夜が明けたら、かれのやりかけた仕事はそこで停止してしまわねばならない。それは、それ以後の継続も許されないし、やり直しも決して認められないのである。各地にある鬼の築いた九十九段、もしくは九百九十九段の石段の伝説でも、問題は夜が明けたという点にある。

羽後国男鹿《のをが》半島に、神山、本山といふ二つの山がある。どちらも、峻しく容易に登れないが、不思議なことには、神山の方には、昔から九十九の石段が出来てゐる。素晴らしい大きい石の石段で、迚《とて》も人間業《わざ》とは思へぬ位の工事である。

昔、神山の奥深くに、一匹の鬼が棲んでゐて、毎年々々、近くの村に現れて、田畑を荒すので、村の者は困り果て、鬼に向つて一つの難題を持ち出した。其難題といふのは、鬼は一晩のうちに、百の石段を神山に築上げることで、若しそれが出来なかつたら、此から後は、決して村へ出て来てはならぬ、其代り、若し百の石段が出来たら、此から後は、毎年人間を一人づゝ鬼に食はせる、と云ふ約束であつた。鬼は此約束を承知して、或夜、石段を築きだした。何しろ、一生懸命である。見るうちに、工事が捗つて、九十九の石段が見事に出来上つた。ところが、今一段と云ふところに成つて、一番鶏が啼いて、東《しの》雲《ゝめ》の空が明るく成つた。鬼は驚いて、姿を晦《くらま》した。（高木敏雄『日本伝説集』一九一三年）

鶏が鳴いて夜が明けたので、九十九パーセント完成している仕事が永遠の未完成工事になってしまう。夜から朝へ、朝からまた昼・夜へと時間は流れていくであろうに、この夜明けの境界線での中絶は再興が許されない。永遠の凝固が見舞う。時間はそこで立ち止まるのである。

夜明けという、夜と朝の間を断つふしぎな断絶のクレバスの底知れない深み。——そこではどのような魔力ある者のやりかけの仕事も、すべて停止するばかりか、一瞬にしてそのまま岩となり、山となる——これが第三の約束事である。役《えん》の行者が紀伊半島の突端の串本から大島へ橋をかけた時もそうだった。もう少しのところで夜が明けた。作りかけの橋杭すべてが岩と化した。有名な橋杭岩の伝説だが、魔性の者どもの魔力の限界、そこでの永遠の中止、すべての状況のさながらの凝固——わたしたちの国では、そういう夜と朝のはざまでの異変の想像を当然のこととして受け容れる体質が育っており、疑いをさしはさむ人はごくまれであった。

黎明の異変という想像のしかたは、ずっと遡って『常陸国風土記《ひたちのふどき》』の「うなゐの松原」の伝説でも、重要な想像展開の基軸をなしている。夜が明けるということ、朝が訪れるということは、なぜそのように重大なのであろうか。

その南に童子女《うなゐ》の松原あり。古《いにしへ》、年少《わか》き僮子《うなゐ》ありき。俗《くにひと》、加味乃乎止古《かみのをとこ》・加味乃乎止売《かみのをとめ》といふ。男を那賀の寒田《さむた》の郎子《いらつこ》と称《い》ひ、女《をみな》を海上《うなかみ》の安是《あぜ》の嬢子《いらつめ》と号《なづ》く。並《とも》に形容端正《かたちきらきら》しく、郷里《むらざと》に光華《かがや》けり。名声《な》を相聞きて、望念《ねがひ》を同存《おなじ》くし、自愛《つつし》む心滅《うせ》ぬ。月を経、日を累《かさ》ねて、嬥歌《うたがき》の会《つどひ》、俗《くにひと》、宇太我岐《うたがき》といひ、又、加我毗《かがひ》といふに、邂逅《たまさか》に相遇《あ》へり。時に、郎子歌ひけらく、

いやぜるの　安是の小松に
木綿《ゆふ》垂《し》でて　吾《わ》を振り見ゆも
安是小島はも

嬢子、報《こた》へ歌ひけらく、

潮《うしを》には　立たむと言へど
汝夫《なせ》の子が　八十《やそ》島隠り
吾を見さ走り

便《すなは》ち、相語らまく欲《おも》ひ、人の知らむことを恐りて、遊《うたがき》の場《には》より避け、松の下に蔭《かく》りて、手携はり、膝を役《つら》ね、懐《おもひ》を陳《の》べ、憤《いきどほり》を吐く。既に故《ふる》き恋の積れる疹《やまひ》を釈《と》き、還《また》、新しき歓びの頻なる咲《ゑまひ》を起こす。……茲宵茲《こよひここ》に、楽しみこれより楽しきはなし。偏《ひと》へに語らひの甘き味《あぢはひ》に沈《おぼ》れ、頓《ひたぶる》に夜の開けむことを忘る。俄かにして、鶏《とり》鳴き、狗《いぬ》吠えて、天《そら》暁け日明《あきら》かなり。爰《ここ》に、僮子等《たち》、為むすべを知らず、遂に人の見むことを愧《は》ぢて、松の樹と化成《な》れり、郎子を奈美《なみ》松と謂《い》ひ、嬢子を古津《こつ》松と称《い》ふ。古《いにしへ》より名を着けて、今に至るまで改めず。(香島郡)

「神のをとこ」「神のをとめ」と呼ばれた那賀の寒田のいらつこと海上の安是のいらつめは、神に仕え、神

の代弁者となる聖少年・聖処女であったかもしれない。それゆえにその密会を人目にさらすことができないにしても、「愧《は》ぢて、松の樹と化成《な》れり」というような神異力を具えているのは、どうも少年少女自身ではないらしい。わが国では、その時刻には、そのようなメタモルフォーシス（変態）が可能になるというとりきめがあったのである。問題はあくまで夜明けという時刻の方にある。

原始的時間構造の想像力規定

> 大晦日の晩を年の夜と称した。家々晩飯に御馳走を拵へ家族揃つて之を食べた。御膳には何か意味は分らぬが、葱の白根をおき、箸を取る前に指で一端を裂いて「ハブの口開けよ」と云つた。晩飯によつて人々は年を一つとつたものとされた。（佐喜真興英『シマの話』一九二五年）

沖縄で、おおみそかの夜、晩飯を食べるとすでに新しい年齢をひとつ加えたことになる、と考えられていたということは、まだ遠くないごく少し昔のものの考え方だが、実は、これにも原始社会以来の思考法が残留している。早く柳田国男の指摘したように、わが国の原始の一日は、夜の闇のとばりが地上を覆うときから始まったらしい。日の出に始まる一日の朝から夜へという時の流れ方は、むしろ後の時代のもので、夜から朝へと時が流れていくのがより古い一日のあり方であった、とみられる。佐喜真興英の記録している沖縄の新年の訪れ方は、そのことをよく伝えている、といえよう。「西洋の年の境は夜中の零時かも知れず、支那では朝日の登りを一日の始めと考へて居たかも知らぬが、我々の一年は日の暮と共に暮れたのである。それ故に夕日のくだちに神の祭を始め、その御前に打揃った一家眷属が、年取りの節の食事をしたのである。日本人の祭典には必ずオコモリといふことがある。神の来格を迎へて、謹慎して一夜を起き明かすことである」（柳田国男『新たなる太陽』「年籠りの話」一九五六年）という一日の始まり方は、もの日の場合だけでなく、つねの日もまたそうであったろう。そして、夜は〈聖なる半日〉として、一日の最初の部分を占めていたらしい。単なる睡眠の時間ではなかったようである。

わが国の原始社会の夜については、まだ少しも解明の試みはなされていないけれども、レヴィ・ストラウスはブラジル奥地のボロロ族の夜について、次のように報告している。

ボロロの村では、一日の中にひじょうに大切に思われている時間がある。それは夕方の呼び出しである。日が暮れると、踊りの広場に家長たちが集まってきて、そこで焚火をする。伝令が大きな声で各集団の名を呼ぶ。バデッジェバ（酋長）、オ・チェラ（イビ鳥の頭《かしら》）、キー（貘の頭）、ボコドリ（タトーの頭）、バコロ（英雄バコロロの名）、ボロ（飾り棒《ラブレ》の頭）、エワグドウ（ビュリティ棕櫚の頭）、アローレ（毛虫の頭）、パイウエ（針鼠の頭）、アピボーレ（意味不明――原註）……彼らが出頭して来るに従って、一番遠い家々にまで言葉が聞えるくらいの高い声で、明日の命令が関係者に伝えられる。それにこの時間には、家には誰もいないか、ほとんど空っぽである。蚊がいなくなる日没と共に、六時頃にはまだ皆が一しょにいた住居から出はらっていた。一人一人、手に手に筵を持って、男たちの家の西側にある丸い大きな広場の踏み固めた地面に横になりに行くのだ。ウルクを塗りつけた体に永い間触れているので、オレンジ色の染みついた木綿の掛け蒲団にくるまって、皆が寝る。そこでは、保護局はそこにいる者の一人でも見分けることは難しいだろう。大きな筵の上には、五、六人が一しょに横になって、ほとんど言葉も交わさない。二、三人だけが別になって、横になっている者たちの間を廻っている。呼び出しがつづいて、名ざされた家長たちが次々に立ってゆく。命令を受けると、星を見上げながら帰って来る。女たちも小屋から外へ出ている。女たちは自分たちの家の入口の下にかたまって、口かずも次第にとぎれがちになってゆく。すると、最初は二、三人の祭司に先導されて、集まる者が増すにつれて次第に大きく、男たちの家《バイテマナージョ》の奥から、それに広場から、歌や、吟誦する声や合唱が聞え始め、それが夜中つづく。

（室淳介訳『悲しき南回帰線』一九五五年、邦訳一九五七年）

この二十世紀の裸族について、かれはまた、「民族誌学者としての務めを果たすには、私はあまりに疲れていたので、日が落ちるとすぐに、疲労と暁までつづいた歌声とで神経を苛立たせながらうとうとと眠った。その上、こうした行事がこの部落を去るときまで毎日のようにつづいたのだった。夜は宗教生活に充てられていて、原住民は日の出から昼すぎまで眠るからだ」と別の箇所ではぐちをこぼしている。夜行性動物のような未開生活者の生態が昼行性動物と同じような文明生活者を悩ませるのだが、大切なことは、そのボロロの広場の夜の行事が、次の日中の実務の手配からはじまることではなかろうか。生活のための労働に対する計画と手配のような準備と、歌と踊りが結びついて、ボロロの夜の行事の階梯を構成している。ボロロ族の部落は、中央に広場を持つ環状集落で、ちょうど、日本の縄文時代の姥山貝塚（千葉県市川市）の直径五十メートルの円型広場を取り囲む集落形態[1]や、南堀貝塚（横浜市港北区）の馬蹄型広場を持つ集落形態[2]やを髣髴させる形状を持っているが、その広場でストラウスのいう「明日の命令」が伝達されはじめる夜は、実は、企画・差配→舞踏→仮眠→狩猟・採取労働というリズムを持つ原始・未開生活の一日の最初の段階がすでにはじまっているのではなかろうか、と思われる。

地球の文字どおりの対蹠的な位置に住むボロロ族の生活からは、原始・未開一般の推定しか許されまい。わが国の原始のつねの日々の、夜の具体的な個性は、いまのところ推測のいとぐちもないが、もの日の夜が〈聖なる半日〉であり、その神聖な半日と白昼の間には、劇的な神々の退場がくりかえされていたらしいことだけは、考えてみることができる。ずっと後々までも、祭の夜の神々の退場の時刻は、つねに劇的であった。

湯ばやしの舞は、舞子の中でも、もっともすぐれたものから採る。しかも舞いそのものがはなやかなところから、見物が期待の的となっている。湯ばやし湯ばやしと前夜からいい暮していた舞いである。……舞いの番数もおわりに近づいて、夜もどうやら、あけてきた頃である。舞戸のすきからみえる谿むかいの山が、雪で白く光っているのも、いかにも冬の夜明らしい気持である。夜っぴて、どなりわめき踊りぬいた「せいと」の客達も、さすがに疲労したのか、人影もだいぶまばらになったときだ、長い長い「おきな」のかたりがおわって、これまでとは一種異なった壮快な拍子がおこってくる、湯ばやしの呼出しである。そら湯ばやしだと、人びとは急によみがえったように、近所の家などへもぐりこんで転寝していたらしい連中も、女も子供もわれがちにあつまってくる。（早川孝太郎『花祭』一九三〇年。一九五八年の岩崎書店版に拠る。）

早川孝太郎は、三河の北設楽《しだら》の村々の花祭の夜明けを、こういうふうに叙述することからはじめている。

だんだん次第もすすんで、竈の前の式がおわり、竈の「くろ」へうつる。釜にはあたらしく水がおぎなわれて、竈には薪がどっしりとくべられている。いまやっているのが袖しぼりだ、もうすぐ鳥とびだ、鳥とびにかかったら湯をふりかけられるぞ、そら片手湯立てだ、束子《ゆたぶさ》を湯へいれたなどと一時にうきあしだった際に、わっとあがる歓声とともに、さっとのぼるまっしろい湯けむり、なまあたたかい湯沫がもう顔へとんできた、われ勝ちに逃げる馳けだす、拍子は一層急になって、太鼓をうつ者は懸命に叩いている、四辺は狂乱の渦中である。もうもうとのぼる湯気の中を束子をかついで舞子がはしる、逃げた見物がまたひきかえしてくる。……こうして舞戸から神座へ、ありとあらゆるものが、水だらけになってしまうのである。

そして、いよいよ朝鬼の舞になる。「役鬼」とも呼ばれる「朝鬼」（あるいは「茂吉」ともいう）が多数の鬼を従えて登場して舞う。「いずれも異相をあらわしたもので、神または神に近いものと考えられ」ていて、鬼に対する村の人々の考え方は、「畏怖というより畏敬の方である」と早川が五年間にわたって観察した、それらの鬼たちは、「舞いの最後であり、祭りのおわりであるために、名残をおしむもののように、いつまでも舞って舞って舞いぬく」のである。本田安次の言をかりれば、「夜通しの祭の朝方になったころ、大勢の鬼がまさかりをとって出、どこともなく釜のまわりをまわっては舞い、火などをかき散らして入る」（『図録日本の民俗芸能』一九六〇年）というフィナーレである。しかも、おもしろいのは、夜中、「ハア鹿でも喰ったか、よう飛ぶな」と褒めるかと思うと、「爺しっかり摺古木《すりこぎ》をたたけ」「しっかり竹んつぼをふけ」と太鼓や笛を叱咤し、「こうみえても阿兄《にい》様などは、名古屋の黄金《きん》の鯱鉾《しゃちほこ》で逆立ちをした」と舞い方に悪態をつきとおした「せいと」の客（見物）の明け方のていたらくであろう。早川は実に慧眼にも、こう観察している。

みんな湯ばやしの湯を頭からあびて、ちりぢりに蜘蛛の子をちらすように退散する。これが最後で、みんなつかれた顔をして村へかえるのである。あたりが明るくなっては、もう「せいと衆」の存在の意義はなかった。土地によると、夜があけても行事はまだ中途にあるが「せいと」の客は、退散しないまでも態度があらたまる。あかるくなって顔中を煤煙にしているところは、前夜の人とは別であったのも不思議である。

夜が明ける、ということがすべてを一変してしまう。北設楽の村々の花祭の神の明け方の退場は、神々の座からすべり落ちて、魔性の者としてだけふるまう昔話の鬼が、「和尚は一所懸命走つたが不案内の山の中ではあり、すぐに草臥《くたび》れて、間もなく鬼に追ひつかれさうになつてしまつた。和尚は困り切つて、口の中で南無阿弥陀仏と祈りながら馳けてゐると、漸う夜があけて東の山からお天道様が上つて来た。鬼は日に当つては駄目のものだから、たう〳〵仕方ァなくそこから引き返して行つた」（土橋里木『続甲斐昔話集』一九三六年）というふうに仕方なく逃げもどっていくのと、並べて考えることのできる、夜明けの注目すべきことがらであろう。

　日本の神々は、どうも、夜のひき明けを待たずに退場しなければならないのが、伝統的なもの日のしきたりではなかったか、と考えられる。神祭りの日々である祭の季節にあっても、一日一日の夜と朝の間には、神々降臨の時間と人間たちの生活の時間のけじめがあり、その神聖なるはじめの祭りの半日と次の半日との間には、しっかりとした境界線が作られていたようである。人々の心の中には、時間はそのようなしくみで横たわりつづけ、その時間のしくみが人々の想像力の展開のしかたをまた規定していったのではなかろうか。

　日本の神々の物語は、そのような原始的時間構造の制約を多分に蒙っているらしい。たとえば、『播磨《はりまの》国風土記』の飾磨《しかま》郡のところに見えるオオナムチノミコトの逃走譚の最後の〈急変〉などは、どうも、その点を抜きにすると理解にくいもののように考えられる。

　昔、大汝命《おほなむちのみこと》のみ子、火明命《ほあかりのみこと》、心行甚強《こころしわざいとこは》し。ここを以ちて、父の神患《うれ》へまして、遁《のが》れ棄てむと欲《おもほ》しましき。乃《すなは》ち、因達《いだて》の神山に到り、其の子を遣りて水を汲ましめ、未だ還らぬ以前《さき》に、即《やが》て発船《ふなだち》して遁れ去りたまひき。ここに、火明命、水を汲み還り来て、船の発《い》で去《ゆ》くを見て、即ち大きに嗔怨《いか》る。仍《よ》りて波風を起して、其の船に追ひ迫まりき。ここに、父の神の船、進み行くこと能はずして、遂に打ち破られき。この所以《ゆゑ》に、其処《そこ》を船丘と号《なづ》け、波丘と号く。琴落ちし処は、即ち琴神丘と号け、箱落ちし処は、即ち箱丘と号け、梳匣《くしげ》落ちし処は、即ち匣《くしげ》丘と号け、箕《み》落ちし処は、仍《すなは》ち箕形丘と号け、甕《みか》落ちし処は、仍ち甕丘といひ、稲落ちし処は、即ち稲牟礼《むれ》丘と号け、冑落ちし処は、即ち冑丘と号け、沈石《いかり》落ちし処は、即ち沈石丘と号け、綱落ちし処は、即ち藤丘と号け、鹿落ちし処は、即ち鹿丘と号け、犬落ちし処は、即ち犬丘と号け、蚕子《ひめこ》落ちし処は、即ち日女道丘《ひめじ》と号く。その時、大汝の神、妻の弩都比売《のつひめ》に謂りたまひしく、「悪き子《さがな》を遁れむと為《し》て、返りて波風に遇ひ、太く《いた》辛苦《たしな》められつるかも」とのりたまひき。この所以《ゆゑ》に号けて瞋塩《いかしほ》といひ、苦の斉《たしなみわたり》といふ。

父親がわが子の猛勇を恐れて遁走を企てる話は、(3)しばしば他の民族の伝承にも見出される、原始社会の一側面をよく写しているものである。後にヤマトタケルの伝承などになると、父親の景行天皇は、兄息子オオウスノミコトをつかみひしいで殺した、この弟息子の暴勇を恐れて、生涯、西から東へとまつろわぬ者どもの征伐に追い使い、遂にタケルを旅で死なせてしまうのだが、神話の世界では、父の神の方が子から逃げ出そうともがく。世代の交替が〈力〉(呪力と武力)の交替でしかない社会では、父子の相続もまた争奪の様相を採り、打ち倒されるものと打ち倒すものの立場をとらざるをえなかったらしい。出雲ではオオクニヌシとも呼ばれているオオナムチが、わが子を陸に水汲みにやっておいて逃げ出すこの話は、この話の中に登場するヒメジ(かいこ)の丘が、現在姫路城の聳えている丘であるために、人々に相当によく親しまれているものだが、話のなかみには時刻の指定がない。息子の神ホアカリが因達の神山に怒り狂って立ち、波を送り、風を吹きかける。父神は船上の荷を片端から投げ棄てては船脚を軽くしようとするが、ますます波風は荒い。遂に船は難破してしまった、という。ところが、この話でおもしろいのは、子の神がどんなに恨もうとも呪おうとも、父神は船は破られたが、結局身ひとつで逃げのびたのであり、子の神もその父に追及することはできなかった点である。また、オオナムチ・妻のノツヒメ・子のホアカリ、神々はみな事件の後も健在で石に化したりはしない。そして、それらの神々が事を終えて立ち去った後に、神々にゆかりの物ばかりは、難破船は船丘となり、波までも波丘となるという形で、さながらに山々と化して残っていくのである。すべての状況は、死にものぐるいで遁走するオオナムチの難破の一瞬で、永遠に停止してしまっている。

日本の神話がしばしば採る、この最後の瞬間の永久固定化という想像の仕方を、わたしはかねがねいぶかっていた。なぜ、そういうことになるのか。なお断定は許されないけれども、神々の時間であった夜が明け放たれ、時間切れの神々が退散していった後の朝の風景の中で、神々の時間に語られ演じられた伝承の残像を見出そうとする心の営みが反覆されてきて、このような想像の方式が形成され、固定していったのではなかったろうか。わたしは、いまはそう考えている。すなわち、原始社会の人々の心の中に共通に横たわっていた時間様式、異質な夜と朝の連続としての一日の構造が、かれらの想像力を制約し、その想像の展開の仕方を規定する作用をした。その結果、黎明の一刻のふたつの異質な時間のはざまで体験しつづけた心の衝撃が、神々の物語の最後のクライマックスでの、大団円直前の中止・永遠の凝固という特色ある想像を生む。やがて、社会構造は変り、歴史は新しい段階に歩み出たが、そのような想像の社会的基盤（生活と人々の心の営み）を喪いながら、想像のひとつのパターンとして、そこで養われた想像のあり方が、独自に強力に生きつづけていく——そういうことになっているのではないだろうか。

付記　こういう歴史的事実は、もっともっと多くの事例をあげ、つぶさに精細な検討を加えつつ論定されなければならないが、いまはいそいで予報的にその大筋を報告するにとどめたい。同時に、わたしは、後代に残留したさまざまの断片を組み立てつつ、しだいに原始の日本人の心の中にもどっていき、そこで第一次の形成を体験した、民族の想像力のなかみを調べ上げる、想像力史研究の前途は、やはり困難きわまるもので、楽観を許すひとつのよりどころもないことを痛感しているとも、付け添えて報告すべきであろう。(4)

注

（1）和島誠一「原始聚落の構成」（東大歴史学研究会編『日本歴史学講座』一九四八年）

（2）岡田清子「南堀原始集落の発掘」（『歴史地理教育』一九五五年一一月）。『横浜市史』第一巻、一九五八年。

（3）『出雲国風土記』大原郡海潮郷の条にも、ウノジヒコノミコトが、父のスミネノミコトを恨んで、高潮を起こして苦しめた、という話が見える。

（4）残留文化を検討してはるかな前代を推測しようとする倒立立証法は、従来神を立証するために、ないしは神への信仰の内容を立証するために用いられることが多かった。わたしは、それを人間、特に見えざる人間の想像力の内容を立証するためにもっと利用したい、と考えている。

生と死の境界

小松和彦

「生」と「死」あるいは「生者」と「死者」

「生」と「死」を対にして用いるとき、生を受けた瞬間としての「誕生の時」と死を迎えた瞬間としての「臨終の時」という対比が浮かんでくる。これは「生」と「死」を出来事として、すなわち人の一生における出発点と到達点を示す重要な出来事と考えるということである。この場合の「生」と「死」の境界は、誕生から死亡までの生活全体つまり人生ということになるだろう。

しかし、「生」と「死」は、ふつう、臨終としての「死」を挟んだそれ以前とそれ以後を意味している。つまり、ここでいう「生」は「生者の世界」、「死」は「死者の世界」ということになるだろう。この二つの世界を隔てているのが、出来事としての死＝生物的死なのである。そうだとすると、生者の世界は「生後（誕生後）」もしくは「死以前」の世界となり、死者の世界は「死後」の世界となる。

しかし、日本語はじつにややこしい。誕生以後の状態を「生後」、臨終以後の状態を「死後」と表現するものの、誕生以前を「生前」、臨終以前を「死前」とは表現しないのである。素朴に考えれば、誕生という出来事を挟んでそれ以後が「生後」、それ以前が「生前」であり、死亡という出来事を挟んでそれ以後が「死後」それ以前が「死前」ではなかろうか。しかし、日本語には「死前」という言葉はなく、日本人は「生後」の生活と同じ意味で「生前」という言葉を用いているのである。

この奇妙な日本語の用法には、日本人の生と死についての関心のあり方が如実に示されている。すなわち、日本人は生後から臨終までを中心にして物事を考え、誕生以前の世界に関心を持っていなかったために、誕生以前が「生前」にならずに、死亡以前が生きた期間という意味での「生前」になってしまったのである。言い換えるならば、死亡の瞬間が、生をもっとも日本人に自覚させるときであったのだ。「生前」と「死後」という言葉はまことに示唆深い言葉である。というのは、ここでいう「生」は臨終としての「死」と重なっているからである。限りなく生の果てに近づいた地点から生を振り返り捉え直したとき、この「生前」という言葉が立ち現われてくる。「生前」という言葉が葬式などの人の死後に用いられることがそのことをよく示している。

これに対して、生の側から限りなく死に近づいた(と思われた)ときに用いられる表現が、「臨死」である。臨死は死ではない。臨死者の体験とは、生者が死に直面したときの、瞬間的な出来事としての死とそれ以後の状態についてのとっさの想像である。臨死者の体験は死者の体験ではなく生者の体験である。臨死者にとっても、本当は死は外在的でまだ彼方にある出来事なのである。

臨死・死・死後

臨死体験者たちが語る体験談は、「臨死」体験談であって「死」の体験談ではない。まもなく死を迎え入れなければならないと悟った者が、脳をフル回転させて想像した死と死後のイメージである。生の果てと死の始まりの「時」を目前にしたときの想像、その境界をめぐる想像が臨死体験なのである。

以前、わたしもこうした臨死体験に似た体験をしたことがある。学生たちとともに山村で合宿調査をしていたときのことである。真夜中にトイレに行きたくなり、寝ぼけた状態で起きあがった。寝室は二階にあり、ドアを開けて部屋の外に出ようとしたとき、敷居につまずいてバランスを失った。足を踏み出したが、その足の先には床がなかった。階段を踏み外していたのだ。わたしは、梯子をかけたような急勾配の階段をまっさかさまに転落した。足を踏み外したと知った瞬間、寝ぼけていた意識が一瞬のうちに目覚め、階段下に転落するまでのほんの数秒間に、脳裏をさまざまな思いが走馬燈のようにめぐった。

いまでも印象深く記憶しているのは、気絶し失禁しているわたしを笑いながらのぞき込んでいる学生たちの様子を、遠くからもう一人のわたし自身が眺めている、というイメージである。実際、わたしは階下でほんのしばらく気絶していたらしい。しかし、大きな物音をたてて転落したはずなのに、気がついたとき、わたしの周囲には誰もいなかった。学生たちの誰一人として、わたしの転落に気づかなかったのだ。

おそらく、臨死者の体験もこうした体験の延長上にある体験である。死ぬかもしれないと思うような事故や病気をまさに体験しているとき、彼（彼女）の脳が、訪れるだろう自分の死や死の直後の周囲の様子、死の直後の世界を、ものすごい早さであれこれ想像するのだ。そうした想像は、臨死体験の研究者によれば、死の恐怖を和らげようとしたり、死を前にしてそれまでの生活を振り返ったり、自分の死を家族や友人がどのように受けとめるかと考えたりすることから生じてくるものだという。まさしくそれは生と死の境界域における異常状態での「生者」の想像といえるわけである。

事故の場合と病気の場合の違いもあるが、現代人の臨死体験の多くは、死後の世界を暗いトンネルを抜けた先の光の世界への到達や、美しい花畑の世界などをどこまでも歩いているといった光景として語られる。こうした体験は個人的なものであり、個人の想像力に属している。しかし、そのイメージの根底には、その個人が生まれ育った社会の死についてのイメージや死後観が色濃く現われている。

すなわち、このような臨死体験が集積され類型化されることで、特定の社会の死後観が形成され、そうした社会化された死後観が個人の臨死体験を規制するというわけである。人類学者や民俗学者などが扱うのは、そうした多くの社会の人々に共有されている「死」であり、「死後観」である。すなわち、通常、観念・知識上のことでしか存在しない死および死後世界を、臨死者は想像によって内面化する。その結果が臨死体験としての「死後の世界」の訪問なのである。

こうした臨死・死後観を背景に、多くの伝承や文学作品が生み出されてきた。その代表が「北野天神縁起絵巻」に描かれた日蔵（道賢）上人の仮死状態での地獄巡りの体験譚であり、説経「小栗判官」にみえる小栗の閻魔宮訪問譚であり、「神道集」の甲賀三郎地下世界訪問譚などであろう。

葬送儀礼――死の儀礼と再生の儀礼

ところで、多くの社会において、個人の死を生物的な個体の死滅として放置することができず、死後の世界を想像し、死者をそこに再生すべき存在として取り扱っている。死の社会性が強ければ強いほど、臨死のような個人的体験にも、そうした社会性・共同性が現われてくるはずである。ふつう、生と死の境界とは死者の「再生」までの期間のことである。では、この生物的死から想像的再生の境界とはどのような状態なのだろうか。

これをもっともよく示しているのが、葬送儀礼である。多くの地域から報告された葬送儀礼は、そのほとんどが生物的死を契機に葬送儀礼が始まり、想像的再生＝死者の世界への再生（と考える）段階の儀礼を終了する。

この考えを整理・一般化したフランスの民俗学者アルノルド・ヴァン・ジェネップ（『通過儀礼』秋山さと子他訳、思索社）は、分離、境界、統合の三段階に区分して考察することを提唱した。今日の研究者にも広く利用されている分析視点である。つまり葬送儀礼の期間が「生と死」の境界状態である。

生物的死は絶対的で否定することができない事実である。それは生者を無に帰してしまう。しかし、人はそれを文化によって、つまり想像力によって克服し、死を乗り越え、生を永遠のものにしようとする。それが肉体に宿りそれから独立して存在しうる「霊魂」の創造であり、「死後観」の創造であり、それに基づいた「葬送儀礼」の創造であった。肉体が死んだとき、その霊魂は、死後の世界に赴いて、その世界で再生するというわけである。もっとも、こうした葬送儀礼の一般的デザインを描き出すことはできるが、生物的死はどこでも同じように訪れるにせよ、死者の「再生」のあり方は社会によって多様な内容を示すことになる。

ヴァン・ジェネップより早く葬送儀礼の三段階構造に気づき、その通文化研究の基礎を拓いたフランスの社会学者ローベル・エルツ（「死の宗教社会学」『右手の優越』吉田禎吾他訳、垣内出版）は、生物的死から想像的再生の期間の物質的根拠を、肉体の死から腐敗を経て骨化までの期間に求めた。しかし、葬送儀礼はそうした死体の変化・処理に必ずしも拘束されるわけではない。

たとえば、オーストリアの民族学者H・A・ベルナツィークの報告するタイの山地に住む狩猟採集民ピー・トング・ルアング族の場合、葬送儀礼はじつに簡単だ（『黄色い葉の精霊』大林太良訳、平凡社）。人が死ぬとグループの内部に知らされる。昼間死ぬと供儀が行なわれのちに直ちに埋葬される。夜間に死ぬと直ちに供儀が行なわれ、翌日にもう一度供儀が行なわれたのちに埋葬される。親類はしばらく死体のそばにうずくまってすすり泣く。それから死体を木の葉で覆い、そそくさと立ち去って決して埋葬場所を訪れない。死体のそばに死者の所持品を置くが、誰もそれを取ろうとはしない。彼らは死体とその回りにいる精霊を恐れているからである。死者の精霊は二、三日で死体から離れ、悪人の霊魂は虎に変わり、森の鹿や猪を追うことになるとともに、さまざまな方法で生者に対して悪いことをするという。善人の霊魂は人間に危害を加えず、しばしば人間を助けてくれるとされる。この善霊としての死者の霊にどんなことが待ち受けているかは明らかでないが、霊魂の国、楽園、死者の国、身体の復活、死後の懲罰といった考え方を持っていないという。

こうした民族における葬送儀礼は、生物的死の際のいわゆる分離儀礼のみで、「あの世」の観念が発達していないために、その世界への統合の儀礼が存在せず、したがって、想像的再生は、善人の場合、目に見える世界と重なって存在している「目に見えない世界」への観念のなかだけのあいまいな再生ということになるだろう。

このようなまことに簡素な葬送儀礼に対して、文化人類学者山下晋司の報告するインドネシア・スラウェシ島のトラジャ族の葬送儀礼は、生物的死から、第一次祭宴（分離儀礼）、そして第二次祭宴（統合儀礼）まで、有力者の場合、なんと数年に及ぶという大規模なものである（内堀基光・山下晋司『死の人類学』弘文堂）。山下が調査した富者・貴族層に属する長老の葬式では、死去したとき、死体に防腐処理を施し、一年以上の準備期間をかけてのちに、第一次葬儀が二ヵ月以上という長い期間催されて、埋葬されたという。この儀礼を経て初めて死者は「社会的に死んだ」とみなされる。それから八ヵ月後に、第二次祭宴が二ヵ月間ほど続き、それがすべて終了したとき、喪が明ける。この第二次祭宴の終了によって、死者の霊魂はようやく死者の国に再生し神の仲間入りをするのだという。

このように、トラジャは世界に類を見出せないほど長期間に及ぶ壮大な葬送儀礼を途方もない富を費やして行なうわけであるが、それでもその基本構造はエルツやヴァン・ジェネップが分析した三段階構造を示しているといえるだろう。要するに、死者（の霊魂）を「生者の世界」から分離し、「生者の世界」とは異なる想像のなかにある「死者の世界」への再生をはかるのが葬送儀礼なのである。

日本の葬送儀礼も、こうした枠組みに収まるようである。日本では、生物的死とほぼ同時に社会的死を告げる「葬式」が行なわれる。このあと、初七日、四十九日、一回忌、等々、段階的に喪が明けてゆくが、死者の「あの世」への再生儀礼は初七日の儀礼が相当するようである。たとえば、わたしの調査する高知県の物部村では、「野辺送り」によって旅だった死者の霊魂は、七日間かけて西方浄土へたどりつくという。それを確認するために、七日目の「ヒアキ」の日の前夜、たらいに水を張り笹舟を浮かべ、翌朝、その舟が西の側に移動していれば無事にあの世に着いたと喜んだ。

「現世」と「他界」の境界

興味深いのは、こうした葬送儀礼にともなって語られるさまざまなフォークロアの多くが、この世からあの世への移行状態にある霊魂をひどく恐れているということを伝えていることである。この時期の霊魂は、この世の者とも、あの世の者ともつかない存在だからである。死者の霊魂はこの世に留まろうとする思いとあの世へ行かねばならないという思いの双方に引き裂かれている。したがって、この世に残した思いが強ければ立ち戻ってくるかもしれないのである。そのような霊魂が幽霊であり亡霊や怨霊と呼ばれるものである。こうした幽霊を鎮めるために、言い換えるならば、死者の霊魂がさまよい出ないようにするために、葬式では歌舞、音曲の類が催されたのである。

『日本書紀』によると、イザナミが亡くなったとき、埋葬場所で、鼓、笛、幡で歌舞したといい、また、『古事記』では、天雅彦が亡くなったとき、八日間昼夜をわかたず遊んだ（歌舞した）という。日本の芸能が葬送儀礼や鎮魂儀礼を母胎として生まれてきたことを物語る話である。能や念仏踊りもそうした文化伝統の延長上に誕生した。

ところで、文化人類学者の岩田慶治（「生と死の構図」『生と死の人類学』石川栄吉・岩田慶治他編、講談社）は、こうした「現世」と「他界」ないし「生」と「死」の「境界」について、これを総合的に捉えるためのじつに興味深い見解を述べている。

彼は人間を肉体と霊魂に区別する。そして肉体を〈白い紐〉、霊魂を〈青い紐〉にたとえる。生者の生命はこの二つが撚り合わさることでできている。この考えは多くの社会でみられるもので目新しさはない。岩田はさらに考えを進めて、この〈紐〉を〈空間〉に変形させるのである。そして人の人生＝生をその二つの空間を綴じ合わせる〈綴じ紐〉にたとえる。「われわれは現世と他界、あるいは〈この世〉と〈あの世〉という二つの世界の境界に位置しているのである。その左手に海という〈青い空間〉がひろがり、その右手に陸という〈白い空間〉がひろがっている。われわれは渚に立っているのである」。

この考えが注目されるのは、このコスモロジー・プランによって、ピー・トング・ルアングの死後＝他界観も、トラジャの死後＝他界観も、日本の死後＝他界観もすんなり説明できるからである。すなわち、死後の霊魂は、〈白い空間〉（目に見える自然）から目に見えない世界としての「他界」、岩田の言葉でいう〈青い空間〉（隠された自然）へ再生しただけなのである。それを特殊化し精緻化するときに、霊魂を追放し閉じ込めるはるか遠方の「死者の国」が現われたというわけである。

これを現代風に表現すれば、四次元世界としての現世に対して、他界ないしは霊魂の世界はそれより高次の世界ということになる。そちらの世界からは人間がみえるが、人間の世界からは霊魂が見えない。たとえば、こうしたコスモロジーを伝えている話として、呪験の優れた宗教者にはそうした世界に属する精霊・霊魂をみることができる話や、俗人には見えない霊魂が人に話しかけたり、悪事や悪戯をする話が、数多く伝えられている。狐に憑かれたり、座敷わらしに悪戯されたりする話は、そうしたコスモロジーを背景にして存在しているのである。

こう考えてくると、臨死体験や葬送儀礼は「現世」と「他界」のきわめて典型的な接点・境界であり、「現世」から「他界」への移行の様子を内面化して、あるいは儀礼＝演劇化して表現したものということになる。しかし、じつは人間はつねに他界＝死の世界と接しているのである。生きている人間は、岩田慶治の説にのっとっていえば、つねに両世界の境界を歩いていながら、日常的には〈白い空間〉ばかりみて生活しているのだ。たとえば、ピー・トング・ルアングの死後＝他界観は、〈青い空間〉の細分化をほとんど行なっていない。それに対して、トラジャや日本人の他界観には、仏教やキリスト教などの影響を受けて細かな書き込みがなされ、霊魂をその細分化した世界に閉じ込めてしまおうとする。そうすることで生者の生活が安定すると考えたからであろう。

しかしながら、そうした試みも、しょせん〈青い空間〉への書き込みにすぎない。〈青い空間〉それ自体は依然として現世と重なるようにして生者の世界に張りついているのである。そして、人は、身体や社会を脅かす病気や災厄に襲われたとき、あるいは祭礼や誕生・葬式などのときに、〈青い空間〉の存在に気づき、この世界に視線を送り想像をめぐらすことになるのだ。次元の異なるこの二つの世界が次元を越えて接触するとき、いつでもそこが二つの世界の境界になる。二つの世界の境界は至る所に存在する。「見える自然(空間)」、「誕生から死までの時間」のすべてが潜在的境界となっている。本当はあるゆるところが境界になる可能性をもっているのである。

しかし、長い生活経験の蓄積に基づいて、人々は双方の世界が交流しやすい時間や空間を学習している。墓や村はずれがそうした時空とみなされるのは当然であるが、辻や橋、河原、峠、山、川、洞窟、門、雨だれ落ち、家の入り口、等々も、そうした境界となりやすい。なぜなら、そうした場所は、霊が出現した場所として、死が生じた場所として、語り伝えられてきたからである。そしてそのような場所で、死者と生者の関係をめぐる物語や芸能が語り演じられることになった。いいかえれば、生と死、生者と死者、心霊と人間が交渉するところは、おしなべてその「境界」なのである。

人間にとって、もっとも根源的な言葉と身ぶりが生み出されてきたのも、そのような時空からであった。というのも、人間の文化的営みとは、つねに生物的死をいかに克服するかということをその根底において存続してきたからである。「生と死の境界」を考えるということは、「生と死の境界」をいかに人間が越えて存続するかという試みであり、それは生物的死という避けがたい出来事を相対化し、解体してしまおうという試みなのである。したがって、「生と死の境界」は、人間の文化が、つまりその究極形態である「ことば」が立ち現われる時空といっていいだろう。キリスト教の『聖書』は「初めに言葉ありき」と語っている。それは同時に「初めに死ありき」ということでもあったのだ。

IV 境界の象徴

生杖と占杖——一つの覚書——

松村武雄

一

『古事記』に、伊邪那岐命が伊邪那美命を黄泉国に訪ずれたのち、穢土に行っていたから、身を潔めようと言って、筑紫の日向の橘小門で禊祓をした。そのとき投げ棄てた杖から衝立船戸神が化生したとある。また『日本書紀』一書によると、伊弉諾尊が黄泉国から逃げ出すとき、桃の実を投げて、伊弉冉尊に遣わされた八色雷公《ヤクサノイカツチ》を追い返したあと、おのれの杖を投げて、

「自レ此以還雷不二敢来一。」

と云われたとあり、而してその杖は

「是謂二岐神《フナドノカミ》一。此本号曰二来名戸之大神一焉。」

とある。更に他の「一書曰」によると、杖を投げ棄てたのは、伊弉諾尊が伊弉冉尊に夫婦絶縁のことを渡した後となっている。しかし主旨は同じで、

「自レ此莫過。即投二其杖一。是謂二岐神《フナドノカミ》一也。」

とある。

どうして杖がこうした神とされたか。松岡静雄氏は、これを解して、

「杖は岐路に立てて、其倒れる方向によつて、進路を定めたので、岐神とせられたのであろう。」

となし[1]、次田潤氏も

「これは物品の形態又は用途より連想して、それぞれの神の化生を物語ったもので……」

と説明して居られる。[2] 或はそうであろう。しかし自分の考うる所では、こうした解釈以外にも、或る見方のある様な気がする。

杖は旅行く者に附き物である。だから旅行を管掌する神は、よく杖を携えて居る。こう云ってしまえば、至極事理明白のようであるが、実際の民俗から見ると、その奥に何ものかが潜んでいるのではなかろうか。メキシコのヤカテクトリ（Yacatecutli）は旅行の神、旅行者を保護する神であった。ヤカテクトリと云う語辞そのものが、「主なる案内者」を意味している。そして大切な持物として、曲った柄のついた杖が、いつもこの神の手にあった。

ヤカテクトリを崇拝するものは、主としてメキシコの行商人たち——最も屢々旅をする階級であった。彼等は旅に出かけるとき、必ず一本の杖を携えた。そしてヤカテクトリ神を象徴するものとして、これを非常に大切にした。彼等は日暮になって、野山に宿をきめると、携えて来た杖を集めて、堆く積み上げる。そして各々鼻と耳から幾滴かの血をとって、それを杖に灌ぎ、その前に花を捧げ香を焚いて、熱心に祈りの詞を唱える。今までの旅の安穏を感謝し、併せて今後の無事を祈願するのである。[3] 問題はこの杖である。レウイス・スペンス氏（Lewis Spence）の『非古典的神話辞典』（Dictionary of Non-classical Mythology）による

と、それは旅行神としてのヤカテクトリの象徴である。旅行神たるが故に、旅の要具として杖をその依代とするというのである。しかし発生的に考えて、初めからそうであったかは頗る疑問である。なぜなら他の記録の教うるところに従えば、メキシコに於ては、商人だけではなく、すべての民衆が旅に出るときに、一本の杖を携え、夕方になってその日の旅程が終ると、それを地に突き立てて、恭々しく祈をささげるのであり、そしてその杖は、ヤカテクトリ神とは、別段の関係もなかったらしいからである。(4)

そこで少くとも自分だけには、

(1)或る旅行神が持つ杖は、本原的には、旅行と云う事に関係がない場合があり得るではないか。

(2)杖そのものに力が潜んでいるではないか。

(3)従って杖が之を持つ神の標徴であるという事の意味は、杖が旅行に縁があるからというのであるよりも、寧ろ杖にこもる力が、その神の力と離るべからざる関係を持つからではないか。

という様な疑問が起って来る。

こうした疑問が、民間信仰の実際からかけ離れた単なる推測でないことは、有名なヘルメス（Hermes）の杖が、これを証示してくれる。この希臘の青年神が、蛇を纏わせた杖を手にしていることは、何人も熟知しているところであろう。そしてその杖に関する普通の解釈は、

(1)ヘルメスは、オリムポス諸神の使節であり、従って問題の杖は、使節を表示するところの持物である。

(2)ヘルメスは、旅行を管掌する神としてよく知られている。この神の手に杖が握られているのは、これがためである。

ということである。一応尤もである。しかし発生的に考えて、果してそうであるかは、頗る疑わしい。ヘル

メスは、その後期的な表象に於てこそ頭に兜若しくは帽子を戴き、足に鳥の羽根をつけ、手に蛇を絡ませた杖を持つ立派な人態神を為しているが、発生の源頭に遡ると、単なる一個の柱であり、更に少し進歩した所でも、頂が人頭になっている一本の柱に過ぎなかった。希臘では古くこうした柱を「ヘルム」(Herm, Herma) と呼んだ。「ヘルメス」(Hermes) と云う称呼は、この「ヘルム」と云う語辞から抽き出されたものに外ならない。紀元二世紀頃の希臘の大旅行家パウサニアス (Pausanias) の「希臘記」(Hellados Periegesis) を繙くものは、こうした柱としてのヘルメスが、ヘラスの土地の諸所で崇拝せられていたことを知るであろう。[5] 希臘の古芸術も亦屢々これに触れている。コンチェ氏 (Conze) の「英雄及び神々の形態」(Heroen und Göttergestalten) に載せた一個の甕の面に現われた絵画の如き、その尤なるものである。自分たちは、そこに明にヘルメスと認知することのできる神の頭を戴いた一個の角柱——ヘルム型のヘルメスを見る。そしてその角柱には、二匹の蛇を載せた杖が描かれ、更に柱の後に一本の樹が生えている。這般の杖と樹とが、甕面にヘルム型のヘルメスを描いた無名の画家によって勝手に附加せられたものでないことは、さまざまの古文献が、ヘルメスと杖、ヘルメスと樹木の関係を架説している事実に徴して明である。それ等の間には、有機的な発展成長の関係が存している。即ち角柱の後に添えた一本の樹木こそ、最も原始的なヘルメスの観念を表わすものである。ヘルメスは本原的には、一個の生成豊饒の霊《ダイモン》 (fertility-daimon) であった。そしてダイモンは、人態神と異って、固有の名を持たないのが普通である。この時代にはヘルメスはまだヘルメスと呼ばれない単なる一個のダイモンであった。それから少し時代がたつと、生成豊饒の力としての樹木の様式化として、角柱が現れ、そして同じく生成豊饒の勢能としての陽物崇拝と合流した。自分達は、この角柱が ithypallic な意味を持っていたことを確知し得る多くの文献に恵まれている。それから二匹の蛇（恐らく雌雄であったろう）を載せた杖は、第一次的には、生成豊饒の力としての樹木の、第二次的には、同様の力としての角柱の簡易化であり様式化である。そして宗教的表象の最後として、その名を「ヘルム」に因ませたヘルメスが、立派な人態神になり了したとき、そうした由緒の深い杖が、その手に握られるようになって、節杖とか旅行杖とか考えられるようになった。本来から云えば、ヘルメスが杖を握っているのは、ヘルメスが「も一つのヘルメス」若くは「より旧いヘルメス」と握手しているに過ぎないのである。

こう考えて来ると、旅行神としてのヘルメスが手にしている杖は、単に旅には杖が附き物であるという観念から生れたのではなくて、それ自身に或る勢能が潜んでいたのである。そしてそは勢能であり、而してそれは本原的にダイモンとしてのヘルメスに内在したが故に、またそれが陽物崇拝と結びついたが故に、ヘルメスが、或は杖として、或は柱として、或はまた人態神として、岐路に立つことによって、岐神若くは塞神の役目を尽すようになり、再転して旅行を管掌する神となったのである。なぜなら生成豊饒の力は、わけて地界や岐路に低迷することの屢々であると信ぜられた邪気や悪霊に対する強い圧勝力であったからである。

伊邪那岐命に投げ出された杖は、衝立船戸神《ツキタツフナドノカミ》と呼ばれ、来名戸之大神《クナドノオオカミ》と呼ばれ、また岐 神《フナトノカミ》と呼ばれる。而してこれ等の神は、みな同一の人物であるとせられ（真淵、宣長等）、また岐神はフナトノカミではなくして、チマタノカミであるとも云われる（松岡氏）。しかしどちらにしても、これ等の存在態は邪気悪霊から人の子を擁護することを、その主要な職能としている。ところで同一の職能を持った杖若くは柱としてのヘルメスの存在と、その杖若くは柱の本原的意義が、上に説いたようであるとすると、我が国に於て杖が一種の岐神、塞神となったとされる伝承も、強ち岐路と杖の用途とに連想を持った心持の産物とのみ考えなくともよさそうに思われる。正面から云えば「生杖」の観念信仰も、この場合に働いたかも知れぬ。希臘であったことが必ず日本でも起らなくてはならぬという筋合は無いから、これを確説とする気はさらさら無いが、少くともこうした見方も採られ得るということだけは、考慮の中に入れて置いてもよかろう。

二

生杖に対して死杖とでも呼び得ることの出来るものがある。生杖が、多くの善きもの願わしきものを恵むに対して、死杖は、多くの悪しきもの厭わしきものを斥ける。一は積極的な力であり、他は消極的な力である。しかしこれ等の二つは、互に対立して、一の antithesis を形づくるものではなくて、実は共に同根から生れ出たものである。生杖であるが故に一転すれば死杖となるという関係に立つものである。切言すれば、死杖は生杖の或る場合に於ける metamorphosis である。

自分たちは、こうした変化過程の最もいい例証を、ヘラクレス（Herakles）の有名な棍棒に見出す。この棍棒の力は、真に恐る可きものであった。多くの有害な怪物は、これによって除かれている。そしてその持主であるヘラクレスは、希臘の最も偉大な英雄として艶賞せられた。しかし自分達は、こうした伝奇的なロマンスに目を眩まされてはならぬ。ヘラクレスの棒は、決してベォウルフ（Beowulf）やアーサー王（Arthur）などの宝剣と架を同じうするものではない。英雄をして英雄たらしめる単なる表道具ではなかった。それは呪術宗教的な意味を持つ聖物であった。

ヘラクレスは本来から典型的な英雄児であったのでは決してない。その発生原体は、ヘルメス神の場合に於けると同じように、一つの「豊饒の霊《ダイモン》」であった。そして這般のダイモンとして、嘗てのヘルメスの如く、一個の「ヘルム」――人頭を載せた角柱であった。その角柱がやや進展したとき、柱に二本の腕が生えて、左の手にコルヌコピア（Cornucopia）を持ち、右の手に大きな棒を持つ姿となった。(6) コルヌコピアは、その語が明に示しているように、「豊饒の角器」である。その中から無限に善きものの願わしきものの溢れ出る角器である。それと同様に右手の棒も、本来は決して猛獣怪蛇を叩き潰すための武器ではなかった。それは一個のクラドス（Klados）——生きた樹から裂き取った一の呪術的な枝条であった。そしてそれには、コルヌコピアと同じ勢能が潜んでいた。ヘルメスの杖が、本来生成豊饒の霊《ダイモン》としてのヘルメスを具象するものであったように、ヘラクレスの棒も、発生的にはコルヌコピアと相並んで、豊饒多産の霊《ダイモン》としてのヘラクレスの力を詮表するものであった。

　コルヌコピアと棒とは、こうして同一性質のものである。しかし前者がどこまでも積極的に善きもの願わしきものの賦与者たるに当ったに反して、棒は一転して、消極的に悪しきもの厭わしきものを押えつけ若くは追い払うものとなった。生杖から死杖へと、価値の中心が転移した。「オルフィック讃歌」（Orphic Hymn）が、ヘラクレスに話しかけて、

　恵まれたる者よ、ありとある病の呪解を齎らし、悪運を駆逐し、汝《な》が手に汝が樹枝を振り動かし、呪力ある棒もて騒がしきケレスを追い払えかし。[7]

と歌っているのを知っているものは、ヘラクレスの棒が、一種の有力なる死杖であることを首肯せざるを得ないであろう。それは邪霊を駆り、魂を鎮める呪具の代表的なものであった。ヘラクレスが「アレクシカコス」（Alexikakos）という称呼を有しているのも、これがためである。「アレクシカコス」は「邪霊からの防御者」の義に外ならぬ。

　考えてここに到ると、自分の眼前に、我が国の山人が持つ杖が髣髴として浮び出てくる。日本民俗学の一権威折口信夫氏の教うるところに従えば、鎮魂《タマフリ》をするために、山から里に下ってくる山人の杖は、これで地面を搗くと、土地の精霊を押えることが出来ると信ぜられたそうである。この杖が卯杖、卯槌と深い関係があった。これ等は、本来地面を叩いて、土地の精霊を押えて廻る儀式としての霜月玄猪の行事に用られたう—

つぎの変化したものであるそうである。またこの杖の形があとで次第に変化して、正銘の杖であることもあり、ほこであることもあり、或は御竈木《ミカマギ》にもなり、更に先の割れたものを主とした、削りかけ、削りばなのようなものになり、その極端に短くなったのが、削りかけの鬢であるそうである。(8)

そうすると、我が国の山人の杖とヘラクレスの棒とは、魂を鎮め精霊を押えつける力を持つ点で、太だ相似たるものであると言える。そしてこの同似は、偶然以上の或るものを示唆していると思う。なぜなら、これ等の二物の作用は、単にこの点で平行しているだけでなく、その他にも相通う事象を伴うているからである。折口氏は言う。

「此杖は、根のあるままのものを持って来て、地面に突き挿して行く事もあります。根が生えて繁ることを待ったのです。(9)」

と。然るにヘラクレスの棒も、生木の枝を裂き取ったものであり、そしてそれを地面に突き刺して、年の豊凶を卜するに用いられた。パウサニアスの「希臘記」に、ヘラクレスの棒が野生の橄欖樹であったこと、そしてそれが大地に根を生やして芽を出したことを説いている如きは、(10)この民俗の片鱗を示すものでなくてはならぬ。

山人とヘラクレスとの間には、もっと根本的な同似性が存している。自分は先にヘラクレスの本然の相が「豊饒の霊《ダイモン》」であったと言ったが、実をいうと、これもまだ窮竟の姿ではない。開化したヘラスの人々の目からは鬼が住むとも考えられた僻地のフリギアにイダという山があって、そこにダクチル（Daktuloi）と呼ばれる山人が住んでいた。里の人たちは、彼等を一種の超自然的な存在と信じていたが、実は人里をよそに奥山家に自分たちに特有な生活をしている神人団体であった。彼等は太鼓や鐃《ニョウ》鈸《ハチ》の音に合せて踊る呪術宗教的な舞楽を持っていた。(11)そして時に山を降って、そうした舞楽を里人の間で行うこと、猶お我が国の山人が、冬祭の日に里に降って、山人が山の神に扮して舞い、山女が山姥の舞を舞うが如くであった。ダクチルを超自然的な存在と信じていた里の人たちは、それによって村々から邪霊が退散し、穀作が豊かにされるとして有り難がった。

ヘラクレスは、実にこのイダ山のダクチルの一人であった。そしてその意味で「豊饒の霊」であった。彼は、ヘラスの地を巡遊して、偉大な棍棒で猛獣怪蛇を叩きのめす英雄児となる前に、橄欖樹の枝をそのままに杖として、村里に現われては、植物と人間とに豊饒を恵み邪気を鎮める「アレクシカコス」即ち「邪霊からの防御者」であった。こうした意味の山人としてのヘラクレスが、ヘラスの地に於てオリンピック・ゲームの創始者と伝えられるようになったのは、頗る自然な道程でなくてはならぬ。

豊饒の霊《ダイモン》として人里に降るヘラクレスは、その杖若くは棒を地面に突き刺して行く。それが根を出し芽を出すと、村人たちは豊作の兆として相慶したらしいことは、パウサニアスの記述によって略々窺い知られる。ところで、我が国の山人の持って来る杖も、一方に於て占杖であったらしい。杖の先の割れ方、裂けた状で、来年の豊凶を占うという意が含まれて、それをはなと言った由。

「はなと言えば、後には木や草の花だけに観念が固定してしまいましたが、ついで起るべき事を、予め仮りに示すのがはなです。で、此杖は、根のあるままのものを持って来て、地面に突き挿して行く事もあります。根が生えて繁ることを待ったのです。……一夜竹、一夜松の伝説は、此から起っています。(12)」

と折口氏が言っておられる。

こうした杖を持った一人のダクチルが、あとでアトラス(Atlas)に代って地球を背負うような巨人となり、そしてその杖が悪獣を叩き潰す武器となった過程は、村里の人たちの彼に対する観念信仰の変化の中に、求めることが出来るであろう。折口氏の記述によれば、信・遠・三の奥山家に残っている山人の杖も、おに

ぎと呼ばれて、山から来る不思議な巨人が持って来ると考えた印象を閃めかしている。(13)

三

婚姻と杖とには、一方ならぬ関係があるらしい。墺太利の田舎では、結婚の行われる家で、人を雇ってそれを触れ廻らせる。婚姻報告者は、花やリボンで美々しく帽子と杖とを飾り立てて、親戚知人の家を一々廻って歩く。そして気取った態度で長々しい形式的な招待の辞を述べるのであった。これだけでは、杖の役目がはっきりしないが、匈牙利に行われた同似な民俗に目を向けると、或る意味が表面に浮かび出てくる。匈牙利にも、同じく婚姻報知者が居る。彼が人々を招待に出かける時には、真赤な林檎とマンルサゥという植物の一茎とを、結びつけた杖を携えるのが、必ず守らなくてはならぬ不文の掟であった。林檎を結びつけるのは、この樹が多産であるところから、感応呪術的に新嫁が子宝に恵まれることを希求したものであり、マンルサゥが顔を出すのも、同じ意味合である。我が国でもいわい木、御祝棒、枚《バイ》の木、荷花蘭密《コハラミツェ》杖などとして知られ、また粥杖、粥の木と密接な関係を持っている嫁叩きの杖が、それで叩かれた女性に子を産ませると信ぜられ、古くからこの行事が行われたことは、源氏、狭衣、枕草子などの記述によっても窺い知られる。(14)

これ等の民俗は、杖に生成豊饒の力が内在しているという観念信仰を基礎にして成り立っている。いうところの生杖である。それならどうして杖にそうした勢能が潜んでいるとされたであろうか。それを知るには、自分の他の一つの考察対象である占杖のことを考えるのが、より便利である。

生杖と占杖とは、決してお互いに縁なき衆生ではない。基督教的伝承に従えば、ヨセフが特に処女マリアの夫に選ばれたのは、彼が持っていた杖に花が咲いて、その先に一羽の鴿がとまったからである。(15)ここでは、生杖から占杖への一線が、ほのかに描き出されている。自分は、ヨセフの杖に導かれて、芽を出したり花を咲かせたりすることによって、あることを予め知らせる杖の問題に移って行こう。ヨセフの杖は、基督教的信仰の産物であるから、移って行くところも、この教若くはその源流としてのヘブライの信仰であることを大切とするのは、言うまでもない。即ち同じ流れを酌みつづけようというのである。

タンホイゼルに関する中世記の伝説――ツリンギアのヘルゼルベルグにある魔女ヴェヌスの洞穴に淫蕩な日を送ったタンホイゼルが、おのれの汚れ爛れた生活を悔い、一気に羅馬法王の館に駆け込んで、哀れな魂の救を求めたとき、「わしの持っているこの杖に芽が出て花が咲いたら知らぬこと、そうでなければ、とてもそなたの魂は救われぬぞ」という法王の冷かな言葉を聞かされて、絶望のあまり再び魔女の洞穴さして出かけると、そのあとで法王の杖に芽が出て花が咲いたので、法王がその奇蹟に驚いて、慌てて彼の行方を求めたという伝説は、歌劇にも採り込まれて、普く人に知られている。

杖に芽が出て花が咲くという事は、降れる世には大きな奇蹟であったろうが、古くは不思議でも何でもなかった。それは杖占の動かぬ観念信仰であった。奇蹟に驚いた法王に因んで、特に『旧約全書』から一つの例を探るなら、『民数紀略』第十七章に、

「エホバ、モーゼに告げて言い給わく、汝イスラエルの子孫に語り、これが中よりその各々の父祖の家にしたがいて杖一本ずつを取れ。即ちその一切の牧伯等よりその父祖の家に循いて杖合せて十二本を取り、その人等の名を各々その杖に記せ。レビの杖には、汝アロンの名を記せ、そはその父祖の家の長たる者、各々杖一本を出すべければなり。而して集会の幕屋の中、わが汝等に会うところなる律法の櫃の前に汝之を置くべし。わが選める人の杖は芽ざさん。……モーゼかくイスラエルの子孫に語りければ、その牧伯等各々杖一本ずつを之に渡せり。即ち牧伯等各々その父祖の家に循いて一本ずつを出したれば、その杖合せて十二本。アロンの杖もその杖の中にあり。モーゼその杖をみな律法の幕屋の中にてエホバ

の前に置けり。かくしてその翌日モーゼ律法の幕屋に入りて視るに、レビの家のために出せるアロンの杖、芽をふき蕾をなし、花咲きて巴旦杏の実を結べり。[16]」

とある。しかしこの場合にも、杖のうしろにエホバが控えていると云う意味に於て、言葉を換えて云えば、神の意志が働きかけることを予定しているという意味に於て、原始的な杖占とは、いくらかの隔りがある。本来は神を問題にしなくとも、杖占は成り立った筈である。そして自分達は、確かに同じヘブライ人の間に於て、そうしたより古い形相の杖占にまで遡行することが出来る。『何西阿書』第四章に、

「わが民木に向いて事を問う。その杖彼等に事を示す。これ彼等淫行の霊に迷わされ、その神の下を離れて、淫行を為すなり。彼等は山々の頂にて犠牲をささげ、岡の上にて香を焚き、橡樹、楊樹、栗樹の下にて、このことを行う。こはその樹陰の美しきによりてなり。[17]」

とあるが如きは、これである。「わが民木に向いて事を問う。その杖彼等に事を示す」という言葉は、深く味われなくてはならぬ。それは、

(1)杖占が神と関係なしに行われたこと。

(2)杖の占う力は、実はその杖の作られた木の力であるとされたこと。

を明に示しているからである。更に『以賽亜書』第十七章に、

「そは、汝おのが救いの神を忘れ、おのが力となるべき磐を心にとめざりしによる。この故に、汝美しき植物を栽え、異ようの枝をさし、かつ栽えたる日に籬をまわし、朝に芽を出さしむれども、患難の日と痛ましき憂の日と来りて、収穫の実は飛び去らん。[18]」

とあるのは、「アドニスの杖」による卜占の風習に触れたものであろうと思われるが、[19]そして杖占にアドニスを引合に出しているところに、神の意志の働きによりかかっている心持が含まれているが、その実際の方

法は、単に樹の枝を大地に刺して、それが芽を出して、成長するか、若くはそのまま枯れ凋むかによって、事の吉凶を占うのであった。アドニス神の名は、この素朴な卜占法の変遷の或る時期に誘導せられたものに過ぎないのである。

こう考えて来ると、占杖の力は、実は生きた樹の力に還元せられそうである。この「そうである」が果して確かな「である」になり得るかどうか。自分はその点を改めて考えて見たい。

四

杖占（Rhabdomancy）の歴史は極めて古い。悠久の太古から今日まで引きつづいて行われている。フランシス・ルノルマン氏（Francis Lenormant）は、その著『カルデア人の呪術』（La Magic chez les Chaldeens）に於て、波斯の呪術師（Magus, pl. Magi）が檉柳《ギョリユウ》の樹で造った小さな棒を投げて未来を予言したと記して居り、(20)デイノンも、彼等が呪文を唱える時には、いつも占杖を手にしていたと断言している。(21)マツダ神崇拝に於ける司祭たちの標章《インシグニア》の本質的部分を形づくっていたバレクマ（Barecma）の如きも、発生的に云えば、這般の棒若くは杖の束にほかならなかった。(22)棒によっての卜占は、古くバビロニアにも行われた。そしてこの習俗は遠くアッカディア人の文化に遡ることが出来る。印度にあっては、吠陀時代にその姿を現している。支那に於ては桃の樹で拵えた棒が、同じ役割をつとめている。英国では、ゴール、ブリトンのケルト族の間に於ける呪卜者団としてのドルイドが、林檎の樹から切り取った棒によって、卜占予言をなした。ウェールスの古い歌謡に、

Yssid rin Y sydd mwy, gwawr gwyr Goronwy, Odid a'i gwypwy; hudlath Vathonwy,
Ynghoed pan dywy frwythau mwy Cymrwy, Ar lan Gwyllionwy: Kynan a'i cafwy

Pryd pan wledychwy.

(There is a greater secret, the dawn of the men of Goronwy, though known to few–the magic wand of Mathonwy, which grows in the wood, with more exuberant fruit, on the bank of the river of spectres : Kynan shall obtain it at the time when he governs.)

とあるは、その片鱗を閃すものでなくてはならぬ。(23) 昔の羅馬人が棒による卜占を持っていたことは、キケロやタキツスの記述によって明である。彼等が棒占に二つの種類を認めたことは、ヴィルギュラ・ディヴィナ（Virgula divina）とヴィルギュラ・フュルカタ（Virgula furcata）との二語を持っていた事実に徴して窺い知られる。

キケロはその著『卜占に就きて』（De Divinatione）の中で、この事実に触れて、

「この卜占法は蛮民の間にすら閑却せられざりき。そはゴールにドルイド共あり、われ、その一人即ちディヴィチアクス・アエズウスと相知れり。彼は、希臘人が呼んで生理学となす自然組織に関して真の智識を有するのみならず、猶また半は徴兆により、半は呪測によりて、未来の出来事を予言せり。(24)」

と言っている。

ヴィルギュラ・ディヴィナは、古い卜占法で、幾本かの棒を投げて、吉凶の前兆を卜するものであり、ヴィルギュラ・フュルカタは、新しい卜占法で叉になった木の杖の自動的な運動によって、大地の中に隠れている金属とか水とかを見出すものである。欧羅巴に於て中世紀から近世まで盛んに流行した杖占は、一種のヴィルギュラ・フュルカタである。これはいわゆる占杖（Divining rod）を使って、主として潜める水を見出すもので、dowsing（water-divining）として普く知られている。これにつきては、あとで委しく考察するつもりである。(25)

棒占、杖占は、自然民族の間に、今日でも行われている。オーストラリアの蛮族の間では、人を呪い殺した呪術師を見つけるために、よく用られる。(26) 馬来半島の土人も、その卜占法の一つとして、これを持っている。呪術師パーワング（Pâwang）が、一本の杖を手にして、盗まれた物、罪を犯した人を探り出すべく歩き廻っている中に、そうした物や人の側に辿りつくと、杖が自ら著しく揺れ動くので、すぐに見つかってしまうと信ぜられている。(27)

棒や杖が、かように多くの民族に於て卜占に使われるのは、何故であろうか。一体卜占法は、あとになるほどややこしくなっている。複雑化と精細化《エラボレーション》とが、つぎからつぎへと行われる。本来は竹を折ったり草を結んだりするだけで占ったのが(28)、あとではさまざまの条件や方法が持ち出されて、

蓍一千歳而三百茎其本以老故知吉凶筮必沐浴斎潔焼香毎月朔望浴蓍必五浴之浴亀亦然。(29)

となり、

蓍末大於本為上吉蒿末大於本次吉荊末大於本次吉箭末大於本次吉竹末大於本次吉蓍一五神蒿二四神荊三三神箭四二神竹五一神筮五紀皆蔵五筮之神明皆聚焉。(30)

となり、

呉楚之地村巫野叟及婦人女子輩多能卜九姑課其法折草九茎屈之為十八握作一束祝而呵之両両相結止留両端已而抖開以占休咎若続成一条者名曰黄龍儻仙又穿一圏者名曰仙人上馬圏不穿者名曰蟢窠落地皆吉兆也或紛錯無緒不可分理則凶矣又一法曰九天元女課其法折草一把不記茎数多寡苟用算籌亦可両手随意分之左手在上竪放右手在下横放以三除之不及者為卦一竪一横曰太陽二竪一横曰霊通二竪二横曰老君二竪三横曰太呉三竪一横曰洪石三竪三横曰祥雲皆吉兆也一竪二横曰太陰一竪三横曰懸崖三竪三横曰陰中皆凶也。(31)

となるというようなものである。卜杖に関しても、事情は同一である。後になるほど面倒な条件や方法や原則めいたものが添加せられて行く。杖を作る樹は何の樹でなくてはならぬとか、その樹はどれだけの樹齢を経たものでなくてはならぬとか、之れを切る時刻はかくかくの時刻に、かくかくの儀式を行わねばならぬとかいうことになる。人烟未到の山から切り出すこと、百歳を経たる樹木の梢枝であること、未だ鳥畜の宿巣とならざること、伐り出しを他人に見出されざること、長さは持主の頭を抜く六寸六分のこと、皮附丸木にして絶対に金具をつけざること、色は黒に限ること、作って三年人手に触れしめざることを条件とする遠霞山人の指揮杖などはそれで、こうなると、その杖が持つ読心、透観などの力は、一体どこから起っているか、それをつきとめるのは容易なことではなかろう。

そこで占杖の研究は、どうしてもその簡単な形式に於てなされなくてはならぬ。

自分が今比較的素樸な占杖を選んで挙示したのは、これがためである。これ等の占杖にあっては、何等の面倒な条件、方法、技術、原則などが必要とせられていないのであるから、棒や杖そのものが占う力と関係していると考えざるを得ない。それならば棒や杖そのものに、或る神秘的な勢能が存していると信ぜられたであろうか。自分たちは、或る条件の下には、然りと答えることが出来る。

卜占に用いられる杖若くは棒は、いずれの場合にあっても、木や竹——要するに植物である。本原的には、決して金や石で出来ているものではない。そこに或る意味が含まれているとしなくてはならない。ことに根のついたままの樹が、杖として用いられたこと、我が国の山人の里降りの折の杖の如きが、多くの民族の間に見出されるに於てをやである。或る条件といったのは、即ちこれである。杖や棒に占う力があるとされるのは、単にそれが杖であり棒であるがためではなくて、それが本来木や竹や——植物の一部から出来ているからである。卜占に関する言語そのものの意義が、この推定を裏書する。羅典語の Virga（小枝）は、「占杖」「魔杖」の意味を有する。アングロ・サクソン時代に於ては、卜師は、Tān-hlyta の名によって知られていた。hlyta と言う語辞は、hlot から出ている。そして hlot は、今日の英語に於ける lot や lottery の語祖である。それから tān は「小枝」を意味する古語である。即ち小枝で占をするものが卜師であったのである。瑞典語に於ても、「卜占する」を意味する語辞 Spå の原義は「木の枝」であり、卜師は Spåman と呼ばれる。丁抹語は、卜占に関する語辞として、Spaae, spaamand, spaakonst 等を有していたが、これ等は尽く「木の小枝」を意味する spö から抽き出されたものである。[32] 英語のスラングでも、twig（小枝）が「卜占する」の意味に用いられる。

　こうした言語学的事実は、杖や棒によっての卜占の本然の姿が、木の枝によっての卜占であった事を示唆している。生きた植物と云う観念が、本来はこの種の卜占に大切な要素であったことを語っている。そしてこのことは、多くの民俗が力強くこれを裏書している。

　自分は先に、ケルト族間に於ける呪卜者団としてのドルイドたちが、棒によって卜占する由を述べたが、彼等の間に行われるより原始的な卜占法にあっては、筮木は決して固定的な杖や棒ではなくして、必要に応じて生きた樹から折り取られる枝条であった。ウェールスの古い歌謡は明に這般の消息を伝える。

　「斑の指は、何者が征服せられ、何者が征服し、何者が放逐せられ、何者が勝利を得るかを占い知るために、幾本かの小枝を折り取れり。」

と、その一つは歌っている。[33] 更に他の一つは、ドルイド入会式の内容に触れているが、それによると、ドルイド団の一員となるものは、樹齢と高さと大きさを同じうする百四十七本の林檎の樹（百四十七は、ブリトン人の間にあって聖数と信ぜられた）の傍で、さまざまの秘法を伝授せられる。そしてその秘法の一つは、多くの小枝を切り取ってする鬮占であった。[34]

ドルイドたちは、何故に予め筮木を用意して置かないで、卜占を試みる都度に新に細枝を折り取る面倒を敢てしたのであろうか。自分たちは、そこに大切な意味を読みとらなくてはならぬ。樹木には予言の力が、生きた勢能として内存していると信ぜられた。そうすれば、新に折り取った枝ほど、その勢能が潑溂としていると考えられるのは、まことに自然な心理的帰結でなくてはならぬ。

こうした行き方は、決してケルト人の間だけではない。他にいくらも実例が存している。

サルアチアに於ては、女たちが一定の期間に秘密な呪法によって切り取った真直な樹の枝を使って、未来を予言する。(35) スキチア人の間では、或る数の柳の枝を大地に並べて、それを一つ宛拾い上げながら、予言の詞を発するのが常であった。(36) 殊に自分たちの注意を牽くのは、古代日耳曼人の卜占法である。

タキツスがゲルマニア (Germania) に記すところによると、古代の日耳曼人は、他の民族以上に鬮占に耽った。

「彼等の鬮占の方法は極めて簡単なり。果実を結べる樹より、一本の小枝を切り、それを二個の小片に分ちて、おのおの多くの異れる標を附し、白衣の上に秩序なく投げ出す。」

而して公事を卜する場合には、社会集団の司祭が、私事を卜する場合には、家族の父が、各々の小片を二三度取り上げて、それに附せられた標のいかんによって、判断を下すのであった。(37) 鬮をつくるために、特に果実を結んだ樹の小片を選んだところに、こうした卜占法の本然の姿が明に窺われる。枯れた枝や棒よりも生きた樹が、そしてただの生きた樹よりも、実を生らせている樹が、或る活力、勢能の存在をより強く示唆するのは、固より当然のことであり、そして古代の日耳曼人が、心してそうした樹に目をつけたところに、鬮占の原義が那辺にあったかを語る或るものが浮かび出しているではないか。

今の世の文明国の人たちは、彼等の祖先が、卜占をするのに、わざわざ樹から枝を折り取った意味を忘れてしまった。しかしその方法だけは、多くの地方にさまざまの姿で生き残っている。英国のケントやサセックスの忽布《ポップ》草採集者たちの間に行われる鬮引の如きは、その一つである。彼等は、榛の樹の小枝を切り取って、そのうちの一本に刻目をつける。そして刻目のついた小枝を抽き当てたものが、いい持場を得ることとなる。何故にこの場合に特に生樹の枝を用いなくてはならぬか。彼等にその理由を尋ねても、一人としてこれに答えることは出来ない。彼等は、そうした疑問を起すことなしに、古くから生き残っている卜占法の型を無心に墨守しているだけである。(38)

五

多くの民族が樹木に託宣を求めたことは、人のよく知るところである。ジェー・エッチ・フィルポット女史（J. H. Philpot）の『聖樹』（The Sacred Tree）などを見ると、夥しい実例が挙げられている。

樹木が託宣予言の力を持つということは、タイラー流に云えば、樹木に内在する精霊の致すところであり、ロバートソン・スミス流に解すれば、"animated demoniac beings" の声である。なるほど多くの民族は、確かにそうした考え方をしているに違いはない。しかし這般の宗教的階層を、も一つ下の面層まで掘り下げると、より原始的な、より素朴な宗教的観念に逢着する。その階段にあっては、託宣予言の力は、樹木に内住する或る霊物から出るのではなくて、樹木そのものに内在すると信ぜられた。

ドドナ地方に於ける槲樹を通しての託宣が、ゼウス神の託宣にほかならぬと信ぜられたことは、古典的に有名であるが、発生史的に云えば、決してそうではなかった。それは、ゼウスの宗教がドドナの地方に勢力を得るに至ってからの後期的現象であって、本来は、槲樹の葉ずれの囁きそのものに、託宣の声を読んだのであった。女司祭デボラは、ベテルの地に近いところにある一樹の下で託宣を与えるのを常としたと云われる。『創生記』第三十五章は、この樹を呼んでアローン（Allōn）となしている。[39] そしてステード氏（Stade）は、アローンの語辞をエール（el――『神』の義）と関係させて、デボラの託宣が神の言葉であることを示唆しているが、[40] 自分には首肯し難い。アローンは普通槲樹と訳せられているが、更に正しくは、ēlāh 及び ēlōn と同じように、あらゆる聖樹、いな恐らくはあらゆる大木を呼ぶのに用いられる名であったらしい。[41]

こうして樹木を通しての託宣を注意深くその根源に遡って行くと、それが樹木そのものに内存する或る勢能に関係していることが判って来る。

「古いもの」は、「多くのことを知るもの」である。古老が物知りであるという原則は、人間界だけを支配するものではない。多くの民族はこの原則を自然界にまで拡充した。ホメロスの詩篇を繙いたものは、大洋オケアノス（Okeanos）が、万物の始祖として、すべてのものを知っているという観想の希臘人の間に存したことに気がつくであろう。樹木と人間との何れがより古い存在であるかの問題が、自然科学的にどう解釈せられていようと、民族の心では、断然前者は後者より古いものと観ぜられた。大地がいわゆる Mother-earth であり、従って「多くのことを知るもの」として、よく託宣を発することは、多くの民族にその例証を見出すところである。そしてこの関係は樹木に於ても看取せられる。

多くの民族は、人類の始祖が樹や竹で造られ、若くはそれから生れ出たと説く説話を持っている。自然民族は、おのれの直観するところに従って、樹木を目しておのれ等よりも極めて古い存在――しかもより大きな勢能を具えた存在となした。樹木が偉大な物知りであり、従って託宣予言の力に富むという観念信仰は、一つにはこうしたところから来るとされる。

それからまた樹木は、深く土に喰い込んだ根によって下界に通じていると考えられた。そして下界は、フィルポット女史が、その著『聖樹』の中で云っているように、

"The mysterious abode of departed spirits, in whom wisdom and knowledge of the future were supposed to be vested.[42]"

である。かくて樹木は、下界に於ける託宣予言の力との接触冥通によって、おのれのうちに這般の力を充していると考えられた。スカンディナヴィアの宗教、神話に於ける世界樹イグドラジル（Igdrasil）は、上つ枝は天界に至り、下つ根は死界にわだかまっていた。そして根の下にミミル（Mimir）の泉があって、智慮と智識とに満ちていた。イグドラジルはそれをおのれの中に吸い込んでいた。かくて神々の王者オーディン（Odin）は、託宣予言を伝える呪術的文学なるルーン（Runes）を学び知るために、その大樹に昼を九日夜を九夜逆しまに懸る苦行を敢てしなくてはならなかった。[43]希臘のドドナに生えていた一種の槲樹（Quercus esculus）は、古くからその託宣予言の力で名高かったが、ヴィルギリウスやセルヴィウスの記すところによると、その根は大地を貫いて、死界タルタロス（Tartaros）に達していた。[44]そして樹木そのものに内存する託宣予言の力が、宗教観念の発展につれて、神若くは精霊へと遷移する姿を示唆するものとして、バビロニアの古牌札の若干の記述——卜師にならんとする者が、その必須的儀式として、予め設けられた模造の死界に下り、そこで、

"The altars amidst the waters, the treasures of Anu, Bel, and Ea, the tablets of the gods, the delivering of the oracle of heaven and earth, and the cedar-tree, the beloved of the great gods.[45]"

を視るという記述や、

"the cedar-tree, the tree that shatters the power of the incubus, upon whose core is recorded the name of Ea.[46]"

という記述がある。これ等の記述のうちで、前者では、託宣を出す樹が、アヌ・ベル・エアの如き神々と関係づけられているが、本来は死界に生えた樹として、それ自身に託宣の力を持ち、卜師たらんとするものは、これからその力を摂取したものであり、後者に於ては、霊木に智識と智慮との神エアの名が記されているが、本来は、エアの力を借りるまでもなく、樹それ自らに託宣予言の力が具っていたのである。

杖による卜占が、こうした樹木観と密接な関係を有っていることは、さまざまの民俗から窺い知られる。イスラエル人が卜占に樹木や杖を用うることのいかに屢々であったかは、『旧約全書』を繙くものの直ちに看取するところであろう。而して両者の間をつなぐものとして、自分たちの注意を牽くものにアシェラ(Ashera)がある。『列王紀略』上第十八章に、

「されば、人を遣りて、イスラエルのすべての人及びバアルの予言者四百五十人、並びにアシェラの予言者四百人イゼベルの席に食う者を、カルメル山に集めて、われに詣らしめよ。[47]」

とある。アシェラは、人工的に造り出した樹若くは柱である。そしてそうした樹若くは柱によって吉凶をトするものとして、「アシェラの予言者」があった。アシェラは、一面に於て造られた樹として、生きた立木の形式化であり、他面に於て柱として、やがては棒や杖にまで簡易化せらるべき運命を指示している。ロバートソン・スミス氏が、『セム族の宗教』に於て、杖は、畢竟するに「より小なるアシェラ」であるに過ぎぬと云っているのは、確かに卓見である。[48]

更にまた樹木による卜占が死界と密接な関係を有している事実に平行して、杖もまた冥府と密接な交渉を持つことによって、樹木と杖との間のつながりを示唆している。ズル族は、卜占を行うとき、杖で大地を撃

って死霊に呼びかける。アルカディアに於けるデメテルの神殿に奉仕した司祭も、杖で大地を叩いて、地下の亡霊を呼んだ。死人を冥府に導く神としてのヘルメスも、冥界から死人を呼び出すことの出来る杖を持っていた。アッシリアの冥府の女王アラット（Allat）は、かの女自身で一本の卜占用の杖を持っていた。[49]

尤も自分は、占杖がいかなる場合にも或る勢能を持つものとしての樹木をその母胎として生れたと言い切る者ではない。神の依代としての杖、特別な demonology から出た杖、呪術信仰と密接な関係を持つ杖、民間信仰から離れた特殊な思想から生れた杖、或る生業に欠くべからざるものであるために重要な意味を持つようになった杖――こうした杖のうちには、卜占に関係を持っていながら、樹木の勢能からの直接の産物ではない場合があり得るであろう。フェネキア人が、柱、棒、杖を神聖視して、年毎の祭礼によってこれを崇拝した如き[50]、支那の仙人の手に握られた不思議な杖の如き[51]、それで指すと、鳥が立処《たちどころ》に落つるとされた風狸杖の如き[52]、羅馬人が神として崇拝した Pilled rods の如き[53]、妖巫が大切にしている魔杖、たとえば、

……Without the rod reversed, And backward mutters of dissevering power, We cannot free the lady that sits here, Bound in strong fetters fixed and motionless.[54]

の如きは、或いは、いろんな観念信仰の重なり合い、もつれ合った上の産物であるかも知れぬ。そしてそのもつれを解くのは、容易ではあるまい。ロバートソン・スミス氏のように、

「疑いもなく占杖は……聖樹信仰と同源同質の迷信である。[55]」

と言い切るほどの勇気は、決して自分の持ち合せるところではない。占杖は、或る一つの路によって樹木勢能の信仰に通じているということだけを指斥するに止める。

六

ポセイドン神（Poseidon）は、屢々その三叉杖を大地に突き刺して、水を湧き出させている。その尖端に松毬のような飾を冠らせたバックス（Bacchus）に附物のシルスス（Thyrsus）も、そうした力を持っていた。この神の信徒団（Bacchæ）の一人が、おのれのシルススで岩を突くと、忽ち一道の泉が迸り出たと云われる。[56] いな単に水だけではない。杖にはさまざまの財宝を蔵している岩を開く力さえ具っていた。[57] そしてこうした信仰は、決して欧羅巴人の専有ではない。はた文化民族に限られたものでもない。ホッテントット族、ズル族、カフィル族等の自然民族の間にも、広く見出される。

地中に潜む財宝や鉱物や水を卜知するために、占杖を用うる習俗が、欧羅巴の多くの国々に存することは、ベーリング・グールド氏（Baring-Gould）の『中世紀の珍奇なる神話』（Curious Myths of the Middle Ages）や、ダイヤー氏（T. F. T. Dyer）の『植物民俗誌』（The Folk-lore of Plants）などを繙いたものの、よく知るところであろう。[58] そして上に挙げた様式の説話は、恐らくこの民俗に根ざしているであろうと云われる。この推定が当っているか否かは、あとで考えるとして、先ず手をつけねばならぬ一個の問題が存している。

卜占法を心理学的な立場から見るならば、autoscopic なものと、heteroscopic なものとの二つに分つことが出来る。前者は、卜占者それ自身の意識に於ける或る変化——sensory automatism や、motor automatism や、心的印象に依拠するものを意味し、後者は、卜占の過程が、単に外的な事実若くは現象からの推定によるものを意味する。

こうした見方からすると、一般の杖占は、heteroscopic な卜占法に属するものであるかのように思われる。杖の先の割れ方、裂け具合とか、それが根づくか否かとか、それがどちらの方向に倒れたかというように、（ニュージーランドの土人たちは、遠征に出かけるとき、それに先立って、幾本かの杖を二列に地に立て、一列を敵と見做し、他の一列を味方とする。風が敵を表す杖を後ろに吹き倒せば、味方の勝利であり、前に倒せば、敵の勝、横に倒せば、勝負がつかぬことを予兆するとされる。味方を表す杖の倒れ方にも、同じ占方が適用せられる。[59] 我が国でも、幾筋かの路の分岐点に杖を立てて、その倒れる方に歩いて行く風習があるのは、人の知るところである。）主として、外的な事象によって判断するからである。

しかし大地の中に潜む或るものを卜知する場合に於ける杖占は、少々問題となる。杖を持ったものが、かなたこなたと歩き廻っているうちに、鉱物や水のあるところに来ると、杖が自ら動き出し、而してその現象によって探しているものの所在を知るというのであるから、一見すると、heteroscopic な卜占法に属するように思われるが、しかしこの場合に於ける外的現象は、杖の裂け方、倒れ方、根ざしの有無というような外的現象とは、著しくその意味合を異にしている。なぜなら杖が動き出すということは、「動くこと」それ自身を主にして云えば、外的な現象であろうが、何がこれを動かしたかという方面から考えると、そこに内的な関係が存しているからである。杖が動き出したのは、卜占者それ自身の意識に於ける或る変化によるらしいからである。かくてこの種の杖占は、heteroscopic な卜占法であるよりは、寧ろ autoscopic な卜占法に属しているとしなくてはならぬ。少くとも両者の中間に立つものであると云える。

この種の占杖には、さまざまの形があり、またその握り方にもいろいろある。しかし最も普通なものは、Y字形をなしている。[60] そしてこれによって卜占をなす者は、双方の手で杖の一方の端の両叉を握る。握られた杖は、卜占者に持って廻られているうちに、その探求する事物の上に来ると、頭を下げて一種異様な動き方を始める。これは拒み難い事実である。そこで何が杖を動かすかということが問題になって来る。

どうして占杖が動き出すかということに対する解釈は、決して一様ではない。人々によって、また時代によって、それぞれ異っている。最も簡単なのは、占杖の奇妙な動きを目して、潜める悪魔の為業となす「中世紀風」な解釈と、杖を使用するものの欺瞞的行為となす解釈とである。こうした説明は、早くから行われていたが、十六世紀に入ると、多くの学徒が「感応作用」(sympathy)によって、杖の動きを説明するようになった。即ち占杖と水若くは鉱物との間に、何等かの直接的関係——感応若くは電気的作用の如き——が存し、そのために杖が動き出すとなした。[61] 感応説は、この時代に於ける寵児で、殆んどあらゆる事物の説明に担ぎ出されたのであるから、占杖の動きの説明にそれが適用せられたのは尤千万でなくてはならぬ。ところが十七世紀になると、この学説に対する抗議が、諸所に現れた。一千六百七十九年に、ドゥ・サン・ロマン(De Saint Romain)が、「感応説」の仮説を排拒して、杖の運動を微分子(corpuscules)の活動によって説明した如きは、その一例である。[62] かくてその後は、アンドリュー・ラング(Andrew Lang)が指斥したように、一方には、悪魔の間接的活動説や意識的欺瞞説があり、他方には、微分子説、電流説があり、両々相対峙して争闘をつづけて来たが、[63] 十七世紀の末葉になって、更に一個の新説が飛入りをなした。即ち一千六百八十九年七月に、ル・ブリュン(Le Brun)が、マールブランシュ(Malebranche)に一書を裁して、「意図説」(The Intention-theory)を唱え出した。彼の主張するところに従えば、占杖は、これを保持する者が見出そうとする意図を有する物象の上でのみ動き出すというのである。[64] しかしマールブランシュは、ル・ブリュンの新説にも、はた電流説にも賛意を表しないで、自己一流の論理によって、古くからの欺瞞説若くは悪魔活動説を支持するに努めた。彼の云うところによると、

(1) 占杖は、之を用うるものが見出そうと考えた事物の上で動き出さないで、却って思いがけない事物の上で運動を起した実例がある。故に「意図説」は成立し難い。

(2) 占杖は地下に潜む水の上で動き、そしてその動くのが電力の如き力によるとするなら、杖は地表

に現れた水の上でも動くべきであるが、実際はこれに反している。従って占杖の運動は物理的原因に結果するものではない。

（3）かくて唯一の他の説明は、欺瞞者の意志若くは或る精霊の行動でなくてはならぬ。然るに善き精霊は、かくの如き事柄に関与することを欲しない筈であるが故に、悪魔若くは詐偽者が杖の動きの原因でなくてはならぬ。

というのである。(65)

しかしマールブランシュの凄い意気込みを裏切って、欺瞞説、悪魔活動説でもなく、また電流説、意図説でもない新学説が、あとからあとからと現れて来た、十八世紀の偉大なY形占杖使用者であるブレトン(Bleton)自身の解釈によると、水や鉱物の所在を探求する者の手にある杖は、単なる指標《インデツキス》に過ぎない。杖が動き出すのは、這般の探求者の physical なセンシェーションが杖に交通するためであるという。(66)

こうして問題は、占杖を用うる者の心理の様態という事になって来た。そして十八世紀に於けるこの偉大なダウサーの言説がその先駆となって、十九世紀二十世紀に現れた学説は尽く心理説である。即ちパラメル(Paramell)は、一千八百五十六年に、占杖は、特殊の気稟《テムパラメント》を有する或る個人に握られるときにのみ動き出すとなし、(67)プリース氏（W. H. Preece）は、動く水の摩擦によってそそられる mechanical vibration が例外的に繊細微妙な心的構成を有する人々の感受性の強い ventral diaphragm に作用して杖を動かすのであると説き、(68)更にあるものは、温度の作用力に例外的に敏感な者の手に握られた杖のみが動き出すと主張した。(69)就中最も精細な仮説を樹立したのは、バァレット教授（W. F. Barrett）であるとしなくてはならぬ。氏は、ジャネット教授（Janet）その他の学徒と同じように、占杖は使用者の側に何等の意図若くは欺瞞が無くして動き出すことを認容したあと、

（1）杖の動きは、これを使用する者に於ける motor-automatism ——使用者の心意への或る刺衝によって生起する反射運動に帰すべきである。
（2）その刺衝というのは、外的物象若くは外的心意からの副意識的暗示若くは実際的印象である。
（3）占杖使用者自身は、こうした心理的現象を覚知しないで、刺衝は水や鉱物の如きものであると推測することによって、誤れる推断をなす。
（4）この種の占杖は、かくて副意識的暗示若くは印象の指子《インディケーター》であるが故に、その指示は疑もなく不条理なることがあり得る。
となし、更にこの種の占杖による水脈の卜知が、成功する場合と然らざる場合とあり、而して不成功の頻数が成功の頻数よりも大であるという事実に基いて、
（1）或る人々は、真正な super-normal な知覚能力が具っている。
（2）優れた占杖使用者の心性は、motor-automatism の特質を有し、従って場合によっては、白紙的状態——いわゆる tabula rasa の状態になり得る。それがため、彼が探求しつつある物象によって与えられる最も幽微な印象すらも、よく指子としての杖の無意識的な、若くは自動的な運動を生起せしめる。
という仮説を立てている。(70)

思うに、問題の杖が何故に動くかということに関しては、民俗学の立場からするのと、心霊学の立場からするのとで、自ら解釈が異ならざるを得ない。生杖及び占杖の考察に於て、自分は今まで民俗学の立場を採って来た。これ等の杖及びそれに関する信仰を産み出した民衆自身の考方を究明するのが、主たる目的であるからである。そこでY字形の杖に関しても、先ず同じ立場に即して考えて見たい。

あとで明かにするつもりであるが、地下に潜む鉱物や水を卜知するためのY字形の杖の使用が生れたのは、中世紀以後であるらしい。しかしこのことは、占杖信仰そのものが中世紀以後に生れたということを意味するのではないのは、言うまでもないことでなくてはならぬ。Y字形の杖は、古くは十五世紀のベネディクト教団僧のバジル・ヴァレンティン（Basil Valentine）が、Testamentum Novum の中で、古代の呪術形式の遺物であると云い[71]、近くはラング氏が、『風習と神話』（Custom and Myth）の中で、古い信仰の回復と云ったように[72]、古くから存している占杖信仰の流れを酌むものである。従ってその核心をなすものは、一般のヴィルギュラ・ディヴィナに於ける杖と同じく、杖を構成している樹木そのものに内存する勢能の信仰である。Y字形の占杖を造るに選ばれる樹木が、主としてなかまど、榛、柳であり、そしてこれ等の樹は、欧羅巴の民間伝承に於て、特に呪力的性質に富んでいると信ぜられた事実が、これを裏書する。ただ一般のヴィルギュラ・ディヴィナに於ける占杖と、ヴィルギュラ・フュルカタに於けるY字形の占杖との間には、一の重要な差別点があった。それは占杖が或ることを指表する様態に於ける差異である。前者に於ける指表の徴《しるし》と違って、後者に於ける指表の徴《しるし》は、一種の「不可思議」を示唆する要素を持っていた。このことが、Y字形の占杖に、樹木勢能観以外の観想を纏繞せしめた。それは奇妙な動き方をする。この現象が民衆の注意の焦点となって、樹木勢能の観念は殆んど全く背後に押しのけられ、民衆の心は、杖の動きの解釈に集中せられた。中央アフリカのマウガンジャ族の間に於ける一種の占杖は、Y字形をなしているのでもなく、また鉱物や水を見出すために用いられるのでもないが、メディシンマンの手にあって自ら動き出す。而して土人たちはこれを解して、精霊が杖に憑き、更に杖を通して人間に憑くが故であるとなしている[73]。欧洲の民衆が、Y字形の占杖の動きに対する心持ちも、これと同似していたであろう。彼等は何等かの超自然的存在の活動を予想することによって、杖の動きに解決をつけることを余儀なくされた。この場合にいかなる超自然的存在が持ち出されるかを決定するものは、当然時代の主潮をなす信仰でなくてはならぬ。而して中世紀及びその以後の数世紀にあっては、「悪魔《デヴィル》」の人間生活への容喙が、力強く民衆の心を捉えていた。かくしてY字形の杖の動きは、悪魔の為業であると解せられた。しかし一方には、「感応」の観想もなかなか勢力があった。そしてこの観想が、一面に於ては、占杖の使用者に暗示を与えて、杖の動きをより起り易からしめ、他面に於ては、その動きを「感応」的に説明せしめた。——自分は、Y字形の占杖に於て、より古い樹木勢能信仰が殆んどその姿を潜めて、その代りに、古くからの一般的なヴィルギュラ・ディヴィナに見るを得ない観念信仰が表面に浮び出ている事情を、かく解したい。而して「感応説」を楔子として、十九世紀、二十世紀の心霊学的解釈があとからあとからと生れ出て、問題の占杖の動きに対する考方が、次第に民衆それ自身の信仰から離れて、第三者的・学的な説明に堕して来たとしたい。

Y字形の杖は、ただに占杖であるばかりでなく、また如意杖であると信ぜられた。潜んでいる或るものを見出す力を持っている以上に、その持主に幸福を齎し且つその願望を充足させてくれると考えられた。それは一個の divining-rod であると共に、一個の "wish"-rod であった。

それならば、こうした力はどこから来るであろうか。これに関しても、さまざまの説が持ち出されている。グラッドストーン翁は、ユヴェンチュス・ミュンディ(Juventus Mundi)に於て、ポセイドンの三叉杖に関して、

「それは、伯来宗教以外の東洋的宗教のさまざまの形に於て今も猶見出され得るような、かの三位一体の伝承を明かに指しているように思われる。」

と云っている。かくしてこの学識に富んだ政治家兼古典学者の考では、この種の占杖の力は、その形状が一

の神聖な観念を具象しているところに生れるとされたようである。
こうした形体論は、いろんな姿を採って、この種の占杖に絡っている。チャーレス・ハードウィック氏(Charles Hardwick) の如きは、その尤なるものであろう。氏はその著『伝説、迷信及び民俗』(Traditions, Superstitions, and Folk-lore) に於て、或るものの勢能の発生因が、その形状及び数に帰せられたことを指摘して、

「寄生木の枝の、特殊にして且つ規則正しい等角的な形が、疑もなく超自然的な勢能を与えられた一個の神秘的な植物として之を選ぶことに、大きな影響があった。三という数及びその倍数たる九という数も、諾斯士《ノスチック》教徒の二重三角形である神秘的なアブラカダブラ (Abracadabra) と共に、極めて古い時代から、神秘的な意義を有するものと考えられている。も一つの神秘的な数である「第七の息子の第七の息子」と医療との観念連合も、この迷信の根底に於て、数学的要素を有することを指示している。[74]」

となし、進んで、Y字形の占杖の問題に入り、一体二つの叉若くは二つの尖端を持つものは、邪力に対する強勢なCharmとされるのが常である。厩や戸口に釘づけにされた馬蹄が、妖巫の力に対する厭勝となり得るという信仰の如き、西班牙や伊太利に於て、両叉の珊瑚が妖巫を駆逐する力を持つものとして珍重せられるが如き、二つの猪牙から成る三ケ月が邪霊を払うものとして、屡々家畜の首に呪符の役を勤めさせられるが如き、みなこれである。Y形の占杖に潜む力も、その一つであると説いている。[75]
しかしこうした説明は、それ自身に於て「未完成」である。それ自体が説明を必要とする説明である。なぜなら二つの叉若くは二つの尖端を持つものには或る勢能が潜んでいるということを許容しても、何故そうしたものに勢能が潜在するかの理由は、少しも明かでないからである。
そこで若干の学徒は、更に一歩踏み込んで、その理由に説明を与えようと試みている。たとえば、ケリィ

氏（W. K. Kelly）の如きは、二叉は電光の形相である。だから或る勢能を潜めていると信ぜられたと解釈している。同氏はまた一方で、伝承的な怪異植物である「曼陀羅華」（Mandrake）とY形の占杖とを結びつけて、両者は共に人間の形態をなしているが故に、そこに勢能が存すると説いている。彼はその著『印度欧羅巴的伝承及び民俗珍事』（Curiosities of Indo-European Tradition and Folk-lore）に於て云う、

「あらゆる場合に於て、占杖若くは如意杖は、両叉になった端を持つ、すべての権威者がしか言うことに一致しているように、これが本質的な点である。さて両叉の杖は、人間的形態の最も簡素な形像である。(76)」

と、それならば、電光説と人態説との間には、いかなる交渉関係が存しているであろうか。自分たちは、ケリィ氏が、

「リグ・ヴェダその他の聖典に於て、神聖な火を燧り出すためのアスヴァタの樹片に、明白に人間の形態が寄与せられている。頭、首、胴体、手、足等がそれぞれ与えられている。そして火を燧る行為者は、それを使用する場所に深甚の注意を払うように戒められる。なぜなら行為がそのところを得ないと、破滅が燧火器のあらゆる部分から出現するに反し、正しきところにあれば、あらゆる願望の実現を見るからである。行為者は、そのところを得れば、富、家畜、子息、天国、長寿、愛、幸運をかち得るであろう。而してその用具は明かに如意杖に相当する。両者は共に電光の具象化であるからである。(77)」

と云った言葉のうちに、這般の関係を認容することを強いられている。しかし正直に云えば、こうした説明だけでは、電光説と人態説とは、客観的妥当性を以て有機的に結合しているとは受取り難い。

アダルベルト・クーン（Adalbert Kuhn）もまた、その著『火及び神々の飲物の降下』（Die Herabkunft des Feuers und des Göttertranks）に於て、ケリィ氏の見解と極めて同似した説明を示している。クーンの主

張するところを要約すると、

（1）曼陀羅華も如意杖も、人間的な形態をなしていると考えられる。

（2）両者の観念は、そのうちの一が基礎となって、他がそれから描き出されたという関係にあるのではなくて、寧ろ共通の信仰を共通の起原としている。

（3）曼陀羅華と如意杖とに人間的な形態が与えられたのは、両者が超自然的な神性的な起原のものと信ぜられ、一種の半神《デミゴッド》、一種の電光族を表示したからである。

というのである。(78) 而して彼はこの解釈をさまざまの種類の杖に適用して到るところに電光の標象を見出している。この些か偏倚的な神話学者に従えば、ポセイドンの三叉杖も電光であれば、ヘルメスの節杖カデュケウスも電光である。進んでは、方術者が持つ魔杖、軍司令官が手にしている司令杖、王様の権標としての笏の如きも、みな電光的起原のものである。

クーンは、その著『神話構成の発展階層に就きて』（Üeber Entwicklungsstufen der Mythenbildung）その他が指証しているように、太だ一刻な「天光標象説」の主張者である。彼の云うところによると、殆んどあらゆる神話や神々の持物が、天火若くは天光の標象である。こうした行方を固執している学徒の眼に、あらゆる種類の杖が、電光を母胎として発生したように映ずるのは、容易に理会し得られるところであるが、冷静な第三者にとっては、こうした解釈は、太だ客観的妥当性に乏しいと考えられざるを得ない。

自分一個の立場からすれば、自分は占杖に関するこうした解釈を好まない。それは余りに持って廻った、farfetchedな、従って事理に遠い解釈であるように思われてならぬ。なる程曼陀羅華に関する民間信仰には、確かに人態連想的な観念が、可なり濃厚に含まれている。この植物の根茎は、人間に若干類同していると欧羅巴の民衆に広く信ぜられ、従って諸国の巫術師が、呪い害《あや》めようとする人間の形代《かたしろ》に使ったこと、猶

土や蠟でこしらえた人形《ひとがた》と同一であった。コールス氏（Coles）の Art of Simpling の中に、

「妖巫は、或る人の云うところに従えば、曼陀羅華の根を採り、若くは自分の推測するところによれば、無知の民衆が曼陀羅華と思っているブリオニィの根を採って、それで醜い人形《ひとがた》を造り、おのれが妖術を加えんと意図する人を代表させる。[79]」

と説いて居る如き、この一証である。同様に如意杖にも、人態への連想を伴うた観念が絡りついている。シェーンウェルト氏（Schönwerth）によると、独逸のオベルファルツに於ては、新らしく拵えた如意杖に洗礼を施して、その上に三度十字を切ったそうであり、またハードウィック氏の記するところに従えば、独逸の若干の地方では、如意杖に人形《にんぎよう》のように着物を着せて、洗礼を享ける子供の体につけたと云われる。[80]しかしこうした事実の存在を肯定したところで、Y形の杖――如意杖と電光の標徴とを結びつけんとする企には、自分たちを首肯させ得るだけの妥当性が見出されない。

自分たちが注意しなくてはならぬことは、Y形の杖の、占杖の発達史上に於ける地位である。杖による卜占の歴史は極めて古い。しかしヴィルギュラ・フュルカタ（Virgula furcata）即ち両叉をなしたY字形の杖による卜占は、一般的な杖占即ちヴィルギュラ・ディヴィナ（Virgula divina）とは、或る意味に於て区別せられなくてはならぬ。[81]なぜなら、
（1）ヴィルギュラ・ディヴィナの起原は極めて古いのに反して、ヴィルギュラ・フュルカタは、比較的に新しい発生のものである。
（2）前者が主として heteroscopic であるに対して、後者は autoscopic な要素を多量に含んでいる。
（3）前者に於ける杖が、生きた樹から切り取ったものであるという以外には、あまり条件を必要としないのに反して、後者に於ける杖は、太だ多くの条件を附帯させている。

からである。

Y字形の占杖——如意杖が出来上るために必要な formula が、いかに面倒臭いものであったかは、ジョン・ベル（John Bell）の記録に、

「森の中に、古い壁や高い丘若くは岩の上に、鳥の嘴から墜ちた漿果から生い出たなかまどの樹を見出したなら、聖母祭日から第三日目の夕方、たそがれ時にその樹を折らねばならぬ。しかし鉄若くは鋼鉄がこれに近づかぬように、また帰途に地に落ちぬように注意すべきである。それから屋根の下で、その下にさまざまの金具を置いたところに、その杖を置け、すると暫くのうちに杖が、屋根の下で金具の方に徐々に傾くのを見るであろう。十四日若くはそれ以上同じところにその儘にして置いたあとで、磁石で磨擦した小刀若くは錐を取って、その皮をあらゆる側に裂き、而して後牡鶏の血、特に唯一色の牡鶏の肉冠《トサカ》から採った血を灌げ、この血が乾けば、杖は出来上る。そして不可思議な性質の能力を持つ証拠を示す。」

とあるによって、略々窺い知ることが出来るであろう。固より始めからこうした複雑な条件が伴っていたのではあるまい。ヴィルギュラ・ディヴィナに於ける杖が、後代的になるほどさまざまの条件に絡られたように、ヴィルギュラ・フュルカタに於ける杖も、後になるほどその成立の条件を増加して行ったに違いない。しかしいくらその始めに遡っても、前者と後者とを比較すると、後者がその成立の条件をより複雑にしていたことは争われぬ事実である。そしてこの事実は、ヴィルギュラ・フュルカタが、その発生に於てより新しいものであること、言葉を換えて云えば、占杖たることの資格を極めて単簡に考えることが出来ぬような心持になった文化期の産物であることを示している。これを実際の史実に徹しても、ヴィルギュラ・フュルカタに於ける杖——鉱物や水などを見出すために用いられるY字形の杖の文献は、さして古いものではない。

ジー・アグリコーラ（G. Agricola）の De re metallica や、セバスチャン・ミュンスター（Sebastian Munster）の Cosmography など、いずれも十六世紀の前半に出たものである。[82] 仏蘭西の化学者シェヴリュール（M. E. Chevreul）が、この種の占杖の初見を十五世紀末葉の錬金術者バジル・バレンチン（Basil Varentine）の書物《かきもの》に帰しているのは、恐らく当っているであろう。[83] 勿論事実の発生が文献と時代を同じうしなくてはならぬという理屈は無いのであるから、この種の占杖がより古くから存していたであろうという推定は、可能であり得る。しかしヴィラギュラ・ディヴィナに於ける杖と異って、ヴィルギュラ・フュルカタに於ける杖には、心霊学的臭味が濃厚に含まれている。自分たちは、この内在的証券に重きを置かねばならぬ。そうすると、この種の占杖の発生はいかにこれを古く見積っても、中世紀以前に遡ることは出来ぬ。此の問題の研究に関する近代の権威ダブリュー・エフ・バァレット教授（W. F. Barrett）の如きも、この種の占杖の使用を目して、中世紀の doctrine of "sympathy" に基づいているとなしている。[84] 即ち樹木が、一種の牽引力を通して、地表下に潜む鉱脈や水脈を指示するという懸念は、明かに doctrine of sympathy の現れの一つであり、而してこの doctrine は中世期に発生したものであるが故に、這般の占杖の出現は、中世期以後でなくてはならぬとなす。[85] 尤も単にY字形をなしているだけの杖なら、頗る古い時代から存していたらしい。古代希臘の一個の甕の表面に描かれたヘルメス神の杖は、確かにその一端がY字形をなしている。またエトルリアの一個の古鏡にもこの形の杖が鏤りつけられている。[86] しかしこうした古い時代のY字形の杖が、果して水脈や鉱脈を知るために使用せられたか否かに関しては、何等の文献も存していない。かくて或る学徒の如きは、断固として水脈や鉱脈を卜知するためのY字形の杖の使用は、中世紀以後の現象で、独逸に於ける鉱山地方、殊にハルツ山脈に於て鉱物試掘者たちに用いられたのが始まりであること、独逸の採鉱者たちは、この杖をシュラーグルーテ（Schlagruthe ——「打つ杖」の義）と呼んだこと、それがエリザベス女王の時代にコーンウォールの鉱山に働いている人々によって英国に齎らされたこと、及びコーンウォール地方の採鉱が衰微するに至って、鉱脈を卜知するために杖の使用が殆んど消滅して、水脈を見出すための使用に移行したことを説いている。(87)

かくして、もし地下に潜む鉱物や水を見出すためのY字形の杖が、中世紀以後の産物であるとするなら、少くとも欧羅巴に於ては、

(1) ポセイドンやディオニソスの杖で水を突き出したという古典的な説話をこの種の杖の使用という実際的な民俗からの産果とする推断は、一の時代錯誤である。

(2) この種の杖が、一種の如意杖であるという懸念は、太だ古くから存していたヴィルギュラ・ディヴィナに於ける杖に次第に纏繞して来た如意観念の連続若くは復活であって、特にこの種の杖から始まったというわけではない。言葉をかえて云えば、この種の杖がY字形をなしているところから、人態観若くは電光観が生れたために如意杖とせられるに至ったのではなく、先存した如意観念が、同じく杖であるということを縁因として、ヴィルギュラ・ディヴィナからヴィルギュラ・フュルカタにまで拡充されたものである。

と推断し得られるであろう。

我が国でも、八幡太郎その他いろんな人物が、岩や地面から水をつき出している。就中斯界の大立者として謳われているのは、誰でも知っているように弘法大師である。この素晴しく健脚な人物が、廻国の途すがら、ところどころで地面に杖を突き立てると、忽ちそこから清水が湧き出したという民譚は、日本国中に可なり広く見出される。日本民俗学の権威柳田國男氏の所説によると、こうした物語の主人公は、本原的には、児神《チゴカミ》としての大子《ダイシ》であって、弘法大師はその後代的な変形であり、大師に一杯の水を恵む役に廻る老婆も、

その本来の相は、児神に関係の深い一個の老神《ウバガミ》であったという。(88)

しかし自分が今問題にしたいのは、廻国者の素性だけではない。彼が杖で水をつき出した行為も採り上げて見たいのである。同じく日本民俗学の大家である折口信夫氏の見解に従うと、こうした説話は、穴太部《アナフベ》と若干の関係があるらしいという。

穴太部は、石工、土工、などの職務を世襲とした一の職業団体らしいので、穴太は、そうした世襲職団が移動の路筋に残して行った地名であると思われる。この穴太部と上述の説話との間に密接な関係があるということは、どんな意味であろうか。

(1) 這般の職業団体が、石工的、土工的な為事に従事していた関係上、偶然に地下水を掘り当てることが多かった――もし仮りにこうだとすれば、杖そのものはあまり問題にならぬ。

(2) 若くは、この団体が、その職務の一部として地下水を見出すことに関与していた――もし仮りにこうだとすれば、地下水の所在を知る方法は何であったかということが問題となる。

(3) もし第二の場合が事実であって、而して地下水の所在を知る方法が、占杖によったとするなら、杖の使用法が問題となる。

(4) その問題は、穴太部の占杖の使用法は、欧羅巴の占杖による地下水卜知の場合のように、杖の動きを基としたか、或はその他の徴《しるし》に依拠したかということである。

(5) もし杖の動きに基づいたとすれば、その動きは、民間伝承的にどう受取られ、どう説明せられたか。

(6) その杖はどんな形をしていたか。

(7) 杖の握り方はどうであったか。

（8）児神と穴太部との間には、何等かの関係があるのか。

およそこうしたことが、自分の気になる。尤も穴太部と杖との関係は、案外あっさりしていて、旅から旅へ移りゆくものであるために杖を携えていたという程度に過ぎぬかも知れぬ。そうすればこうしたことの多くは全く問題にならぬわけである。しかしどちらにしても、自分の現在の知識を以てしては、充分に解明せられそうにもない。日本の古民俗に通ずる人々の示教を俟って、気永に考えるほかはない。

注

（1）松岡静雄氏『日本古語大辞典』、チマタの神の項
（2）次田潤氏『祝詞新講』第三五七頁
（3）L. Spence, A Dictionary of Non-classical Mythology, p. 189.
（4）H. H. Bancroft, Native Races of the Pacific States of North America, vol. III.
（5）Pausanias, Hellados Periegesis. IV. 33. 4; VIII. 48. 6.
（6）（イ）W. H. Roscher, Ausführliches Lexikon der griechischen und römischen Mythologie, S. V. Herakles.
（ロ）Overbeck, Griechishe Plastik, vol. II. p. 25.
（7）Orphic Hymn, XII. 14.
（8）民俗芸術第三巻第三号折口信夫氏『山の霜月舞』第一四―一六頁
（9）民俗芸術第三巻第三号第一六頁
（10）Pausanias, Op. Cit., II. 31. 10.
（11）W. Smith, A Classical Dictionary of Biography, Mythology, and Geography, R. V. Dactyli; Daremberg et Saglio, Dictionnaire des Antiquites grecques et romaines, II. 1. partie, S. V. Dactyli.
（12）民俗芸術第三巻第三号第一六頁

(13) 民俗芸術第三巻第三号第一七頁
(14) 倭訓栞、古今要覧等参照
(15) T. F. T. Dyer, The Folk-lore of plants, p. 249.
(16) Numbers, XVII. 1-8.
(17) Hosea, IV. 12, 13.
(18) Isaiah, XVII. 10-11.
(19) Robertson Smith, The Religion of the Semites, p. 197, Note 5.
(20) F. Lenormant, La Magie chez les Chaldeens, p. 238.
(21)(22) Lenormant, Op. Cit., p. 238.
(23) E. Davies, The Mythology and Rites of the British Druids, p. 41.
(24) Cicero, De Divinatione, L. 1.
(25) Baring-Gould, Curious Myths of the Middle Ages, chap. III.
(26) Encycl. Brit, vol. XVIII. Divination.
(27) W. W. Skeat, Malay Magic, p. 542.
(28) 荊楚歳時記、卜記等参照
(29) 博物志
(30) 太平御覧
(31) 輟耕録
(32) H. Friend, Flowers and Flower Lore, pp. 226, 267.
(33) Davies, Op. Cit., p. 339.
(34) Davies, Op. Cit., p. 483.
(35) J. H. Philpot, The Sacred Tree, p. 102.
(36) Herodotos, IV. 67.

(37) Tacitus, Germania.
小枝の小片を取り上げるとき、厳粛に神々に呼びかけ、眼を天空に向けたそうであるが、そうしたことは、疑もなく比較的に後期的な実修である。
(38) Friend, Op. Cit., p. 268.
(39) Genesis, XXXV.
(40) Stade, Gesch, Is. vol. i. p. 455.
(41) Robertson Smith, Op. Cit., p. 196, Note 4.
(42) Philpot, Op. Cit., p. 93.
(43) Sæmund, Elder Edda.
(44) (イ) Vergil, Georgica, 11. 291.
(ロ) Servius and Virgil. Aeneid, IV. 446.
(45) A. H. Sayce, Religion of the Ancient Babylonians, p. 241.
(46) Sayce, Op. Cit., p. 240.
(47) I Kings, XVIII. 19.
(48) Robertson Smith, Op. Cit., p. 196, Note 4.
(49) M. R. Cox, An Introduction to Folk-lore, p. 29.
(50) Philo Byblius ap. Eus. Pr. Ev. i. 10. 11.
(51) 列仙伝等参照
(52) 酉陽雑俎
(53) Festus, Note on delubrum.
(54) Milton, Comus, II.
(55) Robertson Smith, Op. Cit., p. 196, Note.
(56) M. R. Cox, An Introduction to Folk-lore, pp. 28, 29.

(57) P. Sébillot, Le Folk-lore de France, vol. I. II. III 参照

(58) (イ) Baring-Gould, Curious Myths of the Middle Ages, Chap. III.
(ロ) T. F. T. Dyer, The Folk-lore of Plants, pp. 265-271.

(59) Yate, New Zealand, p. 91.

(60) Baring-Gould, Op. Cit., pp. 80-82.

(61) Ency, Brit., vol. VIII. p. 333.

(62) A. Lang, Custom and Myth, p. 189.

(63) Lang, Op. Cit., p. 189.

(64) Le Brun, Letters sur la Baguette, pp. 106-112.

(65) Lang, Op. Cit., p. 190.

(66) Lang, Op. Cit., p. 194.

(67) Lang, Op. Cit., p. 194.

(68) The Times, January, 16. 1905.

(69) Ency, Brit., vol. VIII. p. 334.

(70) Ency, Brit., vol. VIII. p. 333, 334.

(71) Basil Valentine, Testamentum Novum, lib. i. cap. 25.

(72) Lang, Op. Cit., p. 180.

(73) H. Rowley, Universities Mission to Central Africa, p. 217.

(74) C. Hardwick, Traditions, Superstitions, and Folk-lore, p. 255.

(75) Hardwick, Op. Cit., p. 255.

(76) W. K. Kelly, Curiosities of Indo-European Tradition and Folk-lore, p. 125.

(77) Kelly, Op. Cit., p. 128.

(78) A. Kuhn, Die Herabkunft des Feuers und des Göttertranks, p. 65.

(79) Coles, Art of Simpling, p. 55.
(80) Hardwick, Op. Cit., p. 256.
(81) Ency, Brit., vol. VIII. Divining-rod.
(82) Ency, Brit., vol. VIII. p. 333.
(83) M. E. Chevreul, La Baguette divinatoire 参照 (84) Ency, Brit., vol. VIII. p. 333.
(84) Ency. Brit., vol. VIII. p. 333.
(85) Proceedings of the Society of Psychical Research, 32, 38.
(86) Preller, Ausgewählte Aufsätze, p. 154.
(87) Ency. Brit., vol. VIII. p. 333.
(88) 柳田國男氏著『日本神話伝説集』の中の「大師講由来」

遊行的なもの（抄）

廣末保

遊行民の歴史は、定住民のかげにかくれがちである。したがって、もし、かれらの世界がかれら自身のなかでのみ完結し、終わっているようなものだったならば、それをとりだし、たしかめることは困難だろうし、また、わたしの場合、論ずべき積極的な意味をもたなかったであろう。だが、事実はおそらくそうではなかった。その証拠に、かれらが定住民に働きかけたその痕跡を、いたるところにみることができる。とくに民間信仰の歴史のなかに、それをみることができよう。合祀勧請の形式も、その一つのあらわれである。

村や家の共同体的生活によって基礎づけられた、封鎖的・孤立的な氏神産土《うぶすな》神の信仰に対して、個人祈願の信仰が、場合によっては特定の氏神や、あるいは特定の氏子をもたない霊神流行神などのなかに侵入し習合しながら、伝播され、定着する。『我が国民間信仰史の研究』によれば、「それは謂はば個々の部曲の持つ氏神や産土神に対して、中心的に勢力ある神社信仰や、或はその媒介者となった後のヒジリや法印、座頭、巫女、行者、等の進出の跡」であったということになる。そしてそこに、新しい信仰や、それにともなう芸能の土着化をみることができる。しかし、それはすでに非土着的な契機をふくみこんだものであり、非日常的な次元で、土着的な生活圏を越えた精神共同体を志向し、それにつながっていく側面をもつ。たしかに、それらヒジリや法印や、座頭、巫女、行者といったものたちの進出が、どの程度、定住民の共同体的生活を侵蝕しえたかは疑問であろうし、共同体内部の階層分化をふくめて、共同体そのものの歴史からも、それは問題にされなくてはなるまいが、少なくとも、定住民のなかに、封鎖的な信仰とは異ったところの、もう一つの次元をもちこんでいったであろうことは疑いえない。田村伝説が、東国における村落生活と結合しながら、清水寺を中心に、巫女、道祖神、山霊、塞神的なものの習合を通して伝播され定着されていった過程や、あるいは、全国に散在する大師伝説の共通性などからも、それは窺うことができる。

だが、このようにいえば、いかにも平和裡に、土着と非土着の重層的定着が行なわれたようにみえるかもしれない。むろん、それを可能にする条件が、定住農耕民の側にもなくてはならないし、民俗学でいう「異郷人款待」(hospitality)なども、その重要な条件の一つであろう。そして、そのうえに、なお、共同体的生活の危機や、それを反映した定住民の精神的動揺を考慮しなければなるまい。だが、それにもかかわらず、当然のこととして葛藤はあった。旅の僧をいかにもてなすべきかを語り伝えた弘法清水の伝説は、それを語り伝えた村人の側からのみみるべきではない。この伝説をもちあるいたものの側からもみるべきである。宗教的遊行民が定住農耕民の生活を横切っていくときにうけるであろう抵抗を、それはものがたっているからである。

女が泉のほとりで大根を洗っていると、そこへ旅の僧が通りかかって恵を乞う。女が不愛想にそれをことわると、その僧は杖でとんと突いた。するとその泉はたちどころに涸れてしまった。

親切なもてなしに対しては泉があたえられるが、その反対の場合、泉はとめられてしまう。生活に必須な自然条件であるその泉は、村人共有のものであり、被害は、大根を洗っていた不愛想な女一人にかかってくるのではない。泉をとめるという仕打は、共同体的生活への残酷な報復であった。そして、このような残酷さは、往々、遊行芸能民のもつ口誦文芸のなかにもあらわれるが、ともかく、宗教的遊行民のもちあるいたこの「弘法清水」の背後に、定住農耕民の排他性や蔑視感に対する、脅迫的な対抗をよみとることができる。
愛媛県北宇和郡八幡村大字中間にある宿権現の由来書は、この、定住民と遊行民の葛藤を、別の角度から、かなり具体的なかたちで伝えている。「さる后嫉妬せられゴスイの病を受け、宮中を出て細工彦次郎に引取られ、のち六人のシヨサの者を従へて諸国を巡遊せられ、土佐高岡郡芦賀に着かれし時、土地の者無礼の事あり、即ち憤怨祟をなして村中病死する者多く、よつて后を敷地御前（敷―宿―夙）と祝ひ、六人を疱瘡神と名付けた云々[1]。」

后がゴスイの病をうけ、細工にひきとられ、諸国を巡遊するのは、説経浄瑠璃などにみられるものと同型であり、そこに遊行民自身が托されているが、土地の者の無礼、祟、村人の病死、敷地御前・疱瘡神、といった話の運びのなかに、反撥、抗争、侵蝕の過程をみることができる。そして、そこに、一種の遊行的なる御霊疫神の土着祭拝の観念が指摘されるが[2]、定住民のなかの御霊疫神の信仰を決定づけていくものがまた、遊行民であり、共同体的な生活の外から定住民を対岸視する呪術宗教家であった。たとえば、北野天神の出現を決定的にしたのは、西京七条に住む賤女アヤ子であり、近江比良の神人の子である七歳の童子であった。

人事・天文にわたる不安動揺と、死者霊への信仰などが、御霊神をうけいれる基盤としてあったであろう。だが、その一方で、御霊的なものは、かれら定住民とかけはなれた世界のものでもあった。非業の死をとげるものは、生前、異常な力を発揮し、その異常さのゆえに苦しみ、横死するものでもあった。そこに、あの「悪」のイメージが形成されてもくるが、それは、共同体の秩序と日常性まもろうとするものにとって、近づくことを欲しないものであったであろう。それにもかかわらず、動揺する精神が、死者霊の信仰に媒介されて、その御霊的なものに近づく。だが、共同体的生活を基礎にした、公的で封鎖的なかれらの信仰は、それを管理することができない。非定住的な呪術宗教家が、その御霊を管理すべく活動しはじめるのは、そのようなときである。それにしても、管理は託宣なしにはありえない。御霊をあらわすものが、同時に管理するものであった。共同体から排除され、脱出した呪術宗教的遊行民は、孤独や怒りや、また呪術的能力といった、その異常性において、どこか御霊神的であり、御霊神に形をあたえ、それをにないあるくにふさわしいものたちであった（後述、小栗と遊行民）。こうして、御霊のもつ異常な「悪」の力が呼びだされ、定住民の信仰と感覚のなかにもちこまれる。御霊神は現世利益的な神に転化されるということがあったが、しかし、遊行する呪術宗教家は、依然、御霊神の「悪」をになってあるいたのではなかろうか。疫神と習合したその御霊神を持ち運びながら、同時にそれを防ぎ管理するという役割をもって、かれらは定住農耕民の生活を横切り、かかわっていくほかなかったからである。

非日常的な恐怖の世界を、定住民は遊行民に托した。遊行民は、それをもって定住民の世界を侵蝕した。遊行念仏の聖や、時衆が、死の管理者であったことも、同じような意味あいで、また見逃すことができない。時衆と和泉式部や斎藤別当実盛の霊。精霊を慰める踊と踊念仏の関係。念仏踊とお国と名古屋山三の亡霊[3]。だが、死といえば戦乱の修羅場ということになろうか。鎌倉北条氏落城直後、当時、藤沢遊行寺にあった他阿弥陀仏から証阿弥陀仏に送った書状[4]は、戦いと死と遊行派の関係を如実にものがたっている。

鎌倉はおびたゞしきさはぎにて候つれども、道場は殊に閑に候つる也、其故は、しげく来候殿原は、皆合戦の場へ向候つれば、留守の跡にて無別事候、たゝかひの中にも、よせ手、城のうち、ともに皆念仏にて候ける、どしうちたりとて、後日に頸めさるゝ殿原、これの御房達、はま（浜）へ出て、念仏者には皆念仏すゝめて、往生を遂させ、いくさの以後は、これらを皆見知して、人々念仏の信心弥ゝ興行忝候、命延候者、又々可申承候、あなかしく、
南無阿弥陀仏
五月廿八日　　他阿弥陀仏
証阿弥陀仏
御返事

（長野県南佐久郡野沢町金台寺文書）

「たゝかひの中にも、よせ手、城のうち、ともに皆念仏にて候ける」という記録は、死に直面したものたちの不安と恐怖を伝えているが、「念仏」という点では、敵も味方もない。ひとしく、死という不可知なものに対する恐怖におののいている。おそらく肉体を殺戮しあうことの恐怖と、阿修羅道の恐怖は分ちがたく結びついて、血なまぐさい戦場をおおっていたにちがいない。そして、その闘争のただなかに、時衆は介入する。

しかし、時衆と、闘争するものたちとは、どこまでも異質であった。時衆の介入は、「往生を遂《とげ》させ」、また、「念仏の信心弥ゝ興行」のためであった。死に直面した武士たちが時衆を必要としたというだけではなく、時衆にとっても、いくさ場にたちあうことは不可欠の条件だった。金井清光は、応永七年の大塔《おおとう》合戦にふれ、「九月二十四日に戦は始まったが、激戦の末、小笠原方が敗れ、一族家臣が多数戦死した。その一部始終を書いたのが大塔物語であるが、流布本（嘉永四年模刻版本）によれば、善光寺妻戸時衆や十念寺の聖たちが戦場に赴き、戦死者の屍をとりおさめ、卒都婆をたて塚を築き、十念を与えて供養し、あるいは生前の筆のすさみを形見として妻子に届けるなど、かいがいしい活躍ぶりをみせている」が、『大塔記』や『信州大塔軍記』には「善光寺妻戸時衆同十念寺之聖の活躍が全く無く、」流布本には時衆の語りによる潤色が

加えられているという。[5] 布教が「語り」という形をとる場合も、闘争と死にたちあうことによって、いや、少なくとも、たちあったごとく語った。

かれらは、死の管理者として、つまり、死の恐怖と罪障感をもって闘争にかかわったのであり、したがって、闘争そのものからは超越的であった。死の恐怖と罪障感、といったが、それは、かれら時衆のものたちが闘争の場に乗じてうえつけていったものでもあったから、救済は、みかたをかえれば、精神的な侵犯と支配を意味しており、その意味で闘争そのものを超越していた。かたちのうえでは、かかわりながら最期を見届ける立場にあり、非情の精神によってそこにたちあうことでもあった。これは宗教家の、とくに従軍宗教家の立場だといえばいえようが、少し脇道にそれていうならば、ある種の文学精神にも、それは通じるものであった。

都を外に乱世を生きた連歌師たちを、わたしは想いだしている。「あさましく連歌の興をさます覧／敵よせ来るむら松の声」――後の世の俳人たちが、連歌にふさわしい場として陣処を付けたのは、決して恣意的な連想からではなかった。修羅場における連歌の場――、しかしその連歌の場は、同時に修羅場の死闘を超越した場でもあった。少なくとも超越しようとする場であった。むろん、付け合いの連歌は、一味同心的な共同体にふさわしいものだったということもあるが、そればかりではなく、連歌師を先達者・媒介者として句を付け合うことによって、死闘にのぞむものたちは、超越的・普遍的な世界への同化を体験する。一味同心的な共同体も、この同化を通して実現される。そして、その超越性・普遍性を保証するものとして、連歌の無常観と、その無常観を通して連歌のなかに再生させられた和歌的・伝統的な美意識への正統観があった。ところで、このような連歌の場を組織する連歌師の放浪は、しばしば敵味方の関係も超越しており、たとえば、宗祇の旅は、堀越公方や上杉一党の豪族から、その敵方の古河公方以下にまで及んでいる。なぜそのような自由が連歌師たちに許されたか、それを武人の美しい心情といったものだけで解釈することはできないだろうし、連歌師たちのダブル・スパイ的な役割といったものについても、その面だけを強調してすませるわけにはいかないだろう。あくまで、超越的・普遍的な世界で結ばれあう人間と、その先達・媒介者という前提があればこその自由ではなかったか。もし武人の美しい心情というようなことがいえるとすれば、それは、恩讐を超え修羅場を超越した世界を求める心情としてそれを解すべきであろう。それにしても、この関係は、乱世における時衆の行動と一脈通じあうものがある。というよりも、時衆と地下連歌師は深く結合している。室町期においても、救済の師の善阿は七条道場のものであり、良阿は四条道場の僧であった。宗祇もまた、時衆と連歌の一座を催している。時衆が遊行＝旅という方法で土着をこえた宗教感情を組織していったことと、連歌師が乱世のなかの旅によって連衆を組織していったこととのあいだには多くの類似性が認められるが、とくに死闘の場にかかわったという点で類似していた。そしてそこに、かかわることが見届けることでもあるという、あるいは、たちあうことが超越することでもあるという、特殊な経験形態を推測することができる。おそらく、非定住者・遊行民の獲得したであろう特殊な「経験」の意味が、あらためて問いなおされねばならなくなるだろうし、やがて、近世における芭蕉のような詩人の問題にまで、それは繋がっていくであろう。芭蕉の旅と土着の関係、あるいは芭蕉にとっての「俗」や、また、「俗を正す」ということばの意味が、「詩」以前の問題として、この文脈のなかで問われねばならなくなるかもしれない。いや、「詩」以前の問題といったが、むしろ、芭蕉における「詩」的経験と、それは無縁なものでないように思われる。わたしは、いささか脇道に深入りしすぎたかもしれないが、遊行的なるものにとって、追跡の「道」は多岐にわたっており、つい、叙述も遊行めいてくる。しかし、いまはとりあえず、もとの道筋にとってかえそう。

封鎖的な共同体的生活のなかでは処理しえない不安・動揺・恐れといったものを、にない・になわされるという関係を通じて、遊行民は、定住民の共同体に対していった。階層的な対立を、どこまでそれは反映していたか。それをあきらかにするためには、共同体内部の分析が必要だし、また個々の場合によっても異ってくるだろうが、基本的にはやはり、共同体的秩序との関係が問題になってくるように思われる。それは、遊行民のもつ超階層的な性格からも考えられる。遊行は、もともと秩序外的な要素をもっている。だが、それればかりではない。死の管理者といった面からみた場合も、卑賤なオンボウから高僧一遍まで、繋がるのである。呪術性についてもそのことはいえる。売色にまで転落する熊野比丘尼は、山伏の妻でもありえたし、したがって熊野権現に繋がっていた。また、売色といっても、それは巫女的遊女の名残りをとどめていたともいえるし、巫女が遊女でもあるといった関係は、もともと呪術的な宗教性によってなりたっていたかもしれないのである。そして、その呪術宗教的なものはまた、宮廷と無関係ではない。正月、宮廷に出て曲舞を奏した唱門師《しょうもんじ》大黒の事など、『言継卿記』によって、はやくから知られていることだが、宮廷が一般の定住民から劣等視されていた呪術的芸能民と接触をもったその意味は、『梁塵秘抄《りょうじんひしょう》』の成立などとともに、さらに検討される必要があるだろう。中世文化について考えるとき、宮廷と交渉があったということだけで、貴族的だとはいいえない。時代は下るが、近世の浄瑠璃や歌舞伎で描きだされた宮廷や公卿は、大衆のなかに伝統的にあった宮廷のイメージを、あるていど伝えている。それが、呪術宗教的な遊行芸能民から発展してきた人形浄瑠璃や歌舞伎集団を通して表現されたものだということも無視できないが、逆に、大衆は、かれら呪術芸能民の眼を通して、宮廷や公卿のイメージをもったということもあるだろう。信田妻の伝説にもとづく『蘆屋道満大内鑑《あしやどうまんおおうちかがみ》』などは、陰陽師の世界と宮廷を結びつけながら語りはじめているのだが、例の異常な——妖しい恐怖の——「悪」のイメージにしても、それを、公卿悪といったかたちで様式化したのは、決して偶然ではないように、わたしには思える。

呪術的遊行民の超階層性は、卑賤とか高貴とかいったものを、かなり自由にのりこえるが、もともと卑賤とか高貴とかいう差別そのものが定住民的な発想と深くかかわっているのかもしれない。問題は、なぜ、そのような差別観念の適用しえない世界がありえたかということにあり、それを呪術性によって説明することは可能だとしても、同時に、呪術性によるその超階層性を可能にしている中世の歴史的条件が今後、問われなくてはなるまい。

ところで、この超階層性は、かれらの口誦文芸が、往々、類型的な雅文調で語られていることについてもいえる。そこに、その芸能の後進性を指摘することもできようが、しかし、雅文調のもつ類型美は、ひなびた俗文脈の語りのなかに置きなおされて、絢爛と野卑の不思議な統一をつくりだしているのである。絢爛と野卑といえば、『浄瑠璃物語』や、熱海美術館蔵の絵巻『上瑠璃』(近世初期?)をみると、絢爛と野卑そのものといったものをわたしは感じるが、そのイメージはおそらく、平安貴族の来迎図あたりにまで繫がるのではあるまいか。浄土教の精神化とともに、呪術的なものは絶たれ、その結果、古代末期の来迎図のイメージは浮遊しはじめ、呪術宗教的な遊行民のなかにうけつがれていったのではないか。そして、現世利益の神仏霊験譚と恋愛説話のなかで、次第に絢爛と野卑の彩りを濃くしていったのではあるまいか。

呪術宗教的なものに媒介されてではあるが、にない・になわせるといった関係を通して、「遊行的なるもの」は封鎖的な共同体と対立する。というよりも、まず、その対立の側面を指摘しておくことからはじめなければならないと考える。そのうえで、妥協・協力・相互媒介の、実際的なあらわれかたについて、みなければならない。でなければ、うやむやに癒着させる結果に陥るだろう。遊行的なるものの土着化についても、ここではほとんどふれえなかったが、ただ、いっておかねばならないのは、その土着したものにしても、反土着的・反共同体的な契機をふくんでいたということ、逆に、そうした契機をふくんでいなかったならば、わざわざ迎える必要はなかったということである。このことは、郷土芸能とか地方芸能とかいわれるものを扱う場合にもいえる。一般に、それらを、その地域の特殊性において強調し評価するということがないだろうか。たしかに、地域性はあるだろう。だが、その形成過程に、芸能的遊行民や呪術宗教的な遊行民の存在を無視することはできない。地域性と同時に、地域的な封鎖性を超えた要素がそこにあったはずであるし、それは実証されてもいる。にもかかわらず、次第に、地域的な閉鎖性のなかに閉じこめられていったとすれば、それはなぜか。

それら土着的なものも、「遊行的なるもの」にもう一度媒介されなおす必要があるのではないか。いや、それはすでに、「遊行的なるもの」などといったものではありえないであろうが。

わたしは、「遊行的なるもの」の存在を想定し、とりあえず、そのいくつかの断面を手さぐりしてきたが、多くの場合、想像と推測によるほかなかった。したがって、わたしの想像と推測が、いつか裏付けをあたえられ、あるいは訂正されていくのを、まちたいと思うのだが、しかし、一面では、問題の性質上、想像的・推測的にならざるをえないといった点もあるように思う。自覚的な方法に転化した芭蕉などの場合はともかくとして、遊行民が、自己を、また、自己と定住民との葛藤を、なにに托すことなく語り、記録として伝えるということは、まず稀だろうからである。そうしたとき、叙事詩的な口誦文芸は、一つの重要な資料となる。『小栗判官』を、この「遊行的なるもの」の終わりに論じようとするのは、そのためである。

『梁塵秘抄』をもちだすまでもなく、アソビと宗教の関係は古くから認められるが、中世の叙事詩的な口誦文芸のなかで、芸能的な「語り」のアソビは、しばしば独自な意味をもった。かつて、語るというアソビは、そのままその語られている世界をわが身にになうことでもありえた。託宣と形代の性格を、「語り」と、その語り手はもっていた。第三人称的な発想がもちこまれ、叙事詩的な方向をたどるようになっても、それは、長いあいだ、叙事詩を構想する仕方のなかに、しのびこんでいた。説経浄瑠璃と、その周辺の文芸にも、その名残りをみることができる。

説経浄瑠璃『おぐり判官』（延宝三年、正本屋五兵衛板）、『をくりの判官』（佐渡七太夫豊孝正本）、奈良絵本『おくり』（以上、横山重・藤原弘校訂『説経正本集第二』）、『をくり絵巻』（桂宮本叢書）のあいだにはそれぞれ異同があり、そのどれか一つをもって『小栗判官』を代表させることはできない。なるほど、絵巻と絵本のなかに古型をみるみかたもあり、わたしもまた、必ずしも、それに反対ではないが、しかしその二つで代表させるわけにもいかないのである。説教浄瑠璃の二つの正本にも、絵巻や絵本にはない、あるいは、それら二つのうちのどれか一つにはみられない古い記憶がよみがえっているということがある。つくりかえられるとともに、よみがえらせる、といったかたちで伝承され展開するのが口誦文芸であろうし、また伝承者や享受者の性格によっても左右される。わたしは、大まかにいって、本地の要素、道行における地名の多少、小栗の悪の力や、全体のストーリーと描写を支えている呪術宗教的な要素などを基準にして、古型を考えたいと思う。それらの条件を、すべて同時的にもっていたような物語は、かつて一度も現実的には存在しなかったとしても、ともかく、いま必要なことは、現実に存在した古い一つの形を見定めることではない。いまのわたしにとって、『小栗判官』の世界は素材なのであり、それぞれのかたちに定着した『小栗判官』を、文学として論ずるのがここでの目的ではない。作品としては存在しない、虚像としての小栗判官の世界が必要なのである。伝承の時間のなかを可能性として生きた小栗判官の世界といってもよい。しかし、その探索が文学作品としての理解や評価と全く無関係だとも思ってはいない。たとえば、次のような考えかたもあるにはある。「『小栗』という歴史的創造物をいくつかの説話的原型に還元して見せること自体に、それほど積極的な意義があるとは思われない。発想の根底にそのような説話的原型が横たわっているにせよ、それからはみ出したり、変化している点にこそ、文学としての新しい創造の意味があるのだから。」（「『小栗判官』おぼえがき」[6]）しかし、わたしはこうした考えにそのまま同感できない。一見、良識的なこの考えかたは、文学に固執しているようにみえてその実、前近代の文学を、「創造」という観点を導入することによって単純化する結果になっていないだろうか。なるほど、説話的原型への還元をもって、そのまま『小栗判官』の文学的研究とはいえないかもしれない。だが本当に、原型からはみ出し、変化している時点にしか「文学」はないのか。文学とは、つねにそのようなものでしかなかったか。そして、この物語を「二人（小栗と照手《てるて》）の運命と愛情の軌跡が交わるところに強烈な感動を結ぶ物語」といったふうにみてしまうことが、はたして事実にそくしているかどうか、わたしには疑問に思われるが、それについては、おのずとふれることになろう。

「そも〳〵このものがたりのゆらひを、くはしくたづぬるに、くにを申さば、みのゝくに。」『小栗判官』の場合、この「くにを申さば」という語りだしは、『をくり絵巻』にしかみられないが、わたしは、ここに、土着の内部からではない、遊行的な発想をよみとることができるような気がする。だが、それをいうためには、もう少し手続きがいるだろう。いまはとりあえず、『小栗判官』の具体的な構想と描写にそってみてみよう。

小栗は、みぞろが池の大蛇と契った（奈良絵本になし）。説経正本によれば、大蛇は小栗の子を宿したため、もとのみぞろが池へ帰ることができず、神泉苑の池にとび入ろうとし、そこに棲む八大竜王と争う。ために大雨となり、はかせの占いによって、小栗は常陸の国に追われる。大蛇の懐妊は、八大竜王との争いから、はかせの占いにつながり、小栗追放を合理化するための後からの挿入とみられなくもない。しかし、『たむらのさうし』でも、藤原俊祐は益田池の大蛇と契った。そして、その子の日リウ丸が、後の俊仁将軍である。大蛇と契るという型は珍しくはない。もっとも、小栗の場合、大蛇は懐妊したが、その子についてはなにも語っていない。だが、大蛇との間に生れたもののもつ異常性（英雄性）は、小栗のなかにもある。小栗のなかには、大蛇と契った小栗と、その子との、二つの異常性が、どうした曲折をへてか、重ねられてしまったといえなくもない。ところで『小栗判官』の場合、この大蛇との契りや、その大蛇が、もとのみぞろが池でなく神泉苑の池に入ろうとしたことや、その結果の、小栗の追放をどう考えればよいのだろうか。

わたしは、小栗のなかに、この物語を語りつたえた当の遊行民自身が托されていると思う。遊行民は、自己をそのまま素材として語ることはない。そうすることは、おそらく聞き手――定住・土着民――との交通を遮断することになるだろう。だが、呪術仏教的な発想を共通の基盤として、その物語に聞き手をひきずりこみ、そのうえで、たとえば、登場人物に聖名や巫女名をつけるということがある。しかし、そういうことよりも、小栗の貴種と追放は、それ以後の行動とともに、すでに引用した愛媛県北宇和郡八幡村の宿権現の由来書を想いださせる。土着民に反抗されたために祟りをなし、敷地御前（敷―宿―夙）と祝われたものは、ゴスイの病をうけて宮中を追われた后ということになっていた。この小栗と遊行民の間柄は、つづいてあらわれる小栗の御霊的な性格からも想像できる。さて、小栗の追放と大蛇のすみか喪失のことにかえろう。そして、この、小栗と大蛇の関係にふれた岩崎武夫の意見に、まず、注目したいと思う。[7] 大蛇は古くは水神として農民から恐れ敬われていた守護霊であって、村落共同体にとって軽視できないものであったとし、その大蛇＝女身が、小栗の吹く笛の音におびきだされて契るということのなかに、大蛇自身による村落共同体への冒瀆をみる。小栗の側からいえば、大蛇を誘い堕落させたということになり、したがって、同じく村落共同体の秩序にむけての侵犯的な敵対行為であるとし、そこに、「村落共同体を外から襲ってくる御霊神の面影と、それに重なる漂泊民の姿が二重に透視されて英雄小栗の像に結びついたプロセスをみる」というのである。たしかに、このあと、小栗が、相模の豪族・横山へ強引な婿入をする段階になると、その異常な力が、同族的な共同体を外から犯していくといった、わたしのいわゆる遊行民的な性格がはっきりあらわれてくる。大蛇と契る小栗は三条の大臣・兼家の嫡子ということになっているが、このへんの関係は、すでにふれた宿権現由来書の発想からみても解ける。ただ、大蛇＝水神＝地主神といった考えかたについては、ほかならぬその大蛇が、遊行的なものと容易に結合しうるような魔力をもっているという点で、もう少し考えてみる必要がありそうだが、しかし、大筋は納得できるように思う。ついでにいえば、正本『をくりの判官』では、大蛇は、八大竜王にむかって、「人間と契りをこむれば、仏体の身となるゆへ、此池（神泉苑）にいるべし」と答えており、『おぐり判官』では、逆に、八大竜王が大蛇にむかって、人間と契りをこめたものは、「わがすみかにはかなふまじ」といっている。前者の場合、人間＝遊行民＝仏体という関係を、遊行民の側から暗示しているように思えるが、わからない。しかし、想像を逞しゅうすれば、大蛇は、「人間」の小栗（遊行民）と契ることによって「仏体の身」になったため神泉苑に入る資格をえたというこの筋道には、土着的なもの（大蛇）が遊行的なものによって変身させられ、そのため、もとの土着性を失い（みぞろが池に帰ることができず）、そのうえで、あらためて新たな土着化を志向するという、遊行と土着の関係を、その間の抵抗関係をもふくめて、よみとることができるかもしれない。だが、ここで、ことわっておいたほうがよいと思うが、わたしは、新しい土着への志向を、遊行漂泊民の敗北というふうには必ずしも考えていない。したがってまた、漂泊民の危機意識――半定住化とともに「その運命の終焉と敗北を予知」する漂泊民の危機意識――が、「自己の未来を暗示する運命に逆い、漂泊する自由の全的な確保と、そこに投入された漂泊者としての自負や情熱が、虚構としての語りの世界で語られたとき、小栗という英雄像が生れたのであろう」という推理[8]にまでは、まだついていけない。たしかに、漂泊民の意識というものを考えたとき、この推理には説得性がないわけではないが、しかし、若干のためらいが残る。『小栗判官』の場合、とくにそうだ。御霊神や、その「悪」を、にない伝承していく遊行民の、呪術的な想像力が、小栗像を構想する基盤にあるのであって、危機意識による自負や情熱によって、小栗という英雄像が生れたというふうには、すぐ繋がってはいかないように思う。たしかに、伝承的な創造主体にしろ、伝承から断絶した創造主体にしろ、いずれ創造主体といったものは、なんらかの意味で危機意識と無縁ではありえないだろうが、それにもかかわらず、そのあいだには複雑で厄介な問題が横たわっており、そのため、「虚構としての語り」というときの、その虚構の意味も問題になってくる。つまり、虚構する主体と、虚構への媒体（たとえば御霊神といった）と、虚構された世界、といったふうには分けられない場合がある。なぜなら、虚構する主体性そのものが、すでに、その「媒体」にあたるものを主要な成立条件とすることによってはじめて存在しうるような主体である場合も、ありうるからである。むろん、分化現象が全く存在しないなどということはありえないだろうし、その分化の進行過程を正確に見定めることは容易でないが、少なくとも、未分化状態の残存を前提にしなければ、『小栗判官』の世界の構想の、独自な必然性――たとえば、なぜ遊行芸能民は、小栗を死なせなければならないかといった――が理解できなくなる。岩崎武夫ももまた、「村落共同体の秩序を大胆に破壊衝撃する小栗」を、なぜ、死に追いこんだのかと問う。そして、遊行民のなかにある自己矛盾とでもいうべきものを、その小栗の死と結びつける。漂泊民は、「（村落共同体）を犯すことによって自己の漂泊者としての自由を守る」が、一方で、「彼ら漂泊民が芸能の徒として生きる限り、敵対視し対岸視している村落共同体の常民を必要とする」し、語りが宗教的な意味あいを失っていないとき、「調和を志向する意識が宗教的な使命感を伴いながら、漂泊者の中に深く根を下ろしていた」ために、「犯しへの自己反省」が生じ、それのもたらす「罪障感が、結局小栗を死に追い込んだ原因である」というふうに――。遊行的なもののなかにある自己矛盾――反遊行性、あるいは土着化への衝動といったものを、どうとらえるかということは、重要な問題だが、その矛盾からくる自己反省と罪障感が、小栗を死なしめたという推論は、いささかできすぎているように、わたしには思える。生前の異常さ――悪の力――と、それゆえの横死、これは御霊神的なものの条件であり、もともと、横死しうるものこそが、定住民の秩序と対立する存在たりえた。御霊神や死の管理者でもあった遊行民にとって、だから、小栗の死は必ずしも、村落共同体への敗北を意味しはしない。むしろ、「死」を通して、遊行民は定住民に対して支配的にすらなる。村落共同体の秩序を破壊衝撃する小栗には、漂泊民の自負や情熱が托されているにもかかわらず、なぜ、その小栗を死に追いこむか、といった問いかた自体が苦しいものになる。小栗の反秩序的な力は、その横死と分離しがたいものだし、あえていうならば、逆に、横死する小栗の側から、小栗のイメージはつくられているとさえいえるのである。だからといって、漂泊民の、「運命の終焉と敗北を予知する」危機意識といったものについて考えなくてよいということには、むろん、ならないであろう。だが、それはそれとして話をもう少し具体的にする必要があるかもしれない。

　常陸の国に流された小栗は、後藤という旅の商人（高野聖・聖商人との関連）の話から、横山の娘・照手のことをしり、その後藤の手びきで強引な婿入をする。そして、その強引さのために、ついに横山の手にかかって毒殺される。そこに小栗の異常な「悪」の力が示されており、それは、後に餓鬼身から蘇生した小栗が、父兼家の館を通りすぎるときの、「いにしへの威光が失せずして」（絵巻）といった表現のなかにも、また、みることができよう。閻魔《えんま》大王もいっている、「娑婆にありし、そのときは、善と申せば、違うなり、悪と申せば近うなる、大悪人のものなれば」(同上)。

ところで、異常な悪のために横死した小栗は、御霊神としてあらわれるべきではなかったか。だが、かれは閻魔大王によって、この娑婆に送りかえされた。熊野の湯の峯に入れるようにと、藤沢の上人あてに自筆の判をすえ、にんはちゃうという杖で、虚空をはったと打つと、築いて三年になる小栗の塚が四方へわれてのき、卒塔婆は前へ、かっぱところび、むら烏や鳶が笑う。この背景のなかに躍りだしてきたものが、「髪は、はゝとして、足手は糸より細うして、腹は、たゞ鞠《まり》をくゝたやうなもの、あなたこなたを、はひまはる」(絵巻)といった、餓鬼身のそれであった。御霊神のイメージは、それとして完成することなく、死の瞬間から、閻魔大王、藤沢の上人、熊野という線上で、グロテスクな餓鬼身のイメージに転じ、藤沢の上人によって名付けられたところの、餓鬼阿弥陀仏に変身した。「遊行」と「死」に媒介されながら時衆の発想が重なり、さらに、死と蘇生によって、熊野の遊行巫女の発想が重なっていったのであろう。上人は餓鬼阿弥の胸板に「このものを一引き引いたは、千僧供養、二引き引いたは、万僧供養」とかきそえ、土車にのせて、うはのが原を引きだす。「相模畷《さがみなはて》を、引く折は、横山家中の殿原は、敵《かたき》送りを、得しらひで、照手のために、引けやとて、因果の車にすがりつき。」熊野へむかって引かれる小栗の餓鬼阿弥は、罪障をにない、になわされた形代の姿である。非業の死を通して御霊的な悪の力をよびだすものと、その死のなかに罪障を説くものとは、どこかで結合する。たとえば、小栗という異常な悪の力と契った照手は、夢のなかで小栗の横死を予知する。そこに、御霊的な悪をになう巫女の性格をみることができるが、その夢は、巫女的であると同時に、死の管理者である時衆のイメージによっても語られている。

今夜不思議の夢をみる。一度ならず二度ならず。三度迄夢物語申べし。一ばんの其夢に小栗殿。いつも寵愛被成ける。村重藤《むらしげどう》の御弓を、天より鷲がまいさがり。三つに蹴折り。うら弭《はず》、奈落へしづむ也。中は火焔と燃へ上る。又かた弭は、うはのが原に。卒塔婆に立《たつ》と夢にみた。（略）第三の其ゆめは、かなしきかなや。我《わが》つま。白浄衣《じょうえ》に身をかざり。あしげの馬に逆鞍逆鐙《さかぐらさかあぶみ》。白たづなを、ゐりかけて、其身かろげに召れ。十人の殿原は。幡天蓋《はたてんがい》をなびかせて。是もつゞいて出給ふ。御ともに藤沢の上人。あまたの御《み》弟子を引ぐし。北へ〳〵と行給ふ。北は、うはのが原。物うき方へ御座有と。跡をしとふて行けるが、白雲にへだてられ、つまのすがたを見うしない。なく〳〵いぬいに帰ると見て。夢は其まゝさめにけり。（かりに正本『おぐり判官』によった）

そういえば、死のイメージは、異常な悪の力とも重層させられ、読者（きき手）を恐怖と畏敬のなかにひきこむ。その恐怖と畏敬の感情は、呪術宗教的な遊行民が、御霊神や死の管理者としての位置を確保するためにも、必要としたものであるが、小栗主従が、鬼鹿毛の厩へ案内されていくその八町の萱野の凄惨な光景は、時衆や三昧聖が、それをもって定住民を脅し支配しようとするときの、死のイメージによって語られている。

左手《ゆんで》と右手《めて》の、萱原を、みてあれば、かの鬼鹿毛が、いつも食《は》み置《を》ひたる屍骨白骨、黒髪は、たゞ算の乱ひたごとくなり、十人の殿原たちは御らんじて、なふいかに、小栗殿、これは厩ではのふて、人を送る野辺かとぞ申さるゝ、（絵巻）

それに対して、小栗は、人を送る野辺ではなく、「某が、押入りて、婿入したが、咎ぞとて、馬の秣に、飼をうとする」と応えている。この語りをきくものが、そこにかすかな罪障感を感じることがあったとしても、小栗の悪の力は否定されていない。むしろ、小栗の悪の力が、この惨惨な死のイメージをひきだし、そのイメージがまた、小栗の力の異常さを表現するものとして、はねかえってくる。この関係は、萱原の死のイメージを背景とした鬼鹿毛とその厩の描写のなかにもみることができる。

四町かいこめ、堀ほらせ、山出し八十五人ばかりして、もちさうなる、楠柱を、左右《さう》に八本、たう〳〵とよりこませ、真柱《まはしら》とみえしには、三《み》かいばかりありさうなる、栗の木柱を、たう〳〵とよりこませ、根引きにさせて、かないしとちぬき、かせをいれられたり、くろがねの格子をはつて、貫《ぬき》をさし、四方八つの鎖で、駒つなひだは、これやこの、冥途の道にきこえたる、無間地獄の構へとやらんも、これにはいかでまさるべし、（絵巻）

ところで、横山家中のものがもてあましたこの鬼鹿毛の不気味な悪の力は、横山の計略にもかかわらず、当然、小栗のそれと対立するものではありえない。小栗の異相と宣命によって、鬼鹿毛は小栗と一体になる。最後には馬頭観音としてまつられるのである。『小栗判官』のなかで、死の世界は悪の世界と対立するものではない。非業の死に罪障を感じるということはあっても、その罪障感は悪の力を否定し去りはしない。そればかりか、熊野への道行と蘇生によって、その罪障が清められたあとも――餓鬼阿弥から蘇生したあとも――小栗の強引な悪の力は残っている。だからこそ、小栗は巫女的存在である照手によって守られねばならない。小栗は最後に正八幡荒人神としてまつられるが、そのときも照手が契結神《ちぎりむすぶのかみ》としてひかえている。このことは、小栗のなかに照手を必要とする悪の力の潜在することを示す。照手のほうからいえば、小栗をにない、管理するということになり、この両者の結合において、『小栗判官』の世界は、定住民の共同体と一定のかかわりをもつのである。ここで、照手について簡単にふれておかねばなるまい。

御霊的なものが御霊神として出現することなく変身した餓鬼阿弥の土車を、照手は、小栗とはしらず、熊野へむかって、青墓の宿から大津関寺の玉屋の門までひいていくのだが、そのとき照手は、青墓の宿を半定住的な拠点とした遊行巫女であり、遊行念仏者であった。この照手の性格は、小栗が毒殺された直後からあらわれる。口のない牢輿に乗って、ゆきとせが浦に漂着した照手は、「この浦に、漁のなかつたは、その女ゆへよ、まゑん、化生のものか、または竜神のものか」と、村のものに打たれる。それを救ったむら君の太夫は、妻が照手を虐待し、果ては人買いに売ってしまったために、出家する（正本では諸国修行に出る）。外からの来訪者をうけいれたものもまた、村落共同体から去らねばならない。照手は、人買いによって次々と転売されていって、青墓の宿万屋の君の長のもとに買いとられるが、そこで餓鬼阿弥となった小栗に出会う。青墓に対する遊行民の拠点意識を、そこにみることができるとともに、道行によって筋を展開させていくという遊行芸能民の発想をみることができる。そしてまた、その道行は、青墓から関寺への道行のように、罪穢をにない清めるといった宗教的な行為を表現する。さて、照手は、亡き小栗のために遊女になるのを拒絶し、そのため、十六人の下《しも》の水仕を一人でやらねばならなくなる。小栗への愛情といったものが、ここでみられようが、それをたすけるのは千手観音である。そして、照手はいつも念仏をとなえているために、念仏小萩とよばれる。また、小栗のためを思って土車をひくのだが、それも、「(餓鬼阿弥の)胸札を御らんある、このものを一引き引いたは千僧供養、二引き引いたは万僧供養と、かいてある、さて一日《ひとひ》の車みち、つまの小栗の御ためにも、引きたやな」と時衆に繋がり、したがって、「さて一日の車みち、十人の殿原たちの御ためにも、引きたやな」ということにもなる。亡き小栗や家来のために、その罪障をはらおうとするのである。愛情が具体的にはこのようなかたちをとってあらわれることが、この場合、肝腎なのである。照手の巫女的な性格は、「三日のひま（土車をひくための）を給はる物ならば、長夫婦の御身の上に、大事のあらん其時、御身代りに立べき也」（『おぐり判官』）ということばにも、窺えるだろう。この身代りの契約は、来るべき凶事（罪障）を、代ってになおうとする形代のそれではないか。その凶事は、夫婦のうえに実際にくるのであり、それを照手は無意識のうちに予知している。もし、たんなる身代りの契約だとすれば、そのとき、なんら凶事らしいものを予想できないにかかわらず、夫婦のものがそれを承知するのはおかしいともいえる。そして、この照手の巫女的な性格は、土車をひくときの狂乱の扮装によってはっきり視覚化される。古烏帽子をつけ、長い黒髪を乱し、小袖の裾を肩にかけ、四手《しで》をつけた笹の葉をもった物狂いの扮装は、神憑りした巫女のそれである。芸能化のなかで、このあざやかなかたちがつくられていったとしても、ほかならぬ巫女のそれによったのは、決して偶然ではない。むろん、語り手たち自身の世界が、その扮装に反映しているとしても、それを、この場にもってきたのには、それなりの理由がなければなるまい。

　青墓での小栗と照手の邂逅は、御霊的なものの変身した餓鬼阿弥と巫女との出あいであったが、きき手が、この小栗と照手の邂逅に不自然さを感じないとすれば、それは、餓鬼阿弥と巫女の出あいを暗黙裡に予期していたからである。そうでなければ、餓鬼阿弥という形はただ小栗を青墓に運んでいくための無内容な手段になる。だが、土車の、ものいわぬ餓鬼阿弥のイメージは、まさに餓鬼阿弥のものであった。大津関寺で、神憑りした巫女の姿の照手が、餓鬼阿弥の土車のわたてを枕に夜をあかすといった、奇怪なかたちのもつ意味も想いだす必要がある。なるほどそこに、妻としての照手、夫としての小栗が重なっているだろう。だが、餓鬼阿弥のイメージがなくては、また、その土車をひく物狂いの扮装をした女のイメージがなくては、きき手をひきこみ感動させることのできないそれは道行なのである。だから、たとえば照手の巫女的性格をみながらも、「しかし、説経『小栗』の段階では、それはより現実的、人間的次元に昇華し、深い思想的意味を持つ可能性を孕むに至った」（「『小栗判官』おぼえがき」）というようなみかたは、少しばかり「人間的次元」に執しすぎているように思われる。「人間的次元」とは、どういう次元であろうか。おそらく、「巫女」的な照手に対しての「人間」的な照手、といったような意味が托されていると思うが、もしそういう意味なら、それはやがて、近松などにうけつがれていくものとして評価されそうに思われる。だが、そうでもないらしい。その可能性は、近松などにも「その深みにおいてとらえられ発展させられはしなかった」というのであるから。いったい、「その深み」とは、どういう深みであろうか。ともあれ、『小栗判官』のもつ具象性を捨象して、小栗・照手の「人間的」な愛情物語に抽象しすぎてしまうと、「その深み」を見失うことになるように、わたしには思われる。

もともと、小栗の異常な悪の力と、それゆえの横死とは、表裏一体のものであった。つまり、御霊神たるべき資格を、小栗は十分にそなえていた。ところが、御霊神をあらわし管理する呪術宗教的遊行民の発想が、死や罪障を管理する時衆の、さらにまた死と蘇生にたずさわる熊野系の発想と結合することによって、小栗は、その横死を契機に、餓鬼阿弥に変身させられ、やがて、もう一度、蘇生させられた。餓鬼阿弥への変身は、御霊神へではなく蘇生への手続きであった。閻魔大王のことばからも、それははっきりしている。ただ、藤沢の上人（時衆）の手をへるからは、一度、餓鬼阿弥になるほかない。しかし、そのおかげで、遊行巫女（照手）が、しかるべき役割をになうことができた。藤沢の上人から照手をへて熊野へという道行は、湯の峯まいりだが、餓鬼身をさらす道行でもあり、また、その土車をひくものたちの供養の道行でもあった。むろん、蘇生への道行でもあった。だが、蘇生は、まえにもいったように、そのまま悪の力の喪失を意味したわけではない。「いにしへの威光」はなくなっていなかった。報復のために横山にせめ入ろうとする小栗をとどめるのは照手である。子としての照手の情がそこにはあるが、つまりは悪の力の管理者である。もっとも、少しばかりのいけにえはいる。横山の三男三郎は、荒簀《あらす》に巻いて西の海にひし漬けにされ、照手を人買にわたしたゆきとせが浦のうばは、肩から下を掘り埋め、竹鋸で頸をひかれた。小栗はそのあと長者になり、さらに大往生のあと、正八幡荒人神とまつられる。が、ここでも一人でおさまったわけではない。その十八町しもに、照手も契結神《ちぎりむすぶのかみ》としてひかえるのである。おそらく、この照手の契結神がひかえていなければ、小栗の御霊的なものは、またぞろ悪の力を発揮しはじめたかもしれない。逆に巫女的な契結神は、正八幡をになうことで、その存在理由を定住民にむかって誇示しえたということになろう。もっとも、語りのなかで荒簀や竹鋸がでてこなくなるとともに、この正八幡と契結神の関係もうすれてしまう。悪の力の衰弱につれて、管理者照手の存在理由もなくなるからである。

さて、最後に、この正八幡と契結神の土着化が、遊行の放棄を意味することになるかどうかが問題として残る。遊行民の定住化は、近世に近づくにつれて一般化すると考えてもまず間違いなかろうが、だからといって、これとそれとを、直接結びつけるのはどうであろうか。なによりも、土着は侵蝕のしるしなのである。だから、土着と同時に土着のなかに埋没するような場合があったにしても、土着化を遊行の自己放棄としてのみみるわけにはいかない。自己否定的な契機はふくむだろうが、それは自己拡充のための自己否定でありうる。したがって、拠点化でもありえた。神となって土着したとき、小栗や照手は、歓迎され祝わるべき存在になっているが、しかし、神にいたるまでの履歴書は依然もっているし、呪術宗教的な遊行芸能民の発想のなかで、それはたえずよみがえらされ伝播される。つまり、遊行する。土着する地名の変化するのはそのためではあるまいか。むろん、遊行的なるものは、時とともに衰弱するともいえるが、しかし、芸能的な「語り」などを通して、その呪術遊行民的な能力や発想を、形をかえながら維持したり回復したりするということもあっただろう。

ともかく、遊行的なるものの力が封じこめられ、その結果、完全に土着のなかに埋没させられたという場合のそれを、この正八幡と契結神の土着化に、いきなり適用できるかどうかは疑問である。

注

(1)(2) 堀一郎『我が国 民間信仰史の研究(二)』
(3) 筑土鈴寛『復古と叙事詩』
(4) 辻善之助『日本仏教史』第二巻
(5) 金井清光『時衆文芸研究』(昭和四十二年)
(6) 荒木繁「『小栗判官』おぼえがき」(『日本文学古典新論』)
(7)(8) 岩崎武夫「小栗判官の世界」(法政国文学会『日本文学誌要10』)

境にひびく音

宮田登

鈴石と沈鐘

江戸への一方の入口である品川宿の少し手前に鈴の音がする霊石があった。これを鈴石といい大きさ二尺ばかり、色は青く赤い。別の石でこの石を打つと、鈴のような音がした。あるいは丸く長い石で、石の内部で鈴の音がするという。その石を転がすと、諷々たる音がする。そこで地名も鈴が森となったという伝説がある。

この霊石を中心に聖地があり、鈴が森八幡が祀られた。霊石にまつわる縁起では、「神功皇后三韓御征伐の時、長門国豊浦の津より御船にめされんとし、其海辺にして含珠の神石を得給ふ。その石青く鶏卵の如し。石中鈴の音ありて鏘々《そうそう》たり。故に鈴石と称す」。この鈴石が、神功皇后すなわち巫女王オオタラシヒメの妊娠中の出征という非日常的状況の中で発見された稀有の霊石だと説明されている。そしてこの石は宇佐八幡宮に移り、さらに宇佐の奉幣使であった石川年足の家に移され、年足の孫豊人が、武蔵守に任官した折、この地まで持ってきて祀りこめたと、ていねいな来歴が付されたのである（『江戸名所図会』）。この鈴石という音を発する霊石の威力を発現させる聖地は広大であり、隣村の新井宿との村境に及んでいたといわれる。すなわち品川宿と新井宿との境の空間の一隅から、不思議な音がひびき渡ると意識されていたのであった。

ところで房総方面から江戸へ入る街道ぞいに葛飾八幡の森があり、この地には大きな鐘が埋まっていたという伝説がある。

八幡社鐘銘は『下総国舊事考』にのせられているが、その一節に、「梟鐘暁声、人獣眠覚、金啓夜響、永除二煩悩一能證二菩提一」と記され、鐘の音のひびき渡る意味をよく表している。この鐘には元亨元年（一三二一）の年号と、応永二十一年（一四一四）の二つの年号が刻まれている。その間約九十年間の距りがあった。いったん埋められ又掘り出されたのであり、掘り出された時は『江戸名所図会』には、寛政五年（一七九三）とある。その年に神木の一つの老松が倒れ、その根元から鐘が出現したのであった。なお神木には別に老銀杏があり、この樹のうつろの中から、毎年八月十五日、不思議な音色がひびいてきたという。『江戸名所図会』にはその様子を、「此樹のうつろの中に、常に小蛇栖あり。毎年八月十五日祭礼の時、音楽を奏す。其時数萬の小蛇枝上に顕れ出ず。衆人見てこれを奇なりとす」と記している。音に同調して蛇が神木の洞より出現するのである。

埋鐘の話といい、蛇が出現する音色といいこの八幡の森は街道にそった聖地として、音が発せられる空間であったのである。「八幡不知森」の名称もあって「此中に入時は女神の祟ありとて是を禁む。故に垣根を繞らしてあり」というのである。この地に鐘が埋まっていたのは、そこから不思議な音が発せられたことを意味している。ちょうど鈴が森の鈴の音に匹敵するものであろう。

葛飾八幡の近くにあった正福寺の鐘楼は、賢栄という旅の聖が、通りすがりに不思議な音を聞いたことによって建てられた。『新編武蔵風土記稿』には、「鈴鐃ノ音聞エケレバ、ソコヘ印ヲ置、土中ヲ掘リケルニ彼二品ヲ得」たとある。彼の二品は鈴と鐘であった。街道にそった地点で、音を土中から聞きとることのできた霊能者がいたことになろう。この際、鈴と鐘が不思議な音の発生源とみなされ、そこに鐘楼が作られたという縁起が生まれているのである。

そういえば、麻布の古寺善福寺の七不思議の一つうなり石というのは、墓所の中にあって時々そこからうなり声が聞えたという。以前は無縁塔だったという説もあるから、そのうなり声は怨霊の声をそう聞きとったことになる。神霊の発する音のひびき渡る箇所が定められており、それは街道筋にそった境の地点にあって、後世そこは聖地の森として神社仏閣の設立される契機となっていた。

注意されることは、それらの地点がいずれも大都市江戸に入る境とその周辺にあったという点なのである。東側から江戸に入る街道はやがて隅田川にぶつかる。この川はとうとうたる大河だ。下総と武蔵の二つの国の境でもある。ここを渡らなければ江戸に入ることはできないのであった。

向島の方からいえば木母寺《もくもじ》の北の方角にあたり、浅草の側からいえば、橋場の近くの川の中に、巨大な鐘が沈んでいるという伝説が生じていた。鐘が渕伝説である。深潭の渕であり、たえず渦巻いているという。何故かというと、この隅田川に北西側から荒川が、北東側から綾瀬川が注ぎ込む、いわばそこに辻の空間が形成されているのである。その地点は別に三俣ともよばれていた。激流から発するひびきが不思議な音となって、この地点のすぐ近くを渡る旅人に強く印象づけられたと思われる。

本当に鐘が辻の地点に沈んでいたのかどうか。『武州古跡考』には、享保年間に一度その鐘が網にかかった話をのせている。網にかかったので、水練の者がもぐってみると、「彼網の下りたるあたりの水底に寄つとひて見るに、何ともしれず水底に漂動するさまおそろしくて、寄附かたし」という何ともいえぬ心持を伝えている。報告では、釣鐘が水底に横倒しになっており、鐘に苔むし、水草生い茂り、それが漂い動いているのが、何か不思議の生き物に見えたのだとしている。はたしてそうであったのだろうか。

ある晴れた日に、わざわざ舟で三俣の地点に水底を見に行った人の談話では、「さすかに深き水底も少しは見へ透けるか、釣鐘水底に竪に成てある鐘の頭を正しく見たりと云」(『武州古跡考』)。今度は鐘が横ではなく立っていたというのだから、はじめから鐘が沈んでいるという前提にたっていたことは明らかである。そこで沈鐘の出所はどこなのかが、次の問題となってくる。これも諸説紛々となり、一説に、橋場の法源寺の鐘楼が崩れて、ここに沈んだという。二つには下流の本所亀井戸の普門院の鐘だという。法源寺が橋場から亀井戸に移転した折、運送の途中誤って落して沈没したという縁起もあるという。三つには、橋場の長昌寺の鐘銘の記事によるもので、隅田川が氾濫した時、堂楼が流失し、鐘が沈んだという。

三寺とも、橋場にあった寺である。橋場は端《はし》場であったろう。向島と川を距てて対峙する地点であり、この橋場に接近して三俣の辻がある。ハシから辻の空間内部は、不思議な音をひびかせる沈鐘伝説を生み出す聖域を構成していたことになる。水底にあるといわれる巨鐘は、何度くり返しても引き上げることはできなかった。『隅田川叢誌』には「昔此渕に釣鐘の落たるを引揚ること叶はずして捨置しが、終に渕の主となり、水底にあり、是は水神おしみ給ふ故なりと、里俗の口碑なり」という民間伝承が記されている。鐘が沈んでいるという思考は、その地点から不思議な音がひびいてきたことを合理的に説明するものである。沈鐘を占有している空間に橋場の三つの寺院があった。この三つの寺院はそれぞれに聖地を江戸の周縁部に形成させていたものと思われる。

興味深いことは、この橋場と向島の川をはさんだ両地域のほぼ真中に沈鐘伝説があり、そこは同時に三俣すなわち辻空間を形成させていたことである。

橋＝端場のフォークロア

橋場には橋はなかったが、渡し場があって舟が向うの島に通じた。江戸の内側からいえば、大川で隔てられた文字通りのハシにあたっているのである。この橋場から内陸に向けて荒涼たる萱や葦のおい繁る平地があり、そこを浅茅が原とよんでいたが、ここには石枕の故事と称する伝説があった。

『回国雑記』によると、この地に夫婦と娘が住んでいた。「彼の父母娘を遊女に粧て、みちゆき人にいて迎ひ、かの石の辺に誘ひて交会の風情を事とし侍りけり。かねてより合図のときなれは、折を謀ひて彼の父母枕の辺に立寄て倶寝したりけるを、とこのかうへを打くたきて、衣裳以下の物を採て一生を送り侍りき」という恐ろし気な生活であった。ところが娘は、こうした生活を送ることに嫌気がさし、「これより後のこと様々工夫して、所詮我れ父母をたしぬきて見むと思ひ」、ある時親をいつわり男装してかの石にふした。親の方はいつものように心得て、その頭を打ちくだいたところ、よく見ると我が娘であった。それより両親もすっかり前非を悔い、娘の菩提をとぶらったという。

この石枕はすなわち死者の枕を示唆するが、旅の異人が殺され、金品を奪われるというモチーフによっている。その際、娘が遊女として男をもてなすという前提があった。遊女がハシすなわち境の空間に定着していたことが分かる。

『豊島郡記』には、白河院御製の歌として、

　武蔵にはかすみの関やひとつ家の
　　いしの枕や野寺なるてふ

という一首をあげている。境にあたる関に一軒家がありそこに石枕が置かれている。一つ家は女が男をもてなす場所であると同時に、石枕が暗示する死霊のこもる地点なのであり、ここに野寺が成立する理由でもあ

る。

総泉寺縁起には、もう一つ奇妙な伝承が記されている。それは夕暮になり、この地点を通り過ぎる時、笛の音がひびいてくるというのだ。これは浅草の観音が、旅人に姿を替えて現れ、笛を吹きながら、悪霊に対する警告を発する。しかもその音は、人々には次のような歌として解読されている。すなわち、

日は暮て野にはふすとも宿かるな
浅草寺のひとつ家のうち

そこで「諸人此歌をききて此里に宿かりる事をおそれてゆきかふ人もなかりけるとそきこえし」というのである。

境を通過する時の旅人の何ともいえぬ不安な心境がそこには感じられる。仏教がその点に介入して、観音の功徳を説いたことは一目瞭然なのである。浅茅が原を越えると吉原・浅草の都市空間がひかえている。吉原は遊女の定着地であり、観音の聖地と合体していた。境の一つ家にも観音の功徳の及ぼうとしていたことが、右の古歌の背景にあるといえよう。

総泉寺縁起の中には、遊女の影がちらついている。たとえば次のような話もある。浅茅が原に一つの池があった。「流水藍のことくにして底なし」という池で、水際に立つとおのが運命も又映し出される鏡になるという。ここに一人の女が、行方知れずとなった我が子を求めて旅してきて、この水鏡に我が身を映したところ、

「まことにいたくかはり果て、ありし俤はなくなりければ、

かくかはり我俤はかはりけり
あさちが池の水かかみ見て

とつらね給ひて書付、そこにさしおきつふりと落入て、底の水屑となりたまへる（下略）」（『梅若権現縁起』）。ところがいったん水底に沈んだ女の死体は、三日目に浮かび上った。「此池のぬしにやありけん、いとおふきに色妙なる亀の、此屍を甲のうへに負て浮ひ出て岸のほとり少し高き処におろし置、みつからあなとなきにかけてそいぬめる」と『梅若権現縁起』には記している。すなわちその地点が女の墓となり、以後妙亀大明神として祠に祀られ神に崇められたというのである。

『慶長見聞集』にも、浅茅が原のことにふれ「あれにみへたる森の中に古寺あり、是は角田川の謡に作りたる梅若丸母の事也、爰にて髪をそり、妙喜と名付、里人あはれみ、草の庵をむすびおきければ是にて念仏申はてられりと」と記されている。梅若丸の母の菩提をとむらった庵が、今の総泉寺の前身なのであり、梅若の母が懐中にしていた鏡を、池の中に捨てたので鏡の池の名があるという伝説に仕立てている。

梅若丸の母の出自については、諸説ある中で、『江戸名所記』にある「此人はもとこれ美濃国野上の里の人なり。ある説に班女か事なりといへり。班女は形見の扇によりて恋の狂人たり」というのが一般的だったらしい。興味深いのは、『東京市史稿』に引用されている『謳秘抄』の中に、この恋の狂人は「美濃の国野上の駅の遊女なり、本名花子と謂り」としていることである。遊女花子が、京の公家吉田少将と契った。その時の記念に扇をもらい、その後吉田少将に捨てられ、「物狂はしくなりて、所々にさまよう」状態となったと説く。

漂泊してきた遊女は、隅田川の辺りに来たが、まずはじめに「思ひ川」に来て、一首作ったと、『回国雑記』にある。すなわち、

うき旅のみちになかかるるおもひ川
なみたの袖や水のみなかみ

というのであり、この思ひ川とは、隅田川の分流というような小川らしい。『豊島郡記』の頭註には「思川は総泉寺の東西を廻りて流るる小溝をいふ」とある。すなわち総泉寺の建立される以前、聖域を区切る境川の役割をもつ川であった。ここにわざわざ「思ひ川」という命名があるのは、かつて柳田国男が、細語橋、思案橋、戻り橋などの橋の名称などを考察し、これが橋占と結びつく霊的意味によることを明らかにしているが、やはり思いめぐらすという占いの所作と関わる川の名なのであろう。

ついでに鏡が池も、総泉寺の境内にあってその水鏡から運命をよみとる池であるが、やはり『豊島郡記』の頭註には、「橋場と南千住との境界となれるなり」としており、いわば境の池としての意味が備わっていたのである。

思い川や鏡が池の占める空間に、遊女が定着した。その場所における遊女の死が語られるのである。石枕に関わる遊女にもその死が印象づけられており、境には遊女の死が象徴的に現れている。

そして遊女の物狂い、思川での歌詠、鏡池における投身などの所作には、巫女としての系譜が明らかであろう。

梅若の母が、物狂いの遊女すなわち巫女の性格をもちつつ、この地に定着し、中世唱導の世界で、妙亀大明神に崇められていったのに対し、このハシ場の境にもう一方の面にあたる隅田川をへだてた向島には、梅若に対する儀礼が現在も伝承されている。

こちらの方は、梅若の母についてよりも、梅若そのもののフォークロアが発生しているのである。『木母寺縁起』には、吉田少将、亀寿、梅若丸を親子関係として合理的に説明している。すなわち「吉田少将ハ人王六拾弐代村上天皇ノ朝初冠シテ冷泉圓融三朝ニ仕フ。母ハ美濃国野上ノ長者亀寿ナリ。後ニ花子御前ト云フ。梅若丸ハ貞元元年三月十五日年十二齢ニテ早世ス（下略）」とあり、梅若忌が毎年三月十五日に行われることの根拠としている。

『東都歳時記』には、隅田川木母寺梅若塚大念仏の記事がある。「今日は梅若丸忌日によりて修行すといへり柳樹の本梅若山王の社開扉ありこのころ養花天とて大かた曇り又は雨降る事ありこの日雨ふるを梅若が涙の雨といひならはせり」。

柳の神樹がはえており、その根元に塚がある。この塚が梅若の墓であり、三月十五日に大念仏の修行が木母寺で行われるのである。江戸時代末期にはその地点に大群衆が集まってきている。『東都歳時記』にはつづけて次のように記す。「梅若は十六日かあはれなると古人のいひしも宜なり翌日は詣ぬる人もなく寂然として鳥の声波の音のみといひしは寛延のむかしにして今は夫にまさり四時繁昌の地となりて殊更花のころは貴賤雅俗となく日毎にこの地に遊賞し青葉にいたりてもなほ往来たえやらすと」という。つまり寛延のころ十八世紀中葉までは、三月十五日の梅若忌のみ、このハシ場の片方にある向島に人々が集まり、大念仏が唱和されるハレの日であった。ところが、十九世紀に入ると、この境はすっかり四時繁昌の名所になっているというのである。

梅若の涙雨は、口碑として知られていた。毎年旧三月十五日には雨が降ることが望まれている。この日に降る雨は、天が梅若の悲しい運命を悼んで降らすものと、江戸人たちは解釈した。だが梅若忌の儀礼は、江戸の木母寺だけで行われているのではなく、東日本地方にかなり普遍的な行事なのである。関東、東北地方の農村部では、三月十五日を別にウメワカゴトと称し、ご馳走に餅を搗いた。これをコトノモチとよぶ地域は多い。この日にコトノモチを食べると疫病にかからないと言われている。宮城県下の民俗事例では、コトノモチを笹にさして門口に立て、「四百四病の病を送れよ送れよ」と記した紙の札を結びつけ、それを辻に送り出すという。こうした祓えの行事は、新潟県下の離島粟島でも次のような報告がある。この日各家では、家内の人数だけの餅をこしらえ、各々に箸を一本ずつさして、海に流した。これを弁天（水神）の祭りとして行っているのが特徴であり、水辺で行われる禊祓の意味が強いとの民俗学上の解説がなされている。たしかに梅若の涙雨というのも、ちょうど七夕に雨が降ることが望まれるという民俗と同様に、祓い浄めるというのが本来だったろう。すなわち禊《みそ》ぎに通ずるものであった。

ここに浮び上ってくる民俗空間は、物狂いする巫女と水辺に誕生する幼童との関係であり、かつて柳田国男の指摘した水辺にて神の御子に仕える巫女のモチーフである。謡曲「隅田川」が、このモチーフと貴種流離譚から成っている点は明らかである。民俗的意義づけによれば、共同体内部に発生した邪悪なる存在を、外界へ祓浄させる儀礼が、旧三月には必要であった。とりわけ農耕祭儀と密着した地域社会では、田植えに到るまでの期間、災厄を蒙ることをひたすら恐れるのであり、辻とか境の川に悪霊を送り出す行事がくり返しなされる必然性があったのである。

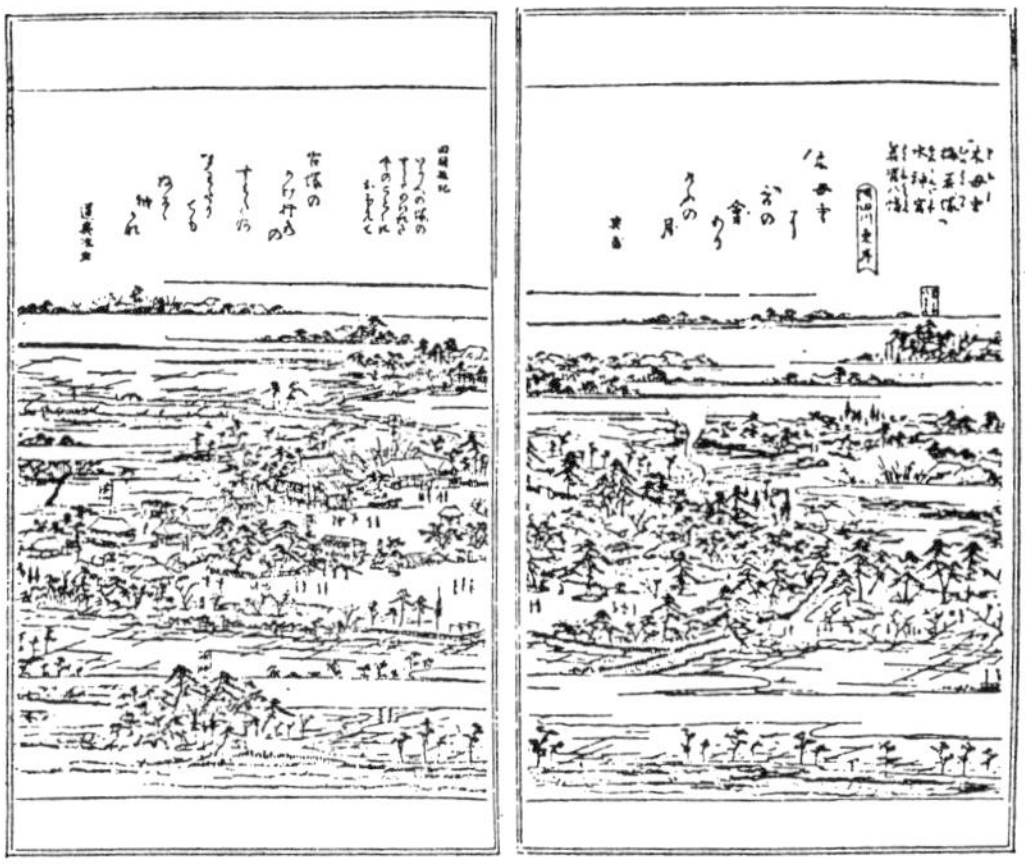

木母寺梅若塚

　このことを江戸という地域社会から見ると、隅田川の川辺の境の空間に災厄をもたらす存在を集結させ祓浄儀礼の対象としていることになろう。ちょうど村境や辻で厄神送りを行うのと同じ発想なのである。

　江戸の場合、隅田川の橋場を渡って、鐘が渕を臨みつつ、向島にまでわざわざ行くことにより、江戸内部にある悪しきものを祓うという形をとった。

物狂いの母は橋場に、その子梅若は向島にそれぞれ対峙して別個に祀られている。母が失った子を求めて漂泊し、人買いに連れ去られた子はやはり旅の途中で病死した。貴種流離のモチーフは、江戸の境で、水辺に誕生した幼童＝神の子に仕える巫女の民俗信仰を基盤に一つにまとめられたとみることができるだろう。

梅若の怨霊が、若くかつ荒々しいものであることは、ウメワカ・ウムワカの表現でも推察できる。念仏聖の集団が、おそらく大音声で呪文を発し、梅若の御霊を鎮めたのだろう。梅若で表現される御霊は、江戸の内と外から、この境の空間に集結してきた悪霊であり、とりわけ江戸が次第に大都市空間を形成してきた段階で加速度的に増加するケガレの累積と不可分の関係にあったといえる。

ちなみに、橋場の総泉寺に祀られる梅若の母すなわち妙亀大明神の塚のすぐ近くには、総泉寺中興開基の墓らしきものがあった。『江戸名所図会』には「古墳一基」と記し、そこに法阿の号があったという。法阿を名のる念仏聖が、この境の聖域にやはり定着したのである。大念仏の音声が、境の空間にひびき渡るのも、やはり、この場所に内在的に潜む不思議な霊力に基づくものだろうか。

節分の籠

近藤直也

一　年中行事研究における籠の問題点

事八日《ことようか》や節分における籠は、年中行事研究の上でどのように位置づけられてきたのであろうか。管見の及ぶ範囲では、この問題について最初に論じたのは南方熊楠である。彼は、明治四十二年に発表した「小児と魔除」の中で、二月八日の目籠に言及し、「古く邪視を防ぐに用いたるを伝習したらしく思わる[1]」と述べている。さらに、彼は『郷土研究』二巻三号（大正三年五月刊）の中でも、事八日の籠は「悪魔が籠の目を算えるうちに、邪視の眼力が耗り去るとの信念から出たのだろう[2]」と推測する。邪視を防ぐところに籠の機能を認めたのが南方説であるが、翌大正四年には折口信夫の方から異説が提出された。折口は「髯籠の話」の中で、「依代の本体は、やはり天幕に掩はれた髯籠であった[3]」と主張し、籠を神の依り代として位置づけて考えている。さらに、「南方氏の報告にも、外国の魍魅を威嚇する為に目籠を用ゐると言ふ事が見えてゐたが、其は恐らく兇神の邪視に対する睨み返しとも言ふべきもので、単純なる威嚇とは最初の意味が些し異なって居たのではないか。天つ神を喚び降す依代の空高く揚げられてある処へ、横あひからふと紛れ込む神も無いとは言はれぬ[4]」という。折口は、南方の魔除け説を半ば認めながらも、これは付随的なものであり、本来は天つ神の依り代としての性格を持っていたと考えている。その後、南方は折口の依り代説をまったく意に介することなく、大正六年には「蛇に関する民俗と伝説」の中で、魔除け説を以前にも増してより強く主張する。すなわち、二月八日の籠の目について「星状多角形の辺線は、幾度見廻しても止まるところなき物ゆえ、悪鬼来たりて家や人に邪視を加えんとする時、まずこの形に見取れおるうち邪視が利かなくなるの上、この晴明の判がなくとも、すべて籠細工の竹条はここに没しかしここに出で、交互起伏して首尾容易に見極めがたいから、鬼がそれを念入れて数える間に邪視力を失う[5]」のであるという。この考え方は、昭和四年五月に発表された「紀州田辺湾の生物[6]」の中でもくり返し述べられている。折口の依り代説に対し、南方は首尾一貫して魔除け説をとったといえる。

折口説を継承したのは、山口貞夫であった。彼は、昭和十二年に発表した「十二月八日と二月八日」の中で、「二月八日及び東国の十二月八日は、元々山の神の去来する日であった。此神が片目であると云ふ思想があった為に信仰の下落に伴って一目小僧に堕し、神を迎へる為に静粛を守った人々は悪霊を怖れて蟄居するに至った。神の招代として竿頭に掲げた目籠は一目小僧と目数を争ふ道具となり終[7]」ったという。つまり、事八日に去来する神が片目であったため、悪霊の象徴としての一つ目小僧と見なされ、その結果依り代としての籠が、悪霊をよけるための道具として使用されるに至ったと解釈するのである。山口説は、折口の依り代説をさらに合理的に発展させたものといえよう。また、柳田国男は昭和二十九年に発表した「七島正月の問題」の中で、「二月八日の一つ目小僧の日に、やはり目籠を出して戒慎している[8]」と記している。目籠を出す行為が、戒慎を象徴するという考え方の裏には、目籠の中に魔除けとともに神の依り代としての機能を認めるという柳田説が潜在する。これは折口・山口説と一連のものであり、おそらく彼も籠は本来的に神の依り代であると解釈していたと思われる。

一方、内藤亀文氏は昭和四十六年に発表された「節分行事やいかがし」の中で、節分の晩に鬼籠を竿の先に伏せる風習に言及し、「この得体の知れぬ鬼かごも、やはり焼串の奇態な形に、その伝統を引いていると見てよいだろう(9)」と推測されている。さらに同氏は、昭和四十九年七月に発表された「かがしと鬼やらい」の中でも同様のことを述べておられる(10)。内藤説は、南方説とは異なり、籠の目よりもむしろ竿の先に刺した籠の形自体に、焼串と同様の魔除けの機能を認めようとされている。だが焼串の場合、その形よりはむしろ焼けた臭いに魔除けの意味を認めるべきであろう。多少まと外れの解釈ではあるが、籠を魔除けの手段として位置付けた点は、南方説と共通する。また、橋本武氏は昭和四十九年三月に発表された「山と里の事八日感覚」の中で、山間部の事八日は、厄神の侵入を防ぐ伝承が強く、平坦部では神の去来を送迎する伝承が強いと指摘されている。とくに平坦部では、「神々は杵の音を依り代に昇降する。また、そこにも善神・悪神をカゴ即ち飾にかけて撰り別けるいわゆる神撰りを意識してカゴを長い竿に吊し、屋根にかかげる。そして慎ましく終日家に忌み籠る(11)」傾向

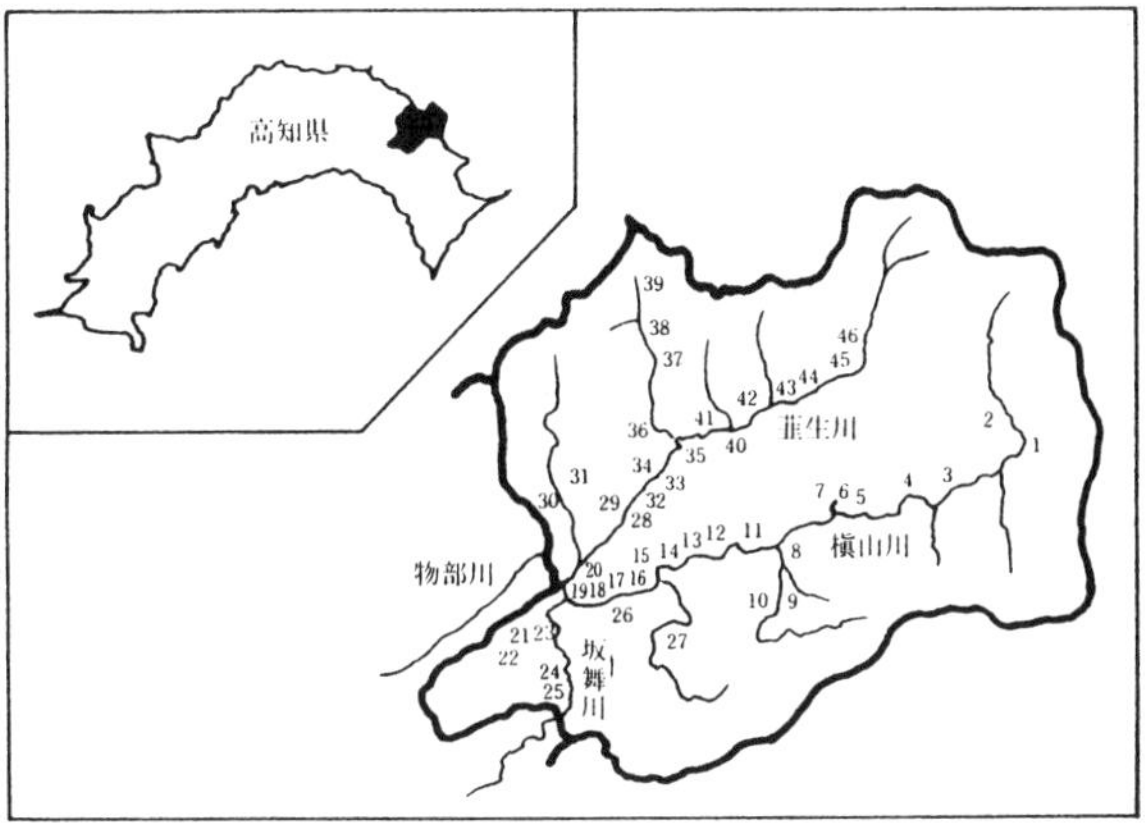

地図1　高知県香美郡物部村（番号は表1に対応）

があるという。橋本氏は、籠ではなく杵の音を神の依り代とする。一方、籠については、善神と悪神を撰別する手段とし、折口説とは多少見解を異にする。また、南方の単なる魔除け説とも異なる。しかし、籠を結果的には田の神と山の神去来のための指標と解釈し[12]、依り代説に傾いている。その後、昭和五十一年九月に発表された「コト八日」の中で、打江寿子氏は「目籠を吊す理由は、目籠の目数の多さで妖怪変化を撃退するためだといっているが、本来は神の依り代であったろう[13]」と考えておられる。打江氏の見解は、折口説と同一であり、南方説を否定するものである。最近の論文として、昭和五十四年に発表された小野重朗氏の「コトとその周圏」がある。彼は、コトの祭りは物忌みといった抽象的観念とか、物忌みから副次的に派生した厄神や妖怪を怖れる観念によって行われるのではなく、「現実に災厄があり、それを恐れてコトによってそれから逃れようとしているのである[14]」と主張し、柳田・山口流の見解を否定する。また、事八日に目籠を吊るす行為については、村人たちが共同で同一の物を食べることによって村中の結束を固めたしるしとして、「食物の調整や食事のときに用いた、目籠・竹笊や箸を、外部から訪れる災厄神の目につき易い所にかけておく[15]」のだという。籠を魔除けの手段とする見解は南方と同一だが、籠の目自体に意味を認める南方説と、村共同で同一物を食べて全体を固めたことの証拠品の一部として籠を掲げるとする小野説では、その認識過程をまったく異にする。小野氏はさらに、目籠を竿の先に掲げる習俗にふれ、「神はすべて善き神で、喜び迎えられるものであり、儀礼の場にある棒状のものは依り代であるというだいぶ型にはまった考え方で正しいとは思えない[16]」とさえ述べ、折口以来の依り代説を痛烈に批判している。

このほか、節分や事八日の籠に言及した論稿はまだ数多く存在すると思われるが、管見の及ぶ範囲では、以上の八篇を集め得た。明治から現在に至る各論稿の中で、籠が果たす機能についての解釈は、依り代説と魔除け説の二つに大きく分類できる。依り代説は、折口に始まり山口・柳田・橋本・打江へと継承され、学界において一大潮流を形成するようである。これに対して、魔除け説は、南方・内藤・小野に見られるが、三者の前後関係は皆無に等しく、その認識過程はまったくばらばらである。たしかに、依り代説は田の神・山の神の去来伝承と関連させれば、年中行事を体系化する中で有効なものかもしれない。しかしながら、一方には魔除け説が存在し、さらに橋本の如く、依り代説においても籠を神の「撰り分け」の道具とする解釈もある。これだけ多くの見解が出されるのは、節分や事八日の籠が持つ本来的性格がまだ不明確なためである。籠が持つ本来的性格を明らかにする一つの手段として、節分の籠に焦点をあててみよう。

二　籠伏せの期間

事八日に籠を伏せる風習は、関東から東北にかけて分布し、多くの人々によって論ぜられたのは前述のとおりである。一方、節分に籠を伏せる習俗は四国・近畿・中部・関東地方に広く分布するものの、これを取り扱った論文はほとんど見られなかった。筆者の乏しい調査結果からも、千葉・奈良・徳島・愛媛・高知の諸県から、節分に籠を伏せる事実を確認することができた。紙面の制約上、すべての資料を分析し考察することは不可能なため、比較的習俗がよく残っている高知県香美郡物部村の事例について述べてみたい。同村は、高知県東北部に位置する山村である。ここで、村のほぼ全域にわたる四十六カ所において、籠を伏せる時期とその期間、並びに籠の名称・伏せる場所・籠を伏せることについての伝承などについて調査を行った。これをまとめたものが、表(1)と図(1)である。表(1)と文中の日取りはすべて旧暦である。

この習俗は、四〜五十年前にすでにすたれてしまい、相当の年配者でなければ、具体的なことは不明である。全四十六カ所中、12・13・18・29・30・31・46の七カ所では、すでに節分または大晦日に籠を伏せる伝承を聞き取ることが不可能であった。この七カ所以外の三十九カ所において、籠を伏せる時期とその期間に

表1　高知県香美郡物部村における籠を伏せる習俗

	場所	日取り	名称	伏せる場所	伝承	用途	大きさ
1	別府土居	節分→正月→十五日	ユギ	門樫	鬼はユギの編み目を恐れて逃げる。	ズイキ・サツマイモ、芋洗い、水切り	口径一尺、深さ五寸〜七寸
2	別府奈路	節分・大晦日　各一夜	〃	玄関の入口の柱	鬼は、数多くのユギの編み目を恐れて逃げる。	タイモ・芋、大根洗い、水切り	口径一尺、深さ五寸
3	別府柿ノ火手	〃	〃	玄関の入口の柱	〃	〃	〃
4	市宇野々内	大晦日→正月晦日	ユギカゴ	門樫	魔性を祓うために、目の数が多い物をかける。	タイモ芋洗い、水切り	口径35cm　深さ20cm 口径26cm　深さ17cm
5	別役津々呂	節分一夜	〃	〃	悪魔が入らないため、目のたくさんあるものをかける。	芋洗い、水切り	口径36cm　深さ20cm 口径26cm　深さ17cm
6	別役セジロウ	節分→二日間	ユギ	門柱	ユギの目数に恐れて鬼が入らない。	〃	口径一尺二〜三寸、深さ五〜六寸
7	岡ノ内百尾	大晦日一夜	〃	〃		〃	口径一尺、深さ五寸
8	岡ノ内川口	節分→大晦日→正月晦日	〃	裏門の柱	魔物除けのカキとして、ユギをかけた。	〃	〃
9	岡ノ内桑川	節分↔大晦日	ユギカゴ・トーシ	門樫	鬼は、目数を恐れて逃げる。	〃	〃
10	岡ノ内中平	節分→十二月二十八日→正月二十日	ユギ・ユギカゴ	〃	ユギの底を外に向けて、樫に吊るす。魔が来ても、これほどたくさんの目があれば家に入れない。	〃	〃

11	岡ノ内奈呂	節分・大晦日、各二～三日	ユギ	裏門の柱	ユギは底に多くの目があるから掛ける。	〃	〃
12	根木屋野久保		〃			〃	〃
13	根木屋奈呂		〃			〃	〃
14	押谷谷	大晦日一夜	〃	門樫	消し炭とジャコを門外に撒き、その後鬼が来ないようにという意味でユギを伏せる。	〃	〃
15	押谷奈呂西	節分・大晦日　各一夜	ソゾリ	門口	線香とイワシを入れた火鉢をソゾリで伏せる。目数で鬼を払う。	〃	底の一辺36cm、編み目1.5cm、口径42cm、深さ16cm
16	押谷佐岡	節分一夜	〃	庭	焼イワシを入れた皿の上にソゾリを伏せる。	〃	口径一尺、深さ五寸
17	日ノ地奈路	節分一夜・大晦日↓三日夜	ソゾリ・ユギ	〃	鬼をよける。	〃	〃
18	山崎塩		ソゾリ			〃	〃
19	山崎西山崎	大晦日一夜	〃	門口	目のあるものを伏せるため、門口に線香を立て、ソゾリを被せる。	〃	〃
20	大栃	節分一夜	ユギ	庭	ユギには目が多いので、鬼が恐れる。	〃	〃
21	頓定西頓定	節分・大晦日　各一夜	ソゾリ・トーシ	門	鬼は目のあるものを恐れて逃げる。底を外に向けて門に掛ける。	〃	〃
22	頓定カラ谷	〃	〃	〃	〃	〃	口径一尺、深さ八寸
23	頓定宇井	節分↓大晦日↓正	ソゾリ	〃	ソゾリの底の目は、オ	〃	口径一尺五寸、深さ

		月十五日			ニノメであり、これに恐れて鬼が家に入らない。		八寸
24	浦山明改	節分・大晦日　各三日	〃	〃	鬼は目数の多いものを恐れる。サバの頭と消し炭を入れて門に吊る。	〃	〃
25	浦山大古畑	節分・大晦日　各一夜	ソゾリ・ツヅラドーシ	〃		〃	口径一尺、深さ五寸
26	影仙頭	節分一夜	ソゾリ	〃	鬼が来ないため、門口に線香一束を立て、上からソゾリを伏せた。	〃	口径二尺、深さ一尺
27	小川則友	〃	〃	〃	鬼は目数の多いものを恐れる。	芋洗い、水切り、野菜洗い	編み目1cm角、口径45cm、深さ15cm、底辺40cm
28	立花	節分・大晦日各一夜	ユギ・ツヅラトーシ	〃	ユギの編み目に恐れて鬼が入らない。	芋洗い、水切り	口径一尺、深さ五寸
29	平井シモダイラ		ユギ			〃	〃
30	椿佐古西番		〃			〃	口径35cm、深さ25cm
31	神池野久保		〃			〃	口径40cm、深さ15cm
32	安丸影	大晦日一夜	ユギ・トーシ	門柱	鬼は目数の多いものを恐れる。	〃	口径一尺、深さ五寸
33	安丸大屋敷	〃	〃	〃	〃	〃	〃
34	黒代堂番	節分一夜・大晦日シメオロシ	〃	東・西の両門	〃	〃	編み目2cm角、口径40cm、深さ20cm

		正月四日朝					
35	五王堂中番	節分・大晦日各一夜	ユギ・ツヅラドーシ	門樫	目数の多いものを掛ける。	芋や野菜を入れる。	口径一尺、深さ五寸
36	笹下一ノ瀬	節分一夜	ユギ	門	〃	芋洗い、水切り	〃
37	笹上中番	〃	イギ	門柱	鬼は目数の多さに恐れて逃げる。	〃	底の一辺30cm、底の編み目2cm角、口径40cm、深さ18cm
38	笹上角屋	〃	〃	〃	〃	〃	口径一尺、深さ五寸
39	笹上明賀	(節分が大晦日に先行)節分→大晦日(大晦日が節分に先行)節分→七日間	イギ・ツヅラドーシ	門松	目数の多い物を門松に立てかける。節分が大晦日に先行すれば、節分に門松を立てる。	〃	深さ14cm、底の編み目1～1.2cm、口径44cm、底の一辺32cm
40	南池	(節分が大晦日に先行)節分→大晦日(大晦日が節分に先行)大晦日→節分	ユギ	門柱の上	鬼は目数の多い物を恐れる。節分が大晦日に先行すれば、節分に門松を立てシメを張る。	〃	口径一尺五寸、深さ八寸
41	大西	節分一夜	イギ	門樫の杭	イギは、鬼が入らないためのカキ。	芋や野菜を入れる	口径一尺、深さ五寸
42	久保高井	節分一夜・大晦日→正月三日	ユギ・ツヅラドーシ	門	目数の多い物を掛ける。	芋洗い、水切り	口径32cm、深さ17cm、口径39cm、深さ16cm、底辺30cm、編み目1.5cm
43	久保安野尾	節分一夜	〃	門樫	鬼は、目数の多い物を	〃	底辺32cm、編み目1.5

					恐れる。		cm、口径43cm、深さ20cm
44	久保沼井（ヌルイ）	〃	イギ	門		芋・野菜洗い、水切り	編み目1.2cm、口径36cm、底辺32cm
45	久保中内	節分・大晦日各一夜	ユギ	門の両側	目数の多い物を掛けておけば鬼が逃げる。	芋洗い、水切り	底辺32cm、編み目1.5cm、口径43cm、深さ20cm
46	久保影		イギ			〃	口径一尺、深さ五寸

注目すれば、節分の晩から翌朝まで伏せる事例が最も多く十一例であった。ついで、節分の晩から翌朝までだけでなく、大晦日の晩から正月元旦まで伏せる事例が九例である。三番目に多いのは、大晦日から元旦までで、五例見られた。これら、節分一夜・節分と大晦日のそれぞれ一夜・大晦日一夜に伏せる三種類の事例は単発的であり、年に一度ないし二度しか伏せない。これらの事例を合計すれば二十五例となり、全三十九例中六四%を占めることになる。ところが、これに対し残りの十四例は継続的に、ある一定期間籠を伏せ続ける。6では、節分の晩から二日間、17・42では節分の晩一夜と、大晦日から正月三日の夜まで伏せ続ける。また、34では節分の晩一夜と、大晦日から伏せ続けて、四日朝のシメオロシと同時に籠を取り除く。この形は、おそらく17・42の三日夜まで伏せ続けるという形と同一であろう。だとすれば、17・42と34は同じ日取りであったといえる。24では、節分から三日間と大晦日から三日間のあいだに籠を伏せ、11では節分から二〜三日間、大晦日から二〜三日間籠を伏せるという。二〜三日という表現は曖昧であるが、本来は24の如く、節分・大晦日からそれぞれ三日間ずつ伏せ続けていたと思われる。この結果、24と11は同一の形として位置づけられる。39では、節分から大晦日まで伏せ続けるが、これは節分が大晦日に先行した場合に限られる。

もし大晦日後に節分が来る年であれば、節分から七日間籠を伏せ続ける。つまり、年によって籠を伏せる期間が異なるわけであり、形式的に考えれば、節分と大晦日が重複する年は一晩しか籠を伏せないことになる。しかし、節分から七日間伏せるという伝承を考慮すれば、節分から大晦日の間が七日以内であっても、最低七日間は籠を伏せていたと思われる。旧暦で考えれば、節分は年によって十二月十五日頃から一月十五日頃までの、約一カ月のあいだにばらつく。このため、もっとも長い場合は、十五日間伏せ続けることになる。つまり、年によって長い場合は十五日間、短い場合は七日間伏せていたことになる。9・40では、大晦日に節分が先行する場合は節分から大晦日まで、節分に大晦日が先行する場合は、大晦日から節分まで伏せるという。この場合、節分と大晦日が重なる年は一晩しか伏せないことになり、最も長い場合は十五日間伏せることになる。1・23では、大晦日に節分が先行する年は、節分から正月十五日までであり、最も長ければ十二月十五日から正月十五日までの一カ月間籠を伏せることになる。また、節分が大晦日に先行する年は、節分からではなく大晦日から正月十五日まで伏せるため、最も短くて十五日間伏せることになる。4では、節分に関係なく、大晦日から正月晦日までの一カ月間、毎年定期的に籠を伏せる。10では、節分が大晦日に先行する年は節分から正月二十日までであり、最長で三十五日間伏せる。大晦日が節分に先行する年は、大晦日から正月二十日まで伏せる。このため、最も短い場合でも二十日間は籠を伏せることになる。8では、節分から正月晦日まで伏せており、最長で四十五日間籠を伏せることになる。大晦日が節分に先行する場合は、節分からではなく、大晦日から正月晦日まで伏せるため、最短でも一カ月間は籠を伏せる。

以上、籠を一晩だけではなく、ある一定期間継続的に伏せ続ける十四例の内わけは、11・17・24・34・42の五例が三日間、6は二日間、9と40は最短が一晩で最長は十五日間、39は最短が七日間で最長が十五日間、1・23は最短が十五日間で最長が三十日間、10は最短が二十日、最長が三十五日間となる。4は一カ月間、

8に至っては、最短でも三十日間、最長では四十五日間も籠を伏せ続けることになる。以上、十四例を八種の期間に分類することができた。

節分から大晦日、または大晦日から節分まで伏せ続ける9・40の事例は重要な意味を持つ。すなわち、節分と大晦日のそれぞれ一晩ずつ伏せるという2・3・15・21・22・25・28・35・45の九例は、本来的に9・40の如く、節分から大晦日まで、または大晦日から節分まで継続的に籠を伏せ続けていたと思われるのである。もしそうであるならば、この九例も最短で一晩、最長で十五日間籠を伏せていたであろう。この九例の短絡化がさらに進めば、7・14・19・32・33の五例の如く、大晦日一晩だけとか、5・16・20・26・27・36・37・38・41・43・44の十一例の如く、節分一晩だけしか籠を伏せなくなる。さらにこの行事がすたれれば、12・13・18・29・30・31・46の七例の如く、籠を伏せる習俗すら消滅してしまうのではなかろうか。また、11・24は、節分から三日間と、大晦日から三日間籠を伏せているが、これも本来は節分から正月三日まで継続的に伏せていたと思われる。さらに、17・42・34の場合も、節分から正月四日の朝まで伏せていたのであろう。このように考えれば、各事例の籠を伏せる期間は相当長いものになる。現行民俗が次第に省略化の一途をたどっている点を考慮すれば、籠を伏せる期間の最も本来的な姿は、8の節分から大晦日をはさんで正月晦日までの最短で一カ月、最長で一カ月半であったといえよう。このことと、事八日に籠を竿の先に伏せて屋根に立てかけておく関東から東北にかけての習俗とはまったく無縁ではない。十二月八日から二月八日までの二カ月間、籠を伏せ続ける事例は寡聞にして知らない。だが、本来は物部村の如く、ある一定期間伏せ続けていたものと思われる。物部村の場合、最長で一カ月半であるが、十二月八日から二月八日までの二カ月間との差は、それほど大きなものではない。

三　場所・用途・伝承

籠を伏せる場所が判明するのは、全体で三十九例である。このうち最も多い事例は、門の三十五例であり、全体の九〇％近くを占める。あとは、16・17・20の庭が三例、2・3の玄関入口の柱が二例見られる程度である。玄関入口の柱に籠を掛ける2・3の場合、家の敷地はきわめて狭く、庭も充分な広さがない。このため、玄関の柱に掛けられたのであろう。また、16・17・20では庭に伏せるが、ここでは家の敷地に門らしきものが見当たらない。このために、庭が家の内と外を区分する境界と見なされるに至り、ここに籠が伏せられるようになったと思われる。多くの家は、比較的広い家の敷地を持ち、広い庭と門もあり、門が家の内と外の境界と見なされている。全体に共通していえることは、玄関入口の柱であろうと庭や門であろうと、そこが家の内と外を区分する境界であると見なされれば、そこに籠が伏せられるという点である。

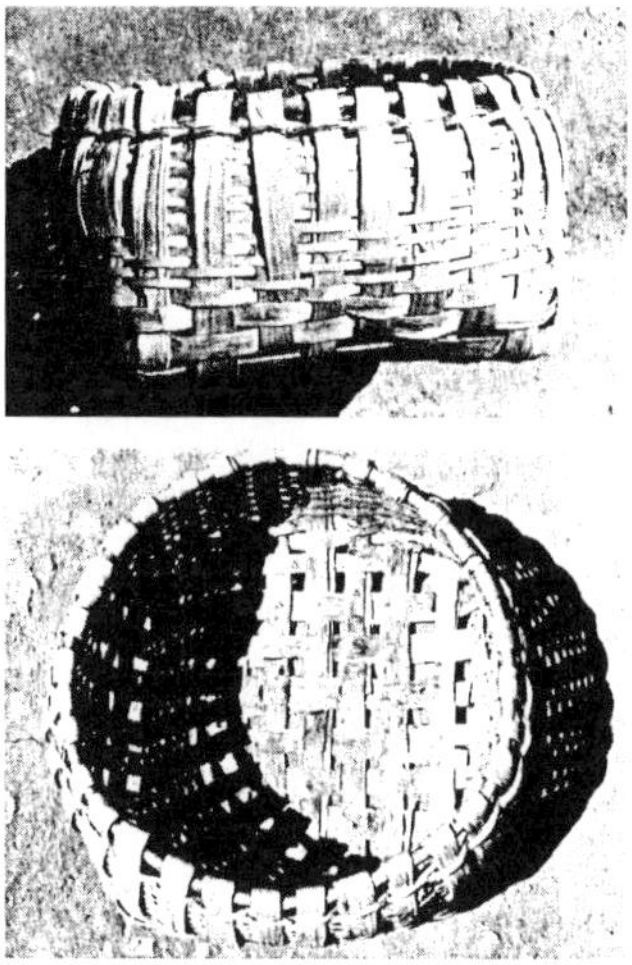

写真１　物部村市宇野々内のユギカゴ（上＝側面，下＝平面）
側面の上半分は竹であるが，他の部分はキネギと呼ばれるカエデ科の木を用いる。

写真２　物部村岡之内中平
ユギの底を外に向けて，門樫にかけておく。魔物が来ても，この編み目の数に恐れて，家の中へ入らないという。

ここで用いられる籠は、ほとんど側面の編み目は詰み、底の目は比較的大きく一〜一・五㎝程度の編み目があいている。大小の相違はあるが、口径が四〇㎝とすれば、深さは十八〜二〇㎝ほどの平たい籠である。用途は広いが、普通タイモとかマイモと呼ばれる里芋やその他の芋などの運搬に使う。また、芋を入れたまま水につけてゆさぶり、芋についた泥を落とす。さらにどんどんゆさぶることによって、里芋の表皮にはえている細毛もとれてゆく。最後は、まだ残っている表皮の毛やゴミを手で取り除き、棚など風通しの良い所に置いて水切りに使う。泥を落としたり、水切りに使う場合、底の編み目が大きい点は効果的であるという。

籠伏せの伝承は、全三十九例中三十五例に見られ、残りの四例はただ籠を伏せるだけですでにその伝承は忘れられている。三十五例中最も多い伝承は、籠の底の編み目の多さに鬼が恐れて逃げるという伝承である。2・3・4・5・6・9・10・15・17・20・24・27・32・34・37・38・40・43・45の十九例で、全体の五四%を占める。これとよく似たものとして、11・35・36・39・42の如く、目数の多い物を掛けるという伝承がある。何のために目数の多い物を掛けるかという理由は、すでに不明になっているが、本来は鬼が恐れて逃げるためという伝承があったと思われる。だとすれば、前述の十九例と同一のものであり、十九例から二十四例になり、全体の七一%を占めることになる。次に多いのは、籠の目数ではなく底の編み目自体を鬼が恐れるという伝承である。1・19・21・22・23・28の六例がこれに相当し、全体の一七%を占める。8と41は、鬼が来ないためのカキと伝承し、籠全体に魔除けの意味を認めている。おそらく、籠の編み目が垣根の形に類似するところからこの伝承が発生したのであろう。また、14・17・26では鬼が来ないように籠を伏せるとしか伝承せず、籠の具体的説明が見られない。以上、籠の持つ機能は大まかに四類型に分けられる。第一類は籠の目数の多さ、第二類は編み目自体、第三類はカキ、第四類は単なる鬼よけである。しかし、全体に共通していえることは、どのように説明しようとも、節分または大晦日に来ると考えられる魔物を追い払う呪力を、三十五例の伝承すべての中で認めているという点である。事八日の籠を神の依り代と見なす考え方もあるが、物部村の場合この依り代説はあてはまらない。

四　靫《ゆぎ》の呪術的性格

物部村では、籠をユギまたはソゾリと呼び、これを節分や大晦日に伏せる。ユギ・ソゾリと名称は異なるが、物は同一であり地区によって呼び方が違う。ソゾリは、15・16・17・18・19・21・22・23・24・25・26・27であり、槙山川下流域から坂舞川流域に分布し、強固なまとまりを示す。一方、これ以外の地区はユギ・ユギカゴ・イギと呼ぶ。なかでもユギがもっとも多く、ユギ系の名称三十例中二十一例、七〇%を占める。イギは五例で一七%、ユギカゴは四例で一三%を占めるにすぎない。他の一つは、ツヅラドーシ・トーシと呼ばれる物で、米や大豆を選別する道具を伏せる。

『日本国語大辞典』の中で「ソソリ」の項目を見れば、第一義に「抱きあげること」とある。泥つきの芋を入れた籠を水につけ、何度もゆさぶり上げて泥を落とす行為から、抱き上げることを意味する「ソソリ」という名称が発生し、これが濁音化してソゾリになったと思われる。一方ユギについては、その名称の起源が明らかではない。おそらく、矢筒を意味する靫から派生したのではなかろうか。『越後国長岡領風俗問状答』の中に、事八日の籠についての記述がある。

此日（二月八日）事始とて赤小豆団子を調し、神仏に供し、長き竿に籠をつけて入口などに出しおく。是はいにしえ武甕槌命魔神を征伏し玉ふに、二月八日に軍事始り、十二月八日に軍事終る。其世の人、靫に矢を入て奉りしとぞ。今に籠を出すはそのまねびにて疫神をやらふ意也といふ。(17)

事八日の籠は靫にその起源を持つというこの伝説は、物部村において事八日の頃に伏せる籠をユギと呼ぶことと密接に関連するようである。しかもこの籠は、神の依り代としてではなく、「疫神をやらふ意」として位置付けられている点は注目すべきである。現在だけでなく、近世においても籠は魔除けのために伏せられていたのである。また、『擁書漫筆』巻一には、静岡県西南部の菊川・金谷・嶋田・水上・藤枝における節分習俗を紹介している。

長き竿にいかきつけて、しきみさしたるを庇の柱にゆひそへて立たり。何ぞととへば、節分でござりますから鬼おどしをたてまするといふ。(18)

「いかき」とは籠の一種であり、これを竿の先に伏せることによって、「鬼おどし」とした。事八日だけでなく、節分にも籠を伏せることによって、魔除けとする習俗が近世にも存在していたことがわかる。一方、籠だけでなく、実際の靭にもその呪力が認められていた。『摂州府志』巻二によれば、鞍馬にある由岐神社の社伝として、

斯神典㆓蒼生之罪㆒又時疫流行日懸㆓看督長所㆑負之靭於神戸㆒以鎮㆓時疫㆒(19)

とある。由岐神社は、名称からも靭と密接な関連が認められるが、疫病がはやった時に社頭に靭を掛ければ疫病は鎮まるというのである。この伝承は、近世初期だけに見られるものではない。『徒然草』第二〇三段には、

主上の御悩大方世中さわがしき時は、五條の天神に靭をかけらる。鞍馬にゆきの明神といふも、靭かけられたる神なり。(20)

とあり、鎌倉期においても疫病を鎮める呪力は認められていたのである。さらに、鴨長明が記したと伝えられる『四季物語』には、

疫の神に封をたてまつり。かどのおさゆきをかけなむと。（略）此事後一条院の頃よりはしめられし

となん。(21)

とある。靫が持つ疫病神を鎮める呪力は、平安時代にもすでに認められていたことがわかる。靫は疫病を鎮めるだけでなく、謹慎蟄居処分の象徴とも見なされていた。『長秋記』長承二年（一一三三）七月二十六日の条に、

　右衛門督藤原実能大炊御門家四門懸㆑靫、廳下部付㆑門引㆓褰幔㆒、責㆓下手人㆒(22)

とあり、さらに『本朝世紀』仁平元年（一一五一）八月二十六日の条に、

　大納言伊通卿并参議教長卿宅検非違使行向懸㆓靫木於門上㆒、責㆘申陵㆓辱斎宮参院召使㆒之濫行下手人㆖(23)

とあることからも明らかである。靫は、その字形から推測すれば、皮革で作った矢筒であると思われるが、大安寺所蔵の靫は蒲柳を編んで作ったものであった。(24) また、春日大社所蔵の胡籙は白葛を編んだものである。(25) 皮革ばかりでなく、蒲柳や白葛を用いて編んだ靫も存在する。『豊後国風土記』日田郡靫編郷の条に、その地名の由来として、欽明天皇の時、

　日下部君等が祖、邑阿自、靫部に仕へ奉りき。其の邑阿自、此の村に就きて、宅を造りて居りき。斯に因りて名を靫負の村といひき。後の人、改めて靫編の郷といふ。(26)

とある。「靫編」について、日本古典文学大系本の頭註には、「靫を作ることをアム（編・連）という。靫作り」(27)と説明が加えられている。この解説は、靫を皮革で作ったものとして考えたためにつけられたものであろう。しかし、実際に蒲柳や白葛を編んだ靫も存在するのであり、文字どおり「靫編」は繊維を編んで作ったものと解釈すべきである。八世紀初期において、すでに「靫編」という言葉は存在しており、日本では皮革製の靫よりも蒲柳や白葛を編んだ靫の方が古風であったと思われる。高知県物部村で現在も使用されているユギは、このような古代の靫の流れをくむものではなかろうか。

五　境界に伏せる籠

節分や大晦日に伏せるユギは、物部村では明らかに魔除けとして機能する。また、『四季物語』『徒然草』『攝州府志』『越後国長岡領風俗問状答』に見える靫も魔除けの機能を持つ。靫が魔除けの機能を持つに至るのは、矢筒としてよりも、むしろ本来的にそれがユギと称される如く編んだ籠であったからにほかならない。芋洗い籠であるユギに、鬼を追い払う呪力が認められる原因は、底の編み目にある。ユギの代わりに、良い物と悪い物を選別するツヅラドーシが用いられる。つまり、トーシと同じ機能をユギも持ち、泥のついた里芋を水につけて底の編み目からふるい落とすのである。トーシに先行する物として、不都合なものをふるい落とすユギが存在していた。物部村では、節分（もっとも早い年は旧暦十二月十五日頃）から正月晦日まで、このユギが家の門に伏せ続けられていた。鬼に象徴された、不都合なものをふるい落とすためであることは明らかである。十二月十五日から正月晦日までの約一カ月半の間は、大局的に見れば年の変わり目である。しかも、旧暦では一年中でもっとも寒い時期である。縄文時代のような、貯えの乏しい狩猟と採集の段階では、少しでも早く動植物が活動する春を招き寄せる必要がある。鬼に象徴される不都合なもの、すなわち寒さ・飢え・疫病などをふるい落とすことによって、換言すれば祓うことによって、太陽の光が甦り、新たに年が始まるのである。この場合、年の変わり目だからユギを伏せるのではなく、ユギを伏せたからこそ春が訪れると本来的に考えられていたのである。(28) つまり、祓うという行為は、今までとは違うということを象徴し、その結果別の段階へ移行し得るのである。事八日の籠も、単発的に十二月と二月の八日の両日に伏せるのではなく、十二月八日から二月八日まで継続的に伏せていたのである。しかもその籠の機能は、神の依り代としてではなく、不都合なものを籠の目からふるい落とすことにあった。本来は、これによって初めて新しい年が迎えられたのである。節分の鬼・事八日の一つ目小僧などのモノノケは、祓いのための理由づけとして派生した。『長秋記』『本朝世紀』に見える謹慎処分を象徴する靫は、この思惟を法の世界に応用したものといえる。つまり、靫を掛けられた家の内側は非日常的世界であり、外側は日常の世界である。靫は異なる世界の境界を示すものとして、物部村のユギと同一の機能を果たす。古墳の石室内部・横穴石室の入口などに刻み込まれた靫、さらに石製や埴輪の靫などが見られる。これらは、武力の象徴として見なされる傾向にあるが、非日常性を意味する死の世界と、日常性を意味する生の世界を区分するものとして解釈すべきであろう。

冬から春へと移行する年中行事の中で、籠の果たす機能を考察すれば、以上の如く、決して依り代説だけで解決される問題ではなかった。また、単なる魔除けだけでもなかった。橋本は、善神・悪神を籠すなわち篩にかけて選り分けるために、事八日に籠を伏せるという。だが、善神・悪神は飽くまで結果論である。不都合なものを祓い、今までとは違うということを象徴するために、籠を伏せるのである。そもそも、神観念は祓いの中から派生したものである。この考え方は小野と類似するが、「厄神や妖怪が神に昇華した(29)」ものではない。まして籠は、村共同で同一物を食べたしるしとして掲げ、災厄神を寄せつけないためのものでもない。

注

(1)『南方熊楠全集』第二巻所収、一〇五頁。
(2)『南方熊楠全集』第三巻所収、二二三頁。
(3)『折口信夫全集』第二巻所収、一八九頁。

(4)『折口信夫全集』第二巻所収、一九三頁。
(5)南方熊楠著『十二支考』(平凡社東洋文庫二一五所収、二六三頁)。
(6)『南方熊楠全集』第六巻所収、二八五頁。
(7)「旅と伝説」一〇巻二号、七七頁。
(8)『月曜通信』所収、三六八頁。
(9)「民俗しずおか」一号、二七頁。
(10)「民俗大井川」二一頁、「鬼かごの得体の知れない形をおそれて、悪魔が逃げるという考えと、焼串の奇怪な形をおそれて害獣が寄りつかないという考えとは同根であろう」。
(11)「日本民俗学」九二号、六〇頁。
(12)「日本民俗学」九二号、六五頁。
(13)「日本民俗学」一〇七号、二三頁。
(14)「日本民俗学」一二〇号、四頁。
(15)「日本民俗学」一二〇号、一九頁。
(16)「日本民俗学」一二〇号、二六頁。
(17)『日本庶民生活史料集成』第九巻、五四五頁。
(18)高田与清著『擁書漫筆』巻一、文化一三年(一八一六)序(『日本随筆大成』一期第一二巻所収、三五二頁)。
(19)黒川道祐撰『擁州府志』巻二、貞享元年(一六八四)序(『続々群書類従』第八巻所収、五四頁)。
(20)『日本古典文学大系』三〇所収。
(21)『続群書類従』三二輯上所収、四二九頁。
(22)『史料大成』一七所収、一六五頁。
(23)『国史大系』第八巻所収、八六〇頁。
(24)『故実叢書』所収『本朝軍器考集古図説』一六八頁。
(25)春日大社社務所編『大社古神宝宝物図録』第五図。

(26) 秋本吉郎校注『風土記』(『日本古典文学大系』二所収、三六一頁)。
(27) 秋本吉郎校注『風土記』(『日本古典文学大系』二所収、三六〇頁)。
(28) 拙稿「門松の祓い的性格」(「近畿民俗」八〇・八一合併号) 参照。
(29) 小野重朗「コトとその周圏」(「日本民俗学」一二〇号所収、二二頁)。

神隠しと鉦や太鼓

笹本正治

太陽が輝く昼間が人間の世界で、闇が支配する夜が神々などの支配する世界であるとすると、その間に位置する時間帯が、夜明け・暁と日の暮れ・黄昏である。「ゆうやけこやけ」にうたわれている鐘の音が、日の暮れに鳴らされているものであることは言をまたない。

そこで、この時間帯を確認したうえで、この時間帯にしばしば起こったという、神隠しにあった子供などの探し方について触れることにする。

妖怪の出現する時間と場所

桜田勝徳氏は「昼夜の境目となる明け方、暮れ方は、明け六つ、暮六つの時の鐘の鳴らされる時刻であったが、この頃合はかわたれ・たそがれ・逢魔ガ時などと呼ばれて特に注意された時刻であり、一方漁業ではこの頃を朝まじめ・夕まじめなどと呼んで、特に魚のよくかかる時とされてきた」(1)としている。この指摘のように「ゆうやけこやけ」の山のお寺で鳴らされる鐘も、暮れ六つ（夕方六時頃）を知らせる鐘で、その背後には妖怪[2]などの存在が考えられていた可能性が高い。

真野俊和氏は、「妖怪は出現する場所が特定され、出現の時刻も夕ソガレ時、カワタレ時などという昼間から夜に移りかわるあいまに集中することが特徴[3]」と述べている。説明は黄昏時には妖怪が出現することが多いとするが、これは黄昏時が人間の活動する時間帯である昼と、神々や妖怪などのこの世の住人でないものの活動する時間帯である夜との交錯する時間帯で、人間の活動と神々や妖怪の活動とが入り混じる可能性があったからである。換言するならば、この世とあの世、我々の住む世界と異界とがこの時間帯には入り混じり、錯綜するという観念があったのである。妖怪の出現に際しては場所と時間が問題になるが、このうちの時間帯として妖怪が人間と接触しやすいのが黄昏時なのである。

真野氏は、時間帯としてあの世とこの世が交錯する黄昏時を問題とするとともに、異界とこの世とが交錯する場所にも目を配っている。私も以前「辻についての一考察」で辻という場を問題とし、辻は人間の世界とあの世との繋がる場所だと論じ、だからこそ辻には様々な妖怪などが出るといった意識が存在したことを指摘したが[4]、同じ問題が時間帯の中にも存在するのである。

あの世とこの世とが時間的に交錯する黄昏時と似た性格を持つ、あの世とこの世が繋がる辻においては、神々などの力を借りて辻占が行われた。これと同じように黄昏時という特殊な時間を利用して、占いもなされた。それが「夕占」（ゆうけ）である。これを大森志郎・三谷栄一氏は次のように説明している。

たそがれどきに辻に出て、小耳にはさんだ人人のことばによって判断するのを夕占という。『大鏡』に藤原超子の話として出ているのが著名である。夕方のことを古い日本語で、かわたれとか、たそがれといっていたのは「彼は誰」「誰そ彼」で、向こうからくる人の顔がはっきりわからない、「彼は誰だろう」と、ふと不安になる時刻である。この時刻は逢魔が刻（おうまがとき）ともいわれ、いろいろな怪しげなものが、あたりをうろつく時分だと信じられていた。だが、こうした妖怪が、多くは信仰が失われ、零落した神神の姿と理解されるなら、この時刻は神のあらわれたまう時刻にほかならなかった。夕占が、たそがれどきにおこなわれたのは、このような神秘的な時刻に、神の意志を問おうとしたためと思われる。(5)

ここでは、夕占を行うのは黄昏時が神の出現する時刻だからだと説明されている。神や妖怪が活動するのは夜であり、その始まりともいえる日の暮には、太陽のあるうちを活動の時間帯とすべき人間もまだ活動を続けているため、両者の接触が起きる可能性があるので、接触する神、あるいは人間の将来を司っている神に自分の将来を尋ね、占いに利用しようとしたものであろう。

神隠し

前章では夜の禁忌に関連して長野県北安曇郡地方の事例を挙げたが、そこで注目されるものに(12)の「夕方かくれんぼをすると天狗にさらわれる」と、(14)の「夜かくれんぼをすると神様が一生出さない」がある。こうした話は全国的な広がりを持っている。その一例として、山梨県富士吉田市の「隠し神様」を挙げておこう。

夜、いくらでも、なんぼでも、子供が遊んでいると、「隠し神さまに隠されるから、早く帰れ、帰れ」なんて言っただよ。悪い神様みたいなものが、居たぁずら。(6)

話をしている人は「夜」と言っているが、子供が遅くまで遊び、家に帰れといわれていることからして、これは夕方のことであろう。そして隠し神様に隠されることこそ、神隠しといえよう。

「神隠し」を『民俗学辞典』は次のように説明している。

子供などが不意に行方不明となり、村中の人が鉦や太鼓をたたいて名を呼び、さがして歩いても容易に見つからぬ場合、神隠しにあったという。隠すものは天狗・狐・鬼・隠し婆さん・隠し神・隠れ座頭・ヤドゥカイなど地方により区々である。沖縄で物迷ヒまたはモノに持たれるというのも神隠しである。神隠しにあった者（多くは子供）のなかには帰って来なかった者もあるが、戻った者の多くは茫然としている所を発見され、大抵はぐっすり寝てしまう。目ざめてから尋ねると深山幽谷あるいは諸地方の飛行、見聞談を語る者も少なくなかった。上古以来の民間信仰では神隠しは霊界との交通の大切な方法であった。還らぬ者も山中深く生きる手段があるようにも信じていた。大人の隠されたのは戻った者は少なく、ただ一度だけは里人に姿を見せ、それを機に二度と帰らなかった話が多い。履物がきちんと揃えてあったというのが神隠しの一特徴である。(7)

説明では時刻の設定がないが、柳田国男氏は「一日の中では黄昏を逢魔が時などともいひ、一人出て居る者に災がある。この如き季節や時刻の選択は、超人間力の天魔波旬等が必要とすべきもので無い」(8)、「盛岡の辺にては黄昏に婦人小児の戸外に在るを忌むこと殊に甚だし」(9)と記しており、前述の諺なども加味すると、辞典などにも説明されるように、神隠しは黄昏時や夜に多いといえる。

神隠しにあった人の探し方

神隠しというのは神あるいは妖怪に人間がさらわれること、換言するならこの世からあの世（異界・他界）へと人間が迷い込んだり、連れ出されたりすることである。これがなされる時間としては、神々や妖怪などが活動を開始する黄昏、もしくは神々の世界にこの世が変わってしまっている夜が多い。見方を変えるならば神隠しは、あの世とこの世との接触、人間と神や妖怪との接触によって起きるといえよう。そして神隠しは現代に至るまで様々な形で言い伝えられているのである。[10]

それでは神隠しにあった人はどのようにして探し出すのであろうか。前掲の『民俗学辞典』では鉦や太鼓が用いられているが、具体的事例を見てみたい。

柳田国男氏は早くから神隠しの問題を取り上げた。明治四十三年（一九一〇）に刊行された『遠野物語』の中で、「黄昏に女や子供の家の外に出て居る者はよく神隠しにあふことは他の国々と同じ」[11]と記している。このように柳田が神隠しに注意したのは、彼が四歳の時に自分でこれを経験したからである。[12]また『山の人生』では自分の経験もまじえていくつかの例を述べている。その中には次のような記載もある。

狐に騙されて連れて行かれると謂ひ又は天狗にさらはれると謂つても、之を捜索する方法は略〻同じであつた。単に迷子と名づけた場合でも、やはり鉦太鼓の叩き方は、コンコンチキチコンチキチの囃子で、芝居で釣狐などといふものゝ外には出でなかつた。しかも其以外に尚叩く物があつて、各府県の風習は互ひによく似て居たのである。例を以て説明するならば、北大和の低地部では狐にだまされて姿を隠した者を捜索するには、多人数で鉦と太鼓を叩きながら、太郎かやせ子かやせ、又は次郎太郎かやせと合唱した。（中略）紀州田辺地方でも、鉦太鼓を叩くと共に、櫛の歯を以て枡の尻を掻いて、変な音を立てる風があつた。（中略）越中魚津でも三十年余の前までは、迷子を探すのに太鼓と一升枡とを叩いてあるいた。[13]

このように、神隠しにあった子供は鉦と太鼓を叩いて探すのが一般的だった、また櫛の歯で枡を掻いて変な音をたてることも行われた。いずれにしろ音が大きな要素になっているのである。

これ以外に他の例では、

愛媛県喜多郡大川村（現・大洲市）では、村の人が不意に行方をくらましたときは、村中の人が行列を作り、鉦・太鼓で村境の峠を一周する。このとき一番の近親者が、スイノウ（水篩）で覗くと分りやすいといって、それを顔にくくりつけて先頭にたって歩く。[14]という。水篩は目が沢山あるということにちなんだものであろうか。

また、紀州では三栖村（現、和歌山県田辺市）に米作という者があり、ある暁方坂口へ行く時に、白衣を着た六部に誘われて行方不明になったとして、村方においては米作が勾引されたのではないかと、鉦太鼓を叩き、櫛の歯をもって枡の尻を掻きつつ二昼夜ばかり捜索したという。[15]ここでも捜索に際しては鉦や太鼓を叩いている。

相模国津久井郡内郷村では、「天狗にさらはれたのを『神がくしに遭つた』と云つて、鉦や太鼓で『おだしやれ〳〵』と言つて歩く。さらはれた人が木の上などから落ちて来た時は、大抵馬鹿の様になつて居る」[16]としている。

このように神隠しなどに際しては鉦や太鼓を鳴らすなどして、音をたてながら探すのが一般的であったといえる。

鉦や太鼓で探すことの意味

それでは、なぜに神隠しにあった人は、鉦や太鼓で探さねばならなかったのであろうか。もとより鉦や太鼓の音は大きいので、探している相手に対し我々がこうして探しているぞと気付かせ、自発的に探している者たちの方にやって来るようにさせよう、あるいは動けなくなっている人を勇気付ける目的もあろう。この理解の場合、音の人間同士を繋げる機能に重点が置かれる。また、神隠しにあった人間を多くの者が大騒ぎをして探すということで、大騒ぎの代名詞として鉦や太鼓が出てくることも十分に考えられる。

しかしながら、神隠しは本来人間が神や妖怪など異界の住人によって、異界へとさらわれることである。昔の人たちにとって、つい先程まで一緒にいた人が急に姿が見えなくなり行方不明になることは、その人の意志によっての行為ではなく神や妖怪の仕業と思われたのである。実際、神隠しを行うのは天狗や鬼など、この世の住人ではない者たちだった。とするなら、神隠しにあった人の行き先は、神や妖怪などの住む世界でなくてはならない。『民俗学辞典』が、神隠しにあった人は、深山幽谷などに行っていたと語ることもあると記しているが、そうした場所は日本人にとって他界の一つの典型と考えられていた場所である。

神隠しにあった者を探すためには、この世からあの世に連絡を取らねばならない。そのために用いられたのが鉦や太鼓だった。既に述べてきたように、長い間鉦や太鼓などの音は、この世とあの世とを繋ぐ効果を持っていると考えられていた。この音ならば他界にいる神隠しにあった者にまで届き、この世とあの世とを繋ぐ音の力によって、この世に引き戻すことも可能だと考えられていたのではなかろうか。つまり、神隠しにあった人を探す時に鐘や太鼓が使われたのは、鐘や太鼓が異界とこの世とを繋ぐ効力があったからに他ならないのである。

ちなみにこの神隠しにあった人を捜索するのと同じような鉦や太鼓の使い方に、「コトの神送り」がある。『改訂綜合日本民俗語彙』には次のような記載がある。

　コトノカミ　年　事の神。長野県下伊那郡には、二月の事八日に、コトノカミを送る村が多い。送られる神は今は風邪の神と信ぜられ、主として少年が集つて紙旗さしもの、神輿を作り設け。鉦、太鼓を叩いて村境まで送る。或は笹竹に人の毛髪や爪を、米を少しとともに紙包みにして結びつけ、または馬の字を書いた紙なども下げる（民俗学三ノ三）（以下略）

　ヨウカオクリ　年　呪　八日送り。二月、六月、十二月の三度の八日に、御幣と露払いというものをつくつて、鉦・太鼓を鳴らして村境までコトノカミを送つていく行事を、愛知県北設楽郡の山村ではヨウカオクリといつている(17)(以下略)

コトノカミと呼ばれる風邪などをもたらす邪悪な神を村の外に送り出すに際して、鉦や太鼓が打ち鳴らされるのである。

鐘を使う同じような行事に虫送りがある。今野円輔氏は「和歌山県の串本あたりで、子どもがカンカンプーと呼んでいるのは、カンカンと鐘を叩き、ホラ貝をプーと吹き鳴らすのが、夜空をこがす松明とともに虫送りの印象として、とくに記憶に残るからであったろう(18)」としている。

こうした行事はこの世に住む人間たちに不幸をもたらす悪霊や悪神、そうしたものの化身ともいえる害虫などを自分たちの村から追い出し、彼らの本来の住所であるあの世に送り返すために行われた。このためには、この世とあの世とを何らかの手段で繋ぎ、悪霊等を本来彼らの住むべき世界であるあの世に戻さねばならない。そこで、この世とあの世とを結び付ける効力を持つ鐘(鉦)や太鼓が鳴らされたのである。

徳政の鐘の音

峰岸純夫氏は「誓約の鐘――中世一揆史研究の前提として――」の中で、補論として「鉦や太鼓で」を取り上げ、

式亭三馬の「浮世風呂」に「其中へ田舎から貰た味噌豆をいれた所が、豆の数は鉦・太鼓で探す程だアおめえ」という箇所がある。これは、現実に鉦や太鼓を鳴らすわけでなく、大騒ぎをして探さなければ探しだせないほど豆が少ないという意味で、鉦と太鼓が「大騒ぎ」のたとえとして使われている(19)。

とし、神田千里氏・入間田宣夫氏が徳政一揆の行動様式として挙げた、『碧山日録』の、

①辺民鳴鐘伐鼓、為徳政之聚、道路不通、商估咸止、天下為之憂（寛正三年一〇月二三日条）

②群民会聚於城西、鳴鐘考鼓、求有徳政之令、其実便虐政也、故大相公命諸大夫、是日誅其為網頭者、且毀焼其屋宅也、天下歓焉（長禄三年一一月九日条）

といった記述についても「大騒ぎ」の意味だとした。

『浮世風呂』の記載は大騒ぎには違いないのであるが、神保五弥氏が「鉦や太鼓で探す」について、「見つからない程少ない、の意。江戸時代、迷子は鉦や太鼓を叩きながら、その子の名前を呼んで探し歩いた[20]」と校注しているように、この鉦や太鼓の背景には神隠しの子供を探すように、並大抵ではないという意味がこめられていた。「鉦や太鼓で」探すという言葉が出てくる背景には、これまで神隠しに関係して述べてきたような、この世とあの世とを繋ぎうる音、という観念があったと私は考える。

また『碧山日録』の記載は徳政に際してのものであるが、徳政の本質は折口信夫氏の説[21]を前提にして笠松宏至氏が言うように[22]、売買などによる所有の移動が一種の仮の姿にすぎず、本来の形に復活するところにあると考えられる。とすると、この世とあの世とを結びつけうる鐘や太鼓の音は、当時の人々にとっては徳政を神が見届けてくれるもの、その事実の保証を神がしてくれるもの、あの世の住人の神とこの世とを結び付けるためにと鳴らされていたことも考えられる。さらに、勝俣鎮夫氏が[23]『一揆』で明らかにしたように、一揆の際の服装の蓑笠に神に変身する手段といった意味があることから、鐘の音にも神の来臨を社会に告げる意味がこめられていた可能性も大きい。

徳政一揆におけるこうしたこの鐘の用い方は、二章の「誓いの鐘をめぐって」で見た諏訪社の宝鈴の使用のうち、信玄十一軸に記されている神主が自分の言っていることは嘘でないと宝鈴を振ったことや、御岳金桜神社の鐘の裁判で、自分たちの言ったことは嘘ではないとの確認の意味を持っての鳴らし方とも繋がる。

「鉦や太鼓で」は単純な大騒ぎの意味ではなく、元来このような意味を持っていたのである。

当然のことではあるが、神隠しは中世にも存在した。狂言の居杭（ゐぐい）には、「見たところは見へませねとも、惣而神隠しなどゝ申して、加様のことは時々有事で御ざらう[24]」とある。神隠しは時々あるというのである。現在以上に原因のわからないことを神のせいにすることは、この時代の方が多かったであろうから、神隠しの意識も今以上に強かったのではなかろうか。

また近世では、歌舞伎の「小袖曾我薊色縫」に「一人の兄が十の年、神隠しに合ひ行衛知れず[25]」とある。

入相の鐘

さて、黄昏と同じような言葉として「入相」（いりあひ、いりあい）がある。これを『角川古語大辞典』は、「①日が山に入るころ。日没時。たそがれどき」、「②入相鐘（いりあひのかね）の略」とし、入相鐘については「日没を知らせるために、夕方の六ツ時につく鐘。また、その音。江戸では町の鐘。また、諸寺院などでもつき、夕べの勤行の時をも知らせた[26]」と説明している。「まえがき」で取り上げた、元禄二年（一六八九）に芭蕉が吟じた、「入逢の鐘もきこえず春の海」の、入逢の鐘である。間違いなく「ゆうやけこやけ」でうたわれているのも、この入相鐘である。つまりこの鐘が鳴ってからは、いよいよ夜の世界となり、人間の住んでいるこの世界も、神々や怪物などの支配する世界（異界）となるわけである。鐘の音はあの世とこの世とを結ぶものである以上、この音は双方の世界の住人が聞くことができる。人間たちにはこれから神々の時間となるので活動を止めるように、神々にはこれから活動をしてもよいと告げるのである。信州祢津の普済寺にあった旧鐘銘に「鋳巨鐘響琅璫、以耳聞辯清濁、以鼻聞忘嗅香、分割日月昏暁、永祝天地長久[27]」とあるのも、一部はこの事を言っているのであり、昼と夜の世界を区分することが重要であった。

こうして、黄昏時に山のお寺で鳴っている鐘の音は、人々に夜の到来、したがってこれから神々や妖怪が活動するようになること、を告げたのである。だからこそ遊んでいた子供たちは皆帰らねばならないわけである。そして、「お手々つないで皆帰」らねばならないのは、既に鐘が鳴った以上は妖怪などが出てきてもおかしくなく、いつ神隠しにあうかもしれないので、共同でこれに対処しようという意識ではないかと私は思う。

注

（1）『日本民俗学大系　第7巻　生活と民俗II』八頁（平凡社・一九五九）
（2）妖怪については、井上円了『妖怪学講義』（哲学館・一八九四）、柳田国男「妖怪談義」（『定本柳田国男集』第四巻・筑摩書房・一九六三）、石塚尊俊『日本の憑きもの』（未来社・一九五九）、江馬務『日本妖怪変化史』（中公文庫・一九七六）、小松和彦『憑霊信仰論』（ありな書房・一九八三）、同『異人論――民俗社会の心性』（青土社・一九八五）、同『悪霊論――異界からのメッセージ』（青土社・一九八九）、宮田登『妖怪の民俗学――日本の見えない空間――』（岩波書店・一九八五）、『日本民俗文化資料集成　第八巻　妖怪』（三一書房・一九八八）などがある。
（3）桜井徳太郎編『民間信仰辞典』三〇三頁（東京堂出版・一九八〇）
（4）拙稿「辻についての一考察」（『信濃』第三三巻九号）
（5）『民俗の辞典』三一七頁（岩崎美術社・一九七二）
（6）富士吉田市史編さん室編『古原の民俗――富士吉田市小明見古原――』一五四頁（富士吉田市・一九八四）
（7）『民俗学辞典』一一三頁（東京堂出版・一九五一）
（8）『定本柳田国男集』第四巻三八七頁（筑摩書房・一九六八）
（9）同右三八七頁
（10）松谷みよ子編『現代民話考I　河童・神かくし』（立風書房・一九八五）

(11)『定本柳田国男集』第四巻一四頁
(12)『定本柳田国男集』別巻3一四八頁（筑摩書房・一九七二）
(13)『定本柳田国男集』第四巻九八頁
(14)井之口章次『伝承と創造――民俗学の目――』一三一頁（弘文堂・一九七七）
(15)雑賀貞次郎『牟婁口碑集』七二頁（郷土研究社・一九二七）
(16)鈴木重光編『相州内郷村話』一五頁（郷土研究社・一五二三）
(17)『改訂綜合日本民俗語彙』（平凡社・一九五八）
(18)今野円輔『季節のまつり』一三六頁（河出書房新社・一九七六）
(19)「誓約の鐘――中世一揆史研究の前提として――」（東京都立大学人文学部『人文学報』一五四号・一九八二）
(20)『新日本古典文学大系86　浮世風呂　戯場粋言幕の外　大千世界楽屋探』二八頁（岩波書店・一九八九）
(21)『折口信夫全集』第三巻四二二頁（中公文庫・一九七五）
(22)笠松宏至「中世の政治・社会思想」（岩波講座『日本歴史』中世3・岩波書店・一九七六、のちに『日本中世法史論』東京大学出版会・一九七九年に収録）
(23)勝俣鎮夫『一揆』（岩波書店・一九八二）
(24)『能狂言』中二六頁（岩波文庫・一九四三）
(25)『日本古典文学大系54　歌舞伎脚本集』下三一四頁（岩波書店・一九六一）
(26)『角川古語大辞典』（角川書店・一九八二）
(27)「信濃史料」第六巻一八九頁

境界にたたずむ子ども・老人
――泣き声に聴く――

森下みさ子

気にかかるのは、子どもの泣き声である。

都心に住まいする者なら誰しも、溢れかえり染み渡り、もはや生活の感覚の一部に息づいている、あまたのノイズを気にかけることもなく暮らしている。意識してそばだててみないかぎり、私たちの耳はそれらの音を色分けしてみることさえしない。いっぽうで、「新しい」という看板をかかげた情報の言葉たちが、倦むことなく次から次へと放出される。ここにいたっては、メディアという巨大な媒介の雲に覆われて、発信者の影すら確かめることはできない。身を持たない言葉たちが泡だっているのだ。私たちの生活は、その泡風呂のなかでおぼつかない、けれど心地よい仮睡を貪っている。そのさなか、ノイズの網を破り、情報の泡を吹き飛ばして、つんざくように響いてくるのが、子どもの泣き声ではなかろうか。小さな発信者は、その小ささに似合わない大きな石を、なだらかな音の湖面に投じる。その声には、その子の身体の感覚に不可分にかかわった濃密な意味が込められている。にもかかわらず、それは言葉の意味の手前にとどまる。まだ言葉の輪郭を持たない。あるいは持っていたにしてもあやふやな者が、身体の内なる管を通して外界に響かせようとする何か……。それは、私たちの耳に慣れた人工的な音の世界を超えて、かぼそくも鋭く、異質な力を突きつけてくる。耳を覆いたくなるような、それでいて気をそそられずにはいられない、そんな力である。

私は今ここから、この気になる声にいざなわれるまま、人々の感覚の歴史の淵源に旅立ってみたい衝動に駆られている。言葉の意味を持たず、それゆえ文字にしたためられることもかなわず、その時々、人々の感覚の領野に刻み目のみを残してきたにすぎない「泣き声」……。それをたどろうとする足元は暗く、たどたどとおぼつかない。けれど、しばし往時の人々の聴力を借りて、耳をそばだててみよう。言葉の手前にとどまる子どもの、そしてまた言葉からはずれてたたずむ老人の居る場所には、おそらくそんな声こそが息づいているのであろうから……。

1　原初の泣き声

原初のとき、私たちは耳をそばだてるまでもなく、世界中を破壊すらしかねない、ひとりの神の涕泣に震撼とするにちがいない。泣き声の主は、スサノヲ。伊弉諾尊《いざなぎのみこと》が黄泉国の穢を禊《みそぎ》して清めたとき「三はしらの貴き子」を得るが、天照《あまてらす》、月讀《つきよみ》につづきて生まれた末子である。その泣きっぷりのすさまじさは、次のように記されている。

速須佐之男《はやすさのをの》命、命《よ》させし國を治《し》らさずて、八拳須《やつかひげ》心《むね》の前《さき》に到るまで、啼きいさちき。その泣く状《さま》は、青山は枯山《からやま》の如く泣き枯らし、河海は悉《ことごと》に泣き乾《ほ》しき。ここをもちて悪《あ》しき神の音《こえ》は、さ蠅《ばへ》如《な》す皆満ち、萬《よろづ》の物の妖《わざはひ》悉に發《おこ》りき。(1)

彼の神の泣き声によって、青々と茂っていた山の樹木は枯れ、とうとうと流れていた河も満々と水をたたえていた海も涸れてしまう。それどころか、この泣き声は田植え時の蠅のごとく騒々しく、まさにあらゆる実りに暴威を奮い、万物に災いをもたらそうとする。すべての命を断たんとするかのごとき彼の声は、ひたすら死の国に向かっている。なぜかといえば、そこにこそ求めてやまない母がいるからである。大泣きの理由を父にあたる伊邪那岐《いざなき》に問われて、スサノヲはこう答える。

僕《あ》は妣《はは》の國根《ね》の堅州國《かたすくに》に罷《まか》らむと欲《おも》ふ。故《かれ》、哭《な》くなり。(2)

「八拳須心の前に至るまで」と表わされているように、長いあごひげが胸のあたりまで垂れ下がっているスサノヲは、子どもの造形を与えられていない。けれど、彼の求めるものが母であり、その求め方がひたすら泣くことであってみれば、彼こそは原型的な子ども。しかも、大人しやかに育つことをいっさい否定しさった、それゆえに母の死の国を求めつづける巨大な胎児である。ここでいう「死の国」とは、いまだ何者をも生み育てるにいたっていない、生前の場所ともいえようか。

さて、この巨大な、手に負えない童子が、その後の荒行昂じてついに神の国から追放され、地上において八岐大蛇《やまたのおろち》を退治した後、国造りの祖神となる経緯は、衆知のとおりである。その神話的な意味についても、すでに魅力的な考察がなされており(3)、ここで改めて加える何物もない。ただ私たちは、神の世から地上に至る、そのはじまりの時に巨大な童子の泣き声があったことを想い起こしておこう。そうしてそれが母の、しかも死と腐乱に満ちた母の国に向けられていたことを、記憶の隅にとどめておきたい。なぜなら、このあと私たちの耳をかすめていくあまたの泣き声は、種々さまざまな様相を帯びるけれど、そのいずれもが何らかのかたちで生と死の境界に発せられるものだからである。

2　産声に聴く

まずは、その典型として産声があげられる。神話の象徴的意味世界から遠ざかって、現実的な意味に裏打ちされた生誕の場に足を踏みいれてみよう。すると聞こえてくるのが、産声をめぐって云々する医者たちの意見である。江戸末期、賀川流産科医術を投石として、産科界に生まれ子の生死をめぐって幾重もの波紋がひろがっている。賀川流の祖は、難産に際して鉄鈎《てっこう》を用い胎児を刻み掻き出すという法を案出、「回生術」と名付けて、その療法を秘諾する流派をつくるに至った。回生術は文字どおり、死にかかった母体を生き返らせるひとつの方法として脚光を浴びることになるが、同時に胎児のさばき方に対して「残酷」の刻印を押されることも避けがたく、これを契機にやがて母子ともに救おうとする「雙《そう》全術」へと産科医たちはのぞんでいく。そのなかで生まれ子の生死は注目を浴び、その兆候はこと細かく記載されるようになる。[4] その一端に重要なポイントとして言挙げされているのが、生まれてすぐに発する泣き声、すなわち産声なのである。

奥劣齋の創案を書き留めた賀川流門下満定の記述[5]によると、生まれた直後に泣かない者は、呼吸作用が断絶しているのであって、いわゆる仮死の状態(これを夢生児と命名している)にあたる。したがって、何としてもまずは声を発せしめて息を通さねばならない。その術として古来より伝わるものに、たとえば冷水を浴びせるとか、臍の緒を熱する、温湯で赤子の体を揉むなどのほかに、父親の名を呼んで気づかせるもの、猫の耳を噛み、その驚き叫ぶ声によって赤子の発声を促すというものもある。猫の啼き声との連環は、おかしくも人々の連想イメージを伝えるものとして興味深いが、これに関しては後で触れることにしたい。劣齋が、これらの古法とは別に考え出したという術は、その名も「発啼術」。右手の親指と四指を用いて赤子の首のつけねと肩背の部分を強く押すというものである。この術もいくつかの古法との併用を促しており、記述の上ではいささかもったいつけた複雑を呈しているけれど、ここではそれらについては触れない。注目しておきたいのは、古来より生まれ子の発声がことのほか問題視されてきたこと、そしてまた生まれ子の生死が注視される時を迎えて産声が鍵となって言沙汰されている、ということである。

誕生の際産声を重んじる傾向は、医術史の上でかなり古くからあったらしく、その理由は『医心方』[6]にある記述にうかがうことができる。すなわち、臨月にあたる第十月は天地の霊気を受けて胎児が生まれる月であり、その際泣き声を発するのは天の気を得るからにほかならない。この世に現われいでてまず泣き声を発することによって、はじめて気が通じ呼吸しはじめるという見方は、人々に共有される感覚であったようだ。医学の上だけでなく、古法に見るように民間にも同様の見方が浸透しており、たとえば間引きの際も、泣き声の有無、あるいはその強弱の程度において、最終的な判断をくだしたとも伝えられている。生まれ子の生死に関して、人々は人為を超えた何者かの力を感受していたのであり、泣き声は小さな、けれど決定的な意味を媒介する「託宣」ととらえられたのだろう。儒医学の歴史に見られる産声と気の関係や、医術史が記す発啼の手法は、むしろこうした感覚の広野の上に人為的な解釈と技術を成り立たせているのかもしれない。

3　土中出生譚が語る

現実に生まれ子が窒息状態にあれば、声をあげることもかなわず、とりあえず息を通じさせるために泣かせるということが、産科術の要となったことは確かである。けれど、さらに興味深く語りかけてくるのは、このような現実の層の下位にあって蠢いている人々の、赤子の泣き声に寄せる心性の輪郭であろう。たとえば、次のような民間伝承は[7]、私たちに赤子の生死にまつわる不可思議を、その泣き声にのせて告げようとしている。貝原益軒が但馬（兵庫）の人から聞いたとして残されているものに、こんな話がある。……子どもが母親の胎内にいるうちに、俄かの病で母親は亡くなってしまった。埋葬した後も忘れがたく父親が三日三晩墓の周りを巡っていたところ、三晩目の夜のこと、塚のなかで赤子の泣く声がする。鍬でもって掘り起こしてみたところが、なんと男の子が生まれており、母親も蘇っていたというのである。この子は後に「穴子」と呼ばれている。

土葬であれば、万が一にもありえた話かもしれない。が、実際の確からしさを超えて、この類の話は各地に伝えられており、人々の想像力の圏域に深く刻み込まれて何らかの意味を発するものであったと思われる。その意味は、生死の境をかいくぐって生まれきたった、という霊威を物語ることになり、それゆえに名僧の生歴に巧みに組み込まれている。一例として柳田国男がとりあげているのは、常陸（茨城）の頭白上人の話である。頭白は筑波の東光院の僧、または大曾根千光寺の中興開山ともいわれている。天台宗の碩学で、近隣諸国には教化の跡も多い僧侶である。この僧侶が、名前のごとく頭が白いのはもちろんのこと肌膚全体が雪のように白い。その理由として、五年間土の中にいて母の幽霊に育てられたのだと伝えられている。これには後生譚もついており、この近くの団子屋に夕暮れにまぎれて団子を求めにくる女がいて、それがかの上人の母親であったに相違ないというのだ。

似たような話は、名僧の周囲を彩るものらしく、安芸（広島）の宮島光明寺の上達上人は、墓のなかで泣く声を聞き届けられて掘り出された子であったというし、伊豫（愛媛）は西宇和郡の龍潭寺、その名も幽霊和尚という名僧は、母親の死出の旅路に添えられた六道銭で求められた飴をしゃぶって育ったと伝えられている。曹洞宗では、通幻派の開祖にあたる通幻上人に似たような話がついてまわっている。生まれるに先立って母親が死に、埋めたところが、後日掘り返してみると、子どもが生まれていたというのである。道元和尚の弟子にあたる通元もまた、土中誕生の逸話をもっている。やはり真新しい墓のそばを、この場合は道元が通りかかり、赤子の泣き声を聞きつけて掘り出し、弟子として育てあげた、それが通元であるという。

なぜに名僧たちは、こうも似通った出生譚を背後に持つのだろうか。いや、名僧という、人の域を超えでた者であるからには、その生まれいずるところは並大抵であってはならないのだろう。赤子は出生を目の前にしておきながら母の死によって、彼岸の際まで連れてゆかれる。この場合、未生のままに埋められた墓とは、すなわち生と死がかたみに屹立しあう強烈な体験の場ではなかろうか。そうして、母の体から「死」を喰い破って「生」が排出する。それはきわめてマジカルな、それゆえ聖なる者の力を示す恰好の証言ともなろう。その死から生への転換の節に泣き声はほとばしり出て、彼岸から此岸へ生命の仕掛けをカタリと動かすのだ。自らの声をもってそれを成すとは、まさに名僧のおのずから携わった超威を証かす、似つかわしい出生譚といえよう。けれど、これらの奇跡を名僧譚の一部に収めてしまうには、いささか裾野が広すぎるようだ。たとえば、文芸の世界においても度々扱われる「小夜の中山」は、さらに奥深い民俗の想像力を語った、私たちをいま少し広やかな沃野に誘うしるべとなる。

小夜の中山は、東海道の日坂峠から金谷へ出る約四キロほどの坂道である。ちょうど道中の中間地点にあたる山中には、古くから夜泣き石の伝説があった。この伝説をもとにしたのか、『続太平記』では、懐胎中の小夜姫がここで山賊に殺され、生まれた子が石の上で泣いているところを近くの人がみつけて育てあげる、十三で出家するが母の仇をとることをこころざし、ついに本望を遂げた、となっている。この話は、江戸に至ると馬琴をはじめ幾人もの書き手・作り手にわたり、さまざまな潤色を加えられて広まっている。それだけに、もはや何が元であったのか、原型を掘り起こすことはむずかしいが、ただ言えることは、小夜の中山という、旅の中間地点に夜泣き石と称される石があり、ここに人々は赤子の声らしきものを聞いた、ということである。

4　石が泣く

そこで次に私たちが耳をそばだててみなくてはならないのは、この赤子の泣き声を発する石ということに

▲**小夜の中山**　（広重「東海道五十三次廿六　日坂」）（『原色浮世絵大百科事典』平凡社より）　遠江（静岡）掛川にある山坂路には、夜毎に泣く石があった。昔ある妊婦がこの坂で賊に殺されるが、その霊が路の傍らの石に宿って泣きつづけたのだという。いっぽう妊婦の腹から生まれた子は、成長して母の仇を討ったと語り伝えられている。

◀**捨子**　（『捨子教誡の謡』より）　辻の木の下に捨てられた赤子。拾われるまで見守っているのがせめてもの親の情、と教戒書は記すが、苛酷な遺棄もあったことは想像にかたくない。そのとき赤子の「泣き声」は、どんな意味作用をもたらしただろうか。

なろう。先ほどの通幻和尚を開山とする寺のひとつに總寧寺があるが、ここに夜泣き石の話が伝わっている。この寺の二八世の住職某が後ろの山に鬼哭の声を聞き、そこを掘ってみたところ石を得た。そこに塚をつくって供養をしたら、泣き声が止んだという。他にも近江（滋賀）の金勝山に泣き石があって、石工が削ろうとすると嬰児のような声で泣いたとか、阿蘇山の皿石と名付けられた熔岩の固まりは、一つだけ持ち帰ると夜泣いて割れてしまうとか、羽後（秋田）の仙北郡峰吉川村の五十日子石（ニガコ石）は、路のそばにあって毎夜乳児の声を発して泣いたとか……。他にもこんな話が拾える。……足利時代の末のこと、ひとりの武士が夜深く歩いていて、赤子の泣く声を耳にした。捨子かと思って見回すと、なんと玉石から泣き声が出ていたので、不思議に感じ御神体としてまつった。それが藤坂峠のところにある野州葛生の小藤神社の御神体であるともいわれている。このように各地各様、夜、石が、赤子のような声で泣いたと伝えられているのである。

道端の石に霊力を見、御神体として崇める風習は珍しいものではない。が、その石に赤子の泣き声をかぶせる志向は、先述の墓のなかから掘り出された生まれ子の例とあいまって、子どもの魂のありかをめぐって何かしら興味深いメッセージを伝えているようだ。そもそも、人影のない道端で赤子の声がすること自体、ありうべからざることだった。それが起きるとなれば、その赤子は何らかの理由で捨てられたに違いなかった。生まれ子の験をかついで、疑似的に捨てるという場合ももちろんある。この場合、あくまでも儀礼的なものであるから、拾い親をあらかじめ決めておいたり、あるいは依頼状をつけて無事拾われるまで見守るという、極めて穏当なかたちをとる。けれど、もっとせっぱつまった理由で、死ぬことを前提に遺棄するケースもあったに相違ない。これはすなわち、堕胎や、間引きに通じるもので、生まれ子の魂をあの世へ送り返すというかたちで、葬り去ることを意味していた。(8) ただ、人々は記憶までは葬ってしまわずに、何らかのかたちでとどめようとしたのである。ときに、次に記す「ノツゴ」のような妖怪の形象を借りてでも……。

ノツゴは「野っ子」であり、その名のとおり、村のはずれのさびしい野道に住む「この世でのしあわせ薄く、非業の死をとげた幼児たちの亡霊」[9]である。この霊は、コウモリのような姿をしており、近くを人が通ると、赤子の泣き声をたてて「草履をくれ」とねだる。このとき草履をはいていれば鼻緒を、ワラジであればチ（乳を意味する）を、ちぎってやると退散するという。この村では、死んだ子の棺を埋葬する際、会葬の肉親たちは各々履いてきた草履の鼻緒やワラジのチをちぎっていっしょに埋める、という風習があり、そうしないと赤子の霊魂はすぐにも生まれた家にもどって親の身体にまつわりつく、と考えられていた。二例とも道を知っている履物をたよりに、赤子の霊魂が家に帰ろうとするから、それをあらかじめ封じておくという考えにもとづくものらしい。

これらの遺棄された子どもの傍らには、先にとりあげたような、伝承世界において根強く語り継がれてきた土中出生の子どもがいると想えてならない。民間の習俗が伝えるところによれば、妊婦が死んだ場合、胎児を出して身二つにして葬らないと女人は成仏しない。墓中で出産したとなれば、この習俗に反したかたちで、これらの伝承は成立していることになる。すなわち、成仏しない母、彼岸と此岸のはざまをさまよう女人の魂を前提として、子どもの魂が放たれているといえよう。生死の決定は墓中の闇にゆだねられ、境界にとどまらざるをえなかった母のみが目撃するところとなっている。それゆえ母の魂は、いっときとはいえ幽霊と化してまで子どもの魂を此岸につなぎとめる役目を負い、それが果たされた途端、掻き消えてしまうのである。生と死を共有し、なおかつ分かちもつかたちで分離してゆくふたつの魂の関係については、後でとりあげる機会をもちたい。ここでは、これらの習俗・伝承がさまざまなかたちを志向しつつも、赤子の魂は人為の及ばない領域に預けられていることを確認しておこう。

その魂が彷徨し泣き声を発する場所として、峠や坂（小夜の中山は峠から谷に向かう坂にあり、小藤神社は藤坂峠にある）、あるいは人の通り道にあたる道端などが選ばれていることも興味深いことといえよう。これらの場所が此岸と彼岸の境目として、民俗的想像力を掻き立て、濃厚な意味の磁場を形成してきたことは、民俗学がつとに伝えるところである。このような境界には、他界が裂け目をひらき、人為を超えた何かしら不可思議な力が蠢めく。此岸と彼岸が接して擦れ合う場……その摩擦に熱せられた地点は、まさしく生と死が分かちがたく屹立してしまう場所ではなかろうか。そこにこそ遺棄された赤子の魂はたまさかの居場所を見いだし、その泣き声は陰々と発せられる。そうして、その声を聞き届けるのが、おうおうにしてこれらの場所をよぎっていく者たちであった。

この者たちもまた「通りすぎる」というかたちをとることで、生まれ子の生死がゆだねられた、その意味できわめて境界的な磁気を帯びる場に親しい者たちであった。言い換えるなら、通り過ぎる者であることが、この境界的な場に参与し、ときにその仕掛けを操る資格をもつのである。もう拾われる相手がわかっていてなお、わざわざ「捨てる―拾う」演技を模擬的に行なう、疑似的な捨子の意味もここからくみとることができようか。また、これは憶測の域を出るものではないけれど、ノツゴが履物と執拗に結び付けられているのも、案外こうしたイメージが関与しているのかもしれない。履物はやはり通り過ぎる者のしるしとして機能するのであろうから、そのしるしを与えることが、境界の磁力を操り、不安定な魂をおさめる、という連想を生んでもおかしくはない。

5　泣き声の両義

ところで、これらの話を通じて気づかされることは、赤子の泣き声が、きわめて境界的な両義性を帯びているということである。産声に聴く生命の兆しはもとより、塚の中から聞こえくる泣き声は、小さい命の所在を告げ、闇の底から救い出されることを求めてやまない。彼岸から此岸へと、それは生命のきっさきをのぞかせて、人々の耳に触れよとばかりに響く。耳聡くこの声をとらえ、少しばかりの手を貸してやることができるなら、生と死のあわいを漂っていた魂は、この世の岸辺にたどり着くことがかなうのだ。そのいっぽうで、ノツゴに代表されるような泣き声は、死してなおこの世の近くに浮遊する霊魂を、繰り返し繰り返し思い起こすようにと訴えているかのようだ。このとき、その声にからめとられた道ゆく人は、草履やワラジを捨てて霊魂をなだめなくてはならない。此岸にまでついてくることを禁じ、彼岸へと追いやり、結果として泣き声を封じなくてはならないのである。泣き声は他界の縁からのメッセージとなり、それゆえ人々の恐れを呼ぶ。赤子の泣き声は生を証し、いっぽうで死を指しつづける。いずれにしても、耳にした人々は平然と構えていることはかなわず、そこに手を貸さねばならない。いやおうなく生と死が背中あわせに起つ地点に呼び出される。それだけ、この意味の連なりを持たない音は、人々の感覚の深部を震わせるのだ。

このように泣き声の両義性は、誕生時の一線に明瞭な輪郭を描き出すけれど、決してそれだけにとどまるものではない。生後しばらく、子どもが言葉を発する以上に泣くことを、外界へのメッセージとしてもっぱらにするとき、やはり人々は泣き声に敏になり、かつそこに濃密な意味を付着させる。たとえば、「泣く子ほどよく育つ」とか、「泣く子は頭堅し」という諺。子どもを相対して泣かせ、声の大きい方を勝ちとする行事も残っている。産声同様、気が通じ、よりよく巡っていることが、何よりも泣き声によって証されているのだ。ただし、これは昼の光の下、共同体の承認がかなう場においてであろう。いっぽうでは、忌み嫌われる泣き声が存在する。いわゆる「夜泣き」が、その典型といえようか。この場合は、泣きやむことをこいねがってさまざまな手段が講じられている。次にそのいくつかをとりあげてみよう。

柳田が記したところによると、那賀郡南野上村に産幸《うめさい》の松と呼ばれる、太さ五抱えほどもある古木が、街道の傍らの崖から垂れさがるように生えており、その寺の境を示しているという。この松の葉を焼いて照らすと、子どもの夜泣きが止むといわれ、夜泣きに悩む人が遠方からも訪れたらしい。この話に加えて柳田は、「ウメサイのサイは……境標なるが故に即ちサへなるべし。境に木を栽えて之を道祖の木又は才の木と称するは諸国普通の例なり[10]」としている。目にしるい巨木をもって境界とし、此岸と彼岸がせりあう場をもうける。この場所に託された特性はまさしく、夜泣き石が置かれ、ノツゴの妖怪が出現する場所のそれでもある。どこからともなく赤子の泣き声が染み渡ってくる、まさにその場所に泣き声を封じる呪力が求められているのだ。

「夜泣き松の例は多過ぎる程有ります[11]」とことわって、柳田は二、三の話を加える。伊勢（三重）鈴鹿郡羽若の夜泣き松は、すでに枯れ姿をとどめるにすぎなくなっていたが、その一片を取ってきて火をともしてみせると、夜泣きの癖は必ずやむとされていた。備後（熊本）絲崎の淡黒松も、枝を熱して夜泣きする子に示すならば効果があったという。豊後（大分）東国東郡池ノ内の夜泣き松は、もう少し複雑な話を付加して伝えるが、大筋に変わりはない。すなわち、仁聞という高僧がこの木のそばを通りかかったところ、大泣きに泣く赤子を抱いて困っている女がいる。僧が木に向かって経をあげ、落葉松毬を集めて火をつけ、その光を赤子に見せたところ、たちまち泣きやんだ。以来、この葉をもちかえって、夜泣き封じに用いる人が少なくないという話である。柳田が展開するように、この話などはウブメの怪[12]として各地に伝搬するものに似通っており、その連鎖が興味をひく。が、ここでは柳田から展開の糸口を得るにとどめ、泣くことに焦点をあてた私たちの道行をつづけよう。これらの話が総じて告げているのは、夜泣きという現象に対して、境に生えている松が効力を持ち、しかもそれを燃やして光を発し、赤子に「見せる」ないし、赤子を「照らす」ことが効を奏するとされていることである。

考えてみれば、実際、赤子に光を示すことは、赤子の気をまぎらわせて泣きやませる効をもたらしたかもしれない。けれど、それ以上にここにはひとつの象徴的な意味の操作がひそんでいるのではなかろうか。闇夜に一点の光……大袈裟な言い方が許されるなら、それはおそらく、死から生へ、彼岸から此岸へ向かわせるきっかけのひとつとしてイメージされたのではないか。境をしるした松の霊力を借り、夜の暗さをかいくぐって一点の火を灯す、というささやかな人為がほどこされるとき、境界の仕掛けはカタリとこちら側に揺らぐ、その瞬間《とき》をもって赤子は、夜泣くという気障りな領域から移行することができると想われたのだろう。そしてそれは、濃密な意味がたちこめるこの場所において、そこに象徴的な姿をとどめる木にあずかってはじめて生じることであったに相違ない。

夜泣き松の言い伝えは典型であるが、今少し他の願掛けを例示してみよう。[13]たとえば、子どもと縁の深い子安神・鬼子母神、屋内の神として重視される便所神・竈神に祈願するのはもちろんのこと、住まいにおいては、軒下・戸口に呪方をほどこす例が見受けられる。間引かれた子や早死にした子は、墓に葬らずに屋内のしきりにあたるところを選んで埋めた、という風習と合わせてみるとき、この類縁性はひとつの意味を開示しているといえよう。すなわち、生まれて間もない子の魂は、住まいというミクロコスモスにおいても、境界的な場所を選び、そことの関係において揺れ動きつつとどまって再生のときを待つ、と想像されたのだ。さらには、「夜泣きする子には盲人の杖を煎じて飲ませよ」との俗言も見受けられる。これもまた、琵琶法師のように旅をなりわいとする盲人の、必需品である杖に付託された境界的意味[14]をかんがみるなら、同じ符号をみてとることができよう。子どもの、そしてその泣き声の、境界的な揺らめき……それを操る技は、同じく境界的な彩りを帯びたものにまかされ、託されているのである。

ところで、これら象徴的な意味に彩られた事物のなかでも、石は特に泣き声の発信源として強烈なイメージを結んでいる。次に考えてみなくてはならないのは、泣き声と石との関係である。往時の人々が石に寄せたイメージは、もはや私たちの感覚から遠いものとなっている。が、その一端としてうかがいしれることは、石がだんだんに大きくなったり、ときには大きな石を母体に小さな石が誕生するというようなことが、石の成長・出産のように考えられ信じられていたということである。その際、石はその内部に何かを込められる、あるいは内部に何かがこもっている容器として想念されたらしい。折口信夫によれば、それは「たま」として見ること、すなわち魂のこもる場所[15]としてとらえることになる。あの丸く堅く重みをもった物のなかに、魂が充満している、あるいは充満するだけの空洞が用意されている、というイメージが共有されていたのだ。ここからして、生死の間を浮遊しやすい赤子の不安定な魂は、とりわけ石との関係を深める。子どもの成長の折節に行なわれる儀礼のひとつに、生後百日目のお喰初めがあるが、このときも箸で石をはさんで食べさせるまねをする習俗が残っている。これなど、赤子の成長を祝うと同時に、その揺れ動きやすくおぼつかない魂を、石に付着させてとどめようとする技であったと推察できる。また、沖縄にあっては、「まぶい」といいならわされる子どもの魂が、落ちてなくなってしまわないように、石に子どもの魂を付ける「まぶいこめ」なる儀礼を行なってきたという。子どもの魂は、その容器としての石に付いたり入り込んだりしやすく、それゆえ石と交換可能なものであったのである。以上のようなイメージを媒介として、夜泣き石の伝説は発生し、拡散していったに相違ない。このとき、浮遊する魂は、生まれ子の体に宿って誕生の機会を得るものの、そこから離れやすく、抜け出て石に宿りを見いだすこともあるととらえられたのである。夜赤子の声で泣く石は、そうした浮遊する魂の所在を、この世に告げ知らせる媒体なのであった。

6 姥の泣き声に聴く

さて、ここからさき私たちは、石と魂の関係を手掛かりに、しばし赤子の声から遠ざかり、石から発せられるもうひとつの声に耳を傾けてみることにしたい。それは姥の声……切々と響いて、なおかつ赤子の声以上に掬いとられることのむずかしい、ひとつの訴えを告げてやまない声である。

駿州江尻の姥ヶ池は、少しずつ変形を加えながら、次のような話を語り伝えるという。乳母がこの池の縁で子どもを遊ばせていたところ、子どもが咳をして苦しがる。水を汲んであげようとしているまに、その子は咳入って池に落ち死んでしまった。そこで乳母は自分も池に身を投げ、過ちを詫びた。その霊に預かってか、この池にはながらく子どもの咳の病の願掛けがあったという。近世になって変形をほどこされたと思われる話によれば、江尻の近傍の長者の愛児が咳の病で苦しんでいた。みかねた乳母が、子どもの身代わりにと、池の縁にたつ地蔵に願を掛け、池に身を投げた。そのかいあってか、子どもの咳は治り、その後も同じ病に悩む子どもの救いとなったというのである。これはいかにも主君への忠義を語った近世的な脚色を帯びてはいるが、それでも骨子において私たちの耳を引くものが響いている。

この場合、舞台は池になっているが、泣き声と同様やみがたく小児の口から発せられ、周りの大人をして「なんとかしなくては……」と駆り立てるものとして、「咳」を考えることができる。しかもそれは単に咳が出るのは苦しそう……という心配では済まないらしい。語り伝えるところによれば、そこにはやはり子どもの生死がかかわっているのであり、それゆえ乳母は自らの命をかけなくてはならないのだ。先に記した魂の所在なさを振り返ってみるなら、咳が病を指し示すのみならず、小さな身から激しく吐き出される吃音に、魂そのものが吐き出されてしまうような感じをもったのではなかろうか。咳こんだという、たったそれだけの勢いに身を保ち得ず、池にはまり込み命を失ってしまう幼子の話は、わずかな隙に彼岸へともち去られる魂のあやうさを告げているようだ。そしてまた、その責をいっしんに負い、あと追って自らの魂を旅立たせる乳母は、子どもの生命のありかに最も身近く分かちがたく結び付いているといえよう。

似たような話は姥ヶ池・姥ヶ淵と名づけられる各地になじみぶかいもののようだが、これらの伝承を介して私たちの耳に入れておきたいのは、乳母の発する声である。姥の名を冠する池・淵に立って「ヲバ」と呼び、あるいは預かった子を逸した罪をなじって「乳母甲斐ない」と声を掛けると、水中からブツブツと音をたてて泡があがるという。それをもって乳母の念仏である、としているのである。水底から泡となって浮上してくる声……それは日常的な言葉としての意味を解し得ないからこそ、それでいて生死にかかわって濃密な意味を発するからこそ、念仏という形容を与えられたに相違ない。

ところで、ここでまた私たちは石の伝説に出会うことになる。甲州（山梨）に伝わる「しはぶき婆の石」が、以上の伝承の要としておぼろに姿を結ぶのである。この石は何のへんてつもない三角石であるが、行き倒れの老女を埋めた印とされ、何のわけあってか炒り胡麻と茶を供えて子どもの風邪の治癒に効があるとされていた。他所にも「しはぶきばば」と名づけられた石および石塔の名残が見受けられるという。この石が、水中から沸き立つ念仏に類した声を、はたして発したかどうか……そのあたりのことは何ひとつ伝えられてはいない。ただ私たちが咳と姥を結ぶ線の延長上で再会するのは、今度は姥の名を冠して祀られている、やはり不可思議な石の話である。

姥石と呼ばれる石の背景には、次のような話がおかれていることがあるという。それは、老婆が女人禁制の域を破って無理に神山の奥にわけいろうとしたところ、そのしきり（結界）において石と化した、というものである。たとえば、立山にある姥石は、あぶらか左衛門なる者の乳母、山の開祖の継母、若狭小浜の老女、などと登場者はさまざまに言い伝えられているが、要するに年老いた女が女人結界を破って登山しようとしたため、その途上にあって石となったというのである。これを仏教の信仰にともなって女に課せられた罪科であり、女人の登山を禁じるための警鐘であるととらえることはたやすい。が、気にかかるのは、なぜ無理な登山をあえて決行しようとしたのか、そのように語り伝えることで、「姥」と「石」を結び付けてみなくてはならなかったのか……人々の想像の領野において、姥石なるものがどのような張力をもって位置しているかということである。

この問いに若干の答えを用意して、私たちに道程を示してくれるのは、名僧と老女という組合わせからなるこんな話であろう。……越前（福井）越知山は泰澄大師が修行をはじめた山とされているが、そこに夜泣き石の名を与えられた大岩があり、真夜中には声をあげて泣くという。その岩は、もと結界を越えようとした尼であったとか、大師の母が逢いに登ろうとして妨げられたあとであるとか、語り伝えられている。同様な話は高野山の登山路にも残っており、八十になる老婆が我が子見たさに登山したもののそれ以上許されず、悲嘆のあまり捩った石がそのままのかたちで残っているという。開祖である弘法大師にもこの類いの話が影のごとく寄り添っている。これらの話を一括して柳田が発する問いは、おそらく私たちが共有し得るものである。「各地の姥ヶ池に老若二人の死霊を説く如く、霊山の姥石にも時あって親子の対面の物語が、付きもなく結び合わされていること」[16]、その符号が指し示すものは何かということである。

手掛かりとなるのは、やはり霊山の中腹にある石の存在であり、なおかつその石が声なき声によって発しているメッセージであると思われる。これまで見てきたように石を境界の印とするなら、ここに語り伝えられている石たちもまた、聖域の一線を証すと同時に、そこにおいて両界がせめぎあう磁場をあとづけているに相違ない。それが昇化されない老女の魂に付託されているのである。解消されることのかなわない、それゆえしるしづけられ、叫びつづけなくてはならない力……それは石の周辺にさまざまな痕跡を残している。夜泣き石の名をもつ越山の大岩は、その名のとおり泣き声を発しつづけ、高野山の登山路には拒まれた思いのたけが捩れた石のかたちにとどめられている。これらの石は道標の役割を超えて活きており、両界のはざまに起つ声を響かせているのだ。

7　姥と子の位層

なぜ、それが多くの場合老いたる女人の姿に託されるのか……。確かに名僧となった者の母であれば、高齢に達していることは現実的であるけれども、こうした物語はむしろ後発のものではなかろうか。夜泣き石の伝承にみるがごとく、山中の境界において何かを求めてやまない声が人々の耳を打ち、その声の発信源として老女の像が結ばれたのではないか。生まれ子の魂の場合にきわめて近い想像力が働き、ここにひとつの結晶をみたと考えたい。というのも、彼岸の入り口に近付いた女人の魂こそは、生死の敷居をまたぐありようにおいて、生まれ子の魂と同質のものだろうからである。両者に通じる魂のあやうさが、人々の想像力の圏域深く赤子と姥をひそかに結び合わせ、両者に泣く石の造形を与えた、とは考えうることである。

ただ、同じく石に魂の宿りをみいだすにしても、赤子と姥とではその扱いが異なり、境界上にあって両者はむしろきわどいバランスのもとに拮抗しあってさえいるのだ。両者の関係を振り返って見直してみよう。「せきの乳母」の場合、その伝承の広がりがあるにもかかわらず共通していることは、子どもの命にかかわって姥は死出の旅路に向かわせられているということである。咳という不可抗力にみまわれたにせよ、ついうっかりと子どもを死なせてしまったとき、乳母は自らの命を断ち、以後ひきかえに子どもの咳の病を治癒する役割を担う。あるいは、まえもって病の癒えることを願いつつ命を断たねばならない。生死の境をあわあわと浮遊する子どもの魂は、乳母の魂をその境界に呼び出し、それをテコに生の側に引き上げられていく。それなら、墓の中で子を産みおとす母の場合はどうか。もちろん、この手の伝承において子どもと組み合わされているのは、乳母ではない。産むことを、むしろそれだけを引き受ける母である。すでに息絶えた母には授乳すら許されてはいない。断たれた乳汁のかわりに団子や飴、餅の類いで赤子を養っていかなくてはならない。その点産むことだけを担わされた母は、授乳および養育を引き受ける乳母とは、ちょうど相補完的な関係を結ぶ。死して後子どもを産む母と、子どもを育むために死出の旅に発つ乳母は、ある意味でふたつ合わさってはじめて子どもを産み育てる母を完成させる。言い換えながら、両者はともに子どもの産育に関してはは欠如した母なのであった。そして、その欠如は死を不可分に抱え込んでいる。欠如を余儀なくされた二人の母の死をもって、かろうじて子どもの命がとどめられているのである。

さらに、名僧である息子の後を追って石と化し、わなないのあとを残す老母の話を加えるなら、ここにもひとつの意味が潜んでいるのがうかがえる。老女は名僧の母でありながら、もはや名僧である息子の養育に必要とされない(高野山の例にみるように僧侶たちは山中での修行のために登山しているのだ)、いわば母たる用を終えた母、抜殻としての、やはり欠如の印を付された母なのである。その母を山腹に圧し止めることにおいて、名僧の修行の山入りが遂行されていることに注目しておきたい。ここで、泣き声を聞き届けられて墓から発見されたという名僧たちの生育話を思い起こすなら、これが同じ構造をもって語られていることにも気づかされよう。子どもの年齢や母親の役どころは異なっているが、欠如した母の相貌を負い、母の死を背中に縫い付けて、子どもは生(名僧の場合、これは聖でもある)の位置に押し上げられているといえる。それはあたかも生死の境界を漂うふたつの魂が、片方の浮上を図るとき、もう片方の沈潜を促してしまうかのように受け取れる。

咳の乳母にしても、墓において出産を果たす母にしても、はたまた登山途中で石と化せられる老女にしても、子どもの魂の近くに添い、あるいはそれを抱えるようにしてありながら、欠如した母を示すことによって彼岸の縁にはりついた影のような存在にとどまる。此岸と彼岸のはざまにたゆたい、地に足のつかない不安定さをまとう者として、文化記号的な布置においては、子どもと老人は等しい地点に立つ。その等価性については、翁と童の相依・相即・互換のダイナミズムを細部にわたって検証した論[17]にまかせよう。泣き声をもって始まった私たちの道行は、むしろ姥と子の添いつつ引き裂かれる関係に行き着く。だから、だろうか……ふたつの魂がふたつながらに寄り添い、なおかつ拮抗しあう場所は、人知れぬ墓や淵や山腹の境界的な意味をたっぷり含んだところであり、そこはあの世への入り口として死のにおいを漂わせている。そしてまた、そこに響いていやおうなく境界のありかを告げるのが、泣き声なのであった。泣き声は、それゆえ死を内包した声、いうならば「死」という負のエネルギーを根源として放出される音といえる。

ここで振り返ってみるなら、神話時代大泣きに泣いて神の国を追われたスサノヲもまた、その泣き声からとらえなおすこともできようか。母を求めるあまり、胸元に髪が垂れる年までなお泣きやまなかった泣き声の主は、母のいる死の国への思いに激しく駆られている。彼の泣き声があらゆるものをことごく破壊し腐らせ死へとみちびくのは、そのゆえではなかろうか。泣き声は死を震源地とする波に共鳴して、こちら側に不穏な波動を伝えているのである。特にそれがあの世の死の様相を深める「夜」に生じるとき、赤子の身体への危惧を超えて、人々は何かしら不安な落ち着かないものを感じとったに相違ない。夜泣きが、その周辺にあまたの伝承の広がりをみせているのも、そのゆえと思われる。そしてその延長上には、そうした泣き声の呪力を逆手にとって彼岸への交信をはかった行事も見いだせるのである。

やはり柳田が記録にとどめている馬入川（相模）流域の川原で子どもが泣いて見せる「泣き祭」の行事は、

その点、子どもの泣き声に付託された意味を伝えて興味深い。川原は、民俗的想像力において、彼岸への口が開いたまさしく此彼両界の境をしるす場所である。そこに立って子どもたちは「泣く」演技を委ねられる。その泣き声が彼岸に去った故人の魂を呼び寄せると考えられ、またその泣き声につられ故人を慕う人々の涙を誘ういっときを用意したという。ここでも子どもの泣き声は、彼岸への通路を開く働きを負っている。夜泣き石の発する泣き声があの世の存在を告げ、彼岸から此岸へともたらされるとするなら、ここで発せられる声は此岸から彼岸への交通を促す。泣き声の両義性に付着した双方向のベクトルの運動を示すものといえよう。

8　泣き声のゆくえ

往時に比べて耳につくことが減ったとはいえ、冒頭に記したように子どもの泣き声は、いまだに健在である。けれど、そこに浮遊する魂をのぞみみた心性はこうして推察してみるよりほかにない。その手触りを求めて今少し耳をそばだててみるとき、泣く子を囃し立てた俗歌が、泣き声のイメージの片鱗を伝えてくれるようだ。泣く声を囃すいくつかのいいまわしを見ると、ある種の動物ないし鳥と結び合わされている例が多いことに気づかされる。とりわけ目のつくのは、「猫」とからませた表現であろうか。二三例示してみよう。(18)

「いま泣いただあれ、赤猫白猫、穴掘ってくれ」
「いま泣いた子はどこの子だ、鉄砲屋の猫の子、鉄砲にうたれて泣いたげな」
「泣き面ごんぼ、お山に行って、猫三匹しょって来う」

ある抑揚をもってながながと尾を引いて染み渡ってくる、この身近な動物の鳴き声には、なるほど赤子の泣き声を連想させるものがある。窒息状態で生まれた子に産声をあげさせるとき、猫を鳴かせて産声を誘うという民間療法を紹介したが、これなども想像域における両者の連環をしのばせる。他に「泣く」を「鳴く」と重ねてか、「いま泣いた鳥」のように「鳥」を登場させる類いのものも目につく。そして、おそらく私たちの耳に最も親しい囃し言葉は「泣き虫、毛虫(子虫・小虫)、挟んで捨てろ」であろう。ここでいう虫は具体的に何を指しているというものでもない。虫送りの対象となる稲の害虫ともとれるし、単に嫌悪の対象となりやすい毛虫ともとれる。あるいは疳の虫のように、目には見えないが障りをもたらすものとして想像されたかもしれない。そのいずれでもあり、いずれでもないような、何かしら不分明な耳障りな音を忌み嫌って「虫」にたとえたのではなかろうか。そして虫をはびこらせるような泣き主は、神代の時代にも放棄の憂き目にあったように、あちらの世界へ「捨て」られる。これが、もっと深い意味において間引きや捨子と通じていると考えることも可能であろう。(19)その隠蔽された記憶が囃し言葉の裡に宿っているとしたら、私たちが泣き声と子どもの魂に見いだした関係を追認することができる。泣きつづける子どもの声は、人々に彼岸を想い起こさせるのだ。

さて、その泣き声がもたらすイメージであるが、「泣く」ことの周囲にはりめぐらされた連想の網目は、猫や鳥、虫などの動物をからめとって、人と動物の境界を曖昧にする。明瞭な言葉の輪郭をもたずして、なおかつ心底にざわめき響く音の連鎖……それは動物の発声にかぎりなく近いということだろうか。それはまた、人間の言葉のやりとりからもいくぶん隔たっている。子どもにしても老人にしても、彼らの発する泣き声は、相手とのやりとりを目的にするものでなければ、かといって一方向的な訴えでもない。その両方の隙間を擦り抜けるようにして染み、言語レベルの処理を拒みつつ、人々の心底をざわつかせる。結果として人々は、その声の発せられる境界的な場にたちあわなくてはならない。そこに張り付くようにしてほの見えるのが彼岸であることは、すでに述べたとおりである。泣くことを重要な表現手段とし交通の要とする存在、それが言葉拙い子どもであり老人であるとき、彼らは私たちの社会の縁にあって彼岸との通路を開くものでありうるのだ。曖昧さゆえにもろもろの記号を引き寄せ、結果として境界の発する磁力を帯びる、そこにこそ彼らの発する泣き声の見えない力を感じることができよう。

往時の人々が活きていた音の世界に想いを馳せるとき、泣き声は日常世界の縁にあって彼岸との交通を保ちつづける働きを担っていたことがうかがえる。日常社会の中心に位置づく成人男性が、泣くことを禁じられているのと対照的に、赤子や姥はむしろ泣くことを負っている。人間社会に要請される明瞭な言葉のやりとりを中心に置くなら、彼らの発する声は他の世界との境界にあって交通を可能にするものだった。言い換えるなら、彼らの泣き声をもって、私たちの社会・文化は、絶えず他界と交信しうる広がりを保ってきたのである。

さまざまな音がつくられ流され溢れている今日において、泣き声の果たす意味作用はどう変容していくのだろうか。従来のようなかたちで彼岸との関係を説く物語は消えかかり、いくつかの伝承のなかにうっすらと影を残すばかりであろう。けれど、身体の管を通して鳴り響く音の力は消えることなく、私たちにまた別の意味を突き付けてくるに相違ない。それが何なのか……。そして、その意味の変容にしたがって、発信者である子どもや老人がどういう位置を与えられていきつつあるのか……泣き声をめぐる問いは、さらなる答えを求めて旅立っていかなくてはならない。

注

（1）『古事記』岩波文庫、一九八五年、三二頁。
（2）（1）参照。

（3） 山口昌男『文化と両義性』岩波書店、一九七五年、および『知の遠近法』岩波書店、一九七八年、などにおける中心と周縁の文化構造論、トリックスター論の展開に詳しい。また、鎌田東二「スサノヲ論」（『翁童論』新曜社、一九八八年、所収）は、山口の論を引用しつつ、さらに多方面への展開を試みている。そのなかで、スサノヲが泣きつづけることに注目し、これを非日常的・非言語的活動ととらえており、参考とした。
（4） 賀川流回生術の内容および双全術への変容に関しては、首藤美香子「出産における近代——回生術の変容」（お茶の水女子大学児童文化研究室同人誌『舞々』一一号）に詳しい。
（5） 緒方正清『日本産科学史』科学書院、一九一九年発行、一九八〇年復刻、三七五〜三八二頁。
（6） 永観二（九八四）年丹波康頼が、その撰を行ない円融天皇に奉呈したという、日本最古と伝えられる医書。
（7） 以下の論旨に援用する民間伝承の多くは、次に記す柳田国男の著述に負うている。「比丘尼石の話」（『定本柳田国男集』第四巻、筑摩書房、一九七九年）、「夜泣き石の話」（定本第五巻、一九七三年）、「涕泣史談」（定本第七巻、一九七三年）、「赤子塚の話」（定本第一二巻、一九七四年）、「老女化石譚」「念佛水由来」（定本第九巻、一九七八年）ほか。
（8） 捨子に注視し家の贖罪としての子どもに言及した好論に、岩本通弥「泣き虫子虫はさんで捨てろ」（『月刊百科』二二一、平凡社、一九八一年二月、所収）がある。
（9） 高取正男『仏教土着』ＮＨＫブックス、日本放送出版協会、一九六三年、三七頁。
（10） 柳田国男「子安の石像」定本第二七巻、一九七三年、二八六頁。
（11） 柳田国男「赤子塚の話」定本第二七巻、二二五頁。
（12） 死んだ産婦の霊が赤子を抱いて道端に現われ、道ゆく人に赤子を抱いてくれるよう頼む。抱いていると次第に重くなり、実は藁打槌であったり石であったりするという伝承があり、この女人の霊を指して「産女」という。
（13） 千葉徳爾・大津忠男『間引きと水子』農産漁村文化協会、一九八三年、参照。
（14） 「杖」に付託された境界的な象徴機能に関しては、赤坂憲雄『境界の発生』砂子屋書房、一九八九年、に詳しい。
（15） 折口信夫「石に出で入るもの」『折口信夫全集』第一五巻、中央公論社、一九七三年、を参照されたい。
（16） 柳田国男「比丘尼石の話」定本第二七巻、二八〇頁。
（17） 鎌田東二、前掲書（3）。

(18) 北原白秋編『日本伝承童謡集成』第六巻、三省堂、一九七六年。
(19) 岩本通弥、前掲論文（8）、参照のこと。

鶏と雷公（頼光）

髙橋昌明

平安期以降、京都に疫病がはやるたび、四堺（境）祭とよばれる陰陽道の祭が行われた。山城国の四つの境（逢坂・大枝＝大江・山崎・和邇の各地点）において、疫神の侵入をさえぎる祭である。〔『酒呑童子の誕生』〕第一章では、その祭の一連の呪的行為こそ、境に跳梁するモノノケ（鬼気）のモノを、見えない霊的存在から、形象化され実在感のあるオニ（大江山の鬼神）へと転化させた中心的な契機である、と述べた。祭の最中、鶏に木綿《ゆう》をつけて放つことが行われる。その目的についても、疫神饗応中、宵鳴きさせることによって、魔の潜む夜を追い払うことを意図したからではないか、との見解を示しておいた。ここではもう少し、これを掘り下げてみよう。

鶏には多彩な民俗的想像力がこめられている。主題の辟邪（魔よけ）の力とかかわって、まず画鶏《がけい》が注目されよう。古代以来中国で、正月に門戸に鶏を画いたものを貼るという風習である。門は禍福の入り来たるところであるから、ここを守るのは当然であるが、なぜ鶏が必要なのか。後漢の応劭《おうしょう》の『風俗通』巻八雄《ゆう》雞条《けい》が引く諸説などを参照すると、どうやら朝を導く鶏を、陽性の象徴と見て、陰性の悪魔に対立させる陰陽思想に、発想の原点があるようである。(1)

画鶏の習俗は、中国文化を受容した東アジアに広く分布しており、たとえば李朝期の朝鮮には、民間で正月に、壁の上に鶏と虎の画をつけて厄を払う鶏虎画の習慣があった。(2)

日本でも近年まで、鶏の絵を紙にかき、竈神《かまどがみ》の前に逆さに貼っておけば、小児の百日咳（咳の病、流行性感冒を含む）が治る、予防には、それを戸口に貼る（栃木県の場合）、枕元に貼るとよい（山形県の場合）などの習俗があったことが報告されている。(3) 寛政六年（一七九四）、青森県下北半島田名部の町に滞在していた菅江真澄《すがえますみ》が、正月九日初酉の日、酉という文字を三寸ばかりの紙に書いて、門の戸に逆さまに貼っていたのを見ているが、これも画鶏のヴァリアントに違いない（『菅江真澄遊覧記』「奥のてぶり」）。

また、『看聞日記』の永享八年（一四三六）三月二七日条に、

陰陽師有重参る、霊気祭今月事仕《つかまつ》るの間、禁裏の申沙汰、よつてこれへも持参の由申す、四半紙十三枚に雞一羽づつ書く、これに御唾咄（吐カ）き懸けられ給ふべきの由申す、一年中閏月まで十三羽と云々、この祭は当家ならでは相伝せざるの由申す、咄唾し返し遣はす

とある。伏見宮貞成《さだふさ》親王の所に陰陽師安倍有重がやって来て、霊気祭を禁中で執行のついでに親王の所でも同じ祭を奉仕したい、ついては一三枚の四半紙に鶏を一羽宛画いたものを持参したので、唾を吐きかけて欲しいと申し出た。一三枚は一年一二カ月とこの年の閏月（閏五月）分を合わせたもので、求めにしたがいすべて唾を吐きかけて有重に返した、というのである。その二年後の永享一〇年三月二一日条にも、「有重朝臣参る、霊気祭の鶏を持参す、これを祓し返し給ふ」の記事がある。

霊気はリョウゲと訓み、生霊や死霊の類、モノノケやツキモノの意で、病気や身体の危険をもたらす。こ

れを取り除き悪霊の祟りを防ぐのが霊気祭で、名こそ違え鬼気祭や泰山府君《たいざんふくん》祭・天曹地府《てんそうちふ》祭などと、ほとんど同種の祭である。それに毎月一枚画鶏が使われていることがわかり、興味深い。

さらに「これを祓し返し給ふ」によって、唾吐きが祓いにかかわる呪的行為だったように読める。唾は、中国では人間の気（生命力）と類縁性の強いものとされ、唾するという動作も呪文との併用によって、病気を治癒する力、異常を正常にもどす力として作用する、と考えられた。(4) 日本でも唾を吐きかけることは「相手の呪力を禊《みそ》ぎ同様に消すための呪術」といわれる。(5) 陰陽師は、画鶏に唾を吐きかけさせることによって、ケガレや災厄を撃退する効果を増幅させることをねらったのではないか。

その他、日本だけのことか確かめていないが、鶏のトサカ状の柄頭をした枕刀のこともある。枕刀とは、共寝する男女夫婦の枕辺に横たえられる飾刀のことで、保立道久氏によれば、雄鶏のトサカ状の柄頭の装飾をもった飾太刀を「雄頭大刀《おんどりがしらたち》」と呼ぶらしい。(6) 鶏の陽性や闘争性が、睦みあう男女を夜の恐怖と忍び寄る魔性の手からガードし、守り刀の呪力をいや増しにする、と信じられた結果だろう。

以上は、陽の側面を示す事例であるが、鶏は異なるコンテキストのなかにも登場する。たとえば、『看聞日記』応永三二年（一四二五）二月二八日条は、将軍義量の死亡記事で、天下の驚愕・動揺ぶりと、正月以来さまざま怪異な風聞巷説が飛び交ったことが記され、その一つに、

正月一日、室町殿北野へ社参、宮廻りの時、御殿の内に声あり、当年御代尽くべしと云々、又北野に鶏、物を言ふ、今年に御代尽くべし、主上崩御あるべしと云々、此の鶏を流し捨てらると云々。

の記事がある。ここに見られる鶏は、陰を撃退する陽性の象徴でなく、不吉を告げる妖物である。

また、冒頭に述べたように、四堺祭の鶏は鬼に退散を強迫する役割を果たすのが本来のあり方と推定されるが、北村季吟の『八代集抄』（古今巻十二）に「世の中さわがしき時、君の御祈りに四境の祭といふ、祓

あり、鶏に四手をつけて、陰陽師にあしき事を祈りつけさせて四境の関にはなさるゝ也」とあり、陰陽師が祈禱によってモノノケなどを木綿付け鶏に乗り移らせ、その上で境の外に追放したと見える。該当箇所には「顕註」「是迄顕註義」などとあって、文章は平安末・鎌倉初の顕昭に由来するらしい（明応七年成立の『古今栄華抄』にもほぼ同文が見える）。

このケースの鶏は明らかに、大祓のケガレを移す祭祀具、現行民俗の道祖神祭の藁人形や三月・五月節句のナガシビナ、七月の虫送りに使う人形などと同じ、形代《かたしろ》・依代《よりしろ》の呪術的意味を帯びていた。

鶏が不吉を告げる妖鳥だと考えられたのは、特別な霊力を有するがゆえに、冥界にも通じた存在と考えられていたことを示し、形代として四境から追放される役割を負わされるのは、翼をもつ鳥として、ケガレを異界まで遠く運び去る能力が期待されているからである。

モノノケを撃退する役割を果たすとともに、妖鳥、時にはケガレを移し付けられる存在と、対照的なかたちで登場するのは、境界のはらむ両義性とともに、この鳥がこの世とあの世の境目に現れる神聖な鳥で、魑《ち》魅《み》魍魎《もうりょう》の跳梁する夜と人間の活動する昼との境目を告げる境界的な鳥であることの反映であろう。

第一章ではまた、四堺祭の祭場に派遣される勅使が、天皇身辺の武力たる滝口であった、名にしおう摂津の渡辺党も、代々滝口をつとめる武士であった、などのことに注目した。こうした文脈の中では、渡辺党の祖とされる渡辺綱は、たしかに大江山に現れる歴史的な必然性を有しているといえよう。では、源頼光が大江山と結びつく条件はあるのだろうか。これについても第一章で、民俗的心性の観点から、

最後に、鬼退治の主役がなぜ頼光でなければならないのか、という自問への自答として、頼光が雷公と音通である点をつけ加えておきたい。……「鬼」を退治する存在は、一層の鬼的威力を持たねばならず、

自身災いをなす荒ぶる霊力であってこそ、災異・モノノケに対抗しうる。雷神が荒ぶる怨霊神になる決定的な契機は、延長八年（九三〇）の清涼殿への落雷と雷死者の発生が、菅原道真の怨霊の働きと考えられたことにあるが、天空切り裂く閃光と肝をつぶす雷鳴こそ、怨霊の威力を発現してあますところがない。

　中世人の心意や伝承の世界においては、鬼神を征伐するには、雷公への連想をさそう名を持つ武将でなければならなかったのだろう。

と述べた。

　右の着想を初めて公表した時、網野善彦氏から「奇想天外にして、おそらくは的を射た説」との複雑な評価が寄せられた[7]。好意的な評とすべきだろうが、これではまだ一般論で、舞台としての大江山には結びつかないではないか、という苦言もこめられているに違いない。そこで、再び謎にチャレンジしたところ、頼光＝雷公説を大江山に収斂させうる、二つの回路に気づいた。

　一つは、鶏が雷公と見なされたという点である。すなわち、中国古代の雷公は、鳥のくちばし、翼、鳥の足と爪をもっており、こうした雷公の原型は鳥であったとされる[8]。さらに以下は、滝沢馬琴が考証随筆『玄同放言』（一八二一年刊）で、紹介している材料である。

　明の随筆『五雑組』（巻一）に、「今嶺南に物あり、雞の形にして肉翅あり、秋冬は山土の中に蔵《かく》る、掘る者の之に遇へば、轟然として一声して走る、土人逐ひて、殺すことを得て之を食ふ、之を雷公と謂ふ」、あるいは「論衡に曰く、画工雷公を図する、すなはち連鼓の形の如く、一人之を椎《たた》く、見つべし、漢の時相伝ふることかくの如し、しかして雷の形、人常にこれを見るものあり、大約雌雞に似て肉翅あり、その響きはすなはち両の翅奮ひ撲《うち》て、声を作《な》すなり」とある。ともども、雷神の正体を鶏類似の鳥とみていることがわかる。

鶏を雷公とみる観念は、早く日本にも伝わっており、『文徳実録』天安二年（八五八）六月三日条には、雷雨の夜、北野から稲荷社の方をみると、その空中で二羽の赤色の鶏が闘っているのが目撃されたとある。また、万寿四年（一〇二七）夏、京都を暴風雨が直撃、洪水で舎屋が転倒する。この時所々に落雷があり、豊楽院《ぶらくいん》西第二堂への落雷は、白鶏に似た形をしていたという（『日本紀略』五月二四日条）。『延喜式』臨時祭霹靂《かんとき》神祭の条に、供物の一種として、鶏二翼が挙げられていることも無関係ではなかろう。霹靂神（雷電神）は、「大祓の祝詞」の鎌倉時代後半のある注釈書に、「高津神《カンツカミ》の災《ワザワヒ》〈霹靂神の祟りなり、すなはち雷電神の怪なり〉」「高津鳥の災〈鳥類の怪なり〉」などとあるように、高津鳥（神）＝鳥類と同一実体と考えられていたのである（『中臣祓訓解』）。

さらに、源平内乱中の元暦元年（一一八四）正月二三日、常陸鹿島神社の禰宜らは鎌倉の頼朝のもとに使者を送って、次のように注進している。

> 社僧の夢想によれば、同月一九日義仲・平家追罰のため、鹿島の神が京都に赴かれたということです。続いて、翌日の夜黒雲が神社の宝殿を覆い四方真っ暗やみになりました。御殿は大震動し、鹿鶏等が多く群れ集まりました。しばらくすると黒雲は西に移動し、雲中に鶏一羽のあるのが人目に見えました。
> 希代未聞の奇瑞であります。

頼朝はこれを聞き、いよいよ鹿島神社への信仰を篤くし、その方角に向かって遥拝したという。事件にふれて、『吾妻鏡』編者は「くだんの時尅、京鎌倉共にもって雷鳴地震す」という情報のあったことを書き添えている（同日条）。鹿島神宮の祭神は武甕槌《たけみかづち》神（建御雷神）すなわち雷神であるが、中世前期その化現が鶏であると広く認識されていたことを語る史料である。これも鶏と雷公の親縁性を示す証となろう。

いま一つの回路は、気象現象からみた京都の雷の特徴である。京都は全国的にも雷の多いところで、とくに西北の丹波山地で発生して南東にすすみ京都市内に入ってくる熱界雷を、俗に「丹波太郎」と呼ぶ。その予想がむずかしいのは、丹波山地からそのままの勢いで来ずに、いったんおとろえながら京都市付近に近づくと再び発達してあっという間に大雷雨になるから、と気象関係者はいう(9)。

これが京都の西北愛宕山を越えてくる突然の黒雲の正体であり、山頂近くの愛宕神社若宮(奥の御前)に雷神が祀られる理由でもあろうが、大江山はまさに丹波を貫く山陰道が山城国に入らんとする地点であった。

以上二点、四堺祭の鶏が喚起する雷公のイメージ、丹波から連想される雷公の強烈な印象、これらこそ、大江山に雷公が結びつく契機ではなかっただろうか。網野氏の期待に応えられたか、いぜん心もとないが、有効だとすれば、ここでの雷公は、大江境に寄り来る悪霊・モノノケの表象であるとともに、それを撃退すべく巨大な威力を期待された荒ぶる霊力の両面を併せた存在だったはずである。

第一章で説いたように当時の観念では、山陰道は疫病の侵入し来る経路、西北は不吉な方角である。南北朝期の『拾芥抄』上(諸頌部第十九　雷鳴時頌)が引く『月令図』にも、「雷、西北の方より起これば、多瘧、小熟」とある。瘧は和名エヤミであり、流行病のこと。中世京都人にあって、西北の雷は、流行病の多発と作物不熟の年の前兆、と恐れられていた可能性が高い。

かくては頼光(雷公)の大江山への道行も必定、と思うのだが。

注

(1)　守屋美都雄訳注『荊楚歳時記』平凡社　一九七八年　一一～三頁

(2)　李杜鉉・張籌根・李光奎著『韓国民俗学概説』学生社　一九七七年　一七四～六頁

(3) 鈴木棠三『日本俗信辞典　動・植物編』「鶏」の項　角川書店　一九八三年
(4) 山田慶児『夜鳴く鳥――医学・呪術・伝説――』岩波書店　一九九〇年　四二～七頁
(5) 石上堅『日本民俗語大辞典』「つばき」の項　桜楓社　一九八三年
(6) 保立道久「塗籠と女の領域」『中世の愛と従属』平凡社　一九八六年
(7) 網野善彦「問題の所在」日本の社会史第二巻『境界領域と交通』岩波書店　一九八七年
(8) 松前健「神話における日本と中国」『国文学　解釈と鑑賞　特集日本の神話・古代・民族』昭和四〇年九月号
(9) 岡林一夫・中島肇編『京都お天気歳時記』かもがわ出版　一九八七年　一三七～四〇頁

〔**蛇足**〕鶏は、頭と足が鳥、胴体が人間のカルラ（迦楼羅）を連想させる。カルラは、大乗仏教で八部衆の一つ、密教で文殊の化身である。金翅鳥《こんじちょう》ともいわれ、竜を常食とする。竜は民間信仰にあっては水神であり、したがって雷神である。それゆえであろう、風雨を止める密教の修法としての金翅鳥王法は、同時に「諸毒病を除かんがため」にも修される（『図像抄』『別尊雑記』）。大江山には、やはり鶏が似つかわしい。

常光徹

境界の呪具――箒

　箒をめぐる民俗や俗信は早くから人々の関心を集めてきた。とくに昭和十七年に牧田茂が「産神と箒神と」を『民間伝承』に発表して以来、多様な視点から取りあげられるようになり、幾多の研究が重ねられてきている。(1)史料の蓄積もすすみ、近年刊行された大島建彦・御巫理花編『掃除の民俗』では、箒の民俗が県別に紹介してあって、幅広い伝承の実態が明らかになりつつある。本論では、おもに箒と掃除に関する俗信に焦点をあて、いくつかのテーマに分けて論じてみたい。

妊婦と箒

　箒をまたぐのを忌む俗信は全国的に分布していて、広く知られている禁忌の一つといってよいだろう。「箒をまたぐものではない」とその行為を戒めるだけでなく、禁忌を破った際には種々の制裁（結果）が用意されている。箒をまたぐと、背が伸びない（群馬・長崎）、太らない（福岡）、腰がぬける（石川）、気が狂う（富山）、眼病になる（石川）、蛇になる（栃木）、火事の時逃げおくれる（石川・岐阜）、嫁入できない（茨城）、子どもができない（同）、私生児を産む（岩手）など、じつにさまざまで枚挙にいとまがないほどだ。なかでも女性、とりわけ妊娠中の女性の忌むべき行為としているのが特色で、どこでも、妊婦が箒をまたぐと難産する、あるいはお産が重いといって心配する。蛙の子を産む（岩手）、生まれた子が火傷をする（新潟）、子どもが一三か月間腹にいる（広島）ともいい、出産の不安を色濃く反映している。そこで、もしあやまってこの禁忌を犯したときには、おことわりをして頭上にいただく（愛媛県伯方町）とか、またぎなおす（宮城県七ケ宿町）という土地もあり、新潟県佐渡では、やむなくまたがねばならない時は拝んでからまたぐものだと伝えている。

箒をまたぐ禁忌同様、箒を踏むのも避けるべき行為とされており、各地で、難産するからという他に、逆子を産む（青森）、勉強ができなくなる（岩手）、疣ができる（群馬）などといっている。あやまって踏んだ時には、箒を三回拝め（青森）、箒を頭にかぶれ（鹿児島）という。

このように、妊婦（女性）が箒をまたいだり踏むのをつよく忌む理由について、愛媛県内海町では、箒はお産の時の露払いだからといい、同県小田町では、箒神が家の内の戸や柱の神を集めてお産をさせるのだからと説明している。箒には産の神がいるから（青森）ともいう。

またいだり踏みつけるのは、箒を粗末に扱うという以上に、神聖なものをけがすことへの戒めである。こうした禁忌を破った結果として、押しなべて、産が重いとか難産をすると伝えているのは、裏返せば、箒が出産と深くかかわる存在であることを物語っている。

岩手県衣川村の採訪で出会った高橋ヨシさん（明治三十年生）は「昔は陣痛がはじまると、早く産まれるようにと、産婆さんにシュロ箒で腹をはいてもらった」と話してくれた。新潟県山古志村を歩いた時にも、一人のお婆さんから「箒はお産の神様。ムシヤメ（陣痛）があって難産のときは、箒で腹をはいてもらうとよい。実際に姑にそうしてもらった」との体験を聞いた。私が直接書き留めた事例はこの二つにすぎないが、出産時に妊婦の身体を箒でなぜて安産を期待する民俗は、かつては方々で行なわれていたようだ。

- 山の神さまにあげてあるモロコシ箒を借りてきて、産婦の腹をなでると産が軽い（福島県いわき市）。
- 夫が妊婦の背を箒でなぜると安産する（群馬県）。
- 難産の時は箒でさする（群馬県桐生地方）。
- 難産の時は夫が妊婦の腹の上をまたぐ。箒神様が来ないと生まれないと言って、箒で妊婦の腹をなでたりする（長野県小川村）。
- 妊婦の腹を箒でなでるとお産がかるい（熊本）。

いずれも妊婦の身体、その多くは腹部を箒でなぜることで安産を願ったもので、いくつかの報告で、とくに難産の場合にとり行なったとしているのは注意すべきであろう。平生、女性が箒を粗末に扱うのを忌むのは、この道具が安産のために力を発揮し、時には、緊急の事態を救ってくれる呪物であるからにほかならない。

改めて指摘するまでもないが、箒の俗信は生活のなかのあらゆる場面に顔をだしており伝承の裾野はひろい。個々の俗信は一見とりとめもなく散らばっているかにみえるが、そこには発想の共通原理が機能していて、豊かな連想の層を交錯させながら、まとまりのある全体像を形づくっている。根底には、この道具のもつ「掃きだす」という実用的な働きがあって、ほとんどの俗信はその機能を軸に、はらう、おとす、はずす、ぬける、追いだす、といった具合に少しずつ意味をずらせながら類推の輪を広げている。そこでの対象は可視的なものか不可視的なものかを問わず、あるいは、その行為が意図的であるか否かに関係なく、箒の俗信にはある対象を移動させる力が認められる。とりわけ、外にむけて移動させようとする力がつねに働いているといってよい。反対に、内にむかっての移動、つまり「掃き寄せる」機能にもとづく俗信例は少ない。

妊婦の腹を箒でなぜる一連の民俗は、おそらく体内にあるもの（生命）を、すみやかに外に出そうとする呪術的な行為とみてよいだろう。出産の場における箒の役割については、つぎのような例もある。

●出産のとき、箒を逆さに立てると安産する（青森・岩手・長野・大分）。
●箒を逆さに立てると早く産まれる（兵庫）。
●産の時、平生家で使っているスベボウキを逆さに立て安産を祈る（香川県三木町）。
●箒を産室に立ててその前に灯明をともし、この灯が消えないうちに無事産ませてくださいと祈った（岡山県有漢町）。
●子どもができるとき、箒を逆さに立てて御飯を供え「早く子どもを産ませて下さい」と唱える（愛媛県城川町）。
●箒神様が来なければ生まれないといって、妊婦の枕元に箒を立てておく（秋田県西仙北町）。
●子どもが生まれにくいとき箒を立てる（愛知・愛媛）。
●難産のとき、産婆が箒を産婦の後ろに逆さまに立て呪文を唱える（青森県南部地方）。
●難産のとき箒に着物を着せて産室に立て、産の神様に見立てる（青森県南部地方）。
●産が重いときは、産のぐるりへ箒を立てるべきものとされた（福井）。

いずれも産室に箒を逆さに立て、安産を祈願したもので、ほぼ全国的に確認できる（単に、箒を立てるとあるのは逆さに立てる意であろう）。右の事例も含めて、産室に立てる箒については、箒そのものをお産を司る神としたり、あるいは、産の神の依代的な性格をうかがわせる事例が散見しており、実際にそうした意識から箒を逆さに立てるということもあったようだ。しかしながら、最初から箒がそうした存在であったかどうかについては疑問が残る。逆さに立てた箒が産の神を招き寄せたり、また、箒自身が産の神と考えられるようになったのは、むしろ後の変化ではないだろうか。

「産は棺に片足」と言われたように、出産には危険がともない、それは時代を遡るほど大きな不安として人々のうえにのしかかっていた。大藤ゆきは『子どもの民俗学』(2)で「生まれ出ようとする生児の魂は、きわめて不安定なやわらかなもので、他の悪霊からの影響をうけやすい。とくに死んだばかりの生まなましい霊が入りこんではたいへんだという古い考えがあったためであろう」と述べている。産室に立てられた箒は、掃きだす機能の類推から安産のイメージとも重なってくるが、しかし、逆さまの箒の真の狙いは外にむけられたものにちがいない。新しい生命誕生の場は、大藤が言うようにまことに危険な空間であった。周囲には生まれ出る子の生命をねらって、虎視眈々と隙をうかがう悪霊が徘徊している。逆さまに立てられた箒には、こうした物の怪の類を追い払う使命があったと思われる。わざわざ逆さまの形にするのは、葬式のときに箒や屏風などを逆さまに立てたり、墓場に逆さまの鎌を立てて魔除けとするのと同じ心意であろう。愛媛県美川村で、赤ちゃんが生まれると、ねやみさきという悪霊を払うために、赤ちゃんを寝かす所を箒で三回掃いてから寝かす、というのは箒を用いる意図をよく伝えている。斎藤たまは『生とものの(3)け』で「枕元に箒を逆さに立てるという長野県上伊那郡長谷村非持山の例も面白い。子が生まれたら普段使っている草箒を枕元の戸口などに立てかけ、三日のうち置き、生まれて当日うぶめしを炊いた時は膳にして供える。一人の婦人は箒を、うぶがみさまともいい、膳供えるのは、生まれたから次の家に行ってもらうように、だといった」「北海道平取町貫気別でウメさんとヨネさんはアイヌの習いとして、赤子を一人で寝せておくときは箒をさかたんぼ(逆さ)にして子の体の上に傾けて置くと教えた」と貴重な報告をしている。

箒は、出産という女性の大きな試練の場で、生児の魂をすみやかにこの世に送り出し、また、産室に近づく悪霊を退散させるための呪具として重要な位置を占めてきたと考えられる。そうした箒と出産の深い結びつきは、やがて、箒を産の神、あるいは産の神のやどる物と受けとめる意識が芽ばえ、箒の神がこないと子どもが産まれないなどの伝承を生み、箒を神格化していったのではないだろうか。

死者と箒

箒は、異界から人間界へ新しい生命を迎える誕生の場にその呪的な力を顕在化させるが、一方では死の現場にも立ち合って、この世からあの世へと死者の霊をとどこおりなく送りこむ役割も担う。まさしく、箒は生と死のはざまに立ち現れる境界の呪具といってよい。ここでは、死と箒の関係を取りあげてみよう。死者のそばに箒を逆さにして立てる（岩手・秋田・高知・長崎）との例は少なくない。高知県安芸郡北川村では、死者の枕元に箒や包丁などを逆さに立てるといい、同県安芸市では、死者の頭部近くに機の道具の糸枠と逆さに立てた箒を用意する。これは、死体に猫が入って動いたときに叩くためだという。佐賀県富士町のあたりで、これを「さか箒」と呼んで、人が死ぬとすぐに枕元に立てるといい「魔のかけて来《く》っけ、箒で叩かならん」ためと説明している。これらの俗信には、先の産室に逆さに立てる箒と共通する意識がながれていそうだ。死体を狙う魔性のモノは猫に象徴されてきた。高知県本川村では、きじ猫（虎猫）が死者をまたぐと死体が動くといって死体のある室に猫を入れるのを忌む。もし、きじ猫が死者をまたいで死体が動いたりすると、箒の神にたのみ、箒で死体をたたくとおさまるという。

逆さの箒を立てるのは、寝かせた死者のそばだけではない。

鳥取県の倉吉から迷子に向かう途中にある中山町下市の、街道に沿って海端にある墓でのありようはこんなであった。墓の正面にかなり大型な屋形、その後ろに平たい石を一つ敷き、奥に縦長の石を立て、その石の後ろに鎌とそれから箒とが立ててあった。箒は竹の枝打ち落したのをまとめて二カ所ほどしばった小柄のもので、鎌と同様柄を下にして立ててあった。隣、名和町大雀の墓では、雑貨屋の店先によく見る柄の先に一列状に棕櫚の毛をつけた箒が立ててあるのを見て少しおかしかったが、以前なら座敷を掃く藁シブ（穂軸）で作ったシブ箒を立てるのだったと聞いた。これら二品は、葬列に持ち行かれる前は死骸の上にのせられているのである。箒が魔はらいの呪具であり、その役向きは鎌と一つところにあること、改めていうまでもない。

斎藤たま『死とものの け』(4)に拠った。墓場に箒を立てる習俗は、武田明の『日本人の死霊観』(5)にもみえており、逆さ箒が魔除けの有力な手段であることを示している。多彩な魔除けのなかでも、箒や刃物が用いられる頻度が高いのは、これが現実的に物を払いのけ遠ざける作用にすぐれているためだろう。

常日頃、箒を逆さに立てるものではない（青森・山形・栃木・熊本）とか、箒を玄関に立ててはいけない（新潟県佐渡）といって嫌うのは、それが、出産や葬式など非日常的な場における特別の行為であるためで、とくに、死のイメージがつよく付着しているからだ。箒を立てると三年しか生きられない（山形県西山村）、出入口に立てておくと商売がつぶれる（栃木）という伝承などには、死との連想から不吉な事態を想定するためだろう。山形県三川村で「手箒を立てておくと不要の客が来る」と嫌うのは、箒を立てた状態というのが、出産や死にともなう異常時で、悪霊の出現するときであることから、平生そのような行為をすれば、逆に悪霊出現の条件をつくり、それらのモノを呼び寄せる危険があると感じたからだろう。「不要の客」の表現は、俗信的思考の回路で悪霊とつながったその変形である。

さて、死者のそばに箒を逆さに立てる事例を一通り見てきたが、じつはそれ以上に顕著なのは、死体の上やそばに箒を置くという習俗である。いくつかあげてみよう。

●死者は北枕に寝かせ、ふとんの上に箒を置く。猫の魂が入って生き返るのを防ぐため（茨城）。

●死人の上に箒や刃物を置くと猫がまたいでも死人が起きあがらない（愛媛県小田町）。

●棺の上には、刃物・箒・杵・手斧などを魔よけに置く（宮城）。

●彼岸の中日に結った箒を死人にのせると魔がきれる（愛知）。

●死人を北向きに寝かせ、まわりに六枚屏風を逆さに立てる。屏風のてっぺんには座敷箒をのせる（岩手県山田町）。

報告はどれも似たり寄ったりの内容で、その役割は一連の魔除けの俗信と変わらない。鹿児島県奄美大島の大和村では、葬式があると家々では魔が入らないように、門口に竹竿と箒を交差させてしばり、その真中にクワズイモを茎ごと一本ひっかけておくという。(6) こうしてみると、葬列の先にたって歩く箒持ちも、道々の物の怪を払いながら進むことに意味があるのだろう。

葬式の際の箒の使用の仕方は特殊なもので、平生それを真似るのは、死につながる凶事を惹起するおそれがあるとして忌む。家のなかで竹箒を使うな、との俗信も全国的で、竹箒で家のなかを掃くと、病人が絶えない（千葉）、猿のような子が産まれる（岩手）、家が野原になる（徳島）、気が狂う（群馬・茨城・福岡）、宝を掃き出す（栃木）などという。岩手県衣川村で「うらのついた竹箒は家のなかに入れるな」と言うが、それは、出棺のあともとからうらまで葉のついた竹で掃きだすからである。竹箒のほかに藁箒で家のなかを掃くなという土地もある。宮城県刈田郡では「藁箒で家のなかを掃くな。藁箒を使うのは死んだ時だけ」といい、藁箒を使用する理由について「他地方では竹箒となるが、部落は竹がとれず藁箒をつかうため」と述べている。

「一つの部屋を二人で掃くな」の俗信も広く膾炙していて、二人で同時に掃くと、不吉（和歌山・三重）、葬式をだすようになる（広島）といって嫌う。その理由は、座敷を二人で掃くのは葬式のときだけ（秋田・山形）、箒二本で掃除するのは出棺のあとだけ（岐阜）から明らかであろう。どうしても二人で掃かねばならない時は「よめとり聟とりやれせわし」といいながら掃く（鳥取）というのは面白い。死と対極にある婚礼のめでたい言葉で不吉なイメージを打ち消そうというのだろうか。

「座敷と庭を同時に掃くな」（秋田・宮城・福島・栃木・大分）というのも葬送習俗に由来している。また「下座の方から上座にむかって掃き始めない」（新潟県山古志村）、「ニワを掃ぐときは、入口の方から掃いで来るもんでない」（青森県鰺ケ沢町）なども、出棺後の作法からきているらしい。

ここで、出棺にまつわる箒の習俗をいくつか紹介してみよう。

- 葬式の出た後は、両親のある人が左手に箒を持ち、後ろ向きになって掃き出す（秋田）。
- 出棺のあと棺を置いてあったところを二人で掃く（岡山）。
- 出棺後、部屋を一束藁で掃く（島根）。
- 出棺後、部屋に塩または塩水をまいて掃き出す。箒は一般に一把藁を使い、滝沢では二人で掃く（新潟県新発田市）。
- 出棺後、藁をねじり先をきって作った箒で座敷を掃き出す。箒の処理は①棺にのせて一緒に埋める、②箒に幣束をさしてランバの道の曲り角に立てておく、③箒は二人で掃き焼きすてる（福島市）。

出棺のあと掃くのは、まさしく掃き出すことにほかならず、死霊が屋敷内にとどまらぬよう縁を切るための儀式である。秋田県山本郡で「葬式をしてすぐ掃き出さぬと霊がいつまでも家にいる」というのは、箒で掃き出す必要性を端的に物語っている。「出棺直後、メイケ（竹籠）を座敷の上やら外へ掃き転がす」（栃木）土地もある。竹籠は死者の霊の逸脱を押え、魔除けの目的で伏せておく呪具であろう。転がすというのは絶縁の意思表示であり、蹴るとか蹴り出すという行為も同じである。

日頃「人が家を出たあとを掃くな」というのも出棺の作法からきているのは言うまでもない。ところが、婚姻習俗のなかには、これを逆手にとった例がある。嫁が生家を出たあとすぐ掃き出す（秋田・新潟・栃木・群馬・神奈川・埼玉・和歌山・岡山）というもので、新潟県栃尾市では「嫁が家を出ると屋内に塩を撒き、箒で掃き出す」といい、島根県出雲地方では、嫁の行列が出るとその後をすぐ一把藁で掃くという。嫁が二度と生家に戻ってこないように、婚家に末永く落ちつくようにとの願いがこめられている。『柳多留』にみえる「一生に目出度く内を掃き出され」の句は、こうした習俗に目を止めたものである。他方、花嫁を迎える側では、嫁が婿の家に入るとき竹箒を持った人が嫁を掃きこむ（埼玉県妻沼町）土地もある。栃木県足利市で、嫁の入家式のときにモロコシの箒で嫁の尻をはたく真似をするのは、掃き込むというより、一種の魔除け的な意味であろう。

誕生、結婚、死といった人の一生のなかの重要な節目に箒はかかわっている。それは、異界から人間界へ、娘から嫁へ、この世からあの世へと、ある世界から別の世界へ移る境界の時空に現れて、その移行をうながす。

正月と箒

人生儀礼と箒のかかわりを検討してきたが、つぎに年中行事とのつながりについて、おもに正月行事を中心に述べてみよう。まずは、私が調査した新潟県古志郡山古志村のすす掃き行事から取りあげてみる[7]。

すす掃きはおもに男衆の仕事で、当日は老人や子ども、女衆は「すす逃げ」と称して親戚の家に行く。すす掃きは山に入るときの服装で行なう。古い山着物の上に蓑をつけ、草履をはき、手拭で頬被りをした格好が一般的で、これをススハキギモンともいう。すす掃き用の箒はススオトコと呼ばれ、長さ五尺から九尺ほどの竹の先に藁をたばねたものである。神棚用にはホウキグサで草箒などを特別仕立する。すす掃きの順は家によって多少異なるが、ヤバラ（屋根裏）から始めて神棚、座敷、中の間、寝間、ニワの順に掃きすすめる家が多い。すすは他のゴミとともに焼き捨てるが、神棚のすすはツツコに入れて川に流すとか鎮守様におさめる、あるいは、塞の神の日に燃やすなどの特別扱いをする。

興味深いのは使用後のススオトコである。ふつう玄関口に立てておいて一月十五日の塞の神のときに燃やすが、家によって扱いに変化がみられる。

- ススオトコの藁束のなかに串柿を入れて家の前に立てておき、塞の神で燃やす。串柿はいつの間にか子どもたちにとられてなくなる。
- ススオトコは玄関口に立て、串柿を二個供える。串柿はその場で食べ、ススオトコは塞の神で燃やす。
- ススオトコは庭に立てておき塞の神で燃やす。神棚を掃いた箒はヒナタ（囲炉裏）にくべる。

すす掃きに用いた箒は、使い終わったあとすぐに処分しないで門口などに立てておく。『長野県史民俗編』[8]に「下水内郡栄村極野では、ススハキに使ったほうきをススオッコと呼び、掃除が終わるとススオッコを庭先に立て、一月十五日までそのままにしておいた。そして暮れの納豆を供えてススオッコをまつった。このようにススハキに使ったススオトコなどと呼ぶほうきを庭先に立てる所は、北信の市川谷と西山及び中信の北安曇北部、東信に点々とみられる」とある。静岡県富士宮地方では、新しく山から伐り出した笹竹を使って家のなかを払い、終わるとこれを「煤神様」と称して庭先に立てておく。「家によってはそれにお茶を供え、豆を半紙に包んでこれに縛りつけておいたりした。この竹は、あとで道祖神のところに納め、あるいはどんど焼きで燃く家も多かった」という[9]。このような事例は各地に散見される。

箒に擬人化した名前をつけ、特別扱いする例は、近世の『奥州秋田風俗問状答』(10)につぎのように記されている。

煤取につきたる行事の事。何事も候はず、十三日より段々と家々にして定れる日なし、但城北二十里飛根の里と申にては十七日に限りてする。一丈ばかりの竹の末へ藁一把を結付て天井までくまぐを拂ふ。この竹を煤男と申す、是は城下も同じ。その煤男を煤を仕回ふて後戸外の雪へしかと立て置く也。春に来て柳の枝を切て其四邊へ垣の如くひしと立て、枝こへ横槌竪槌なんどを下げ候、田へ鳥下りぬ厭勝と申す、此里ばかりにてする事に候。

雪のなかに立てたススオトコは、春には田の作物を喰う鳥を追い払う行事に姿をかえる。害鳥という具体的な対象が設定され効果が期待されているが、主張には一貫性があり、箒の機能が明確に示されている。「此里ばかりにてする事に候」とあるが、ススオトコを鳥追いに利用する民俗は東北地方に点在している。多分、案山子の民俗などともつながっていよう。

すす掃きに関するいくつかの資料に目を通すと、その目的は、家のなかに溜まったすすや埃を取り払うだけではなく、目には見えないがその年のうちに屋敷に取り付いているかもしれない邪気を払う行事でもあることが読み取れる。山古志村で、すす掃きの日に「すす逃げ」といって女子どもが一斉に家を離れるのも、ススオトコによって邪気とともに掃き出されるのを避けるのであろう。宮城県で「煤払いの後、豆まきをする地方がある」のも、節分の豆まきと通ずる悪霊退散の一面がうかがえる。

すす掃いのあと、庭先や玄関口に立てられた箒は、正月を迎える清浄な空間を保つために、内と外とを区切る表示である、と同時に、逆さまの形で高く立つ箒は、災禍の原因になるようなモノが外から家に入ってくるのを払いのけるためのものでもあろう。

正月と箒で今ひとつ見落せない俗信に「正月に箒で掃くな」というのがある。禁忌の期間は元旦のみの場合もあり三日間の場合もあるが伝承は全国に及ぶ。正月に掃かない理由は、一様に「福の神が出ていくから」と言う。岩手県大船戸市で「三日に掃除すると貧乏神が来る」というのは、福の神が去ることの裏返しの表現だろう。山形県鶴岡市では、三が日の内に室内の掃除をするときには「福を掃く　宝を掃く　万の宝を掃いて集める」と歌った。『奥州秋田風俗問状答』[11]には「掃初の事。こゝの習はしに候はず三日まで掃かぬ家の侍る」と見えている。『柳多留』に「元日は夢と箒に用はない」の句があり、遡って、元禄十六年の『誹諧媒口』[12]には「ぶら〱と箒もあそべ三ケ日」の句が載っていて、その由来の古いことが知られる。正月三が日はネズミ・カラス・ホウキと言わない（栃木）、正月二日の買い初め福引で箒をもらえば不幸（富山）等の類似伝承にも、ハレの日の庶民感覚が生きている。

年中行事と箒の関係は、おもに正月行事に集中する傾向がつよいが、盆、八月十五夜、亥の子などにも登場する。

俗信の多様性

平生「人が家をでたあと掃くな」というのは、出棺後に死霊を吐き出す行為に通ずるためで前にも少し触れたが、じつはこの問題については、本居宣長が『玉勝間』[13]巻の一〇で「人の出ゆきしあとを掃《ク》事をいむは、葬の出ぬる跡をはくわざのある故也、同記（台記）ニ、久壽二年十二月十七日、傳《ヘ》聞《ク》、今夜亥《ノ》刻、高陽院入棺云々、卽奉レ遷《シ》二福勝院《ニ》一云々、出御《ノ》之後、民部《ノ》大夫重成、以二竹箒《ヲ》一拂《フ》二御所《ヲ》一」と指摘している。ここでは個々の事例についてもうすこし詳しく取りあげてみよう。この俗信の分布は広く、人の出たあと掃くと、外出者が帰ってこなくなる（群馬・岡山・山口）、外出者が死ぬ（栃木・沖縄）、旅先で失敗したり凶事がある

（高知）、怪我をする（新潟・山口）などという。ほとんどの場合、家を出た者の身の上を案じる内容で、外出者とのつながりが切れてしまうのをおそれている。旅立ちや出漁、山仕事に際してはとくに注意を払ったらしい。千葉県夷隅郡では、出船のあとを掃けば船が転覆するといい、秋田県北秋田郡では、山へ立った後に箒を使わぬこと、とかたく戒めている。

旅に出た者の無事を祈って、家に残る人々が守るべき禁忌に、掃くことを忌むというのがあったのは、『万葉集』巻第一九の「櫛も見じ屋内《やぬち》も掃かじ草枕旅行く君を斎《いは》ふと思ひて」の歌から推測できる。桜井満は「その人の霊魂を掃き散らさないためであろう」[14]と民俗的背景を明解に述べている。また『日本書紀』允恭天皇二十四年の「大君を嶋に放《はぶ》り船餘りい還り來むぞ我が疊齋《たたみゆ》め言をこそ疊と言はめ我が妻を齋め」について、『日本古典文学大系』[15]の補注では「人が旅に出た後は、畳の上を掃かず、髪を櫛けずらずに潔斎して待つのが当時の風習であった。畳を掃き、髪に櫛を入れることは、旅に出た人と、家人との間の、状態の変化を意味するので、即ち、旅人に何かの異変をもたらすと信じられたのである」と記している。

人が家を出たあと掃くなというこれらの俗信は、他方で禁忌の解除、つまりいつどの時点から掃いてよいかの目安を必要とする。遠く時代を遡ればその期間は長かったであろうことは予想できる。また、家を出る目的が、旅立ちか単なる外出かによっても事情は異なるので一概には言えないが、今日の俗信では、家を出た者が橋（川）を渡るまで（全国的）というのが最も多い。川が民俗社会のなかで重要な境界であるのはよく指摘されるが、この俗信にもその意識が鮮明に示されている。『越後長岡領風俗問状答』に「旅立の事何かするわざも候哉。朝たに立出れば、午すぐるまで跡を掃かず。若し近き所に川ありて、そこを越ぬれば掃事を許す」とあるのも、今日の伝承と同じである。川以外では、後ろ姿が見えるうちは掃くな（福島・栃木）という土地もある。

夜間の掃除を忌む地方も、少なくない。夜家を掃くと、福神がにげる（栃木・長野・奈良・和歌山・山口）、貧乏する（石川・静岡・鹿児島）、金がたまらない（石川・奈良・沖縄）、親の死目にあえない（広島）、凶事がある（秋田）などという。夜は、魑魅魍魎の跋扈するときであり、神々や精霊の支配する時間帯である。人はしずかに身を慎んでいなければならない。「夜爪を切ると親の死目にあえない」「夜口笛を吹くと蛇がくる」等々と同じ範疇に属す夜の禁忌の一つと考えてよい。どうしても夜間に掃除をしなければならないときには「嫁とり婿とりやれいそがしや」（徳島）、「嫁とり婿とり大いそがし」（千葉）と唱えればよいという。『因伯民俗』に二二号には「夜分これ（箒のこと）をつかふを忌むが多く、現に大阪などでも、よくせきの事、之をつかへばその最後に、嫁とれ聟とれヤレマーいそがしや、と唱へてその箒を縁側又は板敷の端などで三度こすつてしまはなければ気のすまない老人も今に残存する」と、古風な心持を伝えている。

掃くという作用は、塵芥を処理するだけでなく、邪悪なモノや霊魂にまで影響を及ぼす不思議な呪力を秘めている。そのため、掃除をしている箒の前に立って塵をあびるのは危険なことと考えられた。千葉県で、掃く先に立っていると貧乏神にとりつかれる、とか、他人の使う箒の先にいれば気違いになるという。栃木県で、出世前の子どもは箒の前に立たせるな、というのは、子どもの魂は大人にくらべて一段と不安定なため、悪影響をうけやすいからであろう。他にも、ごみを掃きかけられると馬鹿になる（山口）、箒で掃いた塵をかぶると出世しない（愛知・鹿児島）。家の掃除のときにほこりをかぶると伊勢参りができない（岐阜）などという。いずれも箒の先に立つのを忌むが、掃くこととともにほこりというものにも特別の感覚が働いていたように思われる。

掃くという行為が、共通の意味を内包しつつ色彩り豊かな連想の輪を広げている様子を概観したが、つぎに「箒で叩くな」という禁忌を通して、「たたく」「打つ」という行為に注目してみたい。この禁忌もどこでも言われるごく一般的なものだが、禁忌を破った際の制裁は、叩かれた方と叩いた方にはっきり分かれる。

まず、手許の資料で分類してみよう。

〈叩いた人〉
①三年しか生きられない。
②気が狂う。
③出世しない。
・火葬のとき焼け残る。
・身長が伸びない。
・傷つくと一生治らない。
〈叩かれた人〉
①三年しか生きられない。
②お産が重い。
③火事のとき逃げおくれる。
・狼に追われる、食われる。
・禿げの嫁をもらう。
・気が狂う。
・鬼に追われる。
・狐にだまされる。
・双子ができる。

・早死する。
・親が死ぬ。
・貧乏神がつく。
・死んだとき、逆さになって這う。
・お尻が大きくなる。
・地獄に行く。

あげればまだまだあるが、これだけからでも連想が類型性をもちながら拡散していく俗信の豊饒な姿を垣間みることができよう。○印をつけた1から3は報告数の多いもので、とくに「三年しか生きられない」と、死を暗示する制裁は双方に顕著にみられる。

死者の側に箒を立てたりする理由について、猫が死者のなかに入ったときに叩き出すためと説明されるように、箒で叩くのは、その力に直接訴えて魔性のモノを外に出すための強烈な手段である。箒で叩かれると三年しか生きられないとか、気が狂うといわれるのは、叩かれたために魂がぬけ出したり不安定になることを意味している。高知県地川町では、子どもが「初誕生で歩くようなことがあれば箒で突き転ばす」といい、長野市では「子どもが誕生まえに歩けば餅を負わし、それでも歩くなら箒で叩いて転ばした」という。ブッサリ餅などといって方々で聞く民俗だが、子どもが誕生前に歩くのは何か悪いモノに取り付かれたための異常な行動とみなしていたのだろうか。そうだとすれば、突いたり叩いたりして転ばすことで邪悪なモノを払うという手段であろう。(16)

西日本に伝わる昔話「食わず女房」には、山中で男に逃げられた女房が、敵を討とうと歳の夜に蜘蛛となって自在鉤を下りてくる。しかし、男は箒で蜘蛛を囲炉裏に叩き落として難をのがれる、という例がいくつもある。

『遠野物語拾遺』一五には、大病で寝ている伯父からぬけ出た火の魂を、町役場に勤めている甥が箒で追廻す話が載っている。魔性の蜘蛛や火の魂を打ち落とすために箒が用いられるのは偶然ではなく、この道具にそれらを圧伏するマジカルな力が宿っているからである。箒に限らず、棒あるいは藁や菖蒲の束などを用いて「たたく」「打つ」という民俗的な行為には、災厄をもたらすモノを威嚇し放逐しようとの狙いがこめられていることが多い。併せてそこでは、激しく打ちならす音響や、唱え言が混存しその効果を一層たかめる。

箒の俗信の多様な性格を物語る例をもう少し紹介してみよう。酒に酔ったときは箒を枕にすると酔がさめる（岩手・福島・新潟・富山・石川・群馬・愛知・兵庫・山口・福岡）との呪いは各地でいう。箒で酔を体内から追い出してしまおうとの魂胆だが、ただ、岩手県上閉伊郡には「箒を枕にすると魂がぬける」という俗信もあるから、そうそう安心ばかりはしていられない。民間療法ではないが、箒の枕については、同県長内村で「葬式の晩泊まると仏の魂が乗り移っているから、七日泊まらなければならない。箒を枕にして寝ると一晩泊まって帰ってもよい」という。ちなみに、箒の民間療法をいくつか並べてみよう。
- おたふく風が流行すれば、箒草でほほをなでるとよい（香川県高瀬町）。
- 風邪ひきのとき、お茶を入れた焼味噌を縁側において「かぜの神様お茶のんで発っとくれ」と言いながら箒で追い出す（長野）。
- 耳のなかへ虫の入ったときには、箒の枕に虫の入った耳の方をのせて寝ると出てくる。普段は箒を枕にしてはいけない（愛媛県広見町）。
- 寝小便する子どもに、ゴザを背負わせ四つ這いにし、誰か箒で尻を打ちながら標縄を張った臼のまわりを「夜ソベどの夜ソベどの夜ござャなェで昼ござァれ」と言うて廻れば寝小便がよくなる（青森県五戸町）。

•便所の箒で水虫をなでると治る（岩手）。

数ある俗信のなかでも疣をおとす方法は変化に富んでいるが、箒にもつぎのような伝承がある。秋田県山内村では「雷が鳴るとき便所の箒で疣をはくととれる」といい、静岡県磐田郡でも「雷の鳴るとき道路の四ツ辻に行って箒で払う」と伝えている。『耳袋』[17]巻六六に「雷の鳴時、みご箒にていぼの上を二、三遍はき候得ば、奇妙にいぼとれ候よし。ためしに違はざるよし、人のかたりぬ」とみえ、同様の呪いは『真佐喜のかつら』にも載っている。

箒と便所の結びつきを示す俗信も多く、便所の掃除をすると、器量のよい子が産まれるとか、お産がかるいといい、反対に掃除をしないとお産が重いなどという。便所と出産も縁が深い。便所は排泄の場所であり、俗信的思考の世界では、体内のものを外に出す、あるいは、その「通り」をよくするという共通項を媒介にして出産と感覚的に脈絡を通じている。飯島吉晴は「後産がおりなくて困る時には、下駄と草履を片方ずつ履いて便所に行ったり（群馬県吾妻郡岩島村）、亭主が便所の踏み板を裏返す（栃木県茂木町）と早くおりるという。便所で履き物を片チンバにしたり裏返しにしたりするのは、事態を転換するために此の世に意図的に不均衡な状態を作り出し、異界の力を流入させる、つまり胞衣をおろさせる手段だと考えられる」と示唆に富む発言をしている。[18] 箒・便所・出産は重なりあう連想の回路でむすばれているといってよい。

そのほか「箒を手渡しすると仲がわるくなる」「箒を担ぐと背が伸びない」「箒を燃やすと気が狂う」といった俗信もよく耳にする。境界の呪具である箒は、異なる世界のはざまで移行や変換を司り、また、物語のなかでは、しばしば変身の呪具として登場する。たとえば、「蛇聟入」水乞型と「姥皮」型の結びついた昔話のなかには、蛇から逃れた娘を箒ではくと老婆に変身し、再びはくと娘にもどる例がある。また、説教

「しんとく丸」では、業病のしんとくまるを乙姫が鳥箒で撫ぜると元の美しい姿になる。[19]

長居の客を帰す呪い

お客がなかなか帰らないときは、箒を逆さに立てるとよいという呪いは誰でも知っている。この俗信も細かく比較してみると、伝承者や土地によって少しずつ変化がみられる。多いのが、逆さに立てるだけでは満足せず、それに手拭を被せるもので、これを「箒に頰かぶりをする」と言っている所もある。手拭以外に、風呂敷（岐阜・愛知）、帽子（岩手）の例もあるが数は少ない。さらに手のこんだやり方としては、頰かぶりをして立てた箒を、棒でたたく（千葉）、動かす（岩手）、人形のように踊らせる（愛知）、団扇であおぐ（岩手・秋田・岐阜・愛知・島根）という。いずれも退散の催促であろう。なかには、「長居の客を帰すには、箒に頰かぶりさせ、客の背の方の見えぬところに立て、出雲来て長門話に安芸周防、因幡伯耆を立てて美作、と唱える」と言葉遊びの要素の入ったものまである。また、立てた箒を三遍まわると帰る（福井）ともいう。

箒を立てる場所は、当然客には気づかれない所だが、玄関や座敷の隅に立てる例がいくつか確認できるほかはとくに決まっていないようだ。

この俗信は早くから庶民の間に浸透していたとみえて、江戸時代の川柳に、

- 帰ったを見れば箒も恐ろしい（柳多留）。
- さかさまにして人をはくしゅろ箒（柳多留）。
- 逆に立つ箒長座の客を掃く（江戸雀）。

などとよまれている。江戸小咄にも再三登場する。『再成餅』[20]（安永二年）の「たけ箒」はこんな話である。

ながら咄する客来る。亭主うるさく思ひ、でっちに「箒立てよ」と言付ける。でっちうなづき、勝手へ行き、箒立てんとするに、客の草履取が見て居る故、立てるところなし。詮方なくて、背戸へ出、見れば、竹箒あり。これ幸とさかさに立て内へ入れば、客「今晩は何も用事がござらぬ。ゆるりとお咄うけたまわりませふ。まず家来をば帰しませふ」。

客を帰すつもりが、背戸の竹箒を立てたために草履取を帰すことになったという笑い話。類話は『御伽草』や『笑府衿裂米』『気の薬』等にもみえる。

ところで、通常は箒を逆さに立てるのを忌む。言うまでもなく、生と死の緊迫した状態のもとで、産室、死者のそば、墓場などに立てて悪霊を駆逐するための行為だからである。そこから、逆さ箒には危険や凶事を想起させる不吉なイメージが生まれた。箒を立てると、家の者が死ぬ（岩手）、三年しか生きられない（山形）、不要の客が来る（山形）等の伝承には、逆さ箒に漂う悪霊や死の時空への再現につながる不安が横たわっている。

ところが、その一方で逆さ箒のもつ強力な呪力を日常生活で積極的に活用しようとの側面もある。「ほうきの柄を下にして庭の戸口に立てていると悪魔が入ることができない」（鹿児島）、「箒を逆さに立てておくと乞食が来ない」（京都）、「箒を門口に立てるといやな人が立ち寄らない」（岐阜・愛媛）、「強風のとき箒の先に鎌をつけて、風の方向にむけて立てると風よけのまじないになる」（山梨）という。ここに出てくる「悪魔」「乞食」「いやな人」「強風」は、日々の生活を営む上で、どれも早々に立ち退いてほしいありがたくない相手で、ともすれば被害を被りかねないところから、箒の力で排除しようとの魂胆である。「長居の客」の存在もこれらの延長線上にある。長居の客を退散させる呪いは、本来出産や死の現場で行なわれた悪霊退散の意識から変化して生まれたものであろう。

逆さまの民俗

出産、死、すす掃き、長居の客を帰す呪いなどに登場する箒が、逆さまという形態と結びついて呪力を顕在化させるのは興味深い。箒の俗信のほとんどは、この道具の実用的な機能である掃く作用、つまり「移動させる力」の観念を根底にもっているが、それにしても、ある条件下で本来の形をひっくり返してわざわざ逆さまの形をつくりだす行為には、どのような意味が隠されているのだろうか。これについては、広く民俗事象のなかからみていく必要がありそうだ。「逆さま」と言う場合、広義に解釈すれば、バーバラ・A・バブコックが象徴的逆転について言うように「言語的・文学・芸術的、宗教的、あるいは社会・政治的のいずれたるとを問わず、一般に行なわれている文化的な記号《コード》、価値、規範を、逆転、否定、または破棄するような、あるいはなんらかの形でそれに代わり得るものを示すような、表現的行動に属するあらゆる行為を指す[21]」ということになろう。当然、こうした逆さまを意識する基底には、逆さまでない正常な文化の基準が横たわっているが何を逆さまと看做すかは相対的である。この点で、井本英一の「あべこべの世界[22]」には、外国人の目に映った日本人のあべこべの行為が詳しく紹介されていて示唆深い。本論では、民俗のなかにみられる逆さまの具体的な行為や形態を中心にいくつか取りあげてみたい。

十分検討した訳ではないが、逆さまに関する民俗は案外多いのではないかと思う。すぐに気づくのは葬式に関する風習で「逆さ箒」「逆さ屏風」「逆さ水」「逆さ着物」「左柄杓」等々じつに多い。平生忌まれる逆さまの禁忌には、葬送習俗に由来するものが目立つが、ここではそれ以外の例をいくつか紹介しよう。

- ムカデの多いときには、四月八日のおぶゆで「千早ふる卯月八日は吉日よ神さげ虫をせいばいぞする」と書いて逆さにはっておくとよい（愛知）。
- 四月八日の花祭りにもらった甘茶で墨をすり、紙に「茶」の字を書いて逆さに貼るとムカデが入らない

（愛媛県上浮穴郡）。

毒虫よけに甘茶の墨で書いた文字を門口に逆さに貼っておく土地はほかにもある。『陰陽師調法記』（元禄十四年版）には「五月五日午の時に朱砂を用いて茶といふ字一ツかきて、門ばしらにさかさまにはりつけておけば、蛇虻家内へきたる事なし」とみえる。埼玉県秩父市で、風邪が家に入らぬよう驫と書いた紙を門口に逆さにはるといい、長野県上田市では、百日ぜきのときは、大戸間口の柱に御飯しゃもじに馬という字を三つ逆さに書いて打ちつけたという。桂井和雄の『土佐民俗記』[23]には、土佐郡土佐山村で、家の入口に蓑を逆さに吊って悪病除けにしたことが記されている。[24]

門口に逆さまのものを貼ったり吊るしておく民俗は豊富で、その多くは毒虫や疫病などが家に入りこむのを防ぐ目的で行なわれている。子どもの夜泣きを止めるため「馬」の文字を書いた紙を柱に逆さにはる（愛媛）なども、夜泣きという現象を悪いモノに取り憑かれたためと考えれば、逆さの文字はそれを断ち切るための手段である。野本寛一は『生態民俗学序説』[25]のなかで、マタギの逆皮儀礼に関連して「わが国には『逆さの呪術』がある。たとえば四月八日に虫除けとして、『ちはやぶる卯月八日は吉日よかみさげ虫を成敗ぞする』という歌を墨書し、厠や庖厨の柱に逆さに貼る習慣がある。逆さに貼ることによって虫の活動を封じようというのである。また、子供の夜泣きを封じる呪術として、鶏の絵を描いてこれを逆さに貼るというのがある。朝、太陽を迎える鶏の活動を封じて子供を静暗の世界に鎮めこむ呪《まじな》いになっているのである。こうした『逆さの呪術』と『逆さ皮』とを並べてみるとき、皮を逆さにすることは熊の霊力の終止祈願であることに思いが至る。また逆さ皮を熊の体にかぶせることは、肉体を失った熊が肉体に皮をまとって生まれ変わることへの祈願にもつながるはずである」と説いている。甘茶で書いた文字、しゃもじ・箒などそれ自体が意味を帯びた呪物だが、それらを逆さにすることで、災禍をもたらす邪悪なモノの侵入を遮る呪力が強力に発動する。

服部幸雄は『さかさまの幽霊』[26]で「さかさまには不可思議な霊威が備わっている」と説き「さかさまの幽霊の出現するときも、逆柱の怪異が発動するときも、ともに『戸障子響き鳴り渡り、家をゆすること、あたかも地震のごとく』(『他力本願記』)であった。そういう爆発的なエネルギーが『さかさま』に具象化されていた」と示唆に富む発現をしている。そして、逆さの霊威を示す資料の一つとして、説教節『さんせう太夫』を取りあげ「太夫のもとを逃げ出した厨子王丸がさる国分寺の聖にかくまわれて追手から逃がれるところがある。この時、聖は護摩をたき、太夫調伏の祈りを行なうが、護摩壇の中央に掛けた不動明王の画像はさかさまであった」と紹介している。逆さまに掛けられた不動明王は、寺に入ろうとする追手を拒む霊力を発揮しているが、これは、毒虫や疫病の侵入を防ぐために門口に呪物を逆さまにする民俗と通底する心意に根ざしたものだろう。

蜂に刺されたとき、足もとの小石を裏返す俗信などもこの一つで、一説には石を裏返すのは意趣返しの意ともされるが、むしろ、逆さにすることで神秘的な力を生み被害をくい止めると考えた呪的な行為と捉えた方がよい。香川県観音寺市では、足元にある瓦・草履・わらじ等なんでもよいからそれを裏返しにして暫く踏んでいると痛みがとれると伝えている。栃木県安蘇郡では、蜂に刺されたとき痛いと言わぬうちに近くの石を三つ裏返すとよいという。「逆さま」は日常性が逆転したところの非日常性の象徴である。言い換えれば「逆さま」の行為によって、ある状態を別の状態に転換させることが可能なことを示している。

●牛の病気を治すために竹箒に人間の小便をつけて牛の体を逆さになでる(長崎県壱岐)。

●蛇が動けなくなったとき、ヨモギの葉で逆になでると生き返る(秋田県鹿角郡)。

魔よけに用いられる箒・蓬をつかって逆さの方向になぜることで衰弱している生命を蘇らせる。マイナスの要素をプラスに変える例だが、これとは逆のケースを示す話もある。

ござさんの逆さ杖

ござさんていうのは、二人とか三人とかできて、ござ宿っていうもう決っている宿に泊るんですって。で、そこの家がけっこう裕福な家に泊るらしいんだけど、その裕福な家の中に、アブラヤっていうとってもがめつい家があったんですって。そいでその、ござさんの持っているお金を全部、寝てる間にとっちゃったんだって。

そのことをござさんが次の朝、気がついてね、

「おれのお金だから返してくれ、返してくれ」

っていうのに、

「知らない、知らない」

っていって、とうとうおし通してね。そしたらござさんがすごくおこってね、杖をこうついているでしょ、それを逆さに持ってね、ござさんていうのは、目がみえないから不思議な力があってね、

「逆さ杖」

っていうのつくとね、その家が身上がひっくり返っちゃうんですって。で、

「この家も、この杖と同じように逆さになってしまえ」

っていって逆さに杖をつきながらでていってしまったんですって。

その家はアブラヤっていう屋号でね、繁盛していた家だったんだけど、それからみるみる家がかしいじゃって、とうとうね、一人きりになっちゃったんだって。で、その人がアブラヤソーベエっていう名

前でね、色が白くて、すごくいい男だったんですって。とうとう最後アメ屋になってね。で、頭になんかつけて、太鼓たたきながらアメを売りに来るんだって。――略――。

岡野久美子さんの語りである。『不思議な世界を考える会会報』22号に拠った。瞽女の行なう逆さ杖の行為が、吉を凶に変える不吉な呪力を発動している。逆さまの民俗を素材として成立した話である。

狐にあったら草履をぬいで頭にのせれば化かされない（愛知）というのも、足に履くものを頭上にのせる訳だから、一種の逆さまによる呪法である。両手で頭の後ろから髪を逆さになでてあげると狐に化かされない（秋田）のは逆髪による呪力で、やはり同類である。[27] 高知県三原村では、牛馬が暴れたり急に動かなくなると、魔ものに出合ったためと判断し、手のひらを平生のかざし方とは反対の逆手にかざして見るものといった。逆手にかざすというのは、手のひらを上に向けて額につけ、親指が前方になる形で、これで魔ものの本性がわかるという。逆さまという非日常的なしぐさを意図的に行なうことによって、日常とは裏返しの異界が立ち現れ、妖怪変化の本性の透視が可能となる。それは妖怪変化の異空間に一時的に踏み込むことでもある。股の間から顔をのぞかせて逆さまにものを見る股のぞきの民俗も同想だ。関山守彌は『日本の海の幽霊・妖怪』[28]で次のように記している。

「船乗りたちは、怪しい船に会ったなら、正常な船と船幽霊とを区別する知恵を持っていた。瀬戸内海の周防大島では、不思議な船と思ったなら、股の間から逆見をする。逆見をして、あたりまえの船だったなら、船幽霊ではない。逆見して、船が海面を離れ、少し高く走っているのを認めたなら、船幽霊である（『旅と伝説』三―二）。長崎県五島嵯峨島では、人間の股から相手の船を見る。本物の船は、帆柱の上の十字の先が出ている。これを「セブ」といって、そこから綱を張って帆を掛けるが、船幽霊にはこれがない」。

この一文からも、股のぞきが異界をのぞくための特殊なしぐさであるのは明らかだろう。天の橋立を股のぞきで見る例をはじめ、股のぞきには面白い伝承がいくつもある。人がある状況に応じて逆さまの行為を演ずるのは、逆さまの霊威を援用して災いを回避しようとするケースが多い。しかし、予期せず逆さまのモノに遭遇するのは、無防備のまま異常なものに接触することで、極めて危険な瞬間にちがいない。岡山県児島地方では、子どもを逆さまに負うた狐に会うと病気になるという。船幽霊の船は海上を風に逆らってつきすすみ、遭難した船乗りたちを驚かしたり、まれには溺死させると伝えている。

逆さまの幽霊にまつわる怪談では『片仮名本・因果物語』(寛文元年開版)の「下女死して、本妻を取り殺す事」[29]がよく知られている。「美濃の国へ帰るある牢人が、逆さまの女と出合い、舟に乗せて川を渡す。さらに女に頼まれて庄屋の家の守り札を取りはずすと、女は中に入って家の女房を殺す。すると、女は真様になり、実は庄屋の目かけだったが、庄屋の留守に女房にはかられ、下男に井戸に突き落とされたのだと述べる」という内容である。

「逆さまの幽霊」の類話は、今日、民間にも伝承されており、岩手県と沖縄を中心にいくつか記録されている。ちなみに佐々木喜善の『老媼夜譚』にみえる岩手県遠野市の「倒娘」の梗概はつぎのようである。

旅人がどの家も戸を閉め切った村のはずれの家に泊っていると、夜なかに大きな角をささえて立った化け物が来て、「自分はこの家の継母に味噌桶へ逆埋めにされた娘で、家に入って復讐したいが戸に守り札があって入れないからあけてくれ」と頼む。旅人が家人に害を加えないよう約束して入れてやると、娘は継母ののど笛を嚙み切って殺す。旅人がなじると、「自分を殺したほか数々の悪事を働いた継母だから」と許しを乞い、「三年来の妄年が晴れたので、屍体を桶から出して葬ってくれ」と案内する。旅人が村人と語らって葬ってやると、倒立して歩く化け物は出なくなった。[30]

逆さまの状態で殺された女性の幽霊が、旅人の援助をうけて敵を討つという筋立は『因果物語』の話とも共通する。高田衛が『井戸怪談集』[31]㈲の「片仮名本・因果物語」の解説で「この説話蒐集者にとって、ハナシを面白く語ることよりも、できるだけ多くの怪事の実例を、証拠正しく集めることに意がそそがれていたことがわかる」と言っているのは示唆深い。

この話は、沖縄では、うわきをした夫に殺された女性が、モーイ親方の助けを得て敵をとる内容となっている。また、現代の若者たちのうわさ話にも逆さまの幽霊は登場する。たとえば、車でドライブ中、フロントガラスの上から左右の手がおりてくる。そして、両手の間に逆さまの女の顔がぬっとあらわれて車のなかをのぞきこむという。

各地に伝わる「逆さ松」等の伝説をはじめ、逆さまの民俗は探せばいくらもありそうだが、最後に『綜合日本民俗語彙』からいくつか拾ってみよう。

●サカサクベ

薪を根の方から燃すこと。北秋田のマタギたちは山小屋では殊にこれを忌み、犯す者には水垢離をとらせる。徳島県三好郡祖谷山村でも、炉で火を焚くには木の梢からくべ、元を切れぬとて百姓は喜ぶ。この反対に元からくべるのを逆さくべと称して忌む。

●サカサナエ

栃木県の宇都宮付近の農家では、残苗を片づけておく場合に、竹のさきに苗を少しばかり逆さに結えつけて立てておく。これを逆苗を打つという。この苗入用、他人の持ち去ることを禁ずの意だという。

●サカサフダ

福島県田村郡で、正月に萬歳師から貰った御札は、逆さに貼っておくと縁起がよいという。

●サカサマワラ

逆さま藁。山小屋を藁の苫で葺くには、表の方へ穂先を出して雨を流す。富山付近の村では、これを逆さま藁といい、まれには民家でもこの葺き方をするものがある。経済的ではあるが貧相に見える。

●サカサミノ

長野県北安曇郡で八月十五夜に、一五歳と一七歳の男子が逆さ簑を着て踊りながら蒔いた芥子の花は、一色ものでも一五色に咲くという。佐渡の内海府では、この夜藁簑を逆さに着て、泣きながら芥子の種子を蒔くと、その種子は薬になるという。宮城県伊具郡筆甫村では、産のとき産屋の外裏壁に、毛簑を逆さに吊しておくと生児が夜泣きをせぬという。

注

(1) たとえば、牧田茂「産神と箒神と」『民間伝承』八巻七号、一九四二年。桂井和雄「箕と箒の力」『土佐民俗記』海外引揚者高知県更生連盟、一九四八年。宮田登「箒の神」『神の民俗誌』岩波書店、一九七九年。吉野裕子「箒神と荒神」『日本人の死生観』講談社、一九八二年。近藤直也「カニモリ考」『祓いの構造』創元社、一九八二年。大島建彦・御巫理花編『掃除の民俗』三弥井書店、一九八四年。飯島吉晴「出産をめぐる儀礼と伝承」『子供の民俗学』新曜社、一九九一年など。

(2) 大藤ゆき『子どもの民俗学』草土文化、一九八二年。

(3) 斎藤たま『生とものの け』新宿書房、一九八五年。

(4) 斎藤たま『死とものの け』新宿書房、一九八六年。

(5) 武田明『日本人の死霊観』三一書房、一九八七年。

(6) 前掲書(4)に同じ。

(7)『山古志村史・民俗』山古志村役場、一九八三年。

(8)『長野県史』民俗編第五巻総説Ⅰ、長野県史刊行会、一九九一年。

(9)富山昭『静岡県の年中行事』静岡新聞社、一九八一年。

(10)中山太郎編著『諸国風俗問状答』東洋堂、一九四二年。

(11)前掲書(10)に同じ。

(12)鈴木勝忠校訂『雑俳集成』二、東洋書院。

(13)本居宣長(村岡典嗣校訂)『玉勝間』(下)、岩波書店、一九七五年。

(14)桜井満訳注『万葉集』(下)、旺文社、一九八八年。

(15)『日本書紀』(上)、岩波書店、一九七六年。

(16)大藤ゆきは『子どもの民俗学』のなかで、初誕生のブッサル餅について「しょって歩けずに座ってしまった方がよいというところと、歩けた方が丈夫に育つというところがある」と、二面性があることを指摘している。

(17)根岸鎮衛(長谷川強校注)『耳袋』岩波書店、一九九一年。

(18)飯島吉晴「人生儀礼における厠」『竈神と厠神』人文書院、一九八六年。

(19)鳥箒については、岩崎武夫「しんとく丸と母子神信仰の世界」『さんせう太夫考』平凡社、一九八五年、参照。

(20)興津要編『江戸小咄』講談社、一九七八年。

(21)バーバラ・A・バブコック編、岩崎宗治・井上兼行訳『さかさまの世界』岩波書店、一九八四年。

(22)井本英一『習俗の始原をたずねて』法政大学出版局、一九九二年。

(23)桂井和雄『土佐民俗記』海外引揚者高知県更生連盟、一九四八年。

(24)逆蓑《さかさみの》の風習について、井本英一は『習俗の始原をたずねて』のなかで「大晦日の夜の岡見や逆蓑の風習について、三谷栄一『日本文学の民俗学的研究』(有精堂、一九六〇年)にいう。この夜、高い岡にのぼって、蓑を逆さまに着て、はるかにわが家を見れば、来年の吉兆が見えるという。ここでは、年の変わり目の逆さまの現象と、異界参入によって手に入れた呪力で、一年を予見しようとする」と述べている。

(25)野本寛一『生態民俗学序説』白水社、一九八七年。

(26) 服部幸雄『さかさまの幽霊』平凡社、一九八九年。
(27) 逆髪については鎌田東二「魂を飛ばす技法」(『神界のフィールドワーク』青弓社、一九八七年)参照。
(28) 関山守彌『日本の海の幽霊・妖怪』学習研究社、一九八二年。
(29) 高田衛編・校注『江戸怪談集』(中)岩波書店、一九八九年。
(30) 稲田浩二・小沢俊夫編『日本昔話通観』3、同朋舎出版、一九八五年。
(31) 前掲書(29)に同じ。

「境界の呪具——箒」で用いたおもな資料引用文献

○『北安曇郡郷土誌稿』郷土研究社、一九三二年。
○市橋鐸『俗信と言い伝え』泰文堂、一九七〇年。
○杉靖子『金沢の迷信』北国出版社、一九七八年。
○桜井和雄『俗信の民俗』岩崎美術社、一九七三年。
○迷信調査協議会『迷信の実態』技報堂、一九四七年。
○迷信調査協議会『俗信と迷信』洞史社、一九八〇年。
○迷信調査協議会『生活慣習と迷信』洞史社、一九八〇年。
○鈴木棠三『日本俗信辞典』角川書店、一九八二年。
○大島建彦・御巫理花『掃除の民俗』三弥井書店、一九八四年。
○岩崎敏夫編『東北民俗資料集』萬葉堂書店。
○『関東の葬送・墓制』明玄書房、一九七九年。
○『改訂総合日本民俗語彙』民俗学研究所・平凡社。
○『高志路』戦後版、新潟県民俗学会・国書刊行会。
○『旅と伝説』復刻版、岩崎美術社。
○民間伝承の会『民間伝承』復刻版、国書刊行会。

○『南越民俗』復刻版、安田書店・ひまわり書店。
○『郷土研究』郷土研究社。
○『日本の民俗』全四七巻、第一法規。
○『民俗採訪』国学院大学民俗学研究会。
○『東洋大学民俗研究会調査報告』東洋大学民俗研究会。

収録論文解題

香川雅信

山口昌男「記号と境界」『文化と両義性』岩波書店　一九七五年〔のち、岩波現代文庫〕

著者は文化人類学を専門とする研究者であるが、「道化」「祝祭」「演劇性」「見世物」など、それまでの学問が扱いに窮していた多義的な文化事象を最先端の理論をもちいて論じ、一躍日本思想界の寵児となった。『文化と両義性』は、その理論的基盤ともいうべき位置を占める著書である。

その第三章を構成する本論文は、記号論の立場から境界の両義性（多義性）について論じたものである。境界は、記号論的に見れば「意味出現直前または消滅寸前の混沌の表現」であり、それゆえ日常においては矛盾しあうような意味が同時に現れる可能性をもつ。こうした境界の両義性・多義性は、日常的な秩序にとっては危険な要素であるため、通常は意識下や禁忌の領域に放置されているが、時と場所を定めて顕在化させられ、秩序の再確認や「生気づけ」において重要な役割を果たす。

本論文は、記号論に関する素養がないと読解にかなり手こずるが、柳田國男のテクストの中から事例を取り上げ、民俗における境界的なものについて考察している点で、民俗学を学ぶ者ならば無視することのできない論文であるといえよう。

宮田登「妖怪のトポロジー」『妖怪の民俗学　日本の見えない闇』岩波書店　一九八五年〔のち、ちくま学芸文庫〕

表題にある「トポロジー」とは、場所（トポス）の論、すなわち「場所論」「空間論」を意味する語で、本論文は妖怪や怪異現象が現れる空間の問題について論じたものである。著者は、辻や橋などといった境界の地に怪異が多く発生していることを指摘し、こうした場所が「あの世」と「この世」の接点であると考えられていたと説く。また、聖地とみなされる空間が人間の手によって開発され、都市化する過程で、自然のもつ霊力が不思議な現象を生み出していったのではないか、という興味深い指摘もなされている。こちらは、「文化」と「自然」の境界に対する意識の問題としてとらえ直すこともできよう。

本論文は、境界と怪異との関係をきわめて明快な形で問題化したものとして注目され、これ以降、境界という概念をもちいて妖怪や怪異について考察するというやり方が流行することになる。

高取正男「四つ辻とあの世」（原題「四つ辻はあの世の旅のターミナル」）『週刊朝日』四八号　一九七七年

柳田國男以来、日本民俗学は、辻・坂・峠あるいは道祖神といった境界に関係する事柄に関心をもち続けてきた。本論考もその流れの中に位置づけられるものである。神や先祖の霊、妖怪がやってくる、あの世との交流の接点としての辻の問題と、オコナイ（修正会・修二会）、暴れ念仏といった民俗行事における大騒ぎの問題とが論じられている。これら二つの問題は、仏教行事と民俗行事との連関という文脈の中で取り上げられているが、先に紹介した山口昌男の論文が主題としていた境界と多義性という観点から、二つを結びつけて考えることも可能だろう。なお、本論考のタイトルは『高取正男著作集Ⅳ生活学のすすめ』（法蔵館、一九八二年）に収録されたものに依拠した。

飯島吉晴「厠考――異界としての厠――」『現代宗教』四号　春秋社　一九八一年

厠は、排泄の場所という機能的な側面ばかりではなく、文化的な位相の中でも特別な意味をもった空間である。本論文は、昔話、人生儀礼、年中行事、建築儀礼、信仰などにおいて厠の果たす役割やその意味づけを検討することによって、民俗的思考における厠の本質的特性を明らかにしようとしたものである。著者によれば、厠はこの世と異界との境界的領域であり、人やものが別のものに変換する空間であるという。こうした厠の特性は、否定的なイメージを伴う制御のきかない部分でありながら、われわれが全体性を認識する上で不可欠の部分である、という点から説明されている。こうした説明には、文化記号論の強い影響を見て取ることができる。本論文が収録された『竈神と厠神』（人文書院、一九八六年）は、宮田登の『妖怪の民俗学』とならんで、「境界」という記号論的なキーワードで日本の民俗事象をとらえるという一つのスタイルを作り出した。

笹本正治「辻についての一考察」『信濃』第三四巻第九号　一九八二年

本論文は、主として辞書・辞典（事典）類の説明を資料としながら、「辻」という語を含むさまざまな言葉や慣習を検討し、日本人が辻という場所をどのようなものとしてとらえてきたのかを考察したものである。本論文の特色は、そうした辻に対する意識の歴史的変遷を再構成した点にある。著者によれば、古代においては、辻は霊や神の集まる所とされ、恐れや信仰の対象となっていた。それが中世になると、辻では盛んに芸能や商業が行われるようになり、辻を生活の舞台とする人々が増加していった。さらに近世になると、辻という語は村の共有・共同の意味をもつようになり、古来日本人が辻という場所にいだき続けてきた特殊な意識はほとんどなくなった、という。特に中世から近世への移行を、「神霊が支配する世界から人間中心の世界へ」という世界観の転換として見るのは、『中世の音・近世の音』（名著出版、一九九〇年）などの著作に見られるように、著者の一貫した主張となっている。

八木康幸「村境の象徴論的意味」『人文論究』第三四巻第三号　関西学院大学　一九八四年

著者は人文地理学を専門領域とする研究者であるが、民俗学や文化人類学の分野にも大きな関心を寄せている。本論文では、村境という象徴的空間に関して、民俗学の蓄積や文化人類学の分析概念などを用いながら考察をおこなっている。もっとも、民俗学者の関心が村境における祭祀対象や信仰的装置などの具体的な事物に向かいがちであるのに対し、著者はむしろそれらを生み出す空間の特質を問題にする。このように、人間が自らの生きる空間をいかに認識し、経験し、意味づけているのかを明らかにしようとする立場は、イーフー・トゥアンらに代表される「現象学的人文地理学」の議論を踏まえたものである。村境などの「境の場所」は、空間分類の中で適当な位置を与えられないもの、空間のアノマリーであるとする著者の主張は、境界の象徴性・多義性について考える際に、有効な枠組となるものであろう。

本田和子「『賽の河原』考」『わたしたちの「江戸」』新曜社　一九八五年

著者は児童学を専門とする研究者であり、『異文化としての子ども』（紀伊國屋書店、一九八二年）をはじめとして、文化記号論の影響を受けた子ども研究を世に問い続けている。本論考は、子ども専用の地獄というべき「賽の河原」について考察したものである。「賽《さい》」は「塞《さい》」や「障《さへ》」にも通じる「境界」の意であり、生と死、哀惜と怖れ、苦役と遊びなど、対立するイメージが同時に存在する両義的な場所である。著者は、子どもはそうした対立する要素を媒介する境界者的存在であると同時に、保護されるべきか弱い存在であるとする日本人の「まなざし」が、「賽の河原」を生み出したとしている。

柳田國男「かはたれ時」『ごぎよう』一九三〇年

昼と夜の境界である夕暮れ時は、かつて「逢魔《おうま》が刻《どき》」とよばれたように、怪異に出会うことの多い時刻とされた。本論考は、その問題を初めて取り上げた有名な文章である。雀色時《すずめいろどき》、タソガレ、カハタレなどをはじめとして、夕暮れ時をあらわすさまざまな民俗語彙を検討し、その背後にある心性について考察を加えている。このように、民俗語彙からその内的な感覚を推察するというやり方は、柳田の民俗研究の一つのスタイルである。ここでは怪異との関連はあまり触れられていないが、柳田はのちに「妖怪談義」(『日本評論』一九三六年)において、幽霊が丑三《うしみ》つ刻《どき》に出るのに対し、オバケ(妖怪)は宵と暁に出るとし、さまざまな妖怪と夕暮れ時との関係について紹介している。この「妖怪談義」と「かはたれ時」は、ともに単行本『妖怪談義』(修道社、一九五六年)に収録されている。

益田勝実「黎明――原始的想像力の日本的構造――」
『文学』第三四巻第九号　一九六六年

夕暮れ時とならんで、もう一つの昼と夜の境界である夜明けもまた、特別な意味をもたされた時間であった。著者は、さまざまな説話や儀礼の中で夜明けがもつ意味について検討し、そこに残存する「原始の日本人の想像法」を明らかにしようとしている。夜明けの訪れとともに、鬼や神などの神秘的な存在は彼らの世界に退去し、そのやりかけた仕事は永遠に凝固してしまう。著者は、夜が〈聖なる半日〉として、一日の最初の部分を占めていた原始の時間観念が、想像力の鋳型となってそうした説話の類型を生み出したのではないか、と推測する。文化記号論が人間の認識や思考のあり方から抽象的・超歴史的に事象を説明しようとするのに対し、こうした見方は、実体的・歴史的な元型を想定する「歴史主義的」な立場であるといえる。

小松和彦「生と死の境界」『現代詩手帖』思潮社　一九九五年六月号

本論考は、「生」と「死」の境界を人間がどのように想像してきたかを、さまざまな具体例を通して考えようとしたものである。臨死体験や葬送儀礼、あるいは死者と生者の関係をめぐる物語や芸能など、「生」と「死」の境界に対する想像力や制度化の産物は、避けることのできない「生物的死」を、いかに意味の次元において克服することができるかという根源的な問いに対する回答として求められたものであるといえる。著者は、岩田慶治の提出した〈白い空間〉〈青い空間〉というコスモロジーのモデルを踏まえて、あらゆるところが「生」と「死」の境界になる可能性をもっている「潜在的境界」であると述べる。いわば「生」はつねに「死」と接しているわけで、生きていくために人はそうした潜在的な「死」を絶えず克服していかなければならない。著者は、人間の文化的営みは、根底においては「死」を克服することを目的としているとして、この問題を文化の発生論の次元にまで拡大している。

松村武雄「生杖と占杖——一つの覚書——」『民俗学』第二巻第六・七号　一九三〇年

日本神話の岐神《ふなどのかみ》、ギリシア神話のヘルメスのように、杖が境界の神とみなされる例はしばしばみられる。本論文は、豊饒なる生命力をもたらし、邪悪な霊を退ける力をもった杖——「生杖」と、未来を予知し人間の前に指し示す力をもった杖——「占杖」について、世界各地の事例を渉猟しながら考察したものである。岐神やヘルメスもこうした神秘的な力をもった杖の一事例として取り上げられている。著者は、杖に神秘的な力が宿っているとみなされたのは、その材料となった樹木そのものに神秘的な力が宿っているとみなされたからだと結論している。本論文が掲載された『民俗学』は、折口信夫、岡正雄らが設立した「民俗学会」の機関誌で、その前身である『民族』と同様、民族学・比較民俗学的傾向をもつ論文が多く掲載された。本論文もその一つである。今日このような研究はあまり顧みられることはないが、過剰な思い込みに引きずられることなく、冷静かつ論理的に事例を分析した質の高い論考である。著者は再評価をされるべき研究者の一人であろう。

なお、境界と杖の問題に関しては、柳田國男「榎の杖」(「山島民譚集(二)」『定本柳田國男集』第二十七巻、筑摩書房、一九六四年に所収)や、赤坂憲雄『境界の発生』(砂子屋書房、一九八九年)などが、さらに詳しい考察をおこなっている。あわせて参照されたい。

廣末保「遊行的なるもの(抄)」『文学』第三三巻第三号 一九六五年

著者は、「悪場所」や「遊行」といった境界に縁の深い概念をキーワードとして、中・近世の文学・芸能に関する刺激的な議論を展開した国文学者である。ここでは、「定住」あるいは「土着」と対立する「遊行的なるもの」の本質をなす精神構造について、説経『小栗判官』の世界を題材として考察している。著者によれば、一つの土地に定住せず漂泊する遊行民たちは、定住民に対して土地をもたないがゆえの劣等感をもちながらも、御霊信仰や死の管理者として精神的な支配力をもとうとした、という。『小栗判官』においては、小栗は悪の力を発揮する御霊神、照手はそれを管理する遊行巫女としてとらえることができる。小栗は最後に正八幡荒人神としてまつられるが、「遊行的なるもの」は土着化しながらも、なおその悪の力を失うことはなかった。都市の「悪場所」とされた遊郭や芝居小屋も同様であり、これらは定住民社会の論理には完全に組み込まれることのない、内なる境界であるといえる。

「遊行的なるもの」は、『文学』誌上に(上)(下)に分けて掲載され、その後『悪場所の発想——伝承の創造的回復』(三省堂、一九七〇年)に収録された。収録の際に、(上)(下)はそれぞれ1・2と記され、内容も部分的に書き改められている。本書には『新編 悪場所の発想』(筑摩書房、一九八八年)所収のものの2の部分のみを収録した。

宮田登「境にひびく音」『現代思想』第一〇巻第一号 青土社 一九八一年

『妖怪の民俗学』以前に書かれた、著者の境界に関する論考である。ここでは特に近世江戸の境界にまつわるフォークロアについての考察がなされている。境界としてのハシバ(橋場=端場)空間、境界と女性・御霊の問題など、著者の境界論における主要な問題が既にここで取り上げられているが、なかでも境界と音の怪異の問題が取り上げられているところが興味深い。境界と音の問題は、本書所収のいくつかの論文の中で触れられているように見逃すことのできないものであり、民俗研究の中に聴覚という身体感覚を取り戻す可能性を秘めた問題であるともいえる。

近藤直也「節分の籠」『日本民俗学』第一四六号　一九八三年

事八日や節分などの年中行事の際に籠を家の外に出しておく風習が、日本の各地に広く分布している。この時の籠の機能は、神の依代や魔除けなどとして解釈されてきた。これに対し、著者は多くの事例を検証した上で、その機能が年の変わり目（境界）において悪い要素を祓い落とし、年を更新させることにあったと結論する。おびただしい事例を収集し、表化して統計処理に近い形で分析をおこなうのは著者独特のスタイルである。また、古い要素・悪い要素を除去し、新しいものを生み出す行為として「祓い」をとらえ、それをさまざまな通過儀礼や年中行事の本質的機能であるとするのは、著者の一貫した主張である。詳しくは、『祓いの構造』（創元社、一九八二年）、『ハライとケガレの構造』（創元社、一九八六年）などを参照されたい。

笹本正治「神隠しと鉦や太鼓」『中世の音・近世の音』名著出版　一九九〇年〔のち、講談社学術文庫〕

神隠しにあった人間を捜索する際の作法として、鉦や太鼓を打ち鳴らすということがみられる。著者は、鉦や太鼓などの音はこの世とあの世を繋ぐものとみなされていたとし、神隠しにあった人間を探す時の鉦や太鼓も、あの世に連れ去られた者を引き戻す手段として用いられたとする。そして、同様の性格をもっていたものとして、疫神送り・虫送りの鉦や太鼓、徳政一揆における鉦、入相の鐘などを挙げる。境界と音の問題として考えた場合、鉦や太鼓の音は境界を越えるものとしてとらえられていたといえるだろう。著者は、本論文が収録された『中世の音・近世の音』において、こうした音に対する人々の意識・感覚のあり方を、中世的世界から近世的世界への転換の問題と絡めながら論じている。

森下みさ子「境界にたたずむ子ども・老人――泣き声に聴く――」赤坂憲雄編『方法としての境界』新曜社　一九九一年

著者は、本田和子らと同様に、文化記号論の影響を受けた子ども論を展開している研究者である。本論文で考察の対象とされるのは、子どもの泣き声にまつわるさまざまな伝承である。土中出生譚や夜泣き石の伝説、あるいは妖怪ノツゴの伝承が伝えているように、子どもの泣き声は境界を越えて届いてくるあの世からのメッセージとなる。著者は、泣き声は言葉の意味の手前にとどまる音声であり、それゆえ明瞭な言葉のやりとりを中心に置く人間社会において境界的な位置にあるため、他界との交通を可能にするのだとしている。こうした考えは、まさに言葉による世界の分類・識別を、人間の文化的営みの中心的モデルとしてとらえる文化記号論に基づくものである。これによって著者は、泣き声という論理よりも感覚の次元に訴えかける、そのゆえに考察の対象としてとらえることの難しいこの問題を論じることに成功している。

髙橋昌明「鶏と雷公（頼光）」『酒呑童子の誕生』中央公論社　一九九二年〔のち、岩波現代文庫〕

本論考は、日本中世史を専門とする著者が酒呑童子説話の解読に挑んだ『酒呑童子の誕生』の第一章「酒呑童子の原像——京都と四角四堺祭」の〈補説〉として書き下ろされたものである。著者は、酒呑童子の原像を疫病神に求めている。酒呑童子が棲み処とした大江山（大枝山）は京都の西北の境界であり、疫病神をはじめとするさまざまな悪いものが侵入する地点であると考えられていた。そして、疫病神の侵入を防ぐために京都の四隅の境界でおこなわれた「四角四堺祭」が、目に見えない霊的存在を「鬼」として形象化する契機となった、というのが、『酒呑童子の誕生』における著者の主張の大まかな中身である。本論考はその〈補説〉として、「四角四堺祭」において重要な役割を果たす鶏に注目し、その象徴的意味について考察したものである。鶏は、モノノケを撃退する役割を果たすとともに妖鳥やケガレの形代ともなる両義的な鳥であり、夜と昼との境目を告げる「境界的動物」であるとしている。また雷公（雷神）との関連から、大江山との結びつきの必然性についても論じられている。

常光徹「境界の呪具——箒」『学校の怪談』ミネルヴァ書房　一九九三年

著者は「学校の怪談」研究の第一人者として知られているが、俗信の分野にも並々ならぬ関心を寄せている。

本論文では、俗信および人生儀礼・年中行事の中における箒の役割に注目し、その象徴的意味について考察している。箒は「掃き出す」という機能をもつことから、ある世界から別の世界への移行を促す「境界の呪具」として用いられていたことが明らかにされる。また、箒を逆さまにする呪《まじな》いがあることから、「逆さま」という状態が民俗的心意の中でもつ意味を、多くの事例を紹介しながら考察している。

境の神の問題を取り上げた柳田國男の『石神問答』以来、日本民俗学は「境界」に対する関心をつねにもち続けてきたといっていいだろう。もっとも、その関心の中核をなしていたのは、境界の神に対する信仰であり、境界一般の問題にまではなかなか広がっていかなかった。

それが一九七〇年代に山口昌男らによって文化記号論が日本に紹介されると、「境界」という概念に対する関心が急速に高まった。そして八〇年代に入ると、「境界」と「怪異」とを結びつけた宮田登らの一連の論考が注目され、「境界」概念は一躍流行のキータームとなる。

こうした思潮に対しては、重信幸彦や大月隆寛らの痛烈な批判がある（重信幸彦「『世間話』再考——方法としての『世間話』へ——」『日本民俗学』第一八〇号一九八九年、大月隆寛「『カッコいい』のある風景——民俗学とその周辺にとっての'80年代——」『国立歴史民俗博物館研究報告』第三四集　一九九一年）。すなわちそれは「境界」という用語を当てはめただけであり、分析の名に値しないというのである。また、実際の江戸の世間話を通覧してみると、怪異が発生する場所としては武家屋敷の庭や森が圧倒的に多く、宮田が指摘するような場所——辻や橋など——では、意外にも怪異がさほど発生していないという内田忠賢による実証的な批判もある（内田忠賢「江戸人の不思議の場所——その人文主義地理学的考察」『史林』第七三巻第六号　一九九〇年）。こうした批判は真摯に受け取るべきだが、「境界」という概念が、具体的事例にとらわれがちな民俗学に抽象的・理論的考察への道を開き、人間の世界認識という哲学的問題にもつながっていく可能性を与えたことは評価すべきであろう。

境界

解説

小松和彦

Ⅰ 「境界」とはなにか

まず、「境界」とはなにかを、一枚の白紙を例にして説明しよう。この紙には、二つの面がある。その面の一方を「表」と呼ぶならば、もう一方の面は「裏」ということになる。この二つの面が接するところ、つまり紙の四つの縁が「境界」である。いや、「境界」とわたしたちは呼ぶことができるところである。あるいはまた、この紙の一方の面、たとえば「表」に、表面を二つの領域に分けるように線を引く。この分割線が「境界」を創り出す線ということができる。紙の縁にせよ、紙面を分割する線にせよ、この「境界」には広がりがない。

しかし、この紙が本のような厚みをもった紙であったならば、あるいは紙面上の引かれた線が幅のある太い線であったならば、二つの領域の間には、「境界」としての一定の領域つまり「境界域」が出現することになる。このように、「境界」とは、二つ以上の領域を創り出すために設定された標《しる》しであり、領域なのである。すなわち、二つ以上の領域が相接するところが「境界」であるということになるわけである。「境界」についての以上のような説明は、境界が創り出す二つの領域の外側に身を置いた第三者的視点からの言い方である。これを、相互主観的な観点から言い直してみよう。境界が創り出した領域の一方の側に身を置いて説明すると、紙の「表」の領域(=「中心」)から言えば、「裏」と接する「境界域」は、「表」にとっての「周辺」(周縁)ということになる。したがって、この「境界」(=「周縁」)の向こう側が「裏」ということになり、「裏」の側の領域(=「中心」)に身を置いて見れば、「裏」がじつは「表」であり、その「境界」(=「周縁」)の向こう側が「裏」ということになる。

いま少しわかりやすい例を引いてみよう。相接する土地をもった者同士が、土地の境界をめぐって争っている。一方にとっては、自分が主張する境界が境界であり、他方の者にとっては自分の主張する境界が境界である。両者の境界はこの時点では異なっている。しかし、かれらが相談の末に、双方が納得する境界が設定されたときには、共同性を帯びた境界が発生することになる。

このように、「境界」とは主観的・相対的概念であって、絶対的な境界が存在しているわけではないのである。そのようなわけで、ここで扱う「境界」は、特定の集団のメンバーが共有する共同主観としての境界である。「境界」を考えるときに、このことをつねに念頭に置いておかねばならない。

わたしたちはしばしば、あたかも自明のごとくに、橋は境界だ、川は境界だ、峠は境界だ、辻は境界だ、といった言い方をする。しかし、上述の議論をふまえれば、橋は誰にとって境界なのか、どうして境界となったのか、あるいはどうして境界ではなかったのかといったことを吟味・認識しておく必要があるわけである。

「境界」に関する理論的研究書は、欧米の理論書としては、たとえば、アーノルド・ヴァン・ジュネップ

『通過儀礼』（思索社、一九七七年）やメアリ・ダグラス『汚穢と禁忌』（思潮社、一九七二年）、ヴィクター・ターナー『儀礼の過程』（思索社、一九七六年）、ヴァルター・ベンヤミン『パサージュ論』（全五巻、岩波書店、一九九三〜一九九五年）などをすぐに挙げることができる。ところが、日本人の手になる「境界理論」となるときわめて少ない。もちろん、「境界」に関する研究がないわけではない。むしろおびただしい数に上るといっていいだろう。だが、それらは人文・社会科学のさまざまな分野における諸問題を検討する過程で現れてきた個別的な「境界論」の集積であって、それらを総合し、そのための一般論や方法論を組み立てようとしているものは少ない。

そうしたなかで、わたしたちは、「境界」と「怪異」の関係を考察する上で道標となる二冊の本を挙げることができる。その筆頭に来るのが山口昌男の『文化と両義性』（本巻抄録）である。これは日本人によって書かれた唯一ともいえる境界の理論的研究書である。この著書は、当時の文化人類学や記号学、社会学、現象学、民俗学などの諸成果をふんだんに使って、文化概念の再検討を試みたもので、きわめて難解であるが、まことに刺激に富んだ内容の本である。

山口昌男の考えに少し耳を傾けてみよう。しばしば山口昌男の理論は、「文化」の〈中心〉―〈周縁〉理論と呼ばれるように、「文化」の〈中心〉に「秩序」を、文化の〈周縁〉に「自然」もしくは「混沌」を配し、「境界」はこのうちの〈周縁〉に重ね合わされる。そして、〈周縁〉の特徴として、〈中心〉から排除されたさまざまな価値が集積している「混沌」の領域であるがゆえに、〈中心〉を活性化する潜在的な能力をもっている、とする。こうした理論をたずさえて、かれはさまざまな学問領域に切り込み、「境界」あるいは〈周縁〉を発見し、〈中心〉を活性化する力の発現の仕組みを明らかにしてみせるのであった。

かれは次のように言う。「境界には、日常生活の現実には収まり切らないが、人が秘かに培養することを欲する様々のイメージが仮託されてきた。これらのイメージは、日常生活を構成する見慣れた記号と較べて、絶えず発生し、変形を行う状態にあるので生き生きとしている。日常生活の内側にあった記号でさえ、境界に押し出されると、意味の増殖作用を再び開始して、新鮮さを獲得する」。

こうした議論を展開するにあたって山口が念頭に置いている「境界」は、共同主観的な「境界」つまり「われわれ」にとっての「境界」である。そこでわたしたちがつねに注意をしなければならないのは、この「われわれ」とは誰なのか、ということである。もっとはっきりいえば、この「われわれ」(研究対象となっている人びと)と「わたしたち」(その外部にいる研究者や読者)とははっきり区別されねばならない。

山口の理論では、「境界」とは日常世界を支える秩序(=中心)からはみ出したものである。たとえば、男と女の区別は、男と女の双方の属性を帯びた人間の排除によって成立する。排除された「両性具有者」が、男と女の「境界」を象徴することになる。人間とその他の動物との区別は、人間と動物の双方の属性を帯びたものの排除やしるしづけによって成立する。したがって、そうした属性を帯びた人間あるいは動物が両者の「境界」を物語ることになる。しかしながら、こうした「境界」は、確固たる「秩序」(=中心)があってこその「境界」である。その「秩序」が弛緩し崩壊すれば、必然的に「境界」も曖昧になり消滅してしまうはずである。

「境界」を考察する上でのいま一つの必読書は、赤坂憲雄の『境界の発生』(砂子屋書房、一九八九年)である。これは上述の山口昌男の研究などの影響を受けつつ、主として村落共同体にとっての「境界」をめぐる諸伝承とそれに深く関わる人びとを取り上げて様々な角度から論じたもので、赤坂は現代において境界を論じることの意義を次のように述べている。「あらゆる境界が喪われてゆく時代に、それゆえ、可視的な境界によって空間と時間を分節化する古さびた世界=宇宙観が、やがて無効を宣告されようとしている時代に、境界論がひとつの有効な方法=視座として、さまざまな知の領域で発見されつつある。これは疑いもなく一個の逆説である。しかし、そこには不透明な色合いはない。たぶん、知が志向する対象《モノ》はその自明性が剝げ落ちてゆく時代にこそ、はじめて熱い関心を向けられる、知の眼差しの下に問題として浮上してくるものであるのだから。境界喪失の時代ゆえに、いま、境界論が前景に炙り出されてきているとかんがえてよい」。

以上の二冊の他に、さらにいま一つの参考文献として、六年ほど前に「『境界』を読む――ことばが生成する場所――」という特集を組んだ『現代詩手帖』（一九九五年六月号）を挙げておこう。これは、さまざまな分野の人の短めのエッセイで構成されたものであったが、「境界」研究の入門として有用であろう。本巻に収めた拙稿「生と死の境界」（後に『酒呑童子の首』せりか書房に所収）はこの特集に寄稿したものである。他にも、たとえば、吉田文憲「音と振動の発生する場所」や私市保彦「異界への抜け穴」、辻信一「境界としての在日」など、興味深い示唆に富んだエッセイが収められている。

Ⅱ　「境界」としての「空間・場所」、「境界」としての「時」

「境界」は二つ以上のカテゴリー（=秩序）が相接し交錯するところである。そこは「秩序」に対して「無秩序」あるいは「反秩序」の世界である。そのような領域と接したときには「われわれ」（=秩序の側の人びと）は日常の感覚とは異なった感覚に襲われ、ときには快感を、また時には恐怖心を抱くことになる。わたしたちが問題にしている「怪異」はそうした領域に立ち現れてくる。そもそも「怪異」とは生活世界の感覚や知識では把握できないことを意味する言葉なのである。したがって「怪異」が発生するところとは、「秩序」の支配する領域や認識可能な領域を超えた領域、つまり「境界」なのである。

「境界」がつねに「怪異」の場所というわけではない。しかし、「怪異」はつねに「境界」と関係している。

「怪異」という概念には「境界」という語彙が張り付いているわけである。『怪異の民俗学』と題して、怪異・怪談あるいは妖怪関係の興味深い論文をできるだけ幅広い観点から集めてきたこのシリーズの最終巻を、まことに抽象的な「境界」というテーマで編集したのも、怪異の認識論的な前提に関わるような問題を考えておきたかったからである。

それでは、民俗学を初めとする関連諸学はこうした「怪異」と「境界」の関係をめぐる議論をどのようなかたちで蓄積してきたのだろうか。

まず、「境界論」というかたちでの学問領域がまだ形成されていないために、その足跡を整理する試みもなされていない状況にあることを認めなければならないだろう。たとえば、はっきりした視座をもって臨めば、通過儀礼論は境界論に組み入れることができるし、両性具有論も境界論に入れることができる、また、異人論も境界論に入れることができるだろうし、住居論や村落・都市などの空間論、シャーマン・宗教者論さらには知識人論も、境界論に含めることができるわけである。その一角に、怪異論も含められるわけである。とはいうものの、やっかいなのは、具体的な境界は、こうしたトピックが複雑に交差・重層化しているので、それを整理しながら議論しなければならないことであろう。

本巻に収録した諸論考を眺めてみればわかるように、広い意味での民俗学的な境界研究の中核をなすのは、「生」と「死」の境界に関するものであった。人間は必ずいつかは死ぬ。これは人間の誰もが認識していることである。したがって、生と死の境界をめぐる観念は、中身に違いがあるにしても、日本に限らずどの社会でも見出されるきわめて普遍性の高い観念といえるだろう。

生と死の境界は、時間的境界、社会的境界、物質的境界、そして空間的境界の四つの位相をもっている。すべての人間一人ひとりにとって、自分の誕生と自分の死は、生命体としての時間の始まり（誕生）と終わり（死）、つまり時間的境界である。また、その時は非社会的存在（霊的存在）から社会的存在へ、社会的存在から非社会的存在への移行の境界でもあり、物体から霊的存在への移行の境界でもある。そして人が時間的、社会的かつ物体的境界を越えようとする時には、必然的に空間的境界を越えなければならないのである。

わたしが日本文化（あるいは日本人）における人間の内部分節を創り出す「境界」をめぐる研究としてきわめて重要な論考であると考えるのは、折口信夫のマレビト論などを継承・発展させた国文学者広末保の「遊行的なるもの」（『悪場所の発想』三省堂、一九七〇年、本巻抄録）である。広末はこの論文で「土着」（定住民）と「漂泊」（遊行民）とが接触することによって創出される時空とそこから紡ぎ出される物語を論じているが、これは紛れもなく境界論であり境界の物語論であった。かれはこの両者の関係を「侵し―侵される関係」と表現したが、これは山口昌男風の言い方をすれば「終焉と生成の多義性にみちた関係」ということになるはずである。この「侵し」と「侵される」という関係が「霊的な存在」（あるいはあの世）として形象化したときに、「生」と「死」の表象を、そしてたとえば「神」とか「鬼」といった表現をとるのである。

ところで、「民俗」としての「境界」は、山口昌男が「民俗において、境界というのは、意味出現直前または消滅寸前の混沌の表現であるといえよう。混沌は、好ましからぬ要素で生活の秩序には入ってきてもらいたくはないが、時と場所を限定して意識、話題にのぼることが秘かに望まれる要素であり、それは民俗の中で様々の形をとる」と指摘するように、さまざまな形をとって村落・民衆の生活のなかに具現化されているわけであるが、山口が柳田國男の「神送りと人形」（『定本柳田國男集』第一三巻、一九六三年）に依拠しながら例示しているように、その典型は「村境」や「辻」であった。

この山口の境界理論をふまえ、柳田をはじめとする多くの民俗学的論文や民俗調査報告などを念頭に置きながら、境界と怪異の関係を民俗学の視点から論じたのが宮田登『妖怪の民俗学』（岩波書店、一九八五年）で、本巻では本巻の序章的な意味合いをもった部分を収録したが、ここで具体的な境界として話題になっているのは、「村境」や「辻」「橋」「音」「光」などである。

本巻を編集する際の基本的な方針は、この宮田登が参照にしたであろうと思われる論考群のうちから、とりわけ重要なものを収録することにあった。しかしながら、編集する過程で明らかになってきたのは、「村境」とか「辻」「橋」などといった境界にこれまでの研究が集中している傾向が強く、万遍なく研究成果が挙がっているわけではないということであった。

共時的な視点からの村落社会の「境界」を考察したのが、飯島吉晴の「厠考――境界としての厠――」（本巻所収）と八木康幸の「村境の象徴論的意味」（本巻所収）である。前者は厠の境界性に着目し、それを昔話、人生儀礼、年中行事、建築儀礼などの側面から明らかにしたものである。飯島は次のようにまとめている。「厠は、家屋における裏側の領域であり、不浄、汚穢、気持悪さ、恐ろしさ、暗さ、腐敗といった否定的イメージが伴う制御のきかない部分である。しかし、この否定性を媒介にして、厠は新しいものを創出するという場でもあり、われわれが全体性を認識する上で不可欠の部分である。それは、われわれの深層心理とも深く関係している。厠は、人やものが、ある秩序から別の秩序へと移行するのを媒介する、破壊と同時に生成を兼ねた極めて両義的な空間となっており、われわれの内なる異界でもあると言える」。

なるほどたしかに、飯島が指摘していることは、従来の「民俗」社会のデータから導き出した結論としては納得ができるものである。かつての厠には、妖怪たちが出没していた。しかしながら、比較の視座を欠いているために、そこから導き出した結論が、普遍性をどの程度帯びているのかといった吟味については、深層心理という言葉を用いることで避けてしまっている。昔の厠と現代の厠（水洗トイレ）を比較したとき、いったい彼の結論の何が残り、何が残らないのだろうか。すなわち、排便するという行為（身体）とそのための装置である厠、そしてそのトポロジカルな位置などの比較によってこそ、彼の見解がどこまで妥当なものであるかが検証されることになるはずだからである。

これに対して、八木の論文は、主として「村境」が宗教的意味での象徴性・多義性を帯びた領域であることを人類学の諸理論を援用しつつ明らかにしたもので、結論的には、飯島と同様に、山口昌男などの境界論をより具体的に検証・確認するというかたちになっている。

飯島の厠論や八木の村境論がどちらかといえば共時的（非時間）的な考察であったのに対して、笹本正治の「辻についての一考察」（本巻所収）は、「辻」の利用やそのイメージの変遷を探った通時的な考察である。笹本によると、辻は古代にあっては霊や神の集まる場所とみなされていたので、辻が祭祀や占いの場所ともなっていた。それゆえに、妖怪や悪霊などが出没するなどの怪異現象が生じる場所でもあった。しかし、この霊が支配する領域としての辻に、霊界との媒介者とみなされた巫女がまず進出し、さらに市が立つようになって商業地域として開発され、次第に人間の支配する領域となっていった。そしていまやその支配は地域住民から国家や自治体などの行政サイドの管理にゆだねられているという。つまり、辻の意味は大きく変わってしまったのである。

笹本の考察では、辻は境界性・象徴性を次第に失っていくという。こうした視点は飯島や八木の論文には欠落していたものである。それでは、それまで託されていた霊的なものに結びついた意味や役割はどこにいってしまったのだろうか。〈国〉の境なのだろうか。船や飛行機が発着する「港」なのだろうか。それとも、もうどこにもそのような意味を託せるような場所はないのだろうか。厠とか村境、辻などの場所とその境界性あるいはその利用やそのイメージの関係は、共時的考察と通時的考察を重ね合わせることによっていっそう実態に近いものになると思われる。

「境界」の「場所」に対して、「境界」の「時」を想定することができる。すでに指摘したように、そのもっとも重要な「時」は「生」から「死」への境界である。そのような「境界」の「時」の典型的な象徴的表現が、「葬送儀礼」であり「賽の河原」であり、それを表象するために、空間のなかに「葬送の場所」や「賽の河原」が設定されたりした。したがって、空間的な「境界」の多くが、「生」と「死」の境界、あるいは「この世」と「あの世」の境界のイメージをも託されていたわけである。民俗学では、こうした葬送儀礼や「あの世」観に関する膨大な調査研究成果を蓄積しており、それらのほとんどが境界論として読み替えることができるものである。本巻では、児童文化論から生と死の境界の問題へと分け入ってきた本田和子の『賽の河原』考」を収めてみた。

「人の一生」という尺度で把握された時間の境界とは別に、「自然のリズム」にしたがって創られた「境界」もある。その一つは、一年のサイクルの「境界」、すなわち一年の始まりと終わりの「境界」である。いま一つは一日のリズムに基づく「昼」と「夜」の「境界」である。前者については、いわゆる年の暮れから新年をめぐる一連の儀礼を「正月儀礼」と総称して従来から研究されてきたもののなかで議論されており、葬送儀礼研究を境界研究と置き換えることができるように、この正月儀礼研究もまた、境界研究と言い直すことができるはずである。ここでは、柳田國男の「かはたれ時」と、昼と夜の交替のなかに神話的想像力の源泉を見出そうとする国文学者益田勝実の「黎明——原始的想像力の日本的構造——」を収めた。

Ⅲ　「境界」を象徴するもの

ところで、共同化された「境界」は、そこが「境界」もしくは「境界性」を帯びた空間や時間であることを物語る標識や事物が配置されることが多い。たとえば、峠に立つ地蔵は、そこが一つの点のような物体であるにもかかわらず、人びとの心のなかに、そこがこの世とあの世の境界であり、こちらのムラとあちらのムラの境界であることを意味している。地蔵菩薩という仏が辻や峠に立つことになったのには、地獄に堕ちた人びとを救い出して極楽浄土に導くという思想の浸透した結果であるが、さらに地蔵がこうした境界性を帯びた仏であるということをふまえて、地蔵が立っているところはどこでもあの世とこの世の境界と見なされるようにもなった。

同様のことは、その他の境界象徴物にもいえることである。歩行を補助する道具である杖は、境界の標識として用いられることもあった。ところが、その結果、杖が境界性を帯びたもの、あるいは境界を創り出す呪具としての性格も賦与されることになっていった。視点を少し変えれば、厠のようなものも、この道具的な境界象徴物ともいえるかもしれない。

しかしながら、注意しなければならないのは、だからといって、境界の象徴として用いられる物が、いつでもどこでも境界を象徴するとは限らないということである。すなわち、わたしたちは、特定のコンテキストのなかでそのことを確認する作業を怠ってはならないのである。本巻では、世界的視野で「杖」の境界性や呪術性を解き明かした松村武雄「生杖と占杖――一つの覚書――」と常光徹「境界の呪具――箒」、近藤直也「節分の籠」を収録してみたが、これらの論文を読む際も、上述のことに留意しなければならない。

境界を象徴するものは、自然物や道具などの物体に限られているわけではない。ある種の「自然的現象」や「人工的現象」も「境界」を象徴するために利用されることがあった。人間と野生動物の中間に位置するかのような家畜やペット、あるいは人間世界に出没する頻度が高い野生動物には、しばしばそうした境界性が賦与された。猫、犬、猿、蛇、狐などの神秘化されることが多い動物は、別の言葉でいえば「境界の動物」なのである。本巻では、鶏と境界の時の関係、そしてそれを怪異との関係で論じた髙橋昌明「鶏と雷公(頼光)」を紹介することにした。

人工的に創り出された境界を象徴する「音」もある。時を告げる寺の鐘はまさしく昼と夜の境界に鳴り響く音であるが、儀礼や芸能などで鬼やその他の妖怪変化の登場を告げる人工的騒音である「乱声」や「つけ」(雷音などを模したものと考えられている)も「境界の音」である。この問題に関係した論考として、上述の髙橋昌明の論文の他に、宮田登「境にひびく音」(本巻所収)や笹本正治「神隠しと鉦や太鼓」(本巻所収)、森下みさ子「境界にたたずむ子ども・老人――泣き声に聴く――」(本巻所収)などを挙げることができる。たとえば、森下の論考は、産声や夜泣き石伝説に着目して、生と死の境界を暗示する声の考察をおこなったものである。彼女は次のように説く。「往時の人々の活きていた音の世界に想いを馳せるとき、泣き声は日常世界の縁にあって彼岸との交通を保ちつづける働きを担っていたことがうかがえる。日常社会の中心に位置づく成人男性が、泣くことを禁じられていたのと対照的に、赤子や姥はむしろ泣くことを負っている。人間社会に要請される明瞭な言葉のやりとりを中心に置くなら、彼らの発する声は他の世界との境界にあって交通を可能にするものだった。」

以上述べたように、「境界」は人間にとって根源的で多義的な意味を帯びた領域であり、しかも象徴的なかたちであれ、「生」と「死」の観念が現れることが多い。したがって、「生」と「死」の境界が、もっとも人間にとって根源的で普遍的な境界であるということがわかるはずである。当然のことながら、そうした「境界」は「怪異」の発生しやすい領域であった。これまで述べてきたことからもそれは明らかであるが、改めていくつか例をあげれば、たとえば、一年の節目に、とりわけ正月や盆、彼岸などに幽霊が出没するといわれるのも、時間の境界性と関係しているし、昼と夜の境界である「かはたれ時」に妖怪変化のたぐいが出没するのも、これと関係しているのである。中世以降の妖怪の主流を占めた道具の妖怪「つくも神」も、伝承によれば、古道具が自力で妖怪化できたのは、春の節分の夜に天地の秩序が一時的に崩れて世界が混沌に戻るので、その時を狙ったからであった。また、道路が交差する辻もまた怪異の起こりやすい場所であって、赤子を抱いた産女が出没したり、七人の命を奪うという七人みさきが出没するのも辻であった。軒下、天井、厠、部屋の隅なども、そこが境界と認識されるとき、怪異や妖怪的な存在が出現する場所となった。葬送儀礼の場も、怪異が生じる可能性がもっとも高い時空であり、それを防ぐためのさまざまな仕掛けが施されている。たとえば、葬送の場から猫を遠ざけ、死体の上に箒を置く習俗は全国に広く見出されたが、これは、猫が死体を飛び越えたときに、死体が起き上がったり、虫の息をするという怪異現象を避けるためであった。

「境界」は至る所に見出せる。だが、そうした「境界」を共同主観として設定するのは、個々の社会集団なのである。

さて、本巻に収録した論文のほとんどがそうであるように、総じて民俗学的境界研究は、「生」(この世)と「死」(あの世)との境界研究に終始してきた感がある。それが根源的な境界であったからである。念を押すようだが、「境界」は「怪異」の母胎であるがそれに尽きるものではなく、怪異をも含む本源的な意味合いを託された領域であるということを強調して置かねばならない。

しかしながら、現代では、赤坂憲雄が指摘するように、従来のような境界を喪失しつつある時代であり、それに見合った新たな「境界論」が構想されなければならない。そしてその「境界論」との関係のなかで新たな「怪異論」も議論されるべきであろう。また、ここで紹介した論考のいくつかに対しては、異論もいろいろと出されているが、その検討はいずれ機会を改めて試みることにしたいと思う。

著者一覧(収録順)

山口昌男(やまぐち・まさお) 1931〜2013

宮田登(みやた・のぼる) 1936〜2000

高取正男(たかとり・まさお) 1926〜1981

飯島吉晴(いいじま・よしはる) 1951〜　天理大学名誉教授

笹本正治(ささもと・しょうじ) 1951〜　信州大学名誉教授

八木康幸(やぎ・やすゆき) 1950〜　関西学院大学名誉教授

本田和子(ほんだ・ますこ) 1931〜2023

柳田國男(やなぎた・くにお) 1875〜1962

益田勝実(ますだ・かつみ) 1923〜2010

松村武雄(まつむら・たけお) 1883〜1969

廣末保(ひろすえ・たもつ) 1919〜1993

近藤直也(こんどう・なおや) 1954〜　九州工業大学名誉教授

森下みさ子(もりした みさこ) 1957〜　白百合女子大学人間総合学部教授

髙橋昌明(たかはし・まさあき) 1945〜　神戸大学名誉教授

常光徹(つねみつ・とおる) 1948〜　国立歴史民俗博物館名誉教授

香川雅信(かがわ・まさのぶ) 1969〜　兵庫県立歴史博物館学芸課長

小松和彦（こまつ・かずひこ）

1947年、東京都生まれ。国際日本文化研究センター名誉教授。専門は文化人類学、民俗学。長年、日本の怪異・妖怪文化研究を牽引してきた。『憑霊信仰論』『妖怪学新考』『異人論』『妖怪文化入門』『異界と日本人』『鬼と日本人』など著書多数。

・本書は、『怪異の民俗学　8　境界』（2001年6月、小社刊）を、内容はそのままに、ソフトカバーにして新装したものです。
・収録作品は、原則として、新字・新仮名を採用しています。
・本書中、現在の観点からは不適切と思われる表現が使用されていることがありますが、発表時期や題材、歴史的背景に鑑み、原文どおりとしました。
・収録作品中、著作権継承者の方の連絡先が不明のものがございます。ご本人や関係者の方がお気づきになられましたら、編集部までご一報ください。

怪異の民俗学 8

境《きょう》界《かい》

二〇〇一年 六 月三〇日　初版発行
二〇二二年一一月三〇日　新装復刻版初版発行
二〇二四年 四 月三〇日　新装復刻版2刷発行

責任編集　小松和彦
装幀　松田行正＋杉本聖士
発行者　小野寺優
発行所　株式会社河出書房新社
〒一五一-〇〇五一
東京都渋谷区千駄ヶ谷二-三二-二
電話〇三-三四〇四-一二〇一（営業）
〇三-三四〇四-八六一一（編集）
https://www.kawade.co.jp/

印刷　株式会社亨有堂印刷所
製本　大口製本印刷株式会社

Printed in Japan
ISBN978-4-309-61818-0